a communicative
approach

SECOND EDITION

Student
Activities
Manual

VISTA®
HIGHER LEARNING

ISBN: 978-1-68004-976-3

1 2 3 4 5 6 7 8 9 PP 22 21 20 19 18 17

Table of Contents

Introduction

The **PROTAGONISTAS** Student Activities Manual

Completely coordinated with the **PROTAGONISTAS** textbook, the Student Activities Manual provides additional practice of the vocabulary, grammar, and communicative functions presented in each of the textbook's eighteen units and the Preliminary Unit. The Student Activities Manual will also help you build your reading, writing, listening, and speaking skills in Spanish.

Page references in the **SAM: Actividades** tabs of the **PROTAGONISTAS** textbook correlate the Student Activities Manual to your text, letting you know exactly where you can find additional practice for each spread's communicative functions and related vocabulary and grammar presentations.

Reflecting the overall organization of your textbook, every SAM lesson contains 2–3 pages of activities for each Functional Context section and for the **Protagonista** section, as well as **Pronunciación** pronunciation practice (Units 1–6), **Composición** writing practice (Units 7–18), **Diario de aprendizaje** summaries to help you assess your understanding of the lesson's communicative functions, and **Autoevaluación** self-assessments at the end of each unit.

SAM activities focus on developing your reading, writing, listening, and speaking skills as they incorporate the language functions of the corresponding textbook lessons. Activity formats include, but are not limited to true/false, multiple choice, fill-in-the-blanks, categorization, matching, sentence completion, reading comprehension, listening-and-repeating, listening-and-speaking, listening-and-writing, and structured writing. You will also find activities based on maps, photographs, cultural readings, and illustrations.

🔊 **Audio activities** are indicated by the audio icon under the activity number. Audio activities are designed for use with the **PROTAGONISTAS SAM MP3s** on the **PROTAGONISTAS** Supersite. They focus on building your listening, comprehension, speaking, and pronunciation skills in Spanish as they reinforce the vocabulary and grammar of the corresponding textbook lesson. The SAM guides you through the SAM MP3 files (available on the Supersite), providing the printed cues—direction lines, models, charts, illustrations, etc.—you will need in order to follow along easily. You will hear statements, questions, mini-dialogues, conversations, interviews, commercials, and many other kinds of listening passages, all recorded by native Spanish speakers. All **Pronunciación** explanations are included in the SAM audio program, as well as the lesson vocabulary summarized on the **Vocabulario** page at the end of each lesson in your text.

Activities for each Functional Context section follow a consistent sequence throughout the SAM. The sequence starts with **Vocabulario** practice, which focuses on reinforcing the new vocabulary presented and giving you opportunities to use these words and expressions in context, both listening and writing. Next, **Gramática funcional** activities target the grammar structures presented in this section. These activities give you the opportunity to practice grammar structures in their functional context in a variety of formats, including writing, speaking, and listening activities. Each section's activity sequence concludes with a **Lectura** reading selection. **Lectura** offers extended readings in a variety of formats—news and opinion articles, e-mails, interviews, cultural readings, etc.—that give you the opportunity to put the lesson vocabulary and grammar to use in context. Each lesson's activities culminate with an extended full-page **Lectura** section related to the **Protagonista** presentation in your text.

Units 1–6 feature **Pronunciación** explanations and activities that target sounds and patterns that may pose difficulties for students of Spanish. All explanations and pronunciation practice activities are included in the SAM audio program available as MP3s on the **PROTAGONISTAS** Supersite.

Units 7–18 feature **Composición** guided writing practice. This activity guides you to put the lesson grammar and vocabulary to use in a piece of original writing relating to the lesson themes. **Composición** encourages you to write in a variety of formats, including descriptive essays, blog posts, e-mails, letters, and brochures.

All **Pronunciación** and **Composición** sections are followed by **Vocabulario** audio recordings of the active vocabulary presented in the lesson. MP3s for all SAM audio recordings are available on the **PROTAGONISTAS** Supersite.

Each lesson's activity sequence concludes with the **Diario de aprendizaje**. This summary of the lesson's communicative functions mirrors the **Yo puedo...** feature at the end of each textbook lesson, and gives you the chance to reflect on what you have learned in the lesson, as well as identify any topics where you need extra practice or study. Beginning in Unit 7, the **Diario de aprendizaje** also highlights the skills (reading, writing, listening, speaking, and interacting) that you have acquired throughout the lesson. The **Diario de aprendizaje** also provides a space for you to record the words, structures, and cultural concepts that are most significant and meaningful to you. As you progress through **PROTAGONISTAS**, it will help you to refer back to the **Diario de aprendizaje** from time to time, both to monitor your progress and to appreciate the relationships between the communicative functions and structures that you will encounter throughout the program.

Finally, each unit of the SAM includes brief **Autoevaluación** self-diagnostic tests, one for each lesson. These quizzes, with the answers available at the bottom of the page for self-grading, provide a snapshot of your understanding of the structures and functions presented in the lesson, and can serve as a study aid, review, self-diagnostic, or simply additional practice of the lesson grammar and vocabulary in context.

We hope that you will find the **PROTAGONISTAS** Student Activities Manual to be a useful language-learning resource and that it will help you improve your Spanish language skills in a productive, enriching, and enjoyable way.

*The **PROTAGONISTAS** authors and the Vista Higher Learning editorial staff*

PROTAGONISTAS

Vocabulario

1 **Saludos** Indicate the greeting that corresponds to each clock.

Buenas noches.   Buenas tardes.   Buenos días.

1. ....   2. ....   3. ....

2 **Emparejar** Match the elements from the columns.

1. ¡Buenas   a. tal?
2. ¿Cómo   b. días!
3. ¡Buenos   c. te llamas?
4. ¿Qué   d. luego!
5. ¡Hasta   e. noches!

3 **Ordenar** Rearrange the words and punctuation to form complete sentences.

1. escribe / cómo / *agua* / se / ¿ / ? ....

2. *house* / español / dice / en / se / cómo / ¿ / ? ....

3. significa / qué / *naranja* / ¿ / ? ....

4 **Preguntas** Match the questions to their answers.

1. ¿Cómo se dice *milk* en español?   a. Ce, a, efe, e con acento.
2. ¿Qué significa *sugar*?   b. Se dice *ham*.
3. ¿Cómo se dice *jamón* en inglés?   c. Azúcar.
4. ¿Cómo se escribe *café*?   d. Se dice *leche*.

Gramática funcional

5 **Presentaciones** Match the words in the three columns.

yo	te	llama
tú	me	llamas
él/ella	se	llamo

6 **Conversaciones** Complete the conversations with the appropriate pronouns.

A
- ¡Hola! ¿Cómo ...*te*... llamas?
- .... llamo Francisco.
- ¡Encantada!
- ¿Qué tal?

B
- Hola, ¿......... llamas María José?
- Sí, ... llamo María José.
- Buenos días. .... llamo Esteban.

C
- ¿Cómo .... llama él?
- Él .... llama Mario y ella .... llama Paula.

D
- Buenos días, ... llamo Alfonso Gálvez. ¿Y usted cómo .... llama?
- Yo .... llamo Asunción del Amo.
- Encantado.
- Encantada.

7 **Palabras** Write each word next to its spelling.

protagonistas

museo

paella

hotel

español

Toledo

1. hache, o, te, e, ele → *hotel* ....
2. eme, u, ese, e, o → ....
3. pe, a, e, doble ele, a → ....
4. te, o, ele, e, de, o → ....
5. e, ese, pe, a, eñe, o, ele → ....
6. pe, erre, o, te, a, ge, o, ene, i, ese, te, a, ese
   → ....

Lectura

8

Nombres Read these Spanish names.

PROTAGONISTAS del español

Alejandro

María

Carlos

David

Santiago

Patricia   Ignacio

Paula   Miguel

Cristina

Daniel   Lucía

Marcelo   Ana

Laura

Adrián

Alba

Javier   Marta

Sergio

Sofía

Pablo   Catalina

Sara   Teresa

Marcos

Álvaro

1. Write the masculine names on the left and the feminine names on the right.

Alejandro   *María*

2. Which names are spelled exactly the same in English?

....

....

....

....

3. A. Which names from the list are spelled out below?

1. ese, o, efe, i con acento, a

....

2. ese, e, erre, ge, i, o

....

3. a con acento, ele, ve, a, erre, o

....

4. pe, a, u, ele, a ....

5. pe, a, be, ele, o ....

B. Spell out your first and last names.

....

....

Vocabulario

9

Escuchar y repetir You will now hear the vocabulary found in your textbook on the last page of this unit. Listen and repeat each Spanish word or phrase after the speaker.

Diario de aprendizaje

10 **Evaluar** Assess what you have learned in this unit.

Greet people	😃😃😃 😃😃 😞

To greet someone, you say **buenos días** in the morning, **buenas tardes** in the afternoon, and **buenas noches** in the evening.

Introduce yourself	😃😃😃 😃😃 😞

The verb **llamarse** is used with the reflexive pronouns **me, te**, and **se**.

Spell	😃😃😃 😃😃 😞

The Spanish alphabet includes the letter **ñ**.

Ask for clarification	😃😃😃 😃😃 😞

Questions such as **¿Cómo se dice?, ¿Cómo se escribe?,** or **¿Qué significa?** can help you ask for clarification and learn new vocabulary.

Say goodbye	😃😃😃 😃😃 😞

To say goodbye, you say **adiós, hasta luego, hasta mañana,** or **hasta pronto**.

11 **Anotar** Write down words or phrases, grammatical structures, and cultural information that you have learned in this unit.

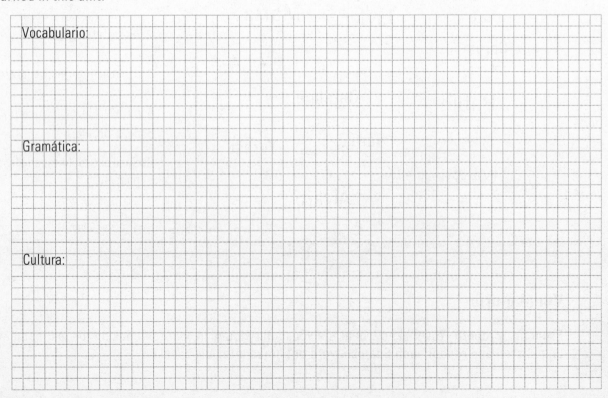

Vocabulario:

Gramática:

Cultura:

¡BIENVENIDOS!

Imágenes y palabras
Vocabulario

1 **Palabras** Match these words with the pictures.

| comida   ciudad   isla   monumento |

....

2 **Es una isla** Listen to the statements and select which option they refer to. Then listen to the correct answer and repeat after the speaker.

MODELO	*You hear:* Mi plato favorito es el asado.
	You see: comida/música
	You say: Es una comida.

1. personaje / playa
2. hotel / monumento

3. ciudad / isla
4. comida / escritora

3 **¿Quién o qué es?** What or whom do you see in each picture?

| Benicio del Toro   Caribe   empanada   Isla de Pascua   México, D.F. |

1. *Es un monumento. Es la Isla de Pascua.* ....
2. ....
3. ....

4. ....
5. ....

Gramática funcional

4   **Un o una** Fill in the blanks using **un** or **una**, as appropriate.

1. ..*un*.. pueblo   4. .... metro   7. .... comida   10. .... ciudad

2. .... hotel   5. .... playa   8. .... monumento   11. .... bebida

3. .... teatro   6. .... isla   9. .... música   12. .... biblioteca

5   **¿Quién o qué?** Complete the conversations with **qué** or **quién**.

1. • ¿....*Qué*....... son las Galápagos?
   ▪ Son islas.

2. • ¿................. es Juan Pablo Montoya?
   ▪ Es un deportista.

3. • ¿................. es Quito?
   ▪ Es una ciudad.

4. • ¿................. es Pablo Neruda?
   ▪ Es un escritor.

5. • ¿................. es el tango?
   ▪ Es una música.

6. • ¿................. es Juanes?
   ▪ Es un cantante.

7. • ¿................. es el guacamole?
   ▪ Es una comida.

8. • ¿................. es Javier Bardem?
   ▪ Es un actor.

6   **Tarjeta de crédito** Whose credit card number is this? Is it Arturo's, Carolina's, or Luisa's? Complete the information and then write out the other two credit card numbers next to the owner's name.

1. .... :   *Cuatro, cinco, ocho, uno. Tres, seis, diez. Cero, dos, once. Siete, uno, doce.*

2. ....

3. ....

7   **Cognados** Listen to these cognates and write them in the order in which they are mentioned. Then, decide whether they are used with **un** or **una** and place them in the appropriate column.

ritmo teatro CD *guitarra*	1. .... 5. ....
	2. .... 6. ....
NOTA música concierto orquesta	3. .... 7. ....
	4. .... 8. ....

un ♂   **una** ♀

un CD   *una guitarra*

....

....

....

....

8 **Fotos** Look at the photos. Then, listen and write down the words that are spelled out.

A

....

B

....

9 **Deletreando** Select the correct answer.

1. ¿Cómo se escribe "Rodríguez"?
   a. Erre – o – de – erre – i con acento – ge – u – e – zeta.
   b. Erre – o – de – erre – i – ge – e – zeta.
   c. Erre – o – de – erre – i – ge – e – ese.

2. ¿Cómo se escribe "quechua"?
   a. Ka – e – ce – hache – u – a.
   b. Cu – ce – hache – u – a.
   c. Cu – u – e – ce – hache – u – a.

3. ¿Cómo se escribe "Chile"?
   a. Ce – i – ele.
   b. Ka – hache – i – ele – e.
   c. Ce – hache – i – ele – e.

4. ¿Cómo se escribe "Habana"?
   a. Hache – a – be – a – ene – a.
   b. Hache – a – ve – a – ene – a.
   c. A – be – a – ene – a.

Lectura

10 **¿Playa o montaña?** Read the advertisement. Which city is it about? In which country is it located?

No es playa,
no es mar,
es montaña.
¿Es Europa?
¿Es Suiza?
Es América,
es Argentina,
es... ¡Bariloche!

....
....

Yo soy de Madrid, ¿y tú?
Vocabulario

11 **Actividades** Look at the pictures to learn about Julia's interests. Then, write the name of the activity under each illustration.

| el esquí   el tenis   la música salsa   los conciertos |

....

....

12 **De Toronto** Complete the conversation.

- Hola, (1)..................................Patrick.

- Buenos días, Patrick. ¿De (2)..................................eres?

- Soy de (3).................................. .

- ¿(4)..................................de Toronto?

- Sí, ¿y (5)..................................?

- Soy (6)..................................Caracas.

13 **¿De dónde eres?** Listen to the questions and answer them in the negative form, giving the correct information. Pay attention to the form of the verb **ser**. Then, listen to the correct answer and repeat after the speaker.

MODELO	You hear:	¿Armando es de Cuba?
	You see:	Guatemala
	You say:	No, no es de Cuba. Es de Guatemala.

1. Perú
2. Ecuador

Gramática funcional

Soy de Cuba Match the questions to their logical answers.

14

.... 1. ¿De dónde es Peter?   a. No, soy de Caracas.

.... 2. ¿María es de Bogotá?   b. Es de Inglaterra.

.... 3. ¿De dónde eres?   c. No, es de Cartagena.

.... 4. ¿Eres de Buenos Aires?   d. Soy de México, D.F.

15   **Ser** Write the forms of the verb **ser**. Then, use the verbs to complete the conversation.

yo (a) ....   tú (b) ....   usted/él/ella (c) ....

Hola, me llamo Vicente.

(1) .... de Santiago y Paula

(2) .... de Guadalajara. ¿De dónde

(3) .... tú?

Yo (4) .... de Sucre y mi

amiga (5) .... de Caracas.

16   **Ser y llamarse** Match the verb forms with the appropriate subjects. Then, use the verbs to complete the sentences.

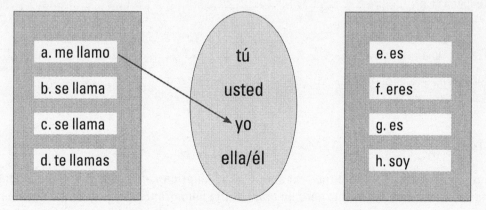

a. me llamo   b. se llama   c. se llama   d. te llamas

tú   usted   yo   ella/él

e. es   f. eres   g. es   h. soy

1. Yo me .... Teresa.

2. ¿Cómo se .... usted?

3. Yo .... de Montevideo. ¿Y tú, de dónde .... ?

4. ¿ .... usted de Asunción?

5. ¿Tú te .... Carmen?

6. Benicio del Toro .... de Puerto Rico.

7. Yo no me .... Clara.

8. ¿De dónde .... usted?

17   **Conversación**   Listen to the conversation between Carlos and Pablo, and say the missing word to complete each sentence. Then listen to the correct answer and repeat after the speaker. (5 items)

MODELO	*You hear*: Pablo, ¿de .... eres?
	You say: dónde

18   **¿Tú o usted?**   Listen to the conversations. Then, write **tú** or **usted** next to each picture.

....

19   **No, me llamo Alicia**   Answer these questions in the negative form.

1. ¿Te llamas Uli? ....

2. ¿Es usted chilena? ....

3. ¿Eres de Lima? ....

4. ¿Shakira es de Ecuador? ....

Lectura

20   **Inmigrantes en España**   Read the text about Latin American immigrants in Spain. What three countries do most of them come from? Where do most of the immigrants in your country come from?

> En España residen legalmente más de cuatro millones de extranjeros. La mayoría proceden de Europa y América Latina, aunque hay muchos marroquíes.
>
> La mayoría de los inmigrantes latinoamericanos proceden de Ecuador y Colombia. El tercer país de procedencia más importante es Bolivia.

En España:

....

....

....

En su país:

....

....

....

Benicio del Toro, un actor puertorriqueño

21 **Del Toro** Read the information about Benicio del Toro and organize it according to the appropriate categories.

> Benicio del Toro   actor
>
> 21 gramos   Guardianes de la galaxia
>
> Traffic   puertorriqueño
>
> La ciudad del pecado

Nombre: ....

Nacionalidad: ....

Profesión: ....

Películas: ....

....

....

22 **Es una ciudad** Listen to the recording and complete the sentences with the appropriate words from the list. Include the corresponding indefinite article: **un** or **una**. Then listen and repeat the correct answer after the speaker. (5 items)

MODELO *You hear*: Cuba es ....
             You say: Cuba es un país.

| cantante | ciudad | comida | escritor | isla | país | playa |

23 **Agente de viajes** Adrián has come to Madrid to participate in **Fitur**, the international tourism fair. Read the information about Adrián and answer the questions in complete sentences.

> **Adrián Acosta**
>
> *Agente de viajes*
>
> *Managua*

1. ¿Cómo se llama?

....

2. ¿De dónde es?

....

Lectura

24   **Penélope Cruz**   Read the information about Penélope Cruz and indicate whether each of her statements below is true (**verdadero**) or false (**falso**).

Penélope Cruz, una actriz española

> **MINUTO TEST a...** Penélope Cruz
>
> • Una ciudad: Madrid
>
> • Una isla: Mallorca
>
> • Una comida: Gazpacho
>
> • Un pueblo: Cudillera
>
> • Un personaje: Gabriel García Márquez

Verdadero	Falso	
○	○	1. Mi ciudad favorita es Nueva York.
○	○	2. Mi pueblo favorito es Santurce.
○	○	3. Mi comida favorita es el gazpacho.
○	○	4. Mi isla favorita es Menorca.
○	○	5. Mi personaje favorito es Gabriel García Márquez.

Pronunciación: The Spanish alphabet

The Spanish letter **ñ** (**eñe**) doesn't appear in the English alphabet. The letters **k** (**ka**) and **w** (**doble ve**) are used only in words of foreign origin.

Letra	Nombre(s)	Ejemplo(s)	Letra	Nombre(s)	Ejemplo(s)
a	a	adiós	ñ	eñe	mañana
b	be	bien, problema	o	o	once
c	ce	cosa, cero	p	pe	profesor
d	de	diario, nada	q	cu	qué
e	e	estudiante	r	erre	regular, señora
f	efe	foto	s	ese	señor
g	ge	gracias, Gerardo, regular	t	te	tú
h	hache	hola	u	u	usted
i	i	igualmente	v	ve (corta)	vista, nuevo
j	jota	Javier	w	doble ve	*walkman*
k	ka, ca	kilómetro	x	equis	existir, México
l	ele	lápiz	y	i griega, ye	yo
m	eme	mapa	z	zeta, ceta	zona
n	ene	nacionalidad			

25 Alfabeto Repeat the Spanish alphabet and example words after the speaker.

26 En voz alta When you hear the number, say the corresponding word aloud and then spell it. Then listen to the speaker and repeat the correct response.

1. nada
2. maleta
3. quince
4. muy
5. hombre
6. por favor
7. San Fernando
8. Estados Unidos
9. Puerto Rico
10. España
11. Javier
12. Ecuador
13. Maite
14. gracias
15. Nueva York

Vocabulario

27 Escuchar y repetir You will now hear the vocabulary found in your textbook on the last page of this lesson. Listen and repeat each Spanish word or phrase after the speaker.

Diario de aprendizaje

28   **Evaluar**   Assess what you have learned in this lesson.

Numerar	☻☻☻ ☻☻ ☹

Use numbers 0–12: **cero, uno, dos, tres...**

Identificar y especificar	☻☻☻ ☻☻ ☹

The interrogative **qué** (with a written accent) refers to objects: **¿Qué es?**
The interrogative **quién** (with a written accent) refers to people: **¿Quién es?**
The indefinite article takes the form **un** with singular masculine nouns, and **una** with singular feminine nouns: **un pueblo, una ciudad.**

Deletrear	☻☻☻ ☻☻ ☹

c is pronounced /k/ before **a, o**, and **u: casa, Córdoba, Cuba.**
In the syllables **ce** and **ci**, it is pronounced /s/: **centro, cine.**
g in **ga, go**, and **gu** is pronounced /g/: **gato, gota, gusto.**
In the syllables **gue** and **gui, u** is not pronounced: **guerra, guitarra.**
In the syllables **ge** and **gi, g** is pronounced /h/: **gente, gimnasia.**
Similarly, **j** is pronounced /h/: **jamón, jefe, joven.**
h is never pronounced: **hotel, hola.**

Hablar del origen	☻☻☻ ☻☻ ☹

The verb **ser** is irregular: **yo soy; tú eres; él, ella, usted es.**
Tú is used in informal contexts and **usted** in formal contexts.
The question **¿De dónde...?** takes a written accent.

Afirmar y negar	☻☻☻ ☻☻ ☹

To answer in the affirmative, say **sí**, and in the negative, say **no**. In a sentence, the negative word (**no**) always comes before the verb: **No, no soy de Nicaragua, soy de El Salvador.**

29   **Anotar**   Write down words or phrases, grammatical structures, and cultural information that you have learned in this lesson.

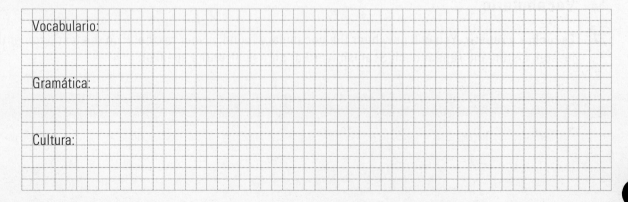

Vocabulario:

Gramática:

Cultura:

LENGUAS

Hablamos
Vocabulario

1 Nacionalidad Write the nationality of each of these important figures.

1. Rafael Nadal: ....
3. Luciano Pavarotti: ....

2. Michael Fassbender: ....
4. Coco Chanel: ....

2 Lenguas y países Which languages are spoken in these countries?

1. Canadá: *En Canadá se hablan inglés y francés.*
3. Brasil: ....

2. Uruguay: ....
4. Estados Unidos: ....

3 Él es alemán Listen to the statements and identify the nationality of each student. Repeat the correct answer after the speaker.

| MODELO | *You hear*: Jean Paul es de París. | 1. José | 3. Gina |
| | *You say*: Jean Paul es francés. | 2. Anna | 4. Marcel |

Gramática funcional

4 ¿Qué lengua? Complete the conversation with the appropriate form of the verbs **hablar** and **estudiar**.

IAN ¿Qué lenguas (1) .... (hablar), Sophie?

SOPHIE (2) .... (hablar) inglés y francés, ¿y tú?

IAN Yo también (3) .... (hablar) inglés, pero no (4) .... (hablar) francés; Carla (5) .... (hablar) francés muy bien.

CARLA Bueno..., y vosotros, ¿qué lengua (6) .... (estudiar)?

SOPHIE (7) .... (estudiar) español.

IAN Yo también (8) .... (estudiar) francés. Mis colegas (9) .... (hablar) francés.

5 Estudiar y hablar Write the correct form of the verb in each box of the game board.

3. tú estudiar	4. ellos hablar	5. nosotros estudiar	6. ustedes hablar	7. yo estudiar	8. ella hablar	9. tú hablar ....
2. vosotros estudiar						10. ellos estudiar ....
1. yo hablar *hablo*	16. tú y yo estudiar	15. ellas estudiar	14. usted hablar	13. nosotros hablar	12. él estudiar	11. vosotros hablar ....

6   **Emparejar** Match elements from each column to tell what languages people speak and study.

1. Natalia y Esteban ....   a. estudias italiano

2. Yo ....   b. estudiamos francés.

3. Carmen y yo ....   c. hablo inglés.

4. Vosotros ....   d. estudia portugués.

5. Juan ....   e. habláis francés.

6. Tú ....   f. estudian chino.

7   **Hablo español** Complete the conversations with the appropriate forms of the verbs **hablar** and **estudiar**.

1   ¿..................... usted portugués?

2   No, lo siento, no .... portugués.

3   Vosotros .... muy bien español.

4   Gracias, ... en la Universidad Popular.

8   **Se o no se** Read each sentence and write **se** where necessary. If no additional words are necessary, write **X**.

1. Amanda .... habla alemán y español.

2. ¿Qué lengua .... habla en Santo Domingo?

3. Arturo y Elvira .... hablan español y catalán.

4. En Andalucía no .... habla catalán, ... habla español.

5. Diego .... habla cuatro lenguas.

Lectura

9   **Los españoles y las lenguas** Read the text and complete the statistics. Then, write the two questions asked in the survey.

En España, un 22% de las personas habla inglés, pero solo un 1,2% habla alemán. El francés es la segunda° lengua (9,9%) y el italiano, la tercera° (1,8%). También se estudian más el inglés y el francés: un 59,6% de españoles estudia inglés y un 8,9% estudia francés. La tercera lengua es el alemán con un 6,2% y después el italiano con un 4,5%. Solo un 1,4% estudia holandés°, igual que° el chino.

segunda *second* tercera *third* holandés *Dutch*
igual que *same as*

1. ¿...?

	Habla %
Inglés	22
Francés	9,9
Italiano	1,8
Alemán	(a)............

2. ¿...?

	Estudia %
Inglés	59,6
Francés	8,9
Alemán	6,2
Italiano	(b)............
Chino	1,4
Holandés	1,4

Profesiones y trabajos
Vocabulario

10 **Profesiones** Look at the pictures and decide what each person's profession is; then write it down below the illustrations.

arquitecto/a   (ingeniero/a)   abogado/a   profesor(a)   psicólogo/a   amo/a de casa   secretario/a   médico/a

A	B	C	D
ingeniera	....	....	....

E	F	G	H
....	....	....	....

11 **Formulario** Listen to the conversation and complete the form below with the information that you hear.

🔊

Nombre:	Nacionalidad: ....
Ciudad de origen:	Profesión: ....

Gramática funcional

12 **Completar** Complete the boxes with the correct form of the verb **ser** or an appropriate pronoun.

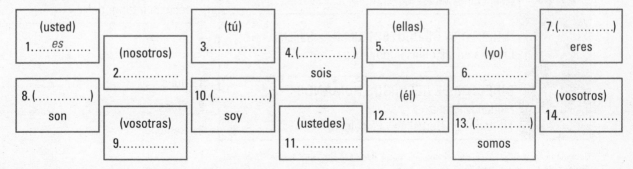

(usted)
1. *es*

(nosotros)
2. ....

8. (...............)
son

(vosotras)
9. ....

(tú)
3. ....

4. (...............)
sois

10. (...............)
soy

(ustedes)
11. ....

(ellas)
5. ....

(yo)
6. ....

(él)
12. ....

13. (...............)
somos

7. (...............)
eres

(vosotros)
14. ....

13 **Adjetivos** Write the appropriate endings for the adjectives.

1. Soy psicólogo, una profesión muy interesant.......
2. Ser cajero es una profesión divertid........
3. Nosotras somos secretarias. No es una profesión aburrid........
4. Mi profesión es muy estresant.......; soy médico.
5. Es muy divertid....... ser profesor.

14 **Secuencia** Write the next number in each series.

1. quince • veinte • veinticinco • treinta • ....

2. cuarenta y siete • cuarenta y nueve • cincuenta y uno • cincuenta y tres • ....

3. cincuenta • sesenta • setenta • ochenta • ....

15 **¿Qué número escuchas?** Listen to the statements and select the phone number that you hear.

1. El número de teléfono de la oficina es ....
   a. 738 21 46 50   b. 783 12 46 50   c. 837 12 46 50

2. El número de teléfono celular es ....
   a. 413 09 52 11   b. 413 09 25 22   c. 413 09 11 22

3. El número de teléfono de la casa es ....
   a. 100 95 78 61   b. 101 95 78 06   c. 101 59 78 61

16 **Yo soy estudiante** Listen to the subject of each sentence and choose the correct ending for each question or statement. Then listen to the correct answer and repeat after the speaker.

MODELO		
You hear:	Margarita y tú	
You see:	(sois/eres) / periodista(s) / ¿?	
You say:	¿Margarita y tú sois periodistas?	

1. (somos/soy) / guía(s) / .
2. (somos/son) / técnicos/as informáticos/as / .
3. (es/soy) / ingeniero/a / .
4. (es/eres) / médico/a / ¿?
5. (sois/somos) / estudiantes / .
6. (eres/es) / cantante / ¿?

Lectura

17 **Profesionales** Read about the management team at the GRUPO-RT Company, then indicate what each person's profession is.

GRUPO-RT *Más de 30 profesionales con usted*	
	DIRECTORA DE MARKETING Julie Jones Máster en Marketing y Comunicación Licenciada° en Periodismo°
	DIRECTORA DE PROYECTOS Elena Sánchez Experta en sistemas informáticos
	DIRECTOR DE RECURSOS HUMANOS° Ramón Mairena Titulado° en Derecho° y Psicología

abogado y psicólogo

periodista

técnica informática

1. Julie: ....
2. Elena: ....
3. Ramón: ....

Licenciada *Bachelor's Degree* **Periodismo** *Journalism* **Recursos Humanos** *Human Resources*
Titulado *Holds a degree* **Derecho** *Law*

Joan, un catalán políglota

18 Seleccionar What is Joan talking about in the interview? Select the correct answers.

1. Con la familia, Joan habla

   a. español.   b. catalán.   c. español y catalán.

2. Con los colegas en el trabajo, Joan habla

   a. español.   b. catalán e inglés.   c. catalán.

19 Perfil Read the business cards and the help wanted ads, then write the name of the person who should apply for each job.

Carmen Rivera	Fernando Sopeña	Marta Luján
Ingeniera	**ABOGADO**	Psicóloga

CEMENTOS S.A. CONSTRUCCIONES NECESITA arquitectos e ingenieros

CLÍNICA TU SALUD NECESITA PSICÓLOGOS con mínimo 2 años de experiencia profesional

LEGALITA necesita abogados

20 Entrevista Look at the information Ana María provided in a survey and write the questions the interviewer asked.

Nombre: *Ana María González Pascual*

Ciudad de origen: *Ciudad de Panamá*

Profesión: *Profesora de biología*

1. ....

2. ....

3. ....

Lectura

21   **Exposición Pablo Picasso**   Look at the brochure about an exhibit at the **Museo Picasso**. Answer the questions to summarize the main ideas.

EXPOSICIÓN° Pablo Picasso
"1895 – Barcelona"
Pintor y artista universal del siglo xx.
(Málaga 1881 – Mougins 1973).

Estudia en la Escuela de Bellas Artes°.
En su primera etapa° como pintor pinta aspectos°
de la ciudad: el mar, la playa, La Barceloneta...

DIRECCIÓN

Montcada, 15-23
08003 Barcelona
Teléfono de información: 93 256 30 00
Fax: 93 315 01 02
🚌 : 17, 45

ENTRADAS°

Colección y exposición: 14,00€
Exposición: 4,50€

VISITAS GUIADAS

Visitas guiadas en catalán, español, inglés y francés.

1. ¿Cuál es el tema de la exposición?
   a. Pablo Picasso
   b. Barcelona

2. ¿De dónde es Picasso?
   a. Mougins
   b. Málaga

3. ¿Dónde está el museo?
   a. Barcelona
   b. Bellas Artes

4. ¿Cuál es el teléfono de información del museo? Anótelo.
   ....
   ....

5. ¿En qué lenguas hay visitas guiadas? Márquelas.
   español • alemán • inglés
   catalán • chino • francés
   italiano • holandés

Exposición *Exhibit* Escuela de Bellas Artes *School of Fine Arts* etapa *phase* aspectos *sights* entradas *tickets*

🔊 Pronunciación: Intonation

Intonation refers to the rise and fall in the pitch of a person's voice when speaking. Intonation patterns in Spanish are not the same as those in English, and they vary according to the type of sentence.

In normal statements, the pitch usually rises on the first stressed syllable.

Me llamo Carolina Martínez de Mateo.   Tra**ba**jo en el Museo Picasso.

In exclamations, the pitch goes up on the first stressed syllable.

¡Bienve**ni**dos!   ¡**Cla**ro que sí!

In questions with yes-or-no answers, the pitch rises to the highest level on the last stressed syllable.

¿Hablas portu**gués**?   ¿Es usted arqui**tec**to?

In questions that request information, the pitch is highest on the stressed syllable of the interrogative word.

¿**Cuán**do llegas al trabajo?   ¿**Cuál** es su número de teléfono?

22 **Con entonación** Repeat each sentence after the speaker, imitating the intonation.

1. ¿A qué te dedicas, Carlos?
2. ¿Es una carrera interesante?
3. ¡Hablas muchas lenguas!
4. Hablo español, inglés y un poco de francés.
5. Yo soy ingeniero y mi hermano es arquitecto.
6. ¿Qué lenguas hablas?

🔊 Vocabulario

23 **Escuchar y repetir** You will now hear the vocabulary found in your textbook on the last page of this lesson. Listen and repeat each Spanish word or phrase after the speaker.

Diario de aprendizaje

24 **Evaluar** Assess what you have learned in this lesson.

| Informar sobre las lenguas que uno habla y estudia | ☺☺☺ | ☺☺ | ☹ |

Regular **-ar** verbs: **hablar, estudiar.**

| Indicar la nacionalidad | ☺☺☺ | ☺☺ | ☹ |

Nationality and place of origin are expressed with the verb **ser: Soy irlandés.**

| Informar sobre las lenguas que se hablan en un país | ☺☺☺ | ☺☺ | ☹ |

In Spanish, use **se** + 3rd-person verb form to express an impersonal meaning:
Se habla inglés.

| Hablar de la profesión | ☺☺☺ | ☺☺ | ☹ |

To tell someone's profession, use the verb **ser: Soy ingeniero. / Somos profesores.**

| Valorar el trabajo y las carreras | ☺☺☺ | ☺☺ | ☹ |

ser + [*adjective*]: **Arquitecto es una profesión interesante.**

| Numerar | ☺☺☺ | ☺☺ | ☹ |

Numbers 12–100.

| Preguntar por el número de teléfono | ☺☺☺ | ☺☺ | ☹ |

To ask for a telephone number, say: **¿Cuál es tu número de teléfono?**

25 **Anotar** Write down words or phrases, grammatical structures, and cultural information that you have learned in this lesson.

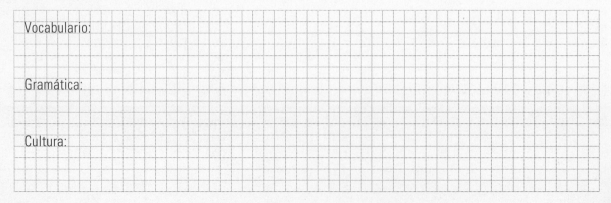

Vocabulario:

Gramática:

Cultura:

1A

¡Bienvenidos!
Autoevaluación

Read the dialogues and select the correct answer.

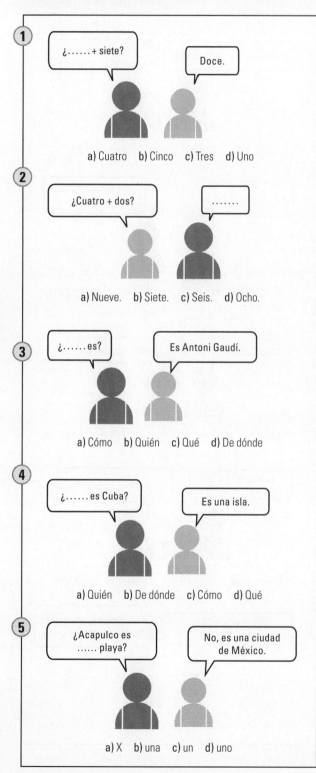

1
¿..... + siete?
Doce.
a) Cuatro   b) Cinco   c) Tres   d) Uno

2
¿Cuatro + dos?
....
a) Nueve.   b) Siete.   c) Seis.   d) Ocho.

3
¿..... es?
Es Antoni Gaudí.
a) Cómo   b) Quién   c) Qué   d) De dónde

4
¿..... es Cuba?
Es una isla.
a) Quién   b) De dónde   c) Cómo   d) Qué

5
¿Acapulco es ..... playa?
No, es una ciudad de México.
a) X   b) una   c) un   d) uno

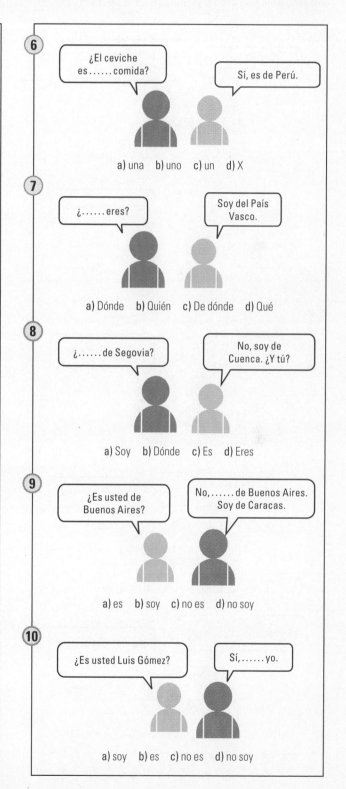

6
¿El ceviche es..... comida?
Sí, es de Perú.
a) una   b) uno   c) un   d) X

7
¿..... eres?
Soy del País Vasco.
a) Dónde   b) Quién   c) De dónde   d) Qué

8
¿..... de Segovia?
No, soy de Cuenca. ¿Y tú?
a) Soy   b) Dónde   c) Es   d) Eres

9
¿Es usted de Buenos Aires?
No, ... de Buenos Aires. Soy de Caracas.
a) es   b) soy   c) no es   d) no soy

10
¿Es usted Luis Gómez?
Sí, ... yo.
a) soy   b) es   c) no es   d) no soy

Answer key: 1.b 2.c 3.b 4.d 5.b 6.a 7.c 8.d 9.d 10.a

Lenguas

Autoevaluación

Read the dialogues and select the correct answer.

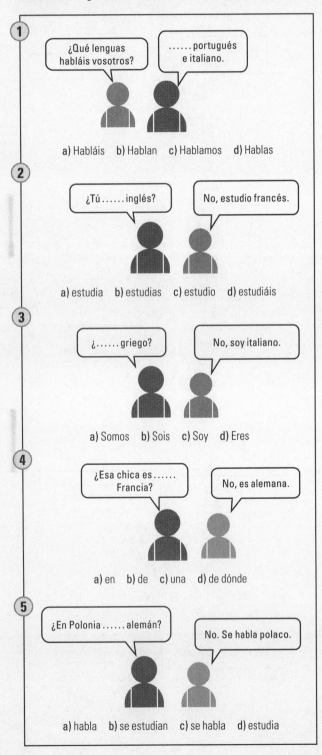

1

¿Qué lenguas habláis vosotros?

...... portugués e italiano.

a) Habláis   b) Hablan   c) Hablamos   d) Hablas

2

¿Tú ...... inglés?

No, estudio francés.

a) estudia   b) estudias   c) estudio   d) estudiáis

3

¿...... griego?

No, soy italiano.

a) Somos   b) Sois   c) Soy   d) Eres

4

¿Esa chica es ...... Francia?

No, es alemana.

a) en   b) de   c) una   d) de dónde

5

¿En Polonia ...... alemán?

No. Se habla polaco.

a) habla   b) se estudian   c) se habla   d) estudia

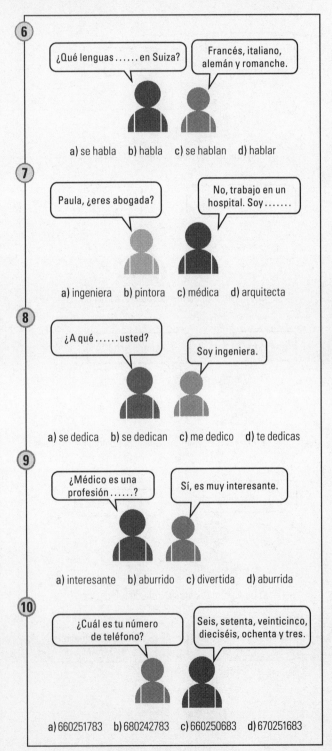

6

¿Qué lenguas ...... en Suiza?

Francés, italiano, alemán y romanche.

a) se habla   b) habla   c) se hablan   d) hablar

7

Paula, ¿eres abogada?

No, trabajo en un hospital. Soy ......

a) ingeniera   b) pintora   c) médica   d) arquitecta

8

¿A qué ...... usted?

Soy ingeniera.

a) se dedica   b) se dedican   c) me dedico   d) te dedicas

9

¿Médico es una profesión ......?

Sí, es muy interesante.

a) interesante   b) aburrido   c) divertida   d) aburrida

10

¿Cuál es tu número de teléfono?

Seis, setenta, veinticinco, dieciséis, ochenta y tres.

a) 660251783   b) 680242783   c) 660250683   d) 670251683

Answer key: 1. c 2. b 3. d 4. b 5. c 6. c 7. c 8. a 9. a 10. d

ENTRE EL NORTE Y EL SUR

¡Viva Guatemala!
Vocabulario

1 **Género y número** Classify these nouns according to their gender and number.

| avenidas | barrio | catedrales | ciudad | hotel | monumentos | parques | paz |

	masculino	**femenino**
singular	*barrio*	....
plural	....	....

2 **Muy lejos** Correct each statement by rewriting it with the opposite expression of distance.

1. Uruguay está **muy lejos** de Paraguay. ....

2. Bariloche está **cerca** de Mendoza. ....

3. Quito está **lejos** de Guayaquil. ....

4. Guatemala está **muy cerca** de Chile. ....

Para Pablo Listen to the message Joaquín left on his friend Pablo's voicemail. Then indicate whether each statement is true (**verdadero**) or false (**falso**).

3

Verdadero	Falso	
○	○	1. Joaquín está en la capital de Panamá.
○	○	2. Panamá está cerca de Quito.
○	○	3. Hay lugares famosos en Ciudad de Panamá.
○	○	4. El hotel de Joaquín está en el centro histórico.
○	○	5. No hay paseos en la ciudad.

Gramática funcional

4 **Ser y estar** Complete the table with verb forms from the list.

	SER	**ESTAR**
yo	*soy*	....
tú	....	....
usted, él, ella	....	....
nosotros/as	....	....
vosotros/as	....	....
ustedes, ellos/as	....	....

somos   estoy   es   estáis   eres   estás   está   son   sois   están   soy   estamos

5 Oraciones Write the definite article for each noun, then combine the parts to make sentences. Pay attention to the endings of the adjectives.

1. _La_ plaza
2. ...... islas
3. ...... hotel
4. ...... guatemaltecos

es
son

simpáticos.
bonito.
agradable.
fantásticas.

1. ....
2. ....
3. ....
4. ....

6 ¿Es o está? Which verb should you use with each word or expression, **es** or **está**?

| a 35 km   bonito   cerca   en el sur   famoso   interesante   lejos   simpática |

es	está
....	....
....	....

7 ¿De dónde eres? Complete the conversations with the appropriate forms of the verbs **ser** and **estar**.

1. • ¿Dónde ....el parque?
   ■ ....en el centro, muy cerca de la catedral.

2. • ¡Qué bonita ....esta fotografía!
   ■ ....Machu Picchu, en Perú.

3. • ¿De dónde ....vosotros?
   ■ ....de Quito, Ecuador.

4. • ¿Cómo es Quito? ¿.............una ciudad tranquila?
   ■ Muy tranquila no, pero ....muy bonita.

5. • ¿Tú ....cerca de la universidad?
   ■ Sí, ...a menos de un kilómetro.

6. • ¿En qué hotel ....ustedes?
   ■ ....en el Hotel Castellanos, en el centro.

8 Números Match the written forms to the corresponding numerals.

.... 1. seiscientos noventa y cinco   a. 236
.... 2. ochocientos sesenta y nueve   b. 695
.... 3. setecientos noventa y cinco   c. 392
.... 4. cuatrocientos setenta y dos   d. 795
.... 5. trescientos noventa y dos   e. 472
.... 6. novecientos sesenta y seis   f. 966
.... 7. doscientos treinta y seis   g. 869

9 **A dos kilómetros** Use the information provided to write complete sentences.

> **MODELO** San José-San Salvador: 697 km *San José está a seiscientos noventa y siete kilómetros de San Salvador.*

Managua-Ciudad de Panamá: 819 km

1. ....

....

Ciudad de Guatemala-San Salvador: 175 km

2. ....

....

Belmopán-Tegucigalpa: 386 km

3. ....

....

10 **Es interesante** Listen to the sentence starters, then use the information provided to give descriptions. Pay attention to gender and number changes. Then listen to the correct answer and repeat after the speaker.

> **MODELO** *You hear*: El parque...
> *You see*: bonito
> *You say*: El parque es bonito.

1. agradable / simpático
2. romántico / bonito
3. típico
4. interesante
5. moderno

Lectura

11 **Sevilla** Read Víctor's e-mail and indicate whether each statement is true (**verdadero**) or false (**falso**).

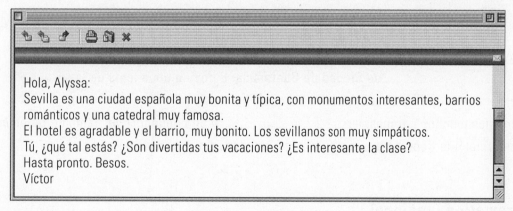

Hola, Alyssa:
Sevilla es una ciudad española muy bonita y típica, con monumentos interesantes, barrios románticos y una catedral muy famosa.
El hotel es agradable y el barrio, muy bonito. Los sevillanos son muy simpáticos.
Tú, ¿qué tal estás? ¿Son divertidas tus vacaciones? ¿Es interesante la clase?
Hasta pronto. Besos.
Víctor

Verdadero	Falso	
○	○	1. Sevilla es una ciudad guatemalteca muy bonita.
○	○	2. La catedral de Sevilla es muy famosa.
○	○	3. Alyssa está en un hotel muy agradable.
○	○	4. Los sevillanos no son muy simpáticos.
○	○	5. Víctor está en una clase interesante.
○	○	6. Los barrios de Sevilla son románticos.

Cerca de casa
Vocabulario

12 **Identificar** Write the words that match the images.

| el ayuntamiento   el parque   la plaza   el polideportivo |

A ....   B ....   C ....   D ....

13 🔊 **Mi casa tiene...** Listen to the places mentioned in the recording. Use the information provided to describe the characteristics of each place. Then listen to the correct answer and repeat after the speaker.

MODELO	*You hear*:	Mi barrio...
	You see:	museos ✓
	You say:	Mi barrio tiene museos.
	You hear:	Mi barrio...
	You see:	tráfico ✗
	You say:	Mi barrio no tiene tráfico.

1. casas bonitas ✓
2. tiendas y restaurantes ✓
3. museos ✗
4. parques ✗
5. plazas ✓

14 **Completar** Complete the paragraph using words from the list. Change the ending if necessary for agreement.

| ayuntamiento   barrio   capital   horrible   ideal   periferia   plazas   privilegiado   tráfico |

Soy una (1) .... Vivo en un (2) .... muy tranquilo en la

(3) .... de Ciudad de Guatemala. Estoy un poco lejos de la (4) .... ,

pero no tengo problemas. Las calles son muy bonitas y no tienen mucho (5) ....

Tenemos muchos parques, (6) .... y un polideportivo. También tenemos un centro

comercial que tiene bares, restaurantes y tiendas. ¡Es el barrio (7) ....!

Gramática funcional

15 **Mi pueblo** Choose the correct article.

Yo vivo en un pueblo. Mi pueblo tiene (1) **una/unas** casas muy bonitas. Hay (2) **un/el** parque cerca de mi casa. (3) **Las/La** iglesias están en el centro y (4) **lo/los** restaurantes también. Es (5) **un/el** pueblo tranquilo y muy bonito.

16 Diálogos Complete the conversations with the appropriate possessive adjectives.

A Señor, ¿la capital de .... país es Caracas?

Sí.

B ¿Cómo se llama .... barrio, señora?

.... barrio se llama Macarena.

C Marina, ¿esa es .... casa?

Sí, es .... casa.

D Oye, Pepe, ¿............. pueblo tiene polideportivo?

Hombre, claro, ... pueblo tiene un polideportivo y un parque muy bonito.

17 Tener, vivir Write an appropriate pronoun for each verb form.

1. ...*nosotros*... tenemos
2. .... tenéis
3. .... vivís
4. .... vivo

5. .... tengo
6. .... tiene
7. .... vive
8. .... vives

9. .... tienes
10. .... tienen
11. .... vivimos
12. .... viven

18 Ordenar Put the conversation in order.

☐ Y tu familia, ¿dónde vive?

1 ¿Vives con tu familia?

☐ No, vivo solo.

☐ Ellos viven en el pueblo, en Camas.

19 Tú tienes Complete the sentences with the appropriate forms of the verb **tener**.

1 Vivimos en Londres. La ciudad .... unos barrios fantásticos.

2 Yo .... una foto de la iglesia.

3 ¿Vives en Costa Rica? ¿Las ciudades de Costa Rica .... mucho tráfico?

4 Nosotros vivimos en el centro y .... parques muy bonitos.

5 Teresa, ¿........................ una guía de Panamá?

6 ¿Vosotros .... problemas de tráfico en Managua?

20 **Preguntas** Write the appropriate questions for these answers.

1. ¿...?

Vivo muy cerca de la plaza de la Merced.

2. ¿...?

Trabajo en un banco, en la calle de los Austrias.

3. ¿...?

Ana trabaja en el centro de la ciudad.

4. ¿...?

Vivimos lejos del centro.

5. ¿...?

Mario y Jorge viven cerca de mi casa.

21 **Responder** Listen to the questions and use the information provided to answer in complete sentences. Then repeat the correct answer after the speaker.

MODELO	You hear:	¿Dónde trabajas?
	You see:	en el centro
	You say:	Trabajo en el centro.
	You hear:	¿Tiene calles tranquilas?
	You see:	mi barrio
	You say:	Sí, mi barrio tiene calles tranquilas.

1. en la periferia
2. cerca de la universidad
3. la capital
4. el centro de la ciudad
5. los barrios de la periferia

Lectura

22 **Turismo** Read the information from this Web page and write a caption for each image based on your reading.

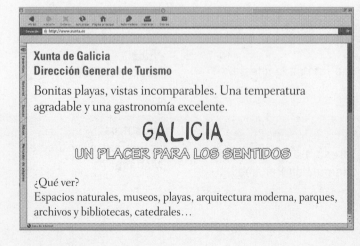

Xunta de Galicia
Dirección General de Turismo

Bonitas playas, vistas incomparables. Una temperatura agradable y una gastronomía excelente.

GALICIA
UN PLACER PARA LOS SENTIDOS

¿Qué ver?
Espacios naturales, museos, playas, arquitectura moderna, parques, archivos y bibliotecas, catedrales…

A

B

....

C

D

....

Juan Tomás, un taxista de Panamá

23   **Guía** Fill in the blanks to complete this excerpt from a guidebook about Ciudad de Panamá.

CIUDAD DE PANAMÁ

Población: 880 000 (1) ....   (3) .... : 275 km²

(2) .... : calor todo el año   (4) .... : Panamá

Ciudad de Panamá es la (5) .... de Panamá. Está en el centro del (6) .... , sobre el océano Pacífico y al este del Canal de Panamá. La (7) .... tiene tres partes muy diferentes: Panamá la Vieja, que son ruinas de la antigua Ciudad de Panamá; la Panamá Colonial o Casco Viejo, que es un (8) .... muy bonito en el (9) .... histórico, y la Panamá Moderna, que tiene edificios modernos, tiendas, restaurantes, teatros y museos. El (10) .... es muy agradable y la (11) .... es muy simpática.

24   **México, D.F.** Read the answers that Ricardo, a Mexican taxi driver, gives to a tourist. Then write the questions.

1. ¿...?
   El Hotel República está en el centro histórico, cerca del Zócalo, la plaza más famosa de México.

2. ¿...?
   Sí, el hotel está lejos del aeropuerto. Está a 13 km.

3. ¿...?
   Sí, México, D.F. tiene muchos habitantes y las calles tienen mucho tráfico.

4. ¿...?
   Sí, en la periferia tenemos barrios muy típicos y bonitos.

5. ¿...?
   Sí, claro, la ciudad también tiene parques y muchas plazas preciosas.

6. ¿...?
   Sí, tenemos muchos museos, iglesias y catedrales.

25   **En el mapa** Listen to the statements about the neighborhood. Look at the map and indicate whether each statement is true (**verdadero**) or false (**falso**).

	Verdadero	Falso
1.	○	○
2.	○	○
3.	○	○
4.	○	○
5.	○	○
6.	○	○

Lectura

26 **España** Read the text, and then write answers to the questions.

España es un país de contrastes

España tiene 17 comunidades autónomas: Cataluña, Navarra, País Vasco, Cantabria, Asturias y Galicia, en el norte; La Rioja, Castilla-León, Castilla La Mancha y Madrid en el centro; Extremadura, que forma frontera° con Portugal; Andalucía y Murcia en el sur; las islas Baleares y Canarias; Valencia y Aragón en el este. Además tiene dos ciudades autónomas en el norte de África: Ceuta y Melilla.

Las comunidades autónomas tienen una o varias provincias, gobierno° autónomo y capital. Por ejemplo, Andalucía, la comunidad autónoma más grande, tiene ocho provincias: Sevilla, Córdoba, Granada… y Madrid solo tiene una, Madrid.

Las dos ciudades más grandes de España son Madrid y Barcelona. Cada una tiene unos cinco millones de habitantes. Las siguientes ciudades en población son Valencia, Sevilla, Zaragoza, Murcia y Málaga. Hay numerosas ciudades pequeñas como León, Cuenca, Santiago de Compostela o Cádiz.

Cada región tiene su actividad económica más importante: hay agricultura en Andalucía, Aragón, Extremadura o Castilla La Mancha. En Valencia y Murcia es más importante la huerta°. La pesca° tiene más importancia en Galicia y Andalucía. Las comunidades con más industria son Cataluña, Madrid, Valencia y el País Vasco. La actividad comercial y de servicios está sobre todo en las capitales de provincia y el turismo es el protagonista en la costa mediterránea.

España es un país de contrastes. La costa y el interior son muy diferentes, y también la costa del norte es muy distinta° de la costa del sur. En España una parte muy importante de la población vive en las ciudades aunque° también es habitual tener un lugar para descansar° el fin de semana o en vacaciones en la costa o en un pueblo del interior°.

1. ¿Cuántas comunidades autónomas tiene España?

....

....

2. ¿Cuántas provincias tiene Andalucía?

....

....

3. Escriba el nombre de cuatro ciudades de España.

....

....

4. ¿Dónde tiene más importancia la pesca?

....

....

5. ¿Dónde tienen los españoles lugares de descanso?

....

....

frontera *border* **gobierno** *government* **huerta** *orchard* **pesca** *fishing* **distinta** *different* **aunque** *although* **descansar** *to rest* **del interior** *inland*

Pronunciación: Spanish **b** and **v**

There is no difference in pronunciation between the Spanish letters **b** and **v**. However, each letter can be pronounced in two different ways, depending on which letters appear next to them.

bueno   **v**óleibol   **bib**lioteca   **v**ivir

B and **v** are pronounced like the English hard *b* when they appear either as the first letter of a word, at the beginning of a phrase, or after **m** or **n**.

bonito   **v**iajar   tam**b**ién   in**v**estigar

In all other positions, **b** and **v** have a softer pronunciation, which has no equivalent in English. Unlike the hard *b*, which is produced by tightly closing the lips and stopping the flow of air, the soft *b* is produced by keeping the lips slightly open.

de**b**er   no**v**io   a**b**ril   cer**v**eza

In both pronunciations, there is no difference in sound between **b** and **v**. The English *v* sound, produced by friction between the upper teeth and lower lip, does not exist in Spanish. Instead, the soft *b* comes from friction between the two lips.

bola   **v**ela   Cari**b**e   decli**v**e

When **b** or **v** begins a word, its pronunciation depends on the previous word. At the beginning of a phrase or after a word that ends in **m** or **n**, it is pronounced as a hard *b*.
Verónica y su esposo cantan **b**oleros.

Words that begin with **b** or **v** are pronounced with a soft *b* if they appear immediately after a word that ends in a vowel or any consonant other than **m** or **n**.
Benito es de **B**oquerón pero **v**ive en **V**ictoria.

27 **b y v** Repeat these words after the speaker to practice the **b** and the **v**.

1. hablamos   4. van   7. doble   10. cabaña
2. trabajar   5. contabilidad   8. novia   11. llave
3. botones   6. bien   9. béisbol   12. invierno

28 **Con entonación** When you hear the number, read the corresponding sentence aloud, focusing on the **b** and **v** sounds. Then listen to the speaker and repeat the sentence.

1. Vamos a Guaynabo en autobús.
2. Voy de vacaciones a la isla Culebra.
3. Tengo una habitación individual en el octavo piso.
4. Víctor y Eva van en avión al Caribe.
5. La planta baja es bonita también.
6. ¿Qué vamos a ver en Bayamón?
7. Beatriz, la novia de Víctor, es de Arecibo, Puerto Rico.

29 **Refranes** Repeat each saying after the speaker to practice the **b** and the **v**.

1. No hay mal que por bien no venga. (*Every cloud has a silver lining.*)
2. Hombre prevenido vale por dos. (*An ounce of prevention equals a pound of cure.*)

Vocabulario

30 **Escuchar y repetir** You will now hear the vocabulary found in your textbook on the last page of this lesson. Listen and repeat each Spanish word or phrase after the speaker.

Diario de aprendizaje

(31)   **Evaluar**   Assess what you have learned in this lesson.

Situar lugares

The verb **estar** is used to indicate location: **La Universidad Popular está cerca de casa.**

Expresar cantidades

Numbers 100 – 1,000 are regular, except **quinientos, setecientos,** and **novecientos.** Numbers 200 – 999 have masculine and feminine forms: **doscientos libros/doscientas páginas.**

Indicar distancias

Cerca and **lejos** take the preposition **de: Está cerca/lejos de mi casa.**

Intensificar

Muy is used before an adjective or an adverb to intensify descriptions: **Muy divertido./Muy bien.**

Presentar y describir lugares

Articles, nouns, and adjectives have gender (masculine or feminine) and number (singular or plural): **Las playas del norte son muy bonitas.**

Hablar del lugar de residencia

Vivir is a regular -**ir** verb, like **escribir.** Only the **nosotros/as** and **vosotros/as** forms keep the **i** in the ending. The verb **vivir** is often used with **en: Vivo en México, D.F.**

Expresar posesión

Tener is a verb that changes the **e** to **ie,** except for the forms **nosotros** and **vosotros.** The first person (**yo**) is irregular: **tengo. Mi, tu,** and **su** are singular possessive adjectives.

(32)   **Anotar**   Write down words or phrases, grammatical structures, and cultural information that you have learned in this lesson.

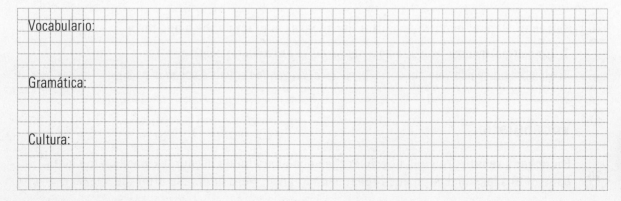

Vocabulario:

Gramática:

Cultura:

ESPECIALIDAD DE LA CASA

Café con leche
Vocabulario

1 **Bebidas o comidas** Organize these words by category: drinks or food.

bollería	leche	cortado	galletas	descafeinado	churros
té	jugo	café	cereales	cruasán	tostada

leche

BEBIDAS

COMIDAS

2 **El desayuno** Listen to these people ordering breakfast and choose the option that best completes each sentence. Repeat the correct answer after the speaker.

MODELO

You hear: Un café con ...., por favor.
You see: leche/té
You say: Un café con leche, por favor.

1. aceite de oliva/cruasán
2. yogur/churros
3. cereales/leche

4. con queso/solo
5. hielo/mantequilla
6. queso/mermelada

3 **Chocolate y pan** Write a label for each photo.

café con leche y ...
_____

Gramática funcional

4 **Cuánto o ser** Complete the conversations with **cuánto** and/or the appropriate form of the verb **ser**.

Son 2 €.

Por favor, ¿(1)................... es?

¡Camarero, por favor! ¿Cuánto (2).....................?

(3).....................
1,20 €.

¿(4).................
...............?

(5).....................
4 €.

5 **Completar** Complete the dialogue with words and expressions from the list.

- Buenos días, ¿qué desea?
- Buenos días, (1)........................... y (2)..........................., por favor.
- El café, ¿solo o con leche?
- (3)..............., por favor.
- La tostada, ¿con mantequilla o con aceite?
- (4)..
- ¿(5)..........................?
- Son 3 euros.

Cuánto es
Con mantequilla y mermelada.
Solo
una tostada
un café

6 **Tomar, aprender, escribir** Complete the table with the correct forms of the verbs.

	tomar	aprender	escribir
yo	....	....	....
tú	....	*aprendes*	....
usted, él, ella	*toma*	....	....
nosotros/as	....	....	*escribimos*
vosotros/as	....	....	....
ustedes, ellos/as	....	....	....

7 **Almorzar, comer y beber** Complete the conversations with the appropriate forms of the verbs **almorzar**, **comer**, and **beber**.

1. • Juana, ¿tú .... (almorzar) en casa o en un restaurante?
   - Normalmente .... (almorzar) en un restaurante cerca del trabajo.
   • ¿Y .... (beber) agua o vino?
   - Siempre .... (beber) agua.

2. • Vosotros, ¿qué .... (comer) y .... (beber) en el desayuno?
   - Carlos y yo .... (beber) té y .... (comer) tostadas con aceite de oliva. Los niños .... (beber) zumo y .... (comer) cereales. Bueno, Juanito .... (beber) leche sola y .... (comer) una galleta.

3. • ¿Y usted, Sr. López, qué .... (comer) y .... (beber) normalmente en el desayuno?
   - No desayuno. Bueno, ... (beber) un café solo.

8   **Oraciones** Put the words in order to form complete sentences.

1. normalmente / fuera / desayuno ....

2. bebo / siempre / zumo / un / de / naranja

....

3. bebemos / a veces / té / ....

4. siempre / cafetería / desayunamos / una / en ....

5. cenamos / a veces / semana / de / fin / fuera / el ....

6. almuerza / en / normalmente / usted / ¿ / ? / casa ....

9   **Desayunar** Listen to the questions and answer in complete sentences with the information given. Then listen to the correct answer and repeat after the speaker.

MODELO	*You hear*: ¿Qué desayunas? *You see*: a veces/huevos *You say*: A veces desayuno huevos.

1. normalmente/fuera

2. siempre/solo

3. normalmente/yogur con cereales

4. a veces/chocolate con churros

5. normalmente/agua

6. siempre/tostadas con aceite de oliva y tomate

Lectura

10   **Desayunos en Latinoamérica** Read the text, then write what people have for breakfast in these countries.

Desayunos del mundo

El desayuno es muy diferente de una cultura a otra. Dentro de un país también varían las tradiciones. Por ejemplo, en Ecuador se toma café, leche, yogur o jugo de frutas con pan y mantequilla o panqueques. En la región amazónica se toma un desayuno más fuerte: plátano verde, tortillas o pan de yuca, con pescado, carne, etc.

En México comen huevos con chile, tortillas y frijoles. Beben jugo de frutas, café con leche o atole°.

En Puerto Rico a veces desayunan una mallorca y café con leche.

Los colombianos desayunan pan de queso con huevo. Se bebe "tinto" (café negro) y "agua de panela".
En Venezuela se comen arepas rellenas° de queso u otros alimentos y beben café con leche.

En Perú desayunan leche caliente con azúcar, pan y huevos revueltos°. En la costa desayunan tamales.

En Argentina se desayuna café con leche o mate y algo dulce: facturas° (tipo cruasán, etc.) o pan con manteca (mantequilla) y dulce de leche.

atole *corn-based drink*   rellenas *stuffed*   revueltos *scrambled*   facturas *(Arg.) pastries*

En el desayuno beben:	*café, ...*
En el desayuno comen:	*yogur, ...*

Menú del día
Vocabulario

11 **¿Desayuno o tapas?** Breakfast or tapas? Classify these words.

cereales • calamares • café • churros • cruasán • pulpo • zumo • aceitunas • tostada • gambas

cereales

DESAYUNO

TAPAS

12 **Etiquetar** Read the text, then label the pictures with the words in **bold**.

> En España, en pueblos y en ciudades, es muy normal desayunar en un bar o en una **cafetería**. Toman su **desayuno** jóvenes, abogados, médicos, amas de casa... Es un lujo (*luxury*) tener un excelente **café**, un sándwich, una **tostada** y **zumo de naranja**, y la conversación con un compañero.

A ....   B ....   C ....

D ....   E ....

13 **Verdadero o falso** Listen to the conversation between Pedro and the waiter and indicate whether each statement is true (**verdadero**) or false (**falso**).

Verdadero	Falso	
○	○	1. Pedro come ensalada de primer plato.
○	○	2. Jimena come arroz con calamares de primer plato.
○	○	3. Pedro come dorada con ensalada de plato principal.
○	○	4. Jimena come ensalada de plato principal.
○	○	5. Pedro y Jimena beben vino.
○	○	6. Pedro toma café y Jimena come un flan de postre.

Gramática funcional

14 **¿Qué desea?** Choose the correct option to complete each sentence.

.... 1. Por favor, ... botella de agua.
- a. otro
- b. una otra
- c. otra

.... 2. De .... plato, sopa de pescado.
- a. uno
- b. primero
- c. primer

.... 3. ¿Qué tal las albóndigas? Están ....
- a. muy ricos
- b. ricas
- c. un poco ricas

.... 4. ¿Qué desea .... postre?
- a. en
- b. a
- c. de

.... 5. ¿Desean los señores algo más? No, ... , gracias.
- a. nada más
- b. no más
- c. algo más

.... 6. Camarero, por favor, ...
- a. la cuenta
- b. el paseo
- c. el IVA incluido

15 **Deliciosos** Complete the sentences with the appropriate forms of the verb **estar** and the endings of the adjectives.

1. Los calamares .... muy ric........
2. El chorizo .... un poco picant........
3. La sopa .... muy salad........
4. El jamón .... muy ric........
5. Las lentejas .... muy ric........
6. Las gambas .... un poco sos........
7. Los quesos .... muy picant........
8. El pulpo .... muy salad........

16 **Ordenar** Number the lines of conversation to put it in order. Then, write out the conversation below.

☐ a. No, nada más. La cuenta, por favor.
☐ b. Aquí tiene su cerveza, ¿algo más?
☐ c. Otra cerveza.
☐ d. Sí, ¿qué desea?
☐ e. ¡Camarero, por favor!

- ....
- ....
- ....
- ....
- ....

17 **Un poco soso** Use the keys to decipher the pictures. When you hear the number, say the full sentence. Then listen to the correct answer and repeat after the speaker.

MODELO	*You hear:*	Uno
	You see:	La ensalada está...
	You say:	La ensalada está un poco sosa.

1. El jamón está...
2. La tortilla está...
3. El pulpo está...
4. El filete está...

18 **El menú** What do these friends order? Look at the menu and at the total price to complete the conversation.

- Una ración de (1) .... y una de (2) ....
- Más una ración de (3) .... y una de (4) ....
- ¿Y para beber?
- Dos (5) ...., por favor.

[...]

- ¡Camarero, por favor!
- (6) ....
- No, nada más, gracias. La cuenta, por favor.
- Son 38 euros.

Aceitunas	5€
Calamares	9€
Gambas	10€
Jamón serrano	15€
Queso	8€
Cerveza	3€

Lectura

19 **El menú del día** Read the article and then indicate the qualities that are important to most Spaniards.

Muchos españoles comen el "menú del día" en un restaurante. Para los españoles es bueno comer ensalada antes del primer plato. La variedad de primeros platos en el menú del día es importante. Los más frecuentes son: verduras, arroz, espaguetis, lentejas, etc. Los españoles prefieren guarniciones variadas con los segundos platos: patatas fritas, ensalada, verduras, etc. En España el pan siempre acompaña las comidas. Ofrecer distintos panes es muy valorado. Normalmente los menús ofrecen varias opciones para el postre: tartas, flan, helados, y siempre hay una fruta. Además, la bebida es siempre agua o vino, y a veces también cerveza.

☐ precio del menú   ☐ oferta de pan

☐ bebidas alcohólicas   ☐ variedad de primeros platos y guarniciones

What would your favorite fixed-price menu include? ....

....

Rosa, camarera del bar El rey de la tapa

20 **Poner en orden** A local radio host has phoned Rosa to congratulate her on her award. Put the conversation in order.

☐ **Locutor:** Rosa, ¿tiene un vino favorito de su tierra?

☐ **Rosa:** En Haro todos los riojas son buenos…

☐ **Rosa:** Soy muy tradicional, el jamón de Jabugo y el queso manchego.

☐ **Rosa:** ¿Qué tal? Buenas tardes.

☐ 4 **Rosa:** Bueno, bueno… Sí, trabajo mucho, en los desayunos, almuerzos, cenas… Pero me encanta mi trabajo.

☐ **Locutor:** Esta tarde queremos felicitar a una protagonista muy especial: Rosa Iglesias Redondo. Buenas tardes, Rosa.

☐ **Locutor:** ¿Su tapa favorita?

☐ 3 **Locutor:** Muchas felicidades, Rosa, es usted la camarera más simpática y profesional de La Rioja.

21 **¿Cuántas veces?** Read the information in the food diary before listening to the questions. Answer with the information provided. Then, repeat the correct answer after the speaker. (6 items)

🔊

Almuerzo	legumbres y cereales, agua	carne y verduras, agua	gambas y verduras, agua	pescado y verduras, agua	pasta, agua	verduras y huevos, agua	carne y verduras, agua
Cena	pescado y verduras, agua	verduras y huevos, agua	pasta, agua	legumbres y verduras, agua	carne y verduras, agua	gambas y verduras, agua	pasta y verduras, agua

MODELO

You hear: ¿Comes legumbres?
You see: legumbres y cereales, legumbres y verduras
You say: A veces como legumbres.

22 **Comiendo en Buenos Aires** Look at this bill from a restaurant in Buenos Aires and answer the questions.

1. ¿Cuántas personas comen?

....

2. ¿Está incluido el IVA?

....

3. ¿Beben cerveza o agua?

....

4. ¿Cuánto cuesta la comida?

.... pesos.

```
Ticket:    01-000591
Fecha:     10/08/2016   Hora: 22:09:21
Salon:              Mesa: BARRA


CUBIERTOS
   2x1,00                      2,00
CERVEZA LARGA
   2x2,00                      4,00
PROVOLETA                      8,50
MOLLEJAS DE TERNERA           10,00
LOMO BAJO BIFE                17,00
MILANESA PORTENA              12,00
                             -------
TOTAL TICKET........:         53,50

Num.de Articulos:                 6
A cuenta:                      0,00
Pendiente:                    53,50
Atendido por: Ana

I.V.A. Incluido

      GRACIAS POR SU VISITA
```

Lectura

(23) **Gastronomía de La Rioja** Read the article, then answer the questions.

La Rioja, paraíso gastronómico

La Rioja es una tierra con productos fantásticos. El sector profesional más importante es el vinícola°: industria y agricultura de los vinos. La capital del vino Rioja es Haro. Allí se encuentran° las bodegas° y los profesionales del vino Rioja en España.

A los riojanos también les gusta mucho su gastronomía. Es una tradición comer tapas en los bares con los amigos o la familia. Esta costumbre se llama "chiquiteo". Siempre, con el vaso de vino de Rioja, comen unas tapas. En la zona antigua de las ciudades de La Rioja, las calles (por ejemplo, la calle Laurel en Logroño o la calle Herradura en Haro) tienen bares llenos de gente que antes de la comida come las tapas típicas: champiñones°, embutidos°, setas°, anchoas°, etc.; siempre con el vino de Rioja.

En los restaurantes se ofrecen productos de la huerta: alcachofas°, espárragos y pimientos; productos del cerdo°: chorizos, morcillas°, etc.; o carnes. Ejemplos de platos típicos son la sopa de verduras, las chuletas de cordero°, los pimientos rellenos o las patatas a la riojana. Y, de postre, los dulces: el mazapán, las empanadillas rellenas de almendra°, etc.

1. ¿Cuál es el sector económico y profesional más importante en La Rioja?

....

....

2. ¿Cómo se llama el lugar donde están las bodegas de vinos de La Rioja?

....

....

3. ¿Cómo se llama en La Rioja la actividad de comer tapas?

....

....

4. Escriba tres ejemplos de tapas típicas de La Rioja.

....

....

....

5. Escriba un ejemplo de:
   • productos típicos de la huerta

....

   • productos de carne

....

   • un postre típico de La Rioja

....

vinícola *wine (adj.)* **se encuentran** *are located* **bodegas** *wine cellars* **champiñones** *mushrooms* **embutidos** *cold cuts* **setas** *wild mushrooms*
anchoas *anchovies* **alcachofas** *artichokes* **cerdo** *pork* **morcillas** *blood sausages* **chuletas de cordero** *lamb chops* **almendra** *almond*

🔊 Pronunciación: Word stress and accent marks

Every Spanish syllable contains at least one vowel. When two vowels are joined in the same syllable, they form a diphthong. A monosyllable is a word formed by a single syllable.

película   edificio   ver   yo

The syllable of a Spanish word that is pronounced most emphatically is the "stressed" syllable.

biblio**te**ca   visi**tar**   **par**que   **fút**bol

Words that end in **n**, **s**, or a vowel are usually stressed on the next-to-last syllable.

pe-**lo**-ta   pis-**ci**-na   **ra**-tos   **ha**-blan

If words that end in **n**, **s**, or a vowel are stressed on the last syllable, they must carry an accent mark on the stressed syllable.

na-ta-**ción**   pa-**pá**   in-**glés**   Jo-**sé**

Words that do not end in **n**, **s**, or a vowel are usually stressed on the last syllable.

bai-**lar**   es-pa-**ñol**   u-ni-ver-si-**dad**   tra-ba-ja-**dor**

If words that do not end in **n**, **s**, or a vowel are stressed on the next-to-last syllable, they must carry an accent mark on the stressed syllable.

béis-bol   **lá**-piz   **ár**-bol   **Gó**-mez

24 **Acentuar** Repeat each word after the speaker, stressing the correct syllable.

1. profesor
2. Puebla
3. ¿Cuántos?
4. Mazatlán
5. examen
6. ¿Cómo?
7. niños
8. Guadalajara
9. programador
10. México
11. están
12. geografía

25 **Conversación** Repeat the conversation after the speaker to practice word stress.

MARINA   Hola, Carlos. ¿Qué tal?
CARLOS   Bien. Oye, ¿a qué hora es el partido de fútbol?
MARINA   Creo que es a las siete.
CARLOS   ¿Quieres ir?
MARINA   Lo siento, pero no puedo. Tengo que estudiar biología.

26 **Refranes** Repeat each saying after the speaker to practice word stress.

1. Quien ríe de último, ríe mejor. (*He who laughs last, laughs best.*)
2. En la unión está la fuerza. (*There is strength in numbers.*)

🔊 Vocabulario

27 **Escuchar y repetir** You will now hear the vocabulary found in your textbook on the last page of this lesson. Listen and repeat each Spanish word or phrase after the speaker.

Diario de aprendizaje

28 **Evaluar** Assess what you have learned in this lesson.

Pedir y pagar en una cafetería

When accompanied by other people, use the pronoun **yo** to order: **Yo, un café solo.** To pay, ask: **¿Cuánto es?**

Hablar de las comidas del día

The three main daily meals are **desayuno, almuerzo**, and **cena**.
The verbs **comer** and **beber** are regular. The verb **almorzar** has an **o→ue** stem change.

Expresar frecuencia

The adverbs **siempre, normalmente**, and **a veces** are used to express frequency. They usually come before the verb.

Pedir y pagar en un restaurante

Many restaurants have a fixed-price **menú del día**. It is also possible to order items à la carte.
People normally order a **primer plato**, a **plato principal**, and **postre** or **café**.
To order something else, say: **Por favor, otro café/otra botella de agua.**
The answer to **¿Algo más?** is **Sí, .../No, nada más**.
To ask for the bill, say: **La cuenta, por favor.**

Valorar la comida

The adjectives **rico/a, salado/a, soso/a**, and **picante** are used to describe food.
Salado, soso, and **picante** can be softened with the adverb **un poco** before the adjective. You can use the verb **estar** or you can omit it: **¿Cómo está el pulpo? (está) Un poco picante.**

29 **Anotar** Write down words or phrases, grammatical structures, and cultural information that you have learned in this lesson.

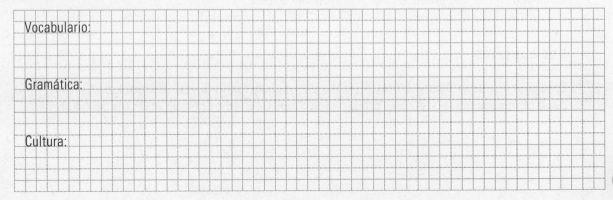

Vocabulario:

Gramática:

Cultura:

2A

Entre el norte y el sur

■ Autoevaluación

Read the dialogues and select the correct answer.

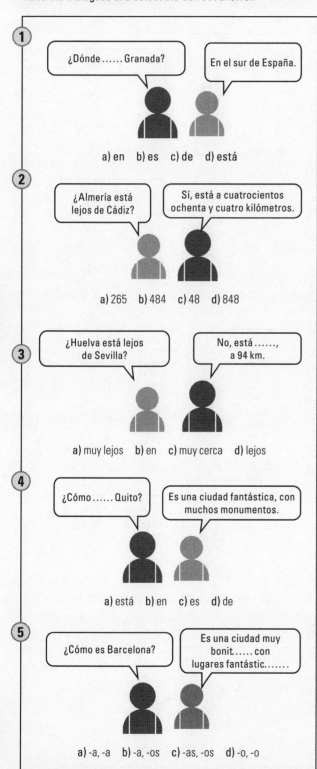

1

¿Dónde ...... Granada?

En el sur de España.

a) en   b) es   c) de   d) está

2

¿Almería está lejos de Cádiz?

Sí, está a cuatrocientos ochenta y cuatro kilómetros.

a) 265   b) 484   c) 48   d) 848

3

¿Huelva está lejos de Sevilla?

No, está ......, a 94 km.

a) muy lejos   b) en   c) muy cerca   d) lejos

4

¿Cómo ...... Quito?

Es una ciudad fantástica, con muchos monumentos.

a) está   b) en   c) es   d) de

5

¿Cómo es Barcelona?

Es una ciudad muy bonit...... con lugares fantástic.......

a) -a, -a   b) -a, -os   c) -as, -os   d) -o, -o

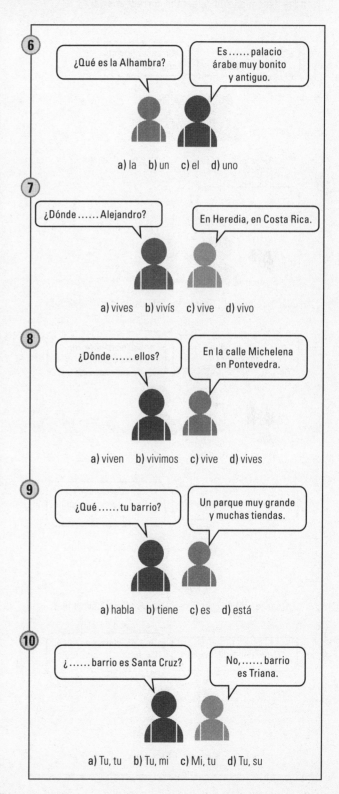

6

¿Qué es la Alhambra?

Es ...... palacio árabe muy bonito y antiguo.

a) la   b) un   c) el   d) uno

7

¿Dónde ...... Alejandro?

En Heredia, en Costa Rica.

a) vives   b) vivís   c) vive   d) vivo

8

¿Dónde ...... ellos?

En la calle Michelena en Pontevedra.

a) viven   b) vivimos   c) vive   d) vives

9

¿Qué ...... tu barrio?

Un parque muy grande y muchas tiendas.

a) habla   b) tiene   c) es   d) está

10

¿ ...... barrio es Santa Cruz?

No, ... barrio es Triana.

a) Tu, tu   b) Tu, mi   c) Mi, tu   d) Tu, su

Answer key: 1.d 2.b 3.c 4.c 5.b 6.b 7.c 8.a 9.b 10.b

Especialidad de la casa

Autoevaluación

Read the dialogues and select the correct answer.

1

Buenos días, ¿qué ...... usted?

Un chocolate con churros, por favor.

a) recibes   b) recibe   c) deseas   d) desea

2

¿......?

Son dos euros.

a) Cuántos euros   b) Cuánto es   c) Cuántos son   d) Cuánto

3

¿Qué ...... para desayunar?

Normalmente, un café con leche.

a) comes   b) bebes   c) desayunas   d) cenas

4

¿Cenas en casa o fuera?

...... ceno en casa. El fin de semana a veces ceno fuera.

a) Dulce   b) A veces   c) Siempre   d) Normalmente

5

¿Qué tienen de menú?

De ...... plato, ensalada. De plato principal, filete, y de postre, flan.

a) postre   b) primer   c) primero   d) menú

6

¿......?

Té, por favor.

a) Para comer   b) Bebidas   c) De beber   d) Beben

7

¿Qué tienen ......?

Tenemos flan y fruta, o café.

a) de primer plato   b) de plato principal   c) de postre   d) para cenar

8

¿......?

No, nada más, gracias.

a) Nada más   b) Otro más   c) Más   d) Algo más

9

Por favor, ...

Sí, son 12 euros.

a) el total   b) la cuenta   c) el precio   d) la suma

10

¿Qué tal .... el pulpo?

Un poco picante, pero muy rico.

a) es   b) está   c) tiene   d) esta

Answer key: 1.d 2.b 3.b 4.d 5.b 6.c 7.c 8.d 9.b 10.b

RITMO DE VIDA

Horarios
Vocabulario

1 **La hora** Draw the clock hands on the clock faces to mark the given time.

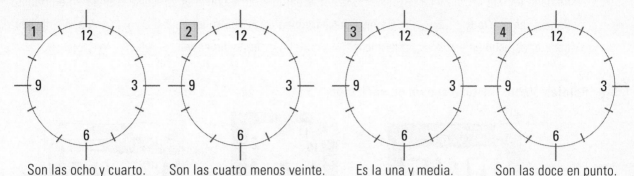

Son las ocho y cuarto.   Son las cuatro menos veinte.   Es la una y media.   Son las doce en punto.

2 **Abierto** Complete the sentences with the times when these businesses are open.

A Floristería Las Lilas	B Bar Los amigos	C Panadería	D Banco
Abierto	Abierto	La espiga dorada	El Nacional
L a V: 9 a 12 y 16 a 21	D a J de 6:00 a 24:00	Abierto	Horario de atención
S: 9 a 11:30 y 18 a 20	V y S de 6:00 a 2:00	Ma a D de 6:30 a 12:30 y de 17 a 20	L a V de 10 a 15

1. La floristería abre de nueve a doce del .... y de las cuatro de la .... a las nueve de la .... de lunes a viernes, y los sábados abre de nueve a once y media de la .... y de seis a ocho de la ....

2. El bar abre de seis de la .... a 12 de la .... de domingos a jueves, y de seis de la .... a dos de la .... los viernes y sábados.

3. La panadería abre de seis y media de la .... a doce y media del .... y de cinco a ocho de la .... de martes a domingo.

4. El banco abre de diez de la .... a tres de la .... de lunes a viernes.

3 **La familia de Ramón** Listen to what Ramón says about his family's activities. What does each of them do and when? Fill in the chart.

gimnasio

karate   chino

informática   cine

	¿Qué hacen?	¿Cuándo?
Laura	....	....
Juan	....	....
Carmen	....	....
Todos	....	....

     Lección 3A Student Activities Manual   **47**

Gramática funcional

4 **De o por** Complete the sentences with **de** or **por**.

Son las ocho (1) .... la mañana. Mario y Luisa van a trabajar. Mario trabaja (2) .... la mañana en una oficina y (3) .... la tarde estudia en la universidad. Luisa trabaja en un banco; llega a las nueve (4) .... la mañana y termina a las cuatro (5) .... la tarde. Mario llega a casa a las ocho (6) .... la noche. (7) .... la noche cenan.

5 **Relojes** Write the time shown on each clock.

....

....

....

....

....

....

....

....

....

6 **Ir** Match the verb forms of **ir** to the subjects. List all possibilities.

a. tú

b. Pablo y yo

.... **1.** vamos   c. el Sr. Aguirre

.... **2.** voy   d. la Sra. González y el Sr. Galván

.... **3.** van   e. vosotros

.... **4.** vais   f. Carlos, Matías e Isabel

.... **5.** va   g. yo

.... **6.** vas   h. la Sra. Rodríguez

i. usted

7 **¿Vas a ir?** Complete the sentences with the appropriate forms of the verb **ir**.

1. ● Sra. Planas, ¿cómo (usted) .... al trabajo?
   ■ .... en metro.

2. ● ¿No (tú) .... a la fiesta?
   ■ No, no tengo tiempo.

3. ¡Mañana (nosotros) .... a la playa!

4. ● Sres. Vázquez, ¿(ustedes) .... a la ópera mañana?
   ■ Sí, ... con los Sres. Álvarez.

5. Carmen .... a Sevilla de vacaciones.

8 **El fin de semana** What does José do on the weekend? Write it down.

El viernes _por la tarde, a las seis, José va al gimnasio._
....
....

El sábado ....
....
....

El domingo ....
....
....

AGENDA

Viernes:
18:00 gimnasio
19:30 biblioteca
22:00 disco

Sábado:
10:00 gimnasio
17:00 mercado
21:30 restaurante
(Blanca)

Domingo:
9:00 desayuno
20:00 cine
(amigos)

Lectura

9 **Ritmos de vida** Read the article about the hours of sleep of many Spaniards and indicate whether each statement is true (**verdadero**) or false (**falso**).

¡Menos de 7 horas!

En España vamos tarde a la cama°, pero al día siguiente°, más de la mitad° de la población desayuna entre las seis y seis y media de la mañana. Los atascos° para ir al trabajo se forman a las siete o las ocho de la mañana. Según las estadísticas, los españoles descansan menos de° siete horas. Los programas de televisión de máxima audiencia no son a las siete o a las ocho de la noche —como en otros países—, son a las diez u once de la noche. Después, mucha gente escucha los programas deportivos° de la radio a las doce de la noche.

tarde a la cama *to bed late* siguiente *next* más de la mitad *more than half* atascos *traffic jams* descansan menos de *rest less than* programas deportivos *sports shows*

Verdadero	Falso	
○	○	1. El ritmo de vida en España es muy tranquilo. La gente va a trabajar a las nueve o más tarde.
○	○	2. La gente escucha la radio a las doce de la noche.
○	○	3. Por la noche, mucha gente escucha programas culturales en la radio.

Agenda semanal
Vocabulario

10   **Actividades** Write the name of the activities shown in the photographs.

| clase de yoga |
| hacer deporte |
| hacer las compras |
| pasear |

....

11   **Personal o profesional** Which activities are personal and which are professional? Write them down.

AGENDA

Lunes 5 curso de informática
Martes 6 médico, entrevista con cliente, clase de piano
Miércoles 7 yoga, cena de trabajo
Jueves 8 viaje de negocios
Viernes 9 almuerzo con Lola
Sábado 10 hacer las compras
Domingo 11 salir con amigos

Actividades personales:

....

....

....

....

Actividades profesionales:

....

....

....

....

12   **El diario de Beatriz** Look at Beatriz's diary and indicate whether each statement is true (**verdadero**) or false (**falso**).

Lunes	19:00 h gimnasio
Martes	19:00 h gimnasio / 20:30-21:30 h inglés
Miércoles	19:00 h gimnasio
Jueves	19:00 h gimnasio / 20:30-21:30 h inglés
Viernes	19:00 h gimnasio / 21:00 h Martín y Leo
Sábado	13:00 h gimnasio / 11:00 h mercado
Domingo	13:00 h gimnasio

Verdadero   **Falso**

○   ○   1. Va de lunes a domingo al gimnasio.

○   ○   2. Sale los viernes con sus amigos.

○   ○   3. Va todos los miércoles a clase de inglés.

○   ○   4. Va el sábado al mercado.

○   ○   5. Trabaja todos los días por la tarde.

Gramática funcional

13 **Comparaciones** Listen to Tomás and Emilia as they compare what they do every day. Complete the missing information.

1. Emilia trabaja en casa .... horas .... Tomás.

2. Tomás está .... tiempo con los niños .... Emilia.

3. Tomás habla .... por teléfono .... Emilia.

4. Emilia tiene .... tiempo libre .... Tomás.

14 **Conjugar** Complete the table with the missing verb forms and mark the verb endings.

	yo	tú	usted, él, ella	nosotros/as	vosotros/as	ustedes, ellos/as
beber	bebo	....	bebe	....	....	beben
hacer	....	haces	....	hacemos	....	....

escribir	....	escribes	....	....	....	....
salir	salgo	....	....	....	....	salen

15 **Hacer, salir** Complete the conversations with the appropriate forms of the verbs **hacer** and **salir**.

1. • Isabel, ¿qué .... el fin de semana?

   ■ .... con amigos.

2. • David y Susana, ¿qué ....?

   ■ Nada, mamá, no .... nada.

3. • ¿................... usted de viaje mañana?

   ■ Sí, ... un viaje de negocios a Japón.

4. • Juan y Pepa .... una cena el viernes. ¿Vamos?

   ■ No puedo. Los viernes después del trabajo .... con mis amigos.

5. • Vosotros, ¿a qué hora ....del trabajo?

   ■ De lunes a jueves a las 18:00 h; el viernes, ... a las 15:00 h.

6. • ¿Qué .... Rafael?

   ■ Estudia arqueología.

7. • ¿Tú .... todos los días?

   ■ No, ... dos veces a la semana.

8. • ¿A qué hora .... los empleados del banco?

   ■ .... a las 5 de la tarde.

16 **Oraciones** Match elements in the three boxes. Then choose three of the expressions and write complete sentences about your routine.

todos	los	días
todas	las	lunes
		mañanas
		semanas
		tardes
		fines de semana
		noches

....

....

....

....

....

17 **Los planes de Carlos** Read Carlos's planner, and take notes on when he does each activity. Then, listen to the recording and correct each statement with the information from his planner. Repeat the correct answer after the speaker. (6 items)

Lunes	Martes	Miércoles	Jueves	Viernes	Sábado
13 almuerzo con Martín 18 gimnasio	19 clase de alemán 20:30 piscina	18 gimnasio 20 clase de teatro	18:30 clase de informática	18 gimnasio 20:30 cine con Julia	11 hacer las compras

> **MODELO**
> *You hear:* Carlos va al gimnasio los martes y jueves a las siete de la tarde.
> *You see:* lunes, miércoles, viernes
> *You say:* Carlos va al gimnasio los lunes, miércoles y viernes a las seis de la tarde.

almuerza con Martín	tiene clase de alemán
cena con Julia	tiene clase de teatro
hace las compras	va a la piscina
....	....
....	....
....	....
....	....

Lectura

18 **La rutina de Jaime** Read Jaime's letter to his mother and compare the information with the drawings. Write what he really does.

¡Hola, mamá!
Valencia es una ciudad tranquila y cómoda. ¿Qué ritmo de vida tengo? Muy tranquilo, estudio mucho. A las siete y media desayuno y a las ocho voy a la universidad. A las dos y media llego a casa y almuerzo. Todas las tardes voy a la biblioteca. Los lunes, miércoles y viernes por la tarde hago una hora de deporte. Los sábados salgo con amigos, vamos al cine, al teatro... Todos los días, a las once de la noche estoy en la cama.
Besos,
Jaime

1. ....

2. ....

3. ....

4. ....

5. ....

6. ....

Pablo Linares, dos ritmos de vida

19 **El blog de Pablo** Read the last entry Pablo Linares wrote in his blog. Then indicate whether each statement below is true (**verdadero**) or false (**falso**).

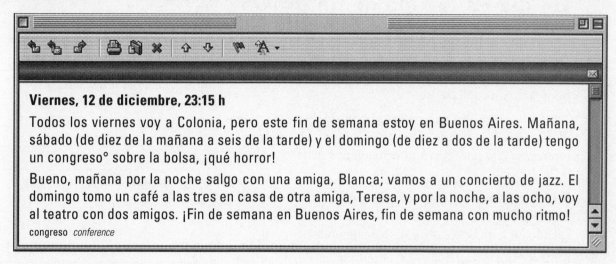

Viernes, 12 de diciembre, 23:15 h

Todos los viernes voy a Colonia, pero este fin de semana estoy en Buenos Aires. Mañana, sábado (de diez de la mañana a seis de la tarde) y el domingo (de diez a dos de la tarde) tengo un congreso° sobre la bolsa, ¡qué horror!

Bueno, mañana por la noche salgo con una amiga, Blanca; vamos a un concierto de jazz. El domingo tomo un café a las tres en casa de otra amiga, Teresa, y por la noche, a las ocho, voy al teatro con dos amigos. ¡Fin de semana en Buenos Aires, fin de semana con mucho ritmo!

congreso *conference*

Verdadero **Falso**

○ ○ 1. Pablo Linares va a Colonia todos los viernes.

○ ○ 2. Está en Buenos Aires porque tiene un congreso toda la semana.

○ ○ 3. Este fin de semana va a un concierto de jazz.

○ ○ 4. El domingo va a estar en Colonia porque va al teatro con unos amigos.

20 **La agenda de Vilma** Listen to the conversation between Vilma and her secretary. Arrange her activities for the day in order and write down the time when each activity occurs.

☐ reunión de trabajo ....

☐ entrevista con productores ....

☐ clase de francés ....

☐ médico ....

21 **Viaje de negocios** Mr. Álvarez is on a business trip in Spain. Look at his planner and answer the questions.

AGENDA	
Martes	10:00 h reunión con Antonio
3 de noviembre	13:40 h gimnasio
	14:30 h comida con el director
	16:30 h visita
	18:00 h visita
	21:15 h aeropuerto

1. ¿Qué día de la semana es?
   ....

2. ¿A qué hora tiene reunión?
   ....

3. ¿Qué hace después de la comida?
   ....

4. ¿Qué hace a las dos menos veinte?
   ....

5. ¿A qué hora va al aeropuerto?
   ....

Lectura

22 **Broker** Read the article about a Spanish stockbroker, then answer the questions.

Un día en la vida de un *broker*

El trabajo de Antonio Marco y sus colegas consiste en ganar dinero° para otros. Bancos, empresas° y personas como usted confían° millones de euros a estas personas. Ellos trabajan con la bolsa.

7:30 h Antonio Marco, economista de 28 años, sale de la cama y enciende° la radio. Escucha el programa *Intereconomía* para tener informaciones de la situación del mercado.

8:15 h Antonio va al trabajo en coche. Su oficina es muy funcional; tiene tres computadoras, un teléfono, una calculadora, un bolígrafo° y un bloc de notas°.

8:30 h Mira los periódicos°. Contesta mensajes de correo electrónico°.

10:00 h Abren las bolsas españolas.

11:30 h Recibe llamadas telefónicas de clientes e inversores°.

14:15 h ¡A comer! El mercado está tranquilo. Llega el servicio de *catering*. Hoy, filete de ternera con ensalada. Antonio come frente a la computadora, un ojo° en la comida y otro en los monitores.

16:55 h El cierre°. Cinco minutos antes de cerrar° la bolsa, anota las compras para cada cliente y recibe llamadas telefónicas para confirmar las operaciones y los precios de compra y venta.

"Es hora de ir a casa, escuchar música y descansar°".

1. Describa el trabajo de Antonio.
   ....
   ....

2. ¿Cómo es su oficina?
   ....
   ....

3. ¿A qué hora recibe llamadas de clientes?
   ....
   ....

4. ¿Dónde almuerza?
   ....
   ....

5. ¿Qué come?
   ....
   ....

6. Escriba el horario laboral de Antonio.
   ....
   ....

ganar dinero *earn money* **empresas** *companies* **confían** *trust* **enciende** *turns on* **bolígrafo** *pen* **bloc de notas** *notepad* **periódicos** *newspapers* **mensajes de correo electrónico** *e-mail messages* **inversores** *investors* **ojo** *eye* **cierre** *closing* **antes de cerrar** *before closing* **descansar** *rest*

🔊 **Pronunciación:** Spanish vowels

Spanish vowels are never silent; they are always pronounced in a short, crisp way without the glide sounds used in English.

a   e   i   o   u

The letter **a** is pronounced like the *a* in *father*, but shorter.

Álex   cl**a**se   n**a**d**a**   enc**a**nt**a**d**a**

The letter **e** is pronounced like the *e* in *they*, but shorter.

el   **e**n**e**   m**e**sa   **e**l**e**fant**e**

The letter **i** sounds like the *ee* in *beet*, but shorter.

Inés   ch**i**ca   t**i**za   señor**i**ta

The letter **o** is pronounced like the *o* in *tone*, but shorter.

h**o**la   c**o**n   libr**o**   d**o**n Francisc**o**

The letter **u** sounds like the *oo* in *room*, but shorter.

uno   reg**u**lar   sal**u**dos   g**u**sto

23 **Vocales** Practice the vowels by repeating the names of these places in Spain after the speaker.

1. Madrid   5. Barcelona
2. Alicante   6. Granada
3. Tenerife   7. Burgos
4. Toledo   8. La Coruña

24 **Más vocales** Repeat each sentence after the speaker, focusing on the vowels.

1. Hola. Me llamo Ramiro Morgado.
2. Estudio arte en la Universidad de Salamanca.
3. Tomo también literatura y contabilidad.
4. Ay, tengo clase en cinco minutos. ¡Nos vemos!

25 **Refranes** Repeat each saying after the speaker to practice vowels.

1. Cada loco con su tema. (*To each his own.*)
2. Del dicho al hecho hay un gran trecho. (*It's easier said than done.*)

🔊 **Vocabulario**

26 **Escuchar y repetir** You will now hear the vocabulary found in your textbook on the last page of this lesson. Listen and repeat each Spanish word or phrase after the speaker.

Diario de aprendizaje

27 **Evaluar** Assess what you have learned in this lesson.

Hablar de horarios y días de la semana

Use the verb **ser** in the 3rd-person singular to say it is one o'clock: **Es la una.**
For all other hours, use the 3rd-person plural form: **Son las dos, tres**, etc.
The question is always: **¿Qué hora es?**
The days of the week are masculine: **el lunes, el martes**, etc.

Hablar de rutinas

Por is used to indicate the general time of day: **por la mañana, por la tarde, por la noche. Trabajo por la noche.**
If you tell the time and you specify the part of the day, use **de: A las ocho de la mañana.**
The plural of the days of the week is used to express routines: **Los martes trabajo por la tarde.**
The verb **ir** describes movement toward a destination: **Voy al trabajo, al cine, a la playa**, etc.

Expresar frecuencia

The verbs **hacer** and **salir** are irregular in the **yo** form: **hago, salgo.**
Other verbs with the same irregularity are **tener** (Lesson 2A): **tengo. Todos/as** matches the gender of the noun it relates to. **Todas las mañanas.**

Comparar

Use **más/menos... que** to compare things or people: **Trabajo más que tú.**

28 **Anotar** Write down words or phrases, grammatical structures, and cultural information that you have learned in this lesson.

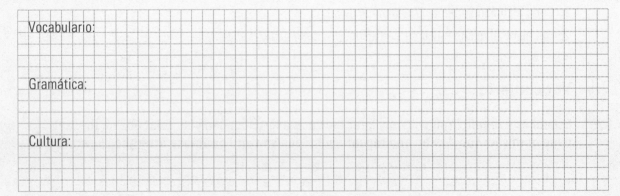

Vocabulario:

Gramática:

Cultura:

¡Regalos fantásticos!
Vocabulario

1 🔊 **Objetos** Listen to the recording and check the objects that are mentioned.

❑ abanico ❑ gafas de sol ❑ paraguas
❑ bolígrafo ❑ lámpara ❑ perfume
❑ celular ❑ libro ❑ reloj
❑ chaqueta ❑ marco ❑ zapatos

2 **En el dibujo** Write the number of the object next to its name.

gafas .... lámpara ....
zapatos .... perfume ....
agenda .... CD ....
libros .... teléfono ....

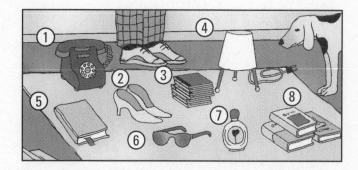

3 **¿Falso o verdadero?** Indicate whether these statements are true (**verdadero**) or false (**falso**).

Verdadero	Falso	
○	○	1. Hay una chaqueta.
○	○	2. No hay un teléfono.
○	○	3. Hay dos lámparas.
○	○	4. No hay libros de arte.
○	○	5. Hay un CD.
○	○	6. Hay un perfume.
○	○	7. Hay dos gafas de sol.

Gramática funcional

4 **El intruso** Identify the item that does not belong in each series.

1. este libro / esta tienda / esas gafas / estos perfumes
2. esos zapatos / esas chaquetas / ese bolígrafo / este reloj
3. esas mesas / esta chaqueta / esas lámparas / esos zapatos

5 **Emparejar** Match the elements in the two columns.

1. este ....   a. bolígrafos
2. esa ....   b. tienda
3. estos ....   c. marco
4. esas ....   d. lámparas

6 **Adjetivos demostrativos** Complete the conversations with the appropriate demonstrative adjectives.

1

• ¿Prefieres .... libro de aquí o .... CD de ahí?

■ .... libro es bonito, pero es muy caro. .... CD es más barato.

2

• ¿.......... zapatería de aquí es barata?

■ No mucho. Vamos a .... zapatería de la calle Olivares, cerca de la plaza.

3

• ¡Aquí tenemos todos .... regalos fantásticos!

■ ¿Y .... relojes de ahí también son de regalo?

4

• Siempre llevo .... zapatos negros de ahí al trabajo.

■ ¿...............? ¡Qué bonitos!

7 **Haber o estar** Complete the conversations with **hay** or **está(n)**.

1. • Por favor, ¿dónde .... una librería?
   ■ .... una en la plaza, ...
   a la derecha de la tienda de ropa.

2. • .... una zapatería a la derecha.
   ■ No, no .... a la derecha, ... a la izquierda.

3. • Buenos días, ¿ .... lámparas?
   ■ Sí, ... detrás de la mesa.

4. • Buenas tardes, ¿ .... una tienda de regalos cerca? Quiero un abanico.
   ■ Sí, ... una muy cerca. .... al lado de la perfumería. Tiene abanicos muy bonitos.

8 **Ubicación** Circle the phrase that correctly describes the location of these objects.

1. Las gafas de sol están **delante del/detrás del** celular.
2. La agenda está **delante de los/al lado de los** CD.
3. El paraguas está **a la izquierda del/a la derecha del** marco.
4. Los zapatos están **a la derecha del/al lado del** perfume.
5. Los libros están **a la derecha del/a la izquierda del** celular.

9   **¿Dónde está la silla?** Write complete sentences to describe the location of the chair (**la silla**) in relation to the table (**la mesa**).

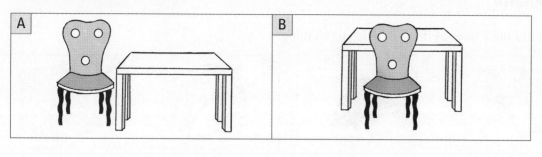

....

....

....

Lectura

10   **Ciudad y comercio** Read the information about shops in Buenos Aires, and then answer the questions.

1. ¿Qué horarios tienen las tiendas en esta ciudad?

....

2. ¿Cómo se llaman las principales calles comerciales de la ciudad?

....

Buenos Aires tiene una enorme variedad de tiendas reunidas° por especialidad. Hay zonas comerciales principalmente° concentradas° en avenidas como las avenidas Santa Fe y Corrientes en el centro, o la avenida Cabildo en el barrio de Belgrano. El horario comercial es de lunes a viernes, de 09:00 a 20:00 h y los sábados de 09:00 a 13:00 h. Los centros comerciales están abiertos todos los días de 10:00 a 22:00 h.

Estos son los principales sectores comerciales:

- Antigüedades°
- Casas de deportes
- Computadoras
- Cueros°

- Instrumentos musicales
- Jugueterías°
- Librerías
- Música

- Repuestos para el automotor°
- Ropa y complementos°
- Centros comerciales

reunidas *grouped* principalmente *mainly* concentradas *concentrated* antigüedades *antiques* cueros *leathers* jugueterías *toy stores* repuestos para el automotor *car parts* complementos *accessories*

Prendas de moda
Vocabulario

11 **Ropa** Write the names of these articles of clothing.

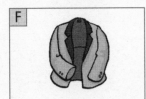

12 **¿Quién?** Look at the illustrations, read the descriptions, and indicate who is wearing what.

Roberto

Laura

Sonia

Antonio

1. Lleva pantalones y un suéter. Es ....

2. Lleva un traje. Es ....

3. Lleva jeans, camiseta y chaqueta. Es ....

4. Lleva una camiseta y una falda. Es ....

13 **¿De qué color?** Listen to the names of these articles of clothing and use the information provided to form complete sentences. Then listen to the correct answer and repeat after the speaker.

MODELO	*You hear*:	camisetas
	You see:	amarillo
	You say:	Las camisetas son amarillas.

| 1. azul | 3. blanco | 5. anaranjado | 7. rojo |
| 2. verde | 4. marrón | 6. negro | 8. gris |

Gramática funcional

14   **Querer y poder** Write the forms of the verbs in the squares, then complete the second puzzle with the numbered letters to reveal a Spanish saying.

1. querer (yo)

q	u	i	e	r	o
1				2	

2. poder (tú)

6		7		

3. querer (nosotros)

	4				5

4. poder (ellos)

	3			

5. poder (yo)

			8

q			r		r									r	
1	3	4	2	4	2		4	5		6	8	7	4	2	

15   **Tener, querer, poder** Complete the conversation at a store with the appropriate forms of the verbs **tener**, **querer**, or **poder**.

● ¿(1) .... camisetas del Real Madrid?

■ Sí. ¿De qué talla las (2) .... ?

● Talla M, son regalos.

■ Aquí las (3) ....

● ¿(4) .... pagarlas con mi tarjeta Visa?

■ Sí, claro.

16   **Pronombres** Substitute the underlined words with the appropriate pronoun and rewrite the questions.

1. ¿De qué talla quiere <u>la camiseta</u>? .... *¿De qué talla la quiere?* ....

2. ¿De qué color quiere <u>los pantalones</u>? ....

3. ¿De qué talla quiere <u>ese vestido blanco</u>? ....

4. ¿De qué color quiere <u>los zapatos</u>, negros o marrones? ....

5. ¿De qué talla quiere <u>las camisas</u>? ....

6. ¿De qué color quiere <u>la corbata</u>? ....

17 **Conversación** Fill in the blanks to complete the conversation.

Buenos días, (1) .... unas zapatillas de deporte.

Muy bien. ¿De qué talla (2) .... (3) ....?

(4) .... 39, por favor.

Bien. ¿Y de qué (5) .... las quiere?

Ay, no sé. (6) .... ser blancas… o rojas… o verdes…

Perfecto. (7) .... muchas zapatillas de deporte. Aquí (8) .... unas.

Estas están muy bien, pero no las (9) .... azules. ¿Las tiene blancas?

Sí, claro.

¿(10) .... pagar con tarjeta?

Por supuesto.

Lectura

18 **Rebajas** Read the ad, and then classify the items into the corresponding categories.

¡LLEGAN LAS REBAJAS DE VERANO!

pantalones • discos • chaquetas • relojes • CD • trajes • lámparas
gafas • vestidos • agendas • marcos • teléfonos • celulares
camisetas • suéteres • perfumes

TODO AL 50%

Enormes rebajas del 1 al 15 de julio
Almacenes Alsur
Vendemos calidad.

Secciones	
regalos:	
....	....
....	....
....	
ropa:	
....	....
....	....
....	
música:	telefonía:
....	....
....	....

Olga Piedrahita, la moda en Colombia

19 **¿Verdadero o falso?** Listen to an excerpt from a radio program. Then decide whether each statement is true (**verdadero**) or false (**falso**).

Verdadero	Falso
○	○	1. El programa es sobre la Semana Internacional de la Moda en Madrid.
○	○	2. Es la feria de confección más importante de Colombia.
○	○	3. Hay cien empresas nacionales e internacionales.
○	○	4. Los países latinoamericanos que participan son México, Brasil, Argentina, Uruguay y Colombia.

20 **La moda** Listen again, and complete the table with the information below.

> complementos originales para hombre y mujer •ropa con dos colores: azul y rojo
> vestidos largos •trajes modernos para hombre •zapatos cómodos

País	Diseñador	Propuesta de moda
Argentina	"Séptimo"	....
Colombia	Olga Piedrahita	....
Uruguay	Carlos Silveira	....
Brasil	André Lima	....
México	León Felipe	....

21 **Describir** Describe your favorite clothes, including information about their colors and where you go when you are wearing them.

blanco/a	colores	negro/a	rojo/a	vestido
botas	estar en casa	pantalones	salir	zapatillas
camiseta	falda	prenda	trabajar	

....

....

....

....

....

....

....

....

Lectura

22   **Compradores personales** Read the article, and then answer the questions.

Compradores° personales

Hay una nueva profesión relacionada° con la moda: los "compradores personales".

Ir de compras puede ser un placer°, pero también puede ser una obligación. A muchas personas les gusta° su imagen, les gusta la ropa porque piensan que transmite su personalidad y piensan que es importante ir bien vestido° a las distintas situaciones sociales o profesionales; tienen dinero°, pero no tienen tiempo o sentido del gusto° para ir de compras. Para ellas existe una nueva profesión, una solución: los compradores personales, profesionales encargados° de crear la imagen de su cliente y comprar la ropa y los complementos adecuados.

Los precios del servicio varían mucho de un profesional a otro. Actualmente° ya existen agencias donde puedes contratar° a estos profesionales.

Entre las funciones de los compradores personales se encuentran: estudiar las tendencias° de la moda; asistir a pasarelas°, salones y congresos de estética… analizar a su cliente: características de su cuerpo°, el rostro°, la personalidad, su estilo de vida° y así encontrar° su estilo. Sus servicios incluyen° también asesoramiento° sobre colores, maquillaje°, organizar el armario° del cliente y eliminar la ropa pasada de moda°. El comprador personal propone° nuevas combinaciones y utiliza nuevos complementos para tener un armario adecuado para las diferentes situaciones sociales o profesionales.

1. Choose the paragraph that best summarizes the article.

A. Las personas que tienen dinero pero no tienen tiempo o sentido del gusto pueden recurrir a (*resort to*) compradores personales para comprar la ropa y los complementos adecuados. Los compradores personales son especialistas en moda que ayudan (*help*) a las personas a tener la imagen (*look*) y el estilo adecuados para situaciones sociales y profesionales.

B. Muchas personas no quieren ir de compras solas (*alone*). Las personas con sentido del gusto contratan compradores personales para ir con ellas a pasarelas y tiendas de moda. El servicio de los compradores personales es muy caro.

2. Check what a personal shopper needs to know about a client to provide fashion advice.
   - ❏ a. características físicas
   - ❏ b. tamaño (*size*) del armario
   - ❏ c. estilo de vida
   - ❏ d. nacionalidad
   - ❏ e. personalidad

3. Check which services are provided by personal shoppers.
   - ❏ a. asesoramiento sobre maquillaje
   - ❏ b. compras en el supermercado
   - ❏ c. comprar revistas de moda
   - ❏ d. asesoramiento sobre colores
   - ❏ e. organizar el armario

compradores *shoppers* relacionada *related* placer *pleasure* a muchas personas les gusta *many people like* bien vestido *well-dressed* dinero *money* sentido... *sense of taste* encargados *in charge* actualmente *currently* contratar *to hire* tendencias *trends* asistir... *attend fashion shows* cuerpo *body* rostro *face* estilo de vida *lifestyle* encontrar *find* incluyen *include* asesoramiento *consulting* maquillaje *makeup* armario *wardrobe* pasada de moda *out of style* propone *suggests*

🔊 **Pronunciación:** The letters **h**, **j**, and **g**

The Spanish **h** is always silent.

| helado | hombre | hola | hermosa |

The letter **j** is pronounced much like the English *h* in *his*.

| José | jubilarse | dejar | pareja |

The letter **g** can be pronounced three different ways. Before **e** or **i**, the letter **g** is pronounced much like the English *h*.

| agencia | general | Gil | Gisela |

At the beginning of a phrase or after the letter **n**, the Spanish **g** is pronounced like the English *g* in *girl*.
Gustavo, gracias por llamar el domingo.

In any other position, the Spanish **g** has a somewhat softer sound.
Me gradué (*I graduated*) **en agosto.**

In the combinations **gue** and **gui**, the **g** has a hard sound and the **u** is silent. In the combination **gua**, the **g** has a hard sound and the **u** is pronounced like the English *w*.

| guerra | conseguir | guantes | agua |

23 **h, j, g** Repeat each word after the speaker to practice pronouncing **h**, **j**, and **g**.

1. hamburguesa	5. geografía	9. seguir	13. Jorge
2. jugar	6. magnífico	10. gracias	14. tengo
3. oreja	7. espejo	11. hijo	15. ahora
4. guapa	8. hago	12. galleta	16. guantes

24 **Oraciones** When you hear the number, read the corresponding sentence aloud. Then listen to the speaker and repeat the sentence.

1. Hola. Me llamo Gustavo Hinojosa Lugones y vivo en Santiago de Chile.
2. Tengo una familia grande; somos tres hermanos y tres hermanas.
3. Voy a graduarme en mayo.
4. Para celebrar mi graduación, mis padres van a regalarme un viaje a Egipto.
5. ¡Qué generosos son!

25 **Refranes** Repeat each saying after the speaker to practice pronouncing **h**, **j**, and **g**.

1. A la larga, lo más dulce amarga. (*Too much of a good thing.*)
2. El hábito no hace al monje. (*The clothes don't make the man.*)

🔊 **Vocabulario**

26 **Escuchar y repetir** You will now hear the vocabulary found in your textbook on the last page of this lesson. Listen and repeat each Spanish word or phrase after the speaker.

Diario de aprendizaje

27 **Evaluar** Assess what you have learned in this lesson.

Identificar y especificar

Demonstrative adjectives agree in gender and number with the noun they modify.
Their usage depends on the distance between the speaker and the referred object:
este libro (aquí), ese CD (ahí).

Hablar de la existencia

Use the form **hay** of the verb **haber** to refer both to singular and plural elements.
Use the indefinite article or no article with **hay: Hay un bar. Hay libros.**

Localizar

Adverbs of place are followed by the preposition **de: encima de la mesa.**

Indicar el color

For colors ending in **–o** in the masculine form, the feminine form ends in **–a.**
Adjectives of color that end in **–e** or a consonant have only one singular form. **blanco/a,
negro/a, verde, gris...**

Hablar de la ropa

Use the verb **llevar: Llevo una camisa negra.**

Solicitar productos

Use **¿Tienen...?** to request products.

Referirse a un objeto ya mencionado

Use direct object pronouns to avoid repeating nouns: **¿De qué color los quiere?
(los zapatos)**

Pedir permiso y aceptar

The verb **poder** is an **o → ue** stem-changing verb. The stem change applies for all forms
except **nosotros/as** and **vosotros/as: puedo, puedes, puede...**
—**¿Puedo pagar con tarjeta de crédito? —Sí, por supuesto.**

28 **Anotar** Write down words or phrases, grammatical structures, and cultural information that you have
learned in this lesson.

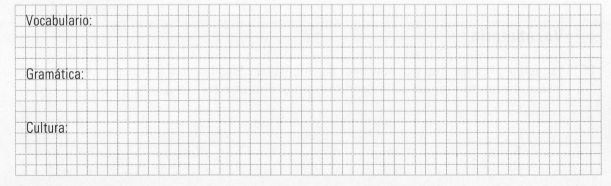

Vocabulario:

Gramática:

Cultura:

Read the dialogues and select the correct answer.

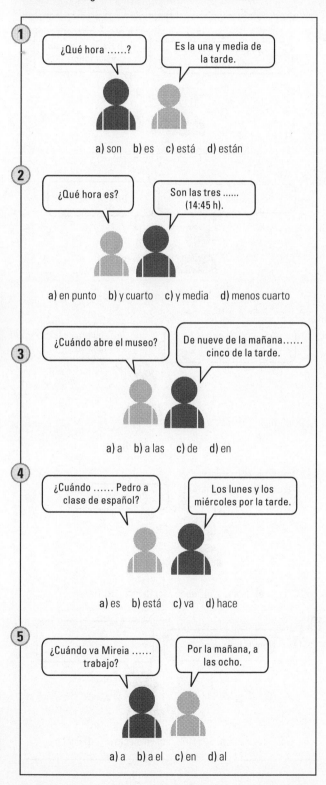

1

¿Qué hora ......? | Es la una y media de la tarde.

a) son   b) es   c) está   d) están

2

¿Qué hora es? | Son las tres ...... (14:45 h).

a) en punto   b) y cuarto   c) y media   d) menos cuarto

3

¿Cuándo abre el museo? | De nueve de la mañana...... cinco de la tarde.

a) a   b) a las   c) de   d) en

4

¿Cuándo ...... Pedro a clase de español? | Los lunes y los miércoles por la tarde.

a) es   b) está   c) va   d) hace

5

¿Cuándo va Mireia ...... trabajo? | Por la mañana, a las ocho.

a) a   b) a el   c) en   d) al

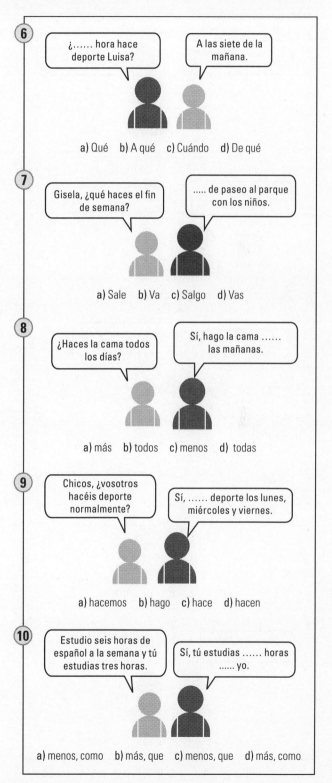

6

¿...... hora hace deporte Luisa? | A las siete de la mañana.

a) Qué   b) A qué   c) Cuándo   d) De qué

7

Gisela, ¿qué haces el fin de semana? | ..... de paseo al parque con los niños.

a) Sale   b) Va   c) Salgo   d) Vas

8

¿Haces la cama todos los días? | Sí, hago la cama ...... las mañanas.

a) más   b) todos   c) menos   d) todas

9

Chicos, ¿vosotros hacéis deporte normalmente? | Sí, ... deporte los lunes, miércoles y viernes.

a) hacemos   b) hago   c) hace   d) hacen

10

Estudio seis horas de español a la semana y tú estudias tres horas. | Sí, tú estudias ...... horas ...... yo.

a) menos, como   b) más, que   c) menos, que   d) más, como

Answer key: 1.b 2.d 3.a 4.c 5.d 6.b 7.c 8.d 9.a 10.b

3B

Centro comercial

Autoevaluación

Read the dialogues and select the correct answer.

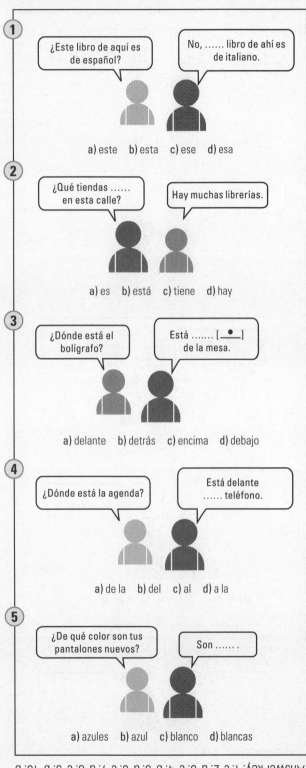

1

¿Este libro de aquí es de español?

No, ... libro de ahí es de italiano.

a) este   b) esta   c) ese   d) esa

2

¿Qué tiendas ...... en esta calle?

Hay muchas librerías.

a) es   b) está   c) tiene   d) hay

3

¿Dónde está el bolígrafo?

Está .... [•] de la mesa.

a) delante   b) detrás   c) encima   d) debajo

4

¿Dónde está la agenda?

Está delante ...... teléfono.

a) de la   b) del   c) al   d) a la

5

¿De qué color son tus pantalones nuevos?

Son ....

a) azules   b) azul   c) blanco   d) blancas

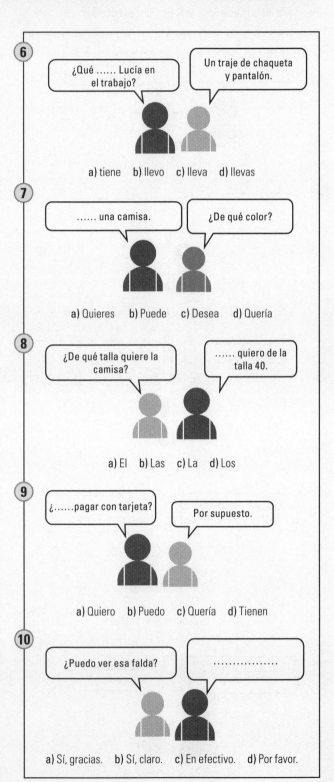

6

¿Qué ...... Lucía en el trabajo?

Un traje de chaqueta y pantalón.

a) tiene   b) llevo   c) lleva   d) llevas

7

...... una camisa.

¿De qué color?

a) Quieres   b) Puede   c) Desea   d) Quería

8

¿De qué talla quiere la camisa?

...... quiero de la talla 40.

a) El   b) Las   c) La   d) Los

9

¿......pagar con tarjeta?

Por supuesto.

a) Quiero   b) Puedo   c) Quería   d) Tienen

10

¿Puedo ver esa falda?

....

a) Sí, gracias.   b) Sí, claro.   c) En efectivo.   d) Por favor.

Answer key: 1.c 2.d 3.c 4.b 5.a 6.c 7.d 8.c 9.b 10.b

BARRIOS CON CARÁCTER

La Latina en directo
Vocabulario

1 **Lugares** Label each photograph with the appropriate word from the list.

| teatro | mercado | tienda | restaurante |

A   B   C   D

....

2 **Mapas de ideas** Complete the idea maps with vocabulary words. Remember to use adjectives after **es** and nouns after **tiene**.

1. ....   2. ....   5. ....   6. ....

UN BARRIO ES...

UNA CIUDAD TIENE...

3. ....   4. ....   7. ....   8. ....

3 **¿Lógico o ilógico?** You will hear some questions and responses. Decide if each response is **lógico** or **ilógico**.

1. lógico   ilógico   4. lógico   ilógico
2. lógico   ilógico   5. lógico   ilógico
3. lógico   ilógico   6. lógico   ilógico

Gramática funcional

4 **Emparejar** Match each form of **pensar** to the corresponding subject pronoun(s).

1. yo ....   a. pensamos
2. ellos/as, ustedes ....   b. piensas
3. tú ....   c. piensan
4. vosotros/as ....   d. pensáis
5. nosotros/as ....   e. pienso
6. él, ella, usted ....   f. piensa

5   **Completar** Complete the paragraph with the appropriate forms of the verb **pensar**.

¿Mi opinión de mi barrio? Pues (1) .... que es un barrio especial, con gente de muchos países y nacionalidades. Mis vecinos (2) .... que es un barrio un poco alternativo y muy moderno. ¿Qué (3) .... usted? ¿(4) .... también que es especial? ¡Mis amigos y yo (5) .... que es único!

6   **Objetos indirectos** Complete each sentence with the appropriate indirect object pronoun.

1. A mí .... gusta.
2. A nosotros .... gusta.
3. A ellas .... gusta.
4. A ti .... gusta.
5. A él .... gusta.
6. A vosotras .... gusta.

ME   LES   OS   NOS   TE   LE

7   **Escoger** Select the appropriate form of **gustar** to complete the paragraph.

Me (1) **gusta/gustan** vivir en el pueblo. Es más tranquilo, pero también me (2) **gusta/gustan** los barrios típicos de una ciudad: tienen cafés, restaurantes, tiendas, etc. A mis vecinos les (3) **gusta/gustan** la ciudad porque es más divertida y a mi familia no le (4) **gusta/gustan** ir a la ciudad por el tráfico.

8   **Gustar** Complete the paragraphs below with the appropriate indirect object pronouns and the appropriate forms of **gustar**.

Ricardo: A nosotros (1) ...... *nos gusta* el barrio. Hay restaurantes de muchos países. A mi mujer y a mí (2) ...... cenar todos los viernes en el barrio y tener una noche especial. A ella (3) .... la comida china y a mí (4) .... la comida india.

Claudia: No (5) .... mi barrio. A mis vecinos sí (6) .... , pero yo pienso que es un barrio muy tradicional, poco moderno y alternativo. A mí y a mis amigos (7) .... los barrios más modernos.

9   **¿Qué piensas?** Match each sentence starter to the most logical conclusion.

1. Mi amiga piensa que... ....
2. Pienso que... ....
3. Todos nosotros pensamos que... ....
4. Los turistas piensan que... ....

a. su trabajo es muy interesante. Nos gusta mucho, pero a él no.
b. mi barrio es especial. ¡A ella le gusta mucho!
c. es imposible vivir en el centro de la ciudad. Hay mucho tráfico y no me gusta.
d. La Latina es uno de los barrios más típicos de la ciudad. ¡Les gusta mucho!

10 **La Habana** Complete the paragraph with words and expressions from the list.

a mí	pienso	pensamos	le gusta	nos gusta	gusta

Me gusta La Habana. (1) .... que es una ciudad
histórica. A nosotros, los turistas, (2) ....
esta ciudad porque tiene barrios muy típicos. Luke y yo
(3) .... que tiene lugares muy interesantes:
restaurantes, bares, iglesias... A él (4) ....
vivir en Canadá, pero (5) .... me
(6) .... el ambiente de las ciudades cubanas.

11 **Marcos y Marta** Listen to the conversation between Marcos and Marta, and write down what they like and dislike about their neighborhood.

	☺	☹
Marcos	1. .... 2.	1. .... 2. ....
Marta	1. .... 2.	1. .... 2. ....

Lectura

12 **Barrios** Read the two descriptions of neighborhoods in Mexico and Colombia. Then, write a brief paragraph summarizing the readings. Be sure to answer these questions: **¿Qué piensa Gabriela de su barrio? ¿Qué piensa Mónica de su barrio? ¿Qué aspectos les gustan a las dos? ¿Qué aspectos te gustan a ti?**

Gabriela
Coyoacán me gusta mucho por su ambiente bohemio, sus museos y sus cafés con mesas al aire libre. A mis amigos les gustan las tiendas de artesanías que están cerca de la Plaza Hidalgo. Pienso que Coyoacán es un lugar especial.

Mónica
A mí me gusta el barrio Carlos E. Restrepo porque van muchos estudiantes universitarios. Hay bares, restaurantes, un cine, un museo, una biblioteca pública... ¡y muchos parques! Pienso que es un lugar diferente en la ciudad por su actividad cultural.

....
....
....
....

Hacer las compras
Vocabulario

13 **Clasificar** Write the name of each item in the appropriate category.

| bacalao | dorada | jamón | leche | manzanas | naranjas | refrescos | salchichas |

BEBIDAS	CARNES
....	....
....	....
FRUTAS	**PESCADOS**
....	....
....	....

14 **Los envases** Write the name of each container or unit of measurement. Be sure to include the definite article.

1. .... 2. .... 3. .... 4. ....

15 **Las cantidades** You will hear several questions from a grocer. Look at the cues and choose the appropriate quantity for each item. Then, tell the grocer what you want. Repeat the correct response after the speaker.

MODELO	You hear: ¿Le doy unas manzanas?
	You see: medio kilo/una botella
	You say: Sí, medio kilo de manzanas, por favor.

1. una docena/dos paquetes
2. una botella/una lata
3. tres latas/tres paquetes

4. medio kilo/media docena
5. una botella/una bolsa
6. dos kilos/dos botellas

16 **Listas** Look at these shopping lists and decide whether the items are listed in the appropriate quantities. If the unit of measurement is logical, mark the item with a check (✓); if it is illogical, write the appropriate unit of measurement next to the item.

UN KILO...
1. ✓ de tomates
2. una docena de huevos
3. .... de leche

UNA DOCENA...
4. .... de carne
5. .... de huevos
6. .... de aceite

UNA BOLSA...
7. .... de arroz
8. .... de papas fritas
9. .... de salchichas

Gramática funcional

17   **Hay...** Write how much of each item is depicted in each image.

1. Hay ....
2. Hay ....
3. Hay ....
4. Hay ....
5. Hay ....
6. Hay ....

7. Hay ....
8. Hay ....
9. Hay ....
10. Hay ....
11. Hay ....
12. Hay ....

18   **Costar** Complete each sentence with the correct form of **costar**.

1. ¿Por favor, cuánto .... dos bolsas de manzanas?

2. La botella de vino .... 11 euros. Es un Rioja.

3. Dos paquetes de azúcar y tres kilos de tomates. Todo .... 15 euros.

4. ¿Cuánto .... una docena de huevos, por favor?

19   **Pronombres** Write the subject pronoun(s) that correspond(s) to each form of **poner** and **dar**.

1. *él/ella/usted*   2. ....   3. ....   4. ....   5. ....   6. ....

     da   damos   doy   dan   dais   das

7. ....   8. ....   9. ....   10. ....   11. ....   12. ....

    pongo   ponemos   ponéis   pones   ponen   pone

20   **Ordenar** Reorder the lines to form a logical conversation.

1. ¿A quién le toca?

2. Me da una botella de leche y un paquete de pasta, por favor.

3. Son 15 euros.

4. Me toca a mí.

5. Sí, también quiero una docena de huevos. ¿Cuánto cuesta todo?

6. ¿Qué desea?

7. ¿Algo más?

8. Aquí tiene. Gracias. ¡Hasta mañana!

[1]   [ ]   [ ]   [ ]   [ ]   [ ]   [ ]   [ ]

21 **Gloria en el mercado** Gloria is doing her grocery shopping at the market. Write out Gloria's side of the conversation based on the grocer's questions.

VENDEDOR ¿A quién le toca ahora?

GLORIA (1) ....

VENDEDOR ¿Qué le doy, señorita?

GLORIA (2) ....

VENDEDOR Aquí tiene, tres kilos de tomates. ¿Desea algo más?

GLORIA (3) ....

VENDEDOR Una botella de leche cuesta tres pesos.

GLORIA (4) ....

VENDEDOR Dos botellas de leche para la señorita.

GLORIA (5) ....

VENDEDOR Trece pesos.

GLORIA (6) ....

VENDEDOR Sí, trece. ¡Gracias!

22 **¿Qué les doy?** You will hear several questions. Use the cues provided to tell the grocer how many of which items you would like. Repeat the correct answer after the speaker.

MODELO	*You hear:*	**Buenos días, jóvenes. ¿Qué les doy?**
	You see:	**dos latas/sardinas**
	You say:	**Nos da dos latas de sardinas, por favor.**

1. un paquete/salchichas
2. una bolsa/papas
3. medio kilo/manzanas
4. dos botellas/refrescos
5. una docena/huevos
6. dos paquetes/yogures

Lectura

23 **El aceite de oliva** Read this ad for olive oil. Based on the reading, choose the best ending to each sentence below.

Aceite de oliva

Tu salud, nuestra salud

Entre las principales cualidades del aceite de oliva virgen podemos destacar las siguientes:

Es auténtico aceite extraído de aceitunas sanas°, completamente natural, sin aditivos ni conservantes, con propiedades beneficiosas para la salud° y para la alimentación.

La investigación científica confirma que el aceite de oliva virgen ofrece estos beneficios:
- Reduce el nivel de colesterol.
- Disminuye el riesgo de ataques al corazón°.
- Reduce las probabilidades de trombosis arteriales.
- Beneficia las funciones cerebrales y, sobre todo, retrasa el envejecimiento° de los tejidos y de los órganos en general.

sanas *healthy* salud *health* ataques al corazón *heart attacks* retrasa el envejecimiento *it delays aging*

1. La composición del aceite de oliva es...

   a. ☐ natural, sin aditivos ni conservantes.

   b. ☐ con aceitunas y con productos para reducir el colesterol.

2. Los beneficios del aceite de oliva son:

   a. ☐ Tiene muchas vitaminas y reduce el azúcar.

   b. ☐ Reduce el colesterol y el riesgo de ataques al corazón, y beneficia las funciones cerebrales.

Paco, amigo del Rastro

24 **Recibos** Ingrid just got home from a trip to Spain and has several receipts in her wallet. Listen to the questions, and write the number of each question below the corresponding receipt.

....

25 **Carácter Latino** Complete this paragraph about **La Latina** using words from the list.

ambiente	centro	especial	marroquíes	piensan
barrio	cuesta	gustan	mercado	restaurantes

"Carácter Latino" es el nombre de un bar en el (1) .... de La Latina, en el (2) ....

de Madrid. Es un lugar muy popular para la gente que vive en Madrid o visita esta ciudad porque está cerca de

un famoso (3) .... , el Rastro. Muchas personas (4) .... que es un bar con mucho

(5) .... y muy (6) .... Al lado de este bar hay más bares muy populares y

(7) .... de comida de distintas nacionalidades: chinos, (8) ...., italianos...

26 **¿Verdadero o falso?** Listen to part of an interview with Paco. Indicate whether each statement is true (**verdadero**) or false (**falso**). You will hear the recording twice.

Verdadero	Falso	
○	○	1. A Paco no le gusta el Mercado de la Cebada.
○	○	2. En La Latina hay restaurantes de muchas nacionalidades.
○	○	3. A Paco le gustan los restaurantes de comida rápida.
○	○	4. A Paco no le gustan las hamburguesas.
○	○	5. A Paco le gustan los puestos de libros antiguos.
○	○	6. Paco vende postales de Madrid y de Barcelona.
○	○	7. Paco compra frutas y verduras en el supermercado.
○	○	8. Paco compra tomates, patatas, plátanos y naranjas en el puesto de un amigo cubano.
○	○	9. Paco quiere ir a Puerto Rico este año.

Lectura

27 **El Rastro** Read the article about the **Rastro** and answer the questions based on the reading.

El Rastro en la cultura

El Rastro madrileño es un aspecto social y cultural que está presente en la vida de madrileños y españoles, no solo en sus paseos de los domingos sino° también a través del cine, la literatura, la música y la fotografía.

En el cine, por ejemplo, aparece en la película *Domingo de carnaval* (1945), del cineasta° Edgar Neville, con una trama policíaca° situada en el Rastro de Madrid. También incluyen escenas en el Rastro las películas *Día tras día* (1951), del director Antonio del Amo, y *Laberinto de pasiones* (1982), de Pedro Almodóvar.

El Rastro es también un argumento° muy presente en la literatura española. El famoso escritor vanguardista° Ramón Gómez de la Serna dedica su libro *El Rastro* a este especial mercado en 1915, y el escritor, periodista y cronista° de la vida madrileña Pedro de Répide escribe una novela titulada *Del Rastro a Maravillas* a principios del siglo° XX.

En los años 70, hay una canción° muy famosa en España sobre el Rastro de Madrid con el estribillo°:

> *"Una, dos y tres,*
> *una, dos y tres,*
> *lo que usted no quiera*
> *para el Rastro es°."*

En la actualidad el famoso cantante español Joaquín Sabina hace referencia a° este simpático mercado en canciones como "Con la frente marchita°", de su disco *Mentiras Piadosas*, o en su canción "Dieguitos y Mafaldas".

Hoy en día el Rastro es también un centro de reunión de músicos y artistas que se encuentran en sus calles para tocar° sus instrumentos, cantar° o simplemente charlar°.

1. Where can you find cultural references to the Rastro?

   ....

   ....

   ....

2. What films feature the Rastro?

   ....

   ....

   ....

3. Name two Spanish authors who write about the Rastro.

   ....

   ....

   ....

4. What is the chorus of a famous Spanish song from the '70s about the Rastro?

   ....

   ....

   ....

5. What is the name of a famous Spanish singer who mentions the Rastro in some of his songs?

   ....

   ....

   ....

sino *but also* **cineasta** *filmmaker* **trama policíaca** *detective story* **argumento** *theme* **vanguardista** *avant-garde*
periodista y cronista *journalist and columnist* **siglo** *century* **canción** *song* **estribillo** *chorus* **lo que... es** *what you don't want in the Rastro belongs*
hace referencia a *refers to* **frente marchita** *withered brow* **tocar** *play* **cantar** *sing* **charlar** *chat*

Pronunciación: The consonant r

In Spanish, the letter **r** has a strong trilled sound at the beginning of a word. No English words have a trill, but English speakers often produce a trill when they imitate the sound of a motor.

ropa	rastro	refresco	regatear

In any other position, **r** has a weak sound similar to the English *tt* in *better* or the English *dd* in *ladder*. In contrast to English, the tongue touches the roof of the mouth behind the teeth.

gustar	durante	primero	crema

The letter combination **rr**, which only appears between vowels, always has a strong trilled sound.

pizarra	corro	marrón	aburrido

Between vowels, the difference between the strong trilled **rr** sound and the weak **r** sound is very important, as a mispronunciation could lead to confusion between two different words.

caro	carro	pero	perro

28 **Repetir** Repeat each word after the speaker to practice the **r** and the **rr** sounds.

1. Perú
2. Rosa
3. borrador
4. madre
5. comprar
6. favor
7. rubio
8. reloj
9. Arequipa
10. tarde
11. cerrar
12. despertador

29 **Refranes** Repeat each saying after the speaker to practice the **r** and the **rr** sounds.

Perro que ladra no muerde.[1]

No se ganó Zamora en una hora.[2]

2 Rome wasn't built in a day.

1 A dog's bark is worse than its bite.

Vocabulario

30 **Escuchar y repetir** You will now hear the vocabulary found in your textbook on the last page of this lesson. Listen and repeat each Spanish word or phrase after the speaker.

Diario de aprendizaje

31 **Evaluar** Assess what you have learned in this lesson.

Dar y pedir opinión	😀😀😀 😀😀 ☹️

The verb **pensar** is an **e→ie** stem-changing verb; its stem changes **e→ie** in all forms except the **nosotros/as** and **vosotros/as** forms: **pienso, piensas**... In **Lección 3B**, you learned another **e→ie** stem-changing verb: **querer**.

Expresar gustos y preferencias	😀😀😀 😀😀 ☹️

Use **a mí, a ti, a él**... before **me gusta, te gusta, le gusta**... for emphasis when expressing likes and dislikes.

Indicar cantidades y envases	😀😀😀 😀😀 ☹️

Use the preposition **de** when indicating quantities and units of measurement: **una botella de leche**, **un kilo de tomates**.

Preguntar y responder por el turno	😀😀😀 😀😀 ☹️

When a store clerk wants to know who is next in line, he/she asks, **¿A quién le toca?**

Solicitar un producto	😀😀😀 😀😀 ☹️

You can say, **Me da/pone medio kilo de tomates, por favor**, or simply, **Medio kilo de tomates, por favor**.

Preguntar y responder por el precio	😀😀😀 😀😀 ☹️

The verb **costar** is an **o→ue** stem-changing verb: **¿Cuánto cuesta?**

32 **Anotar** Write down words or phrases, grammatical structures, and cultural information that you have learned in this lesson.

Vocabulario:

Gramática:

Cultura:

Apartamento de alquiler
Vocabulario

1 **El horario de Carmen** Complete the entries in Carmen's daily planner with words from the list.

| dormitorio de los niños   baño   salón   garaje   terraza   cocina   dormitorio |

7:30 h ¡Ring! ¡El despertador! Salgo de la cama y voy al (1) .... Uso el champú.
7:45 h Entro en el (2) .... para buscar la ropa y hacer la cama.
7:50 h Voy a la (3) .... y hago el desayuno.
8:00 h Entro en el (4) .... ¡Niños! ¡Son las 8!
8:30 h Vamos al (5) .... y subimos al coche.
...
18:00 h Tomamos un café en la (6) ...., al aire libre.
22:00 h Los niños están en la cama. En el sofá del (7) .... veo la televisión.

2 **Escoger** Listen to the descriptions and say what they refer to. Then, listen to the correct answer and repeat.

MODELO
You hear: Tiene tres dormitorios, dos baños, terraza, piscina y jardín.
You see: casa/apartamento
You say: Es una casa.

1. casa/estudio
2. comedor/salón
3. garaje/jardín
4. baño/dormitorio

3 **Describir** Follow the model to write sentences describing household objects. Use as many words from the list as possible.

| antiguo/a   baño   cocina   despertador   feo/a   mesa   práctico/a   tradicional |
| balcón   bonito/a cómodo/a dormitorio   lámpara moderno/a salón   único/a |

MODELO *En la cocina de mi casa hay una mesa antigua.*

1. ....
2. ....
3. ....
4. ....
5. ....
6. ....

Gramática funcional

4 **¿Tener o estar?** Select the appropriate forms of **tener** or **estar** to complete the paragraph.

El apartamento (1) **está/tiene** tres dormitorios, dos baños y cocina. (2) **Está/Tiene** un salón y un comedor. El comedor (3) **está/tiene** al lado de la cocina. (4) **Está/Tiene** amueblado y (5) **está/tiene** una terraza. Un baño (6) **está/tiene** jacuzzi. El apartamento también (7) **está/tiene** garaje. (8) **Está/Tiene** en el centro del pueblo, cerca del parque. La playa (9) **está/tiene** a 15 minutos en coche.

5 **¿Cuántos/as?** Write the appropriate question for each response using **cuántos** or **cuántas**.

1. ¿ *Cuántos dormitorios tiene el apartamento* _____?
   El apartamento tiene cuatro dormitorios.

2. ¿ _____?
   Tiene dos baños.

3. ¿ _____?
   Tiene dos terrazas, una con vistas al mar.

4. ¿ _____?
   La casa tiene tres balcones.

5. ¿ _____?
   El salón tiene dos lámparas.

6 **El precio** Listen to the descriptions and identify the price for each floor plan.

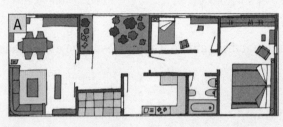

Precio: ....   Precio: ....

7 **¿Cuánto cuesta?** Write out the price of each home.

1. casa (875 000 euros) ....

2. apartamento (450 500 euros) ....

3. estudio (299 900 euros) ....

4. apartamento (362 000 euros) ....

8 **¿Qué, cuál o cuáles?** Complete the conversation using **qué**, **cuál**, or **cuáles**.

9   **¿Hay, está o tiene?** Complete the conversations with **hay**, **está(n)**, or **tiene(n)**.

1
- Me gusta este apartamento, ¿dónde (1) ....?
- (2) .... en la calle Romeral, en la parte antigua de la ciudad.
- Y, ¿(3) .... mucho ruido en ese barrio?
- No, no, es una zona muy tranquila. (4) .... una plaza y un café cerca.

2
- ¿Cuántos dormitorios (5) .... este apartamento?
- Todos los apartamentos de este edificio (6) .... dos dormitorios, un baño, salón-comedor y cocina.

3
- Juan, ¿(7) .... una estación de metro cerca de tu casa?
- No, pero a cien metros (8) .... la parada del autobús.

4
- Mi apartamento (9) .... en una zona privilegiada. Al lado (10) .... un cine y dos buenos restaurantes. También (11) .... cerca la biblioteca. (12) .... tiendas de alimentación, regalos, etc...

10   **¿Qué hay?** Answer the questions you hear based on the information provided. Then listen to the answer and repeat.

MODELO	*You hear:* ¿Qué hay en el salón?
	You see: ocho sillas
	You say: **En el salón hay ocho sillas.**

1. su casa
2. tres habitaciones

3. garaje
4. jardín con piscina

Lectura

11   **¿Comprar o aquilar?** Read the article. Then, summarize the arguments in favor of buying or renting a home.

¿Comprar o alquilar?

En España es frecuente comprar viviendas. Solo un 14% del total de las viviendas es de alquiler (en Europa un 40%). Hay argumentos a favor y en contra de comprar o alquilar:

- Para comprar un estudio, una casa o un apartamento necesitas más dinero°. Normalmente, pides una hipoteca° al banco. La ventaja es que es una inversión°. Para muchas personas, tener una vivienda significa seguridad° y tranquilidad, puedes hacer reformas° y tienes ventajas fiscales°.

- Para alquilar un apartamento no necesitas tanto° dinero. Vivir de alquiler da más libertad y el alquiler permite vivir en viviendas que, quizás, no podemos comprar (en el centro de una ciudad, más metros cuadrados, con jardín, etc.).

Argumentos a favor de comprar:

....
....
....
....

Argumentos a favor de alquilar:

....
....
....
....

necesitas más dinero *you need more money*   **pides una hipoteca** *you request a mortgage*   **inversión** *investment*   **seguridad** *security*   **reformas** *renovations*   **ventajas fiscales** *tax advantages*   **tanto** *so much*

Su casa, su estilo
Vocabulario

12 **El sofá** Choose the adjective from the list that best describes each sofa.

1. .... 2. .... 3. ....

grande
pequeño
clásico
largo
ancho

4. .... 5. ....

13 **Adjetivos** Assign each adjective to the appropriate category.

	pequeño	clásico		tamaño (*size*)	estilo
grande	elegante	largo	sencillo	....	....
	de diseño	moderno		....	....
		ancho		....	....
				....	....

14 **Descripción** Use the words provided to describe each of the items in the pictures.

MODELO	*una cama elegante*		cama	antiguo/a
			computadora	elegante/a
			dormitorio	moderno/a
			mesa	pequeño/a
			teléfono	sencillo/a

1. .... 2. .... 3. .... 4. ....

Gramática funcional

15   **Objetos** Use the correct form of **ser** and the adjectives from the list to describe each object. Use at least two adjectives to describe each piece of furniture.

ancho/a	clásico/a	funcional	largo/a	pequeño/a
antiguo/a	elegante	grande	moderno/a	sencillo/a

1. La mesa ....

2. El sofá ....

3. Las sillas ....

16   **Tabla** Fill in the chart with the correct forms of the verbs.

	preferir	servir
yo	prefiero	sirvo
tú	(1).....................	(2).....................
usted, él, ella	prefiere	(3).....................
nosotros/as	(4).....................	servimos
vosotros/as	(5).....................	(6).....................
ustedes, ellos/as	prefieren	(7).....................

17   **Preguntas** Write questions using the cues and the appropriate forms of **preferir**.

1. (tú) comprar o alquilar un apartamento .... *¿Prefieres alquilar o comprar un apartamento?* ......

2. (vosotros) alquilar una vivienda amueblada o vacía ....

3. (ella) vivir cerca del mar o de la montaña ....

4. (ellos) vivir en un estudio o en una casa ....

5. (él) tener muebles clásicos o modernos ....

6. (ellas) ir a un hotel o alquilar un apartamento en la playa ....

18   **Servir** Write the appropriate form of **servir** and then choose the correct ending for each sentence.

1. El teléfono celular .... para _____   a. dar la hora.

2. La bicicleta .... para _____   b. hablar con otra persona.

3. Los botones .... para _____   c. ir a otro lugar de forma ecológica y sana.

4. Un reloj .... para _____   d. encender los aparatos.

19   **Oraciones** Rearrange the cues to write complete sentences.

1. aparato / nada / sirve / este / para / no

....

2. sirvo / yo / oficina / no / para / trabajar en una

....

3. hacer más cómoda / los / vida / sirven / la / objetos domésticos / para

....

20   **Usos** Listen to the descriptions and identify which object they refer to. Then, listen to the correct answer and repeat. (*4 items*)

MODELO	*You hear:*	Sirve para hacer café.
	You pick:	la cafetera
	You say:	La cafetera sirve para hacer café.

Lectura

21   **El feng shui** Read the article and answer the questions below.

Para el *feng shui* es esencial la colocación° de los objetos en la vivienda para crear un espacio armónico°. Por ejemplo, la disposición del sofá, los sillones y las mesas en el salón es importante para las relaciones de las personas: la comunicación es más fácil o más difícil°. El sofá es el mueble principal. Es necesario ver todo el salón desde el sofá y nunca puede estar en el medio de la habitación. La mesa debe ser de color claro°, y no de cristal. Lo mejor° es una mesa grande, circular o cuadrada, y no se coloca en el centro, sino° a un lado. Las sillas y los sillones también deben ser de color claro y no de metal. Las plantas también armonizan el salón. El *feng shui* recomienda ocultar° el televisor.

colocación *placement* armónico *harmonious* más fácil o más difícil *easier or harder* de color claro *a light color* Lo mejor *The best thing* sino *but rather* ocultar *to hide*

1. ¿Qué muebles tienen una función importante para el *feng shui*?

....

2. ¿Qué colores prefiere el *feng shui*?

....

3. ¿Qué recomienda ocultar el *feng shui*?

....

Carmen Abreu, fundadora de Caribe Propiedades

22 **Apartamento** Luis Cabrera Viera wants to rent an apartment, so he calls Caribe Propiedades. Look at the diagram below, then listen and take notes about the information you hear.

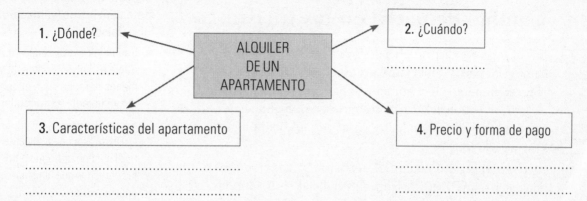

1. ¿Dónde?
....

ALQUILER
DE UN
APARTAMENTO

2. ¿Cuándo?
....

3. Características del apartamento
....
....

4. Precio y forma de pago
....
....

23 **Otro apartamento** Write a conversation between you and Carmen Abreu. Follow the diagram in Activity 22 and use the information provided below.

- Dónde: un apartamento con vistas al mar
- Cuándo: del 1 al 15 de julio
- Características del apartamento: para una familia/ amueblado/3 dormitorios/terraza/garaje
- Precio: 1000 dólares
- Forma de pago: transferencia bancaria

• ....
■ ....
• ....
■ ....
• ....

24 **Local de oficinas** A German company places an ad to rent office space for its new branch in Valladolid, Spain. Read the ads and pick the one that will best meet the company's needs. Explain your choice.

EMPRESA ALEMANA EN EXPANSIÓN NECESITA LOCAL DE OFICINAS
SIN AMUEBLAR EN VALLADOLID, CERCA DE LA ESTACIÓN
DE AUTOBUSES, MÁS DE 500 M².

TEL. 634996520   (SRA. CARMEN MEYER PÉREZ)

OFICINA EN ALQUILER.
1000 M². VACÍA. MUY CERCA
DE LA ESTACIÓN DE AUTOBÚS.
PEÑAFIEL (RIBERA DEL DUERO),
A 60 KM. DE VALLADOLID.
10 000 EUROS. 640796543
1.

Oficina amueblada.
ALQUILER.
Oportunidad. 750 m².
Bien comunicada.
60 000 euros/mes.
Teléfono 693456476
2.

Valladolid. OFICINA.
ALQUILER. 600 m².
Amueblada. Cerca de la
estación de autobuses.
45 000 euros/mes.
Sr. Conrado
Teléfono: 699453423
3.

....
....
....

Lectura

25 **Cambio de perfil en los turistas** Read the article about tourism on the Spanish coast and complete the activities.

Cambio de perfil en los turistas

Las últimas estadísticas oficiales sobre turismo reflejan un cambio de perfil° en los turistas españoles y extranjeros. Hay un aumento en el número de personas que eligen el alojamiento extrahotelero para sus vacaciones: apartamentos, casas o bungalows alquilados, casas rurales, campings o viviendas de amigos.

El INE (Instituto Nacional de Estadística) tiene los porcentajes: un 70% de alojamientos en hoteles y un 30% en alojamientos extrahoteleros (apartamentos un 73%, campings un 19% y turismo rural un 8%).

Los turistas prefieren ir a Canarias, Comunidad Valenciana, Andalucía y Región de Murcia.

Las Islas Canarias son el destino preferido para las personas que alquilan apartamentos.

La Costa Blanca en Alicante (Valencia) es el principal destino para los turistas que van a campings.

En alojamientos de turismo rural destaca° el Pirineo catalán.

El gasto medio° por turista y día es estable según° los datos del Ministerio de Economía. Aquí presentamos, por ejemplo, los datos de las Islas Canarias:

119,41 € por cada turista en hotel de 5 estrellas.

77,18 € por cada turista en hotel de 1–3 estrellas.

43,70 € por cada turista en apartamento o casa alquilada.

38,39 € por cada turista en apartamento o casa propia°.

68 € por cada turista en casa rural.

35 € por cada turista en "otros" (camping...).

1. Indicate whether each statement is true (**verdadero**) or false (**falso**).

   a. Según las estadísticas oficiales sobre turismo, hay menos personas que eligen el alojamiento extrahotelero. ....

   b. La Costa Blanca en Alicante es el destino preferido para las personas que alquilan apartamentos. ....

   c. El gasto medio por cada turista en hotel de 5 estrellas es de 119,41 euros. ....

2. Indicate the preferred destinations of tourists according to their choice of lodging.

   Apartamento: ....

   Camping: ....

   Casa rural: ....

3. Write down the three kinds of tourists with the highest average daily expenses.

   ....
   ....
   ....
   ....
   ....

perfil *profile* **destaca** *stands out* **gasto medio** *average expense* **según** *according to* **propia** *own*

🔊 **Pronunciación: c** (before a consonant) and **q**

The letter **c** before the vowels **a**, **o**, and **u** is pronounced like the *c* in the English word *car*. When the letter **c** appears before any consonant except **h**, it is also pronounced like the *c* in *car*.

clínica	bici**c**leta	**c**rema	do**c**tora	o**c**tubre

In Spanish, the letter **q** is always followed by an **u**, which is silent. The combination **qu** is pronounced like the *k* sound in the English word *kitten*. Remember that the sounds *kwa, kwe, kwi, kwo,* and *koo* are always spelled with the combination **cu** in Spanish, never with **qu**.

querer	par**qu**e	**qu**eso	**qu**ímica	mante**qu**illa

26 Palabras Repeat each word after the speaker, focusing on the **c** and **q** sounds.

1. quince
2. querer
3. pequeño
4. equipo
5. conductor
6. escribir
7. contacto
8. increíble
9. aquí
10. ciclismo
11. electrónico
12. quitarse

27 Refranes Repeat each saying after the speaker to practice the **c** and the **q** sounds.

1. Ver es creer. (*Seeing is believing.*)
2. Quien mal anda, mal acaba. (*He who lives badly, ends badly.*)

🔊 **Vocabulario**

28 Escuchar y repetir You will now hear the vocabulary found in your textbook on the last page of this lesson. Listen and repeat each Spanish word or phrase after the speaker.

Diario de aprendizaje

29 **Evaluar** Assess what you have learned in this lesson.

| Hablar de viviendas | ☺☺☺   ☺☺   ☹ |

Use the verb **estar** to express location, **tener** to talk about the parts of a home, and **hay** to express the existence of something or of places near a home.

| Informar del precio | ☺☺☺   ☺☺   ☹ |

To give the price of something, say: **El precio es...** or **El apartamento/La casa cuesta...**

| Identificar | ☺☺☺   ☺☺   ☹ |

The interrogative **qué** can be followed by a noun: **¿Qué apartamento te gusta?** The interrogatives **cuál** and **cuáles** are followed by a verb: **¿Cuál es más grande?** (In this case, **cuál** refers to the apartment.)

| Describir objetos, tamaños y cualidades | ☺☺☺   ☺☺   ☹ |

Use **ser** + [*adjective*] to give descriptions. The adjective must agree in gender and number with the noun it refers to: **Las sillas son blancas y muy cómodas.** Adjectives that end in **-e** (**elegante, grande**) or a consonant (**funcional, azul**) do not have distinct masculine and feminine forms. **Las mesas son grandes y funcionales.**

| Hablar de preferencias | ☺☺☺   ☺☺   ☹ |

Like **pensar** and **querer, preferir** is an **e→ie** stem-changing verb: **prefiero, prefieres, prefiere, preferimos, preferís, prefieren**.

| Expresar utilidad | ☺☺☺   ☺☺   ☹ |

Servir is an **e→i** stem-changing verb: **sirvo, sirves, sirve, servimos, servís, sirven**. Use **servir** + **para** + [*infinitive*] to tell what something is used for.

30 **Anotar** Write down words or phrases, grammatical structures, and cultural information that you have learned in this lesson.

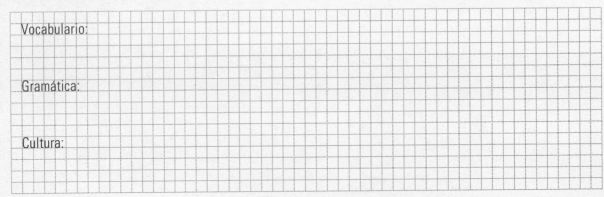

Vocabulario:

Gramática:

Cultura:

Read the dialogues and select the correct answer.

1

Me ...... mi barrio. Es muy especial. ¿Y a ti?

También. Es especial y muy interesante.

a) gustan b) gusta c) pienso d) gusto

2

¿Qué ...... tu familia de tu barrio?

Pues a todos les gusta.

a) piensan b) pensamos c) piensa d) pienso

3

¿Y tu vecino? ¿Qué piensa del barrio?

A mi vecino ...... gustan las tiendas tradicionales, de toda la vida.

a) te b) le c) les d) se

4

Pienso ...... es un barrio con carácter. ¿Y tú?

También me gusta.

a) de b) te c) que d) qué

5

A Clara y a mí ...... gusta comprar en esta tienda.

¿Y qué compran?

a) les b) os c) me d) nos

6

Por favor, ¿cuánto ...... la bolsa de papas fritas?

3 euros.

a) costar b) cuestan c) cuesto d) cuesta

7

¿Qué le ...... ?

Medio kilo de patatas. Gracias.

a) toca b) pongo c) cuesta d) gusta

8

Una ...... de huevos, por favor.

Muy bien.

a) kilo b) media docena c) docena d) medio kilo

9

Me da un ...... de salchichas.

Sí, ¿de qué marca?

a) medio kilo b) paquete c) botella d) lata

10

¿A quién le toca ahora?

...... toca a mí.

a) Yo b) Le c) Se d) Me

Answer key: 1.b 2.c 3.b 4.c 5.d 6.d 7.b 8.c 9.b 10.d

4B

Con vistas al mar

Autoevaluación

Read the dialogues and select the correct answer.

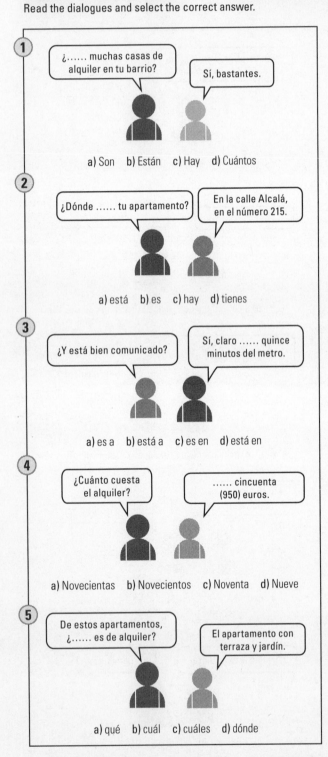

1 ¿...... muchas casas de alquiler en tu barrio?

Sí, bastantes.

a) Son   b) Están   c) Hay   d) Cuántos

2 ¿Dónde ...... tu apartamento?

En la calle Alcalá, en el número 215.

a) está   b) es   c) hay   d) tienes

3 ¿Y está bien comunicado?

Sí, claro ...... quince minutos del metro.

a) es a   b) está a   c) es en   d) está en

4 ¿Cuánto cuesta el alquiler?

...... cincuenta (950) euros.

a) Novecientas   b) Novecientos   c) Noventa   d) Nueve

5 De estos apartamentos, ¿...... es de alquiler?

El apartamento con terraza y jardín.

a) qué   b) cuál   c) cuáles   d) dónde

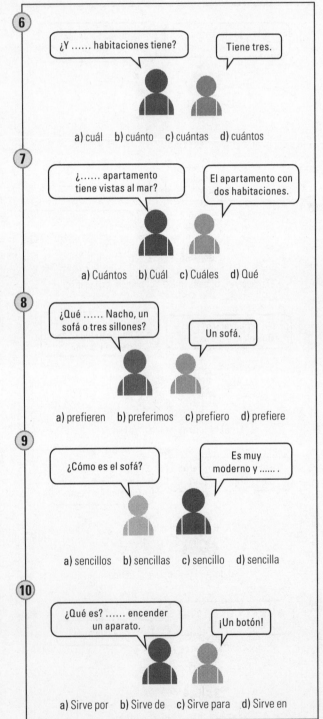

6 ¿Y ...... habitaciones tiene?

Tiene tres.

a) cuál   b) cuánto   c) cuántas   d) cuántos

7 ¿...... apartamento tiene vistas al mar?

El apartamento con dos habitaciones.

a) Cuántos   b) Cuál   c) Cuáles   d) Qué

8 ¿Qué ...... Nacho, un sofá o tres sillones?

Un sofá.

a) prefieren   b) preferimos   c) prefiero   d) prefiere

9 ¿Cómo es el sofá?

Es muy moderno y ....

a) sencillos   b) sencillas   c) sencillo   d) sencilla

10 ¿Qué es? ...... encender un aparato.

¡Un botón!

a) Sirve por   b) Sirve de   c) Sirve para   d) Sirve en

Answer key: 1.c 2.a 3.b 4.b 5.b 6.c 7.d 8.d 9.c 10.c

EXPERIENCIAS PERSONALES

¡Felicidades, Manuela!

Vocabulario

1 **Estaciones** Write the months that correspond to each season in the northern hemisphere.

❀ primavera	☀ verano	🌴 otoño	❄ invierno
▶	▶	▶	▶ ....
▶	▶	▶	▶ ....
▶	▶	▶	▶ ....

2 **En agosto** In which months do you normally do these activities?

1. ir de vacaciones: ....*en agosto y en diciembre*........

2. practicar el esquí: ....

3. ir a la playa: ....

4. comer helado: ....

3 **¿Cuántos años?** Listen to the conversations and write out each person's present age, the age that they will turn on their next birthday, and date of birth. Use words, not numbers.

Paloma   Carmen   Antonio

A   B   C

Edad actual:	....	....	....
Cumple:	....	....	....
Cumpleaños:	....	....	....

Gramática funcional

4 **En pretérito** Complete the sentences with the correct forms of the preterite.

1. Carmela .... (terminar) el colegio secundario hace un año.

2. Luis y Eva .... (comprar) su primer carro en 2002.

3. Tú .... (viajar) a Costa Rica el año pasado, ¿no?

4. Yo .... (vivir) en Madrid hace once años.

5. Pedro .... (nacer) en el año 2001.

6. Vosotros .... (empezar) la universidad hace cinco años.

5 **¿Sí o no?** Listen to the recording and circle the verb forms you hear.

entendí	llegué	recibí	viajé	terminé
entendiste	llegaste	recibiste	viajaste	terminaste
entendió	llegó	recibió	viajó	terminó
entendimos	llegamos	recibimos	viajamos	terminamos
entendisteis	llegasteis	recibisteis	viajasteis	terminasteis
entendieron	llegaron	recibieron	viajaron	terminaron

6 **La semana pasada** Complete this conversation between Elisa and Fabián using the preterite of the verbs.

ELISA: ¿Qué tal las clases de español? (1) .... (tú, empezar) la semana pasada, ¿no?

FABIÁN: Sí, (2)............................... (yo, empezar) el lunes. El primer día no (3) ....
(yo, entender) casi nada. Después (4) .... (yo, hablar) con la profesora y el martes
(5) .... (yo, cambiar) de clase, y muy bien: (6) .... (yo, entender) todo
y (7) .... (yo, hablar) mucho más. Y tú, ¿qué tal con tu nuevo jefe?

ELISA: Pues bien. (8) .... (él, llegar) ayer, (9) .... (él, saludar) a todas
las secretarias y (10) .... (nosotros, hablar) de la agenda de la semana;
(11) .... (él, preguntar) y (12) .... (él, escuchar) con mucha
atención mis respuestas. Tengo una buena impresión.

7 **Escoger** Listen to the sentences and choose the verb form that correctly completes each sentence.

MODELO	*You hear:*	Mi hermano .... el colegio en 1982.
	You see:	a. empezó b. empecé
	You choose:	empezó

1. a. terminasteis   b. terminaron

2. a. nací   b. nació

3. a. Hablé   b. Hablaste

4. a. saludó   b. saludaron

5. a. llegamos   b. llegaron

6. a. cambiaste   b. cambiaron

8 **En mil novecientos** Listen to the questions and answer in complete sentences using the information provided. Then, listen to the correct answer and repeat after the speaker.

> **MODELO**
> *You hear:* ¿Cuándo naciste?
> *You see:* nacer, 1995
> *You say:* Nací en mil novecientos noventa y cinco.

1. abrir, 2007   3. comprar, 1984   5. terminar los estudios, 2010
2. viajar, 1979   4. celebrar, 1992   6. nacer, 1950

9 **Escribir** Use the time expressions and verbs from the list to write five sentences in the preterite.

> **MODELO** En agosto viajé a Latinoamérica.

| en agosto | en enero | en noviembre | recibir | viajar |
| en junio | en marzo | comprar | trabajar | visitar |

1. ....
2. ....
3. ....
4. ....
5. ....

Lectura

10 **Siglo XX** Look at this list of events. Then write a sentence about each one in the appropriate category.

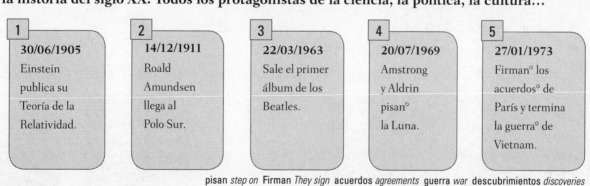

ACONTECIMIENTOS DEL SIGLO XX

El libro necesario para conocer los detalles de los grandes acontecimientos que escribieron la historia del siglo XX. Todos los protagonistas de la ciencia, la política, la cultura...

1
30/06/1905
Einstein publica su Teoría de la Relatividad.

2
14/12/1911
Roald Amundsen llega al Polo Sur.

3
22/03/1963
Sale el primer álbum de los Beatles.

4
20/07/1969
Amstrong y Aldrin pisan° la Luna.

5
27/01/1973
Firman° los acuerdos° de París y termina la guerra° de Vietnam.

pisan *step on* Firman *They sign* acuerdos *agreements* guerra *war* descubrimientos *discoveries*

ciencia y descubrimientos°	política	cultura
Einstein publicó su Teoría de la Relatividad en 1905.		

Diario de viaje
Vocabulario

11 **Emparejar** Match the elements from the columns. Then write four sentences using these expressions.

1. salir	a. en una ciudad	1. ....
2. lavar	b. con unos amigos	....
3. comprar	c. los platos	2. ....
4. encender	d. los estudios	....
5. vivir	e. la computadora	3. ....
6. escribir	f. unas vacaciones	....
7. terminar	g. regalos	4. ....
8. pasar	h. unos correos	....

12 **Calendario** Match the dates and months with the time expressions.

Noviembre 2010						
L	M	M	J	V	S	D
1	2	3	4	5	6	7
8	9	10	11	12	13	14
15	16	17	18	19	20	21
22	23	24	25	26	27	28
29	30					

Diciembre 2010						
L	M	M	J	V	S	D
–	–	1	2	③	4	5
6	7	8	9	10	11	12
13	14	15	16	17	18	19
20	21	22	23	24	25	26
27	28	29	30	31		

→ HOY

.... 1. 27 y 28 de noviembre de 2010   a. hace dos meses

.... 2. 22 al 28 de noviembre de 2010   b. hace dos años

.... 3. diciembre de 2009   c. la semana pasada

.... 4. diciembre de 2008   d. el fin de semana pasado

.... 5. 29 de noviembre de 2010   e. el lunes pasado

.... 6. octubre de 2010   f. el año pasado

13 **Fotografías** Listen to the sentences. Then indicate which photograph was taken on each occasion.

1. ....

2. ....

3. ....

4. ....

Gramática funcional

Viaje a Venezuela Complete the e-mail with the preterite forms of the verbs listed.

14

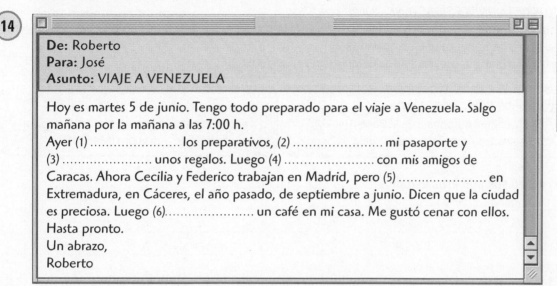

De: Roberto
Para: José
Asunto: VIAJE A VENEZUELA

Hoy es martes 5 de junio. Tengo todo preparado para el viaje a Venezuela. Salgo mañana por la mañana a las 7:00 h.
Ayer (1) .... los preparativos, (2) .... mi pasaporte y
(3) .... unos regalos. Luego (4) .... con mis amigos de Caracas. Ahora Cecilia y Federico trabajan en Madrid, pero (5) .... en Extremadura, en Cáceres, el año pasado, de septiembre a junio. Dicen que la ciudad es preciosa. Luego (6)........................ un café en mi casa. Me gustó cenar con ellos. Hasta pronto.
Un abrazo,
Roberto

tomar
vivir
terminar
comprar
salir
encontrar

15 **¿Qué hizo Mario?** What did Mario do? Use the clues and the verbs in the list to complete the sentences.

(Hoy es 4 de junio de 2011)

| ver una película | (conocer a una mujer) | almorzar con un amigo | pasar unos días en un camping | visitar un museo |

1. La semana pasada Mario .... *conoció a una mujer en la cervecería Santa Ana.* ....

2. Ayer Mario ....

3. Anoche ....

4. El año pasado ....

5. En abril ....

16 **¿Cuándo?** When was the last time you did these activities? Write complete sentences.

| ver una película | comprar un regalo | tomar fotos | viajar en barco |

....

....

....

17 **Currículum** Santiago is updating his résumé. Put the information in order and write a paragraph using the preterite and the words from the list.

> *LOS AÑOS DE LA UNIVERSIDAD (1995–2000)*
> Sociología (Universidad Carlos III Madrid)
> Funda el Grupo de Teatro *La Libélula* (marzo 1996)
> Recibe la Beca Erasmus Universidad de Bolonia (enero – junio 1998)

> primero   luego   después
> de...   a...

> *LOS AÑOS DE MÉXICO (2000 – 2004)*
> Universidad Nacional Autónoma de México (UNAM)
> Trabaja en proyectos de investigación y viaja a Chiapas

> *LOS AÑOS DEL COLEGIO (1982 – 1995)*
> Realiza sus primeros estudios en el Colegio e Instituto Público San Isidro (Madrid)

Santiago realizó sus primeros estudios ....

....

....

....

18 **¿Cuándo fue la última vez?** Listen to the questions and answer in complete sentences with the information provided. Then, listen to the correct answer and repeat after the speaker.

MODELO	
You hear:	¿Cuándo comiste en un restaurante por última vez?
You see:	hace dos semanas
You say:	Hace dos semanas comí en un restaurante por última vez.

1. hace tres meses
2. hace veinte días
3. hace quince años
4. en enero de este año
5. el año pasado durante las vacaciones
6. la semana pasada

Lectura

19 **La Ruta Quetzal** Read the article and the poem. Then answer the questions.

La Ruta Quetzal es un viaje cultural de un mes y medio para 200 jóvenes de 23 países. Tiene dos etapas: una etapa americana y otra española. Los participantes estudian la historia y la cultura de América Latina. Algunas expediciones pasadas:
- Primera Expedición Científica a América
- Expedición a Panamá
- Rumbo a° las Montañas del Parayso
- De los volcanes° mexicanos a Granada
- Desde las Ciudades de los Reyes° al Amazonas y la Tierra de los Vascos

1. ¿Qué es "la Ruta Quetzal"?
....
....
....

2. ¿Qué estudian los participantes?
....
....
....

La despedida Cristina Cobo Vázquez

México, ciudad de aztecas,
mayas y también olmecas;
ciudad de oro° y leyendas
que vivimos por tus sendas°.

Nos recibieron tus pueblos,
recorrimos tus volcanes
lloramos bajo tus cielos
y reímos° en tus mares.

3. ¿Qué expedición describe el poema?
....
....
....

Rumbo a *headed to* volcanes *volcanoes* Reyes *Kings* oro *gold* sendas *paths*
reímos *we laughed*

Salma Hayek, más que una cara bonita

20 **Salma** Write questions to ask Salma Hayek in an interview related to the topics below. Then reread the text about Salma Hayek in your textbook and write down the answers.

1. Oscar: ¿ ....?

....

2. hijos: ¿ ....?

....

3. regreso al cine: ¿ ....?

....

21 **La experiencia de Ramón** Look at Ramón Olmedo's résumé. Listen to his interview with the news director of TV1 and underline the professional information they mention. Then, write a short paragraph about Ramón's experience using the information from the résumé.

FORMACIÓN ACADÉMICA	
1994 –1998	Ciencias de la Comunicación. Universidad Autónoma. Madrid.
EXPERIENCIA PROFESIONAL	
2000 – 2002	Máster en Comunicación Audiovisual. Universidad de Londres.
2001 – 2002	Profesor de español en la Academia Linguaexpress. Londres.
2002 – 2003	Agencia Reuter. Londres.
2005 – 2006	Fotógrafo de HOLA. Madrid
2006 – **actualidad**	El PAÍS. Sección deportes. Madrid.

Ramón Olmedo estudió........................

....

....

....

....

....

....

....

....

....

....

22 **Biografía** Write a short biography about yourself or someone you know well. Talk about education, professional life, journeys, etc. Use these words and expressions as a guide.

conocer	estudiar	nacer	trabajar
de... a...	hace...	primero	viajar
después	luego	recorrer	vivir

....

....

....

....

....

....

....

Lectura

(23)   **Cine en España**   Read the article, and then answer the questions.

Festivales de cine en España

Además de los Goya, en los últimos años se multiplican los premios y festivales de cine en España. Muchas ciudades celebran su festival (Gijón, Las Palmas, Málaga...). Los festivales más antiguos y conocidos son el Festival de San Sebastián y el Festival de Valladolid.

El Festival de San Sebastián, que empezó en el año 1953, es hoy una cita para los actores y cineastas° más apreciados° por los medios de comunicación y el público. En 1986 se creó el Premio Donostia como reconocimiento° a la carrera de las grandes figuras del cine. Antonio Banderas (2008), Ian McKellen (2009), Julia Roberts (2010), Hugh Jackman (2013) y Benicio del Toro (2014) son algunos de los galardonados°.

La Semana Internacional de Cine de Valladolid es otro de los festivales más antiguos de Europa. Se celebró por primera vez en 1955. Conocido popularmente como SEMINCI, el Festival de Valladolid tiene secciones para todo tipo de cine (largometrajes°, cortometrajes°, ficción, documentales...).

Algunos festivales se especializan en temas: por ejemplo, el CLAM Festival Internacional de Cine Solidario de Navarcles, Barcelona, el Festival de Cine Fantástico de Sitges, o el Notodofilmfest (www.notodofilmfest.com) que organiza el festival de cortometrajes más importante en Internet.

1. ¿Cuáles son los festivales de cine más conocidos en España?
....
....
....

2. Algunos galardonados con el Premio Donostia son:
....
....
....

3. ¿Cuándo empezó el Festival de Valladolid?
....
....
....

4. ¿Dónde se celebra el Festival de Cine Fantástico?
....
....
....

cineastas *filmmakers* **apreciados** *well-loved* **reconocimiento** *recognition* **galardonados** *winners* **largometrajes** *feature-length films* **cortometrajes** *short films*

Pronunciación: Diphthongs and linking

In Spanish, **a**, **e**, and **o** are considered strong vowels. The weak vowels are **i** and **u**.

hermano	niña	cuñado

A diphthong is a combination of two weak vowels or of a strong vowel and a weak vowel. Diphthongs are pronounced as a single syllable.

ruido	parientes	periodista

Two identical vowel sounds that appear together are pronounced like one long vowel.

la abuela	mi hijo	una clase excelente

Two identical consonants together sound like a single consonant.

con Natalia	sus sobrinos	las sillas

A consonant at the end of a word is always linked with the vowel sound at the beginning of the next word.

Es ingeniera	mis abuelos	sus hijos

A vowel at the end of a word is always linked with the vowel sound at the beginning of the next word.

mi hermano	su esposa	nuestro amigo

24 **Diptongos** Repeat each word after the speaker, focusing on the diphthongs.

1. historia	4. novia	7. puerta	10. estudiar
2. nieto	5. residencia	8. ciencias	11. izquierda
3. parientes	6. prueba	9. lenguas	12. ecuatoriano

25 **Oraciones** When you hear the number, read the corresponding sentence aloud. Then listen to the speaker and repeat the sentence.

1. Hola. Me llamo Anita Amaral. Soy de Ecuador.
2. Somos seis en mi familia.
3. Tengo dos hermanos y una hermana.
4. Mi papá es de Ecuador y mi mamá es de España.

26 **Refranes** Repeat each saying after the speaker to practice diphthongs and linking sounds.

1. Cuando una puerta se cierra, otra se abre. (*When one door closes, another opens.*)
2. Hablando del rey de Roma, por la puerta se asoma. (*Speak of the devil and he will appear.*)

Vocabulario

27 **Escuchar y repetir** You will now hear the vocabulary found in your textbook on the last page of this lesson. Listen and repeat each Spanish word or phrase after the speaker.

Diario de aprendizaje

28   **Evaluar**   Assess what you have learned in this lesson.

Hablar del pasado	😃😃😃 😃😃 😦

Pretérito indefinido de los verbos que terminan en **-ar, -er, -ir.**

Dar fechas en el pasado	😃😃😃 😃😃 😦

Para dar una fecha se usa: **el + [día del mes] + de + [mes] + de + [año]**
el 4 de abril de 2011
En español, los meses del año no se escriben con mayúsculas.

Indicar el tiempo con los meses del año	😃😃😃 😃😃 😦

El mes se indica con **en: En junio tenemos los exámenes.**
Igual que el año: **En 2005 nació mi hija.**

Indicar momentos puntuales en el pasado	😃😃😃 😃😃 😦

Los referentes temporales: **el año pasado, el mes pasado,
la semana pasada, ayer, anoche**, se usan junto con el pretérito indefinido.
El año pasado viajé a Uruguay.

Expresar secuencias temporales	😃😃😃 😃😃 😦

Las preposiciones **de... a...** indican el comienzo y el final de una secuencia temporal:
Estudié en la universidad de 1996 a 2002.

Estructurar un relato	😃😃😃 😃😃 😦

Conectores de relato para estructurar un evento: **primero, luego, después...**

29   **Anotar**   Write down words or phrases, grammatical structures, and cultural information that you have learned in this lesson.

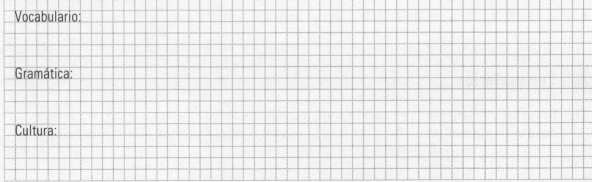

Vocabulario:

Gramática:

Cultura:

MI GENTE

Foto de familia
Vocabulario

1 **Mi familia** Complete the sentences with the appropriate words from the list.

abuela   abuelos   hermanos   nieta   tía   tío

1. Mi abuelo y mi abuela son mis ....

2. La hija de mi hija es mi ....

3. La madre de mi madre es mi ....

4. Mi madre tiene dos hermanos: mi .... y mi ....

5. No tengo ....; soy hija única.

2 **Árbol genealógico** Look at the family tree, then complete the sentences below to identify the people.

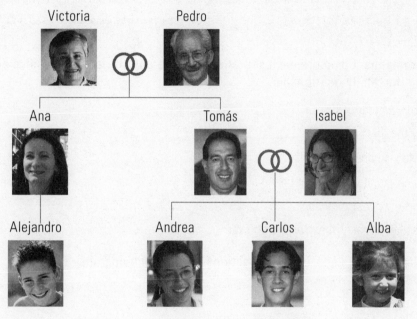

Victoria   Pedro

Ana   Tomás   Isabel

Alejandro   Andrea   Carlos   Alba

1. Alejandro, Alba, Carlos y Andrea son los ......*nietos*...... de Victoria y Pedro.

2. Tomás e Isabel son los .... de Alba, Carlos y Andrea.

3. Carlos es el .... de Alba y Andrea.

4. Ana no tiene ....

5. Victoria y Pedro son los .... de Alejandro, Andrea, Carlos y Alba.

6. Alejandro es el .... de Ana.

7. Victoria es la .... de Pedro.

8. Ana es la .... de Andrea, Carlos y Alba.

3 **La familia de Carmen** Listen to the recording and identify who is who in this family. Then complete the family tree. You will hear the recording twice.

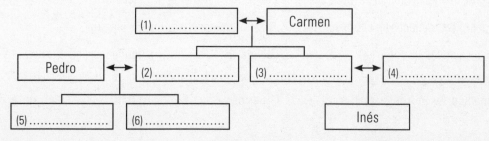

(1) .... ↔ Carmen

Pedro ↔ (2) ....   (3) .... ↔ (4) ....

(5) ....   (6) ....   Inés

Gramática funcional

4 **Casado, soltero, divorciado** Match elements from the two columns to form logical sentences.

1. Mis dos hermanas ....
2. Lucía ....
3. Juan ....
4. Todos mis amigos ....

a. están solteros.
b. están casadas y viven en Alicante.
c. está divorciado.
d. está soltera.

5 **Estados civiles** Read this paragraph, then complete it using the appropriate adjectives.

En mi familia tenemos todas las variantes de estados civiles. Mis padres están (1) *separados* .... Mi madre vive con su nueva pareja en Málaga y mi padre en Madrid. Mi hermana Paqui está (2) ....; no tiene pareja pero tiene muchos amigos. Mi hermano José está (3) .... desde hace poco tiempo, seis o siete meses, su mujer está con la niña. Yo estoy (4) .... con Francisco y tenemos una niña adoptada.

6 **Son mis hermanos** Complete each sentence with the appropriate possessive adjective and noun expressing the family relationship.

1. Mi padre y mi madre son .... *mis padres* ....
2. Tu hijo y tu hija son ....
3. Su abuelo y su abuela son ....
4. Vuestro hermano y vuestra hermana son ....
5. Nuestro tío y nuestra tía son ....
6. Nuestras hermanas y nuestro hermano son ....

7 **¿Estás casada?** Write appropriate questions for the following answers.

1. • ¿...?
   ▪ Sí, mis dos hijas están solteras.

2. • ¿...?
   ▪ No, nuestros padres están divorciados.

3. • ¿...?
   ▪ Sí, mi hermana está casada y tiene una hija.

8 **Padre e hijo** A father is talking with his son Jaime. Complete the conversation with the appropriate possessive adjectives.

• Papá, (1) .... hermanos tienen (2) .... coches.

▪ Bueno, Jaime, no son (3) .... coches, son (4) .... coches.

• Sí, pero las muñecas de Laura son (5) .... muñecas, ¿no? ¡Es injusto!

▪ Todo es de los tres: son (6) .... coches, (7) .... muñecas, (8) .... computadora, (9) .... libros. No me gusta escuchar: "son (10) .... cosas". Tenemos dos perros, son (11) .... perros y Lisa, la gata, es (12) .... gata, de todos.

9 **Correo electrónico** Complete the e-mail with the appropriate possessive adjectives.

> **De:** Diana
> **Para:** Fabricio y Marina
> **Asunto:** Hola
>
> ¡Hola Fabricio y Marina!
> ¿Qué tal estáis?
> En (1) .... último correo electrónico me preguntáis por (2) ....
> familia. Os cuento: (3) .... padres viven en un pueblo de Extremadura. Tengo
> dos hermanas, Catalina y Victoria. Catalina vive en Cáceres con (4) .... pareja y
> (5) .... dos hijos. Victoria tiene 16 años y va al instituto. Vive en el pueblo con
> (6) .... padres. Siempre pasamos las vacaciones juntos en (7) ....
> pueblo. ¿Y cómo son (8) .... familias? Besos.
> Diana

10 **Preguntas** Listen to the questions. Answer in complete sentences using the information provided and the appropriate possessive adjectives. Then listen to the correct answer and repeat after the speaker.

> **MODELO**
> *You hear:*   ¿Cómo se llaman los hermanos de Pedro?
> *You see:*   Carlos y Juan
> *You say:*   Sus hermanos se llaman Carlos y Juan.

1. en un banco   3. 2001 y 2004   5. Alma
2. sobre la mesa   4. el año pasado   6. Machu Picchu

Lectura

11 **Tres historias** Read the texts and then answer the questions.

> **Diana:** Mi prima Victoria y yo nos llevamos muy bien. Estudiamos juntas en la universidad y compartimos un apartamento. Ella es muy inteligente y me ayuda con los estudios. Además, es muy simpática y generosa.

1. ¿Con qué miembro de su familia vive Diana?
....
....

> **Santiago:** Como soy joven todavía, no tengo ni esposa ni hijos. Pero tengo un sobrino, el hijo de mi hermano, que es muy especial para mí. Se llama Benjamín y tiene diez años. Es un niño muy simpático. Nos gusta ir al cine a ver películas de acción. Hablamos de todo. ¡Creo que ser tío es mejor que ser padre!

2. Subraya (*underline*) las palabras relacionadas con la familia que hay en el texto. ¿Cómo es ser tío para Santiago?
....
....

> **Ana María:** Soy afortunada°. Aunque mis padres están divorciados, tengo una familia muy unida°. Tengo dos hermanos y dos hermanas. Me gusta hablar y salir a fiestas con ellos. Ahora tengo novio en la universidad y él no conoce a mis hermanos. ¡Espero que se lleven bien!

3. ¿Cómo es la familia de Ana María?
....
....

afortunada *fortunate* unida *close*

Mis amigos, mi otra familia
Vocabulario

12 **Amigos** Write the phrases from the list to describe how these people know each other.

| amigos de la universidad   amigos del club de fútbol   amigos del polideportivo   amigos de viajes |

....

13 **Cumpleaños con amigos** Complete the paragraph with words from the list. Make any changes necessary for gender and number agreement.

amigo	compañero de trabajo	inolvidable
amistad	cumpleaños	pareja
casado	divorciado	universidad
colegio	hace	viaje

En esta foto de mi (1) .... están todos mis (2) .... Elisabeth y Norberto son

una (3) .... y tienen dos hijos. Nos conocimos en un (4) .... a la Patagonia. Fue

una aventura (5) .... Laura y Roberta son mis (6) .... Trabajamos juntas mucho

tiempo. Laura es abogada, está (7) .... con Fernando y tiene dos hijas, y María es secretaria,

está (8) .... y vive con su hijo. ¡A Lorena la conozco desde (9) .... 20 años,

del (10) .... secundario! Aunque somos muy diferentes, nuestra (11) .... es muy

especial. Diana e Inés son amigas de la (12) .... ¡Cuántas horas de estudio juntas!

14 **La amiga de Marta** Listen to Marta talking about her friend Malvina. Then indicate whether each statement is true (**verdadero**) or false (**falso**).

Verdadero   Falso

○   ○   1. Marta y Malvina son amigas desde pequeñas.

○   ○   2. En 2010 vivieron muchos momentos felices.

○   ○   3. Malvina se fue a estudiar a la universidad en la capital.

○   ○   4. Desde que abrió su propia tienda, Malvina solo habla por teléfono con Marta.

○   ○   5. Malvina es una amiga muy especial para Marta.

Gramática funcional

Preguntas y respuestas Match the questions with the answers.

15
1. ¿Conoces a Juana? ....

2. ¿Desde cuándo conoces a Jacinto? ....

3. ¿Conocéis Lisboa? ....

4. ¿Conocen Cancún? ....

5. Yo no conozco el Museo del Prado, ¿y usted? ....

a. Yo sí, me gustan mucho Goya y Velázquez.

b. Desde 1990, trabajamos juntos en un proyecto.

c. No, solo conocemos el norte de Portugal.

d. ¿Juana Pérez? Sí, la conozco del colegio.

e. Sí, pasamos allí las últimas vacaciones.

16 **¿Desde o desde hace?** Complete the sentences with **desde** or **desde hace**. The reference year is 2015.

1. Abrimos el restaurante en 1993. Lo tenemos ...... *desde* ...... 1993.

2. Mi hija conoció a su marido en 1999. Lo conoce .... 16 años.

3. Llegamos a Barcelona en 1989. Vivimos aquí .... 26 años.

4. Terminé los estudios de medicina en 1994. Soy médico .... 21 años.

5. Aprendí español en 2001. Hablo español .... 2001.

6. Mis padres compraron el apartamento en la playa en 2006. Tienen el apartamento .... 9 años.

17 **¿Verdadero o falso?** Listen to this couple's conversation and indicate whether each statement is true (**verdadero**) or false (**falso**).

Verdadero	Falso	
○	○	1. Luis fue el año pasado a Medellín con unos amigos.
○	○	2. Esmeralda estuvo en mayo en Tenerife con una amiga.
○	○	3. En octubre estuvieron los dos juntos en Galicia.

18 **Conversaciones** Complete the conversations with the appropriate forms of the verb **conocer**.

• ¿Tú (1) .... a Laura?

• ¿(5) .... (vosotros) a mi marido?

• No, no la (2) .... Mi familia (3) .... a su familia, pero nosotras no nos (4) ....

• No, no (6) .... a tu marido, pero nuestros amigos lo (7) .... de la universidad.

19 **¿Conoce Argentina?** Fill in the blanks with the preposition **a**, where necessary. If no preposition is needed, write **X**.

- ¿Conoce usted (1) .... Argentina?

- Sí, conozco (2) .... este maravilloso país. Conozco (3) .... su música, su literatura... Mi mujer y yo bailamos tango y conocemos (4) .... la música de Carlos Gardel desde hace muchos años. Aquí, en Francia, conocemos (5) .... Rubén y Gladys, músicos argentinos; nos vemos y hablamos mucho de Argentina. También me gustan sus escritores, conozco (6) .... Jorge Luis Borges y (7) .... Julio Cortázar. También conozco (8) .... su cine, ¡buenísimo!, fantásticos actores. ¿No conoce usted (9) .... Federico Luppi o (10) .... Ricardo Darín?

20 **Pronombres** Who are these statements about? Check the appropriate box.

	YO	USTED, ÉL, ELLA
1. El fin de semana fui al cine.	❏	❏
2. El fin de semana fue al cine.	❏	❏
3. Ayer estuvo en la universidad.	❏	❏
4. Ayer estuve en la universidad.	❏	❏

21 **¿Qué hizo el año pasado?** Complete the sentences with the correct form of the given verb. Then listen to the correct answer and repeat after the speaker.

MODELO	You hear: Ayer mi hermano ...... al cine.
	You see: ir
	You say: Ayer mi hermano fue al cine.

1. ir	4. ser	7. estar	10. ir
2. ir	5. estar	8. ser	11. estar
3. estar	6. ir	9. estar	12. ser

Lectura

22 **Los viajes de Rosa y Vilma** Read the text and answer the questions.

Rosa y Vilma se conocieron° en un viaje a Cuzco, Perú, en diciembre de 2001. Rosa es de Buenos Aires y Vilma de Montevideo. De 2002 a 2007 viajaron para verse° un fin de semana cada dos meses. En 2005 recorrieron Colombia durante unas vacaciones. Tuvieron muchas aventuras y conocieron a mucha gente. ¡Cuántos lugares fantásticos! En 2008, Rosa se casó y en 2009 se casó Vilma. Desde entonces, se hablan° siempre por teléfono o se escriben°. El año pasado, viajaron juntas otra vez. Fueron con sus esposos a México y recorrieron muchos pueblos antiguos. También visitaron playas muy bonitas. ¡Fue una experiencia increíble! Su amistad está llena de° aventura y momentos inolvidables. Las dos piensan que su amistad es muy especial.

se conocieron *met each other* **verse** *see each other* **se hablan** *they talk to each other* **se escriben** *they write to each other* **llena de** *filled with*

1. ¿Dónde conoció Rosa a Vilma?

....

....

2. ¿Adónde fueron en 2005?

....

....

3. ¿Dónde estuvieron el año pasado?

....

....

Juanita y Bernardo, dos abuelos muy activos

23 **Horario** Yesterday, Agustín spent the day with his grandparents, Juanita and Bernardo. What did they do during the day? Put their activities in order.

☐ Desayunó chocolate con leche y galletas con sus abuelos. ....

☐ Después de almorzar, Agustín fue al parque con sus abuelos. ....

☐ Cenaron todos en familia una comida especial. ....

☐ Después de desayunar, fue con sus abuelos al zoológico. ....

☐ Tomaron un café en casa de su hija y ella los invitó a cenar. ....

☐ Almorzaron tarde en una pizzería cerca del zoológico. ....

☐ Tomaron el autobús y llevaron a su nieto a casa. ....

☐1 Agustín llegó temprano a casa de sus abuelos. ......*7:30 h*......

| 10:00–14:00 h |
(7:30 h)	18:30 h
14:30 h	17:00 h
8:00 h	15:30 h
20:00 h

24 **Mario** Complete the paragraph with the appropriate forms of the verbs from the list. Then, indicate whether each statement is true (**verdadero**) or false (**falso**).

| viajar   vivir   ir   estudiar   terminar |

Mario (a) .... arquitectura en la Universidad de Barcelona de 1975 a 1980. Un año después, en 1981, (b) .... en tren por Europa con tres amigos. De 1985 a 1987 (c) .... en Japón, fueron dos años muy intensos. En 1990 (d) .... por trabajo a Estados Unidos y un año después (e) .... su tesis.

Verdadero **Falso**

◯ ◯ 1. Mario estudió arquitectura en la Universidad de Barcelona.

◯ ◯ 2. Mario y sus amigos viajaron en tren por España en 1982.

◯ ◯ 3. Mario vivió tres años en Japón.

◯ ◯ 4. Mario no terminó su tesis.

25 **Opiniones** Match the conversations to the opinions on the right.

1.
- ¿Está usted de acuerdo en que a los abuelos les gusta cuidar a sus nietos?
- Estoy totalmente de acuerdo. De hecho, estoy jubilado y me encanta cuidar a mi nieta. ....

2.
- ¿Estás de acuerdo en que cuidar a los nietos es un placer para los abuelos?
- No, no estoy de acuerdo. Cuidar a niños es mucha responsabilidad para los abuelos. ....

3.
- ¿Está bien llevar a niños a una guardería?
- Por supuesto. Hay que respetar el tiempo libre de los abuelos. Ellos no pueden cuidar a los nietos siempre. ....

a. Cuidar a los nietos no es trabajo de los abuelos.

b. Cuidar a los nietos es un placer.

c. Cuidar a los nietos es demasiada (*too much*) responsabilidad.

Lectura

26 **La educación de los niños** Read the article and answer the questions.

Cuando los abuelos y padres educan al mismo tiempo

Las escuelas infantiles (de 0 a 3 años) cuestan mucho dinero y no hay suficientes plazas°. Tampoco es fácil° encontrar a una persona de confianza° para cuidar a nuestros hijos en casa y, además, es muy caro. A veces el horario de trabajo de los padres no es compatible con el horario de los colegios. En muchas familias, el padre y la madre trabajan fuera de casa, solo hay una solución: los abuelos y abuelas cuidan y educan° a sus nietos y nietas.

Los abuelos tienen un papel muy importante, pero a veces también reciben críticas de sus hijos: dicen que no ponen límites a sus hijos, les compran todo y les permiten todo; los malcrían°.

Los abuelos tienen una tarea difícil. Por una parte°, padres y abuelos tienen un modelo educativo diferente: los padres educan a sus hijos a su manera. Por otra parte°, a veces sus nietos no aceptan las normas de los abuelos. Esta situación es completamente nueva para los abuelos.

En teoría, lo ideal es tener todos, padres y abuelos, los mismos criterios de educación, pero en la práctica es más difícil. Por eso, lo más importante: no desautorizar° nunca a los abuelos. La persona que está con los niños decide lo más adecuado en esa situación.

Los abuelos aportan° su experiencia y son un referente afectivo° para sus nietos, ayudan a sus hijos en la educación y, además, están con los nietos cuando sus padres no tienen tiempo.

1. ¿Por qué es necesaria la ayuda de los abuelos?

   ....

   ....

   ....

2. Señale dos problemas que tienen los abuelos.

   Por una parte, ...

   ....

   ....

   Por otra parte, ...

   ....

   ....

3. Lo más importante que deben hacer los padres es:

   ....

   ....

4. ¿Qué aportan los abuelos a la educación de los nietos?

   ....

   ....

plazas _spots_   **tampoco es fácil** _it isn't easy either_   **de confianza** _trustworthy, dependable_   **educan** _raise_   **malcrían** _spoil_   **por una parte** _on one hand_
por otra parte _on the other hand_   **desautorizar** _deny the authority of_   **aportan** _contribute_   **afectivo** _emotional_

🔊 Pronunciación: ch and p

In Spanish, the letter combination **ch** is pronounced like the *ch* sound in *church* and *chair*.

Co**ch**abamba   no**ch**e   mo**ch**ila   mu**ch**a**ch**o   que**ch**ua

In English, the letter *p* at the beginning of a word is pronounced with a puff of air. In contrast, the Spanish **p** is pronounced without the puff of air. It is somewhat like the *p* sound in *spin*. To check your pronunciation, hold the palm of your hand in front of your mouth as you say the following words. If you are making the **p** sound correctly, you should not feel a puff of air.

La **P**az   **p**eso   **p**iscina   a**p**urarse   **p**roteína

27 **ch y p** Repeat each word after the speaker, focusing on the **ch** and **p** sounds.

1. archivo   5. preocupado   9. computadora
2. derecha   6. operación   10. chuleta
3. chau   7. pie   11. champiñón
4. lechuga   8. cuerpo   12. leche

28 **Oraciones** When you hear the number, read the corresponding sentence aloud. Then listen to the speaker and repeat the sentence.

1. A muchos chicos les gusta el chocolate.
2. Pepe comió muchas papas.
3. Chela pagó las compras con cheque.
4. Papá preparó chuletas con pimientos.
5. La chaqueta y los pantalones son preciosos.
6. Las muchachas pasan el verano en la piscina.

29 **Refranes** Repeat each saying after the speaker to practice the **ch** and the **p** sounds.

1. Del dicho al hecho hay mucho trecho. (*It's easier said than done.*)
2. A perro flaco todo son pulgas. (*It never rains but it pours.*)

🔊 Vocabulario

30 **Escuchar y repetir** You will now hear the vocabulary found in your textbook on the last page of this lesson. Listen and repeat each Spanish word or phrase after the speaker.

Diario de aprendizaje

31 **Evaluar** Assess what you have learned in this lesson.

Hablar del estado civil	☺☺☺ ☺☺ ☹

Los adjetivos **soltero/a, casado/a** y **divorciado/a** concuerdan en género y número con el sujeto: **Mi hermana Marisa está casada y mi hermano está soltero.**

Hablar de los familiares	☺☺☺ ☺☺ ☹

En español para el plural de los familiares se añade una **-s** al masculino:
padres, tíos, abuelos...
Los posesivos concuerdan con el objeto o la persona de la que hablamos:
Son nuestras hermanas.

Hablar de conocidos	☺☺☺ ☺☺ ☹

Los verbos **parecer** y **traducir** pertenecen al grupo **-zc-** en la primera persona del singular. El verbo **conocer** se usa con la preposición **a** cuando el objeto es una persona: **Conozco a Silvia. Conozco Argentina.**

Expresar secuencias temporales	☺☺☺ ☺☺ ☹

Desde indica el inicio temporal de algo: **Vivo en España desde 1999.**
Desde hace indica la duración de algo que aún sucede: **Vivo en España desde hace 20 años.**

Hablar de viajes y experiencias en momentos concretos	☺☺☺ ☺☺ ☹

Los verbos **ser** e **ir** tienen la misma forma en el pretérito indefinido: **fui, fuiste**…
El pretérito indefinido del verbo **estar** tiene la raíz **estuv-**: **estuve, estuviste**…

32 **Anotar** Write down words or phrases, grammatical structures, and cultural information that you have learned in this lesson.

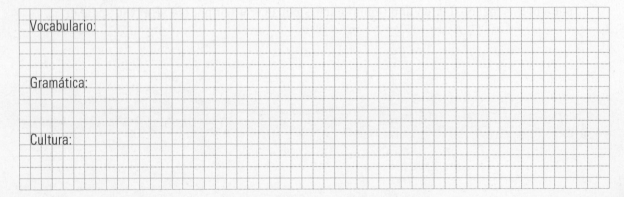

Vocabulario:

Gramática:

Cultura:

5A

Experiencias personales

Autoevaluación

Read the dialogues and select the correct answer.

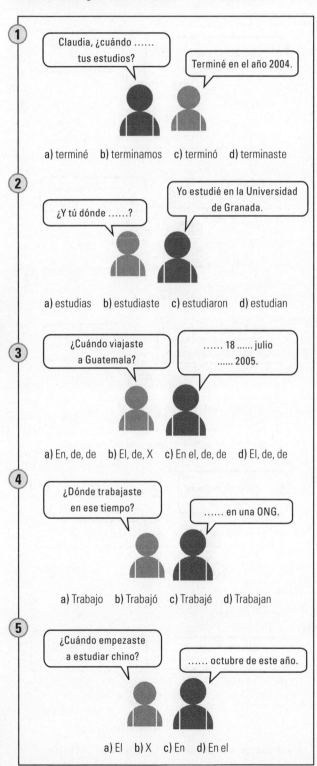

1

Claudia, ¿cuándo ...... tus estudios?

Terminé en el año 2004.

a) terminé b) terminamos c) terminó d) terminaste

2

¿Y tú dónde ......?

Yo estudié en la Universidad de Granada.

a) estudias b) estudiaste c) estudiaron d) estudian

3

¿Cuándo viajaste a Guatemala?

...... 18 ...... julio ...... 2005.

a) En, de, de b) El, de, X c) En el, de, de d) El, de, de

4

¿Dónde trabajaste en ese tiempo?

...... en una ONG.

a) Trabajo b) Trabajó c) Trabajé d) Trabajan

5

¿Cuándo empezaste a estudiar chino?

...... octubre de este año.

a) El b) X c) En d) En el

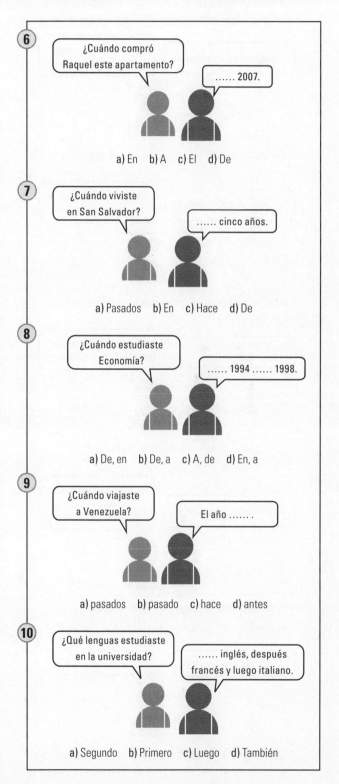

6

¿Cuándo compró Raquel este apartamento?

...... 2007.

a) En b) A c) El d) De

7

¿Cuándo viviste en San Salvador?

...... cinco años.

a) Pasados b) En c) Hace d) De

8

¿Cuándo estudiaste Economía?

...... 1994 ...... 1998.

a) De, en b) De, a c) A, de d) En, a

9

¿Cuándo viajaste a Venezuela?

El año ....

a) pasados b) pasado c) hace d) antes

10

¿Qué lenguas estudiaste en la universidad?

...... inglés, después francés y luego italiano.

a) Segundo b) Primero c) Luego d) También

Answer key: 1.d 2.b 3.d 4.c 5.c 6.a 7.c 8.b 9.b 10.b

© 2018 by Vista Higher Learning, Inc. All rights reserved.

Read the dialogues and select the correct answer.

1

Mario, ¿estás casado?

No, estoy ...., pero vivo con mi pareja.

a) divorciada   b) casado   c) soltero   d) separados

2

Susana, ¿estás casada?

No, estoy .... Estuve casada por cinco años.

a) soltera   b) separado   c) casada   d) divorciada

3

¿Quiénes son Clara y Alberto?

Son los padres de mis padres. Son ...... abuelos.

a) mi   b) mis   c) nuestros   d) nuestro

4

¿Cómo es tu familia?

Somos cinco hermanos. ...... padres se llaman Virginia y Eduardo.

a) Nuestras   b) Nuestros   c) Mi   d) Nuestro

5

¿Conoces a mi familia?

No, no la ....

a) conoces   b) conozco   c) conocen   d) conocéis

6

¿Quién es Fátima?

Es la hermana de mi padre. Es mi ....

a) tía   b) hermana   c) abuela   d) madre

7

¿Conoces ...... Violeta?

Claro, estudiamos juntas en el colegio.

a) X   b) la   c) a   d) para

8

Entonces, ¿os conocéis desde hace mucho tiempo?

Sí, nos conocemos desde ....

a) años   b) niñas   c) hace   d) mucho tiempo

9

¿...... cuándo conoces a tus vecinos?

Desde 1992.

a) De   b) De hace   c) Desde hace   d) Desde

10

¿Dónde fuisteis ayer por la tarde?

...... en la fiesta de cumpleaños de Teresa.

a) Fuimos (ir)   b) Estuvimos   c) Fuimos (ser)   d) Salimos

Answer key: 1.c 2.d 3.b 4.b 5.b 6.a 7.c 8.b 9.d 10.b

6A
EL ARTE DE VIVIR

Tiempo libre
Vocabulario

1 **El intruso** Indicate the word that does not belong to the group.

1. cafetería / bar de tapas / restaurante / (excursión)
2. conciertos / discotecas / fiestas / monumentos
3. playas / parques / plazas / bares
4. cine / gimnasio / exposición / teatro
5. tiendas / museo / centro comercial / mercado
6. fiesta popular / excursión / ayuntamiento / mercado de artesanías
7. pintura / artesanía / cerámica / restaurante
8. hacer deporte / ir al gimnasio / plaza / hacer yoga

2 **Lugares y actividades** Match the activities to the places where they are carried out.

.... 1. ver una película
.... 2. ir de compras
.... 3. visitar una exposición
.... 4. cenar
.... 5. hacer ejercicio

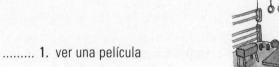  

a. gimnasio   b. cine   c. tiendas

d. restaurante   e. museo

3 **¿Cada cuánto?** Listen to the conversation between Marta and José Luis. Then write how often they do these activities.

	Marta	José Luis
ir al cine		
cenar fuera		
bailar en una discoteca		
ver una exposición		
hacer deporte		

Gramática funcional

4 **Frecuencia** Rewrite the expressions of frequency in order from least to greatest.

| dos veces al día | una vez al mes | (nunca) | una vez a la semana | tres veces al año | casi nunca |

1. _nunca_ .... 2. .... 3. .... 4. .... 5. .... 6. ....

5 **Expresiones de frecuencia** Write the appropriate expression of frequency for each phrase.

1. los martes y jueves: _dos veces a la semana_ ....

2. los días 1 y 15 de cada mes: ....

3. el 13 de marzo: ....

4. los miércoles: ....

5. a las 8 y a las 4: ....

6. los lunes, miércoles y viernes: ....

6 **Adverbios** How often do you do these activities? First, indicate the frequency with one of the adverbs of quantity from the list and then write complete sentences.

| mucho | bastante | poco | casi nada | nada |

ir al cine

hacer deporte

mirar la televisión

cocinar

salir con amigos

Voy al cine...

....

....

....

....

....

7 **Lo que no hago** Arrange the elements in order to form complete sentences.

1. no / gusta / me / ir / a / playa / ni / a / la / la / montaña ....

2. ni / conocemos / España / no / Latinoamérica ....

3. no / francés / hablo / italiano / ni ....

4. en / tiempo libre / mi / hago / no / casi nada ....

8 **Oraciones** Combine one element from each group to form complete sentences.

No

hago
trabaja
bailamos
como

los sábados
tango
huevos
yoga

ni

taichí.
salsa.
los domingos.
carne.

1. ....
2. ....
3. ....
4. ....

9 **Preguntas** Listen to the questions and answer in the negative with the information provided. Then listen to the correct answer and repeat after the speaker.

MODELO	You hear: ¿Miras la televisión?
	You see: nunca
	You say: No, no miro nunca la televisión.

1. nada
2. nunca
3. ni… ni…

4. nunca
5. ni… ni…
6. casi nada

Lectura

10 **Museos de Madrid** Read this excerpt from a schedule of art exhibitions in Madrid's "Golden Triangle" (**el Triángulo de Oro**). Then indicate whether each statement below is true (**verdadero**) or false (**falso**).

MUSEOS DE MADRID

Museo Nacional del Prado

De 9:00 a 22:00 h. Lunes cerrado°. Pintura española, italiana, flamenca° y holandesa.
Es una de las principales pinacotecas° del mundo.

Museo Thyssen-Bornemisza

De martes a domingo de 10:00 a 19:00 h. Pintura occidental del siglo XIII al siglo XX.

Museo Nacional Centro de Arte Reina Sofía

Horario de 10:00 a 21:00 h. Martes cerrado. Arte español del siglo XX. Atención a la programación
de exposiciones temporales.

cerrado closed flamenca Flemish pinacoteca art gallery

Verdadero Falso

○   ○   **1.** A veces el Museo del Prado está abierto los lunes.

○   ○   **2.** Los lunes se pueden visitar los tres museos.

○   ○   **3.** Los martes no abren ni el Museo del Prado ni el Museo Reina Sofía.

○   ○   **4.** El Museo Reina Sofía tiene bastantes exposiciones temporales.

Un día perfecto

Vocabulario

11 **Párrafo** Complete the paragraph using words from the list. Write the present perfect of the verbs.

| bienestar | dar paseos | estar | ir | leer | muy bien | nada | reír | ser | siesta | todavía | venir |

Esta semana (1) .... a descansar al campo con unos amigos. (2) .... unos días perfectos.
He dormido (3) ...., sin los ruidos de la ciudad. Los desayunos (4) .... deliciosos: jugo de
naranja y tostadas. Después del desayuno, (5) .... por el campo. Todavía no (6) .... al
río, pero todo aquí es bonito. Después he almorzado con mis amigos unos platos muy ricos. Además, ellos son muy
divertidos y siempre nos (7) .... mucho juntos. Por las tardes, ¡he dormido (8) .... siempre!
Después (9) .... un libro estupendo, pero (10) .... no lo he terminado. Estos días no he
tenido (11) .... de estrés y he recuperado el (12) ....

12 **Emparejar** Match elements from the columns to form complete sentences.

1. ¿Habéis comido ....   a. ... en Costa Rica dos veces.
2. ¿Has leído ....   b. ... en ese restaurante?
3. ¿Ustedes han practicado ....   c. ... el *Quijote*?
4. Hemos estado ....   d. ... yoga esta semana?
5. He dormido ....   e. ... tu correo electrónico.
6. No he recibido ....   f. ... ocho horas.

13 **Durante la semana** Listen to Marina describing what she has done this week. Then indicate whether each statement is true (**verdadero**) or false (**falso**).

Verdadero	Falso	
○	○	1. Marina ha ido a la montaña con unos amigos.
○	○	2. Marina y sus amigos han alquilado una casa por el fin de semana.
○	○	3. Marina ha salido a hacer deporte todo el fin de semana.
○	○	4. Marina ha leído bastante.
○	○	5. Marina ha salido a bailar.
○	○	6. Marina ha dormido la siesta.

Gramática funcional

14 **El participio** Complete the past participles of these verbs. Then complete the sentences with the past participle.

comer	dormir	beber	bailar	leer	dar	ser	vivir
com.........	dorm.........	beb.........	bail.........	le.........	d.........	s.........	viv.........

1. He .... una novela fantástica de Gabriel
   García Márquez.

2. ¡Hemos .... música latina toda la noche!

3. ¿Vosotros habéis .... en Venezuela?

4. ¡Hoy he .... diez horas!

5. Esta mañana he .... un café y
   he .... un cruasán.

6. ¿Tú has .... directora de esta empresa?

15 Cosas por hacer Look at Marisol's to-do list, and write down what she already has done (✓) and what she has not done yet. Use **todavía no** or **ya** in each of your sentences.

> Llamar por teléfono a Ester.
> ✓ Comprar el regalo de Ana.
> ✓ Almorzar con Carola.
> ✓ Ir al banco.
> Dar un paseo.
> Último día para visitar la exposición.

1. *Todavía no ha llamado por teléfono a Ester.*
2. ....
3. ....
4. ....
5. ....
6. ....

16 Completar Complete the paragraph with the present perfect of the verbs in the list.

comer	dar	desayunar	gustar	ir	preparar	ser

Hoy (1) .... un día perfecto. (2) .... café con leche y cruasanes en la terraza, y (3) .... un paseo por el Jardín Botánico. Después, Cristina y yo (4) .... en un restaurante muy agradable y (5) .... a un concierto de música cubana. Esta noche, (6) .... gazpacho para cenar, mi comida favorita, y les (7) .... mucho a todos.

17 La entrevista Listen to the interview and check the appropriate boxes to complete the questionnaire.

	No, nunca.	Sí, alguna vez.	Sí, muchas veces.
¿Ha visitado alguna vez algún país hispanohablante?			
¿Ha comido tortilla española alguna vez?			
¿Ha hablado alguna vez con una persona de Centroamérica?			
¿Ha bailado salsa alguna vez?			
¿Alguna vez ha visitado una exposición de un artista latino?			

18 **Ya o todavía no** Have you already done these activities? Write sentences using **ya** or **todavía no**.

Todavía no he viajado a otro continente.

viajar a otro continente	practicar yoga
plantar un árbol	estudiar un idioma
comer paella	dormir al aire libre

....
....
....
....

19 **Problemas y consejos** Complete the pieces of advice and match them to the problems.

.... 1. Tengo estrés.

.... 2. No duermo bien.

.... 3. No soy activo.

.... 4. Siempre estoy en casa
y miro mucho la tele.

a. Tienes .... ejercicio.

b. .... que trabajar menos.

c. ¿ .... tomas una infusión relajante?

d. ¿Por qué no .... con tus amigos?

20 **Consejos** Read the the problems and use **tener que** or **¿Por qué no...?** to give advice in each situation.

1. He dormido poco. *¿Por qué no duermes más?* ....

2. Muchas personas mayores casi nunca hacen ejercicio. ....

3. Hoy María no ha comido bien. ....

4. Los niños han navegado por Internet todo el día. ....

5. Esta semana Gabriel no ha hablado con sus amigos. ....

6. Este mes he trabajado muchas horas. ....

Lectura

Tratamientos de relajación Read the article. Then recommend a therapy to some clients with these problems.

¿Has tenido un día difícil?

¿Ha sido una semana dura?

¿Has tomado un té con un amigo?

¿Has tenido un momento agradable?

¿POR QUÉ NO HACES ALGO POR TI?

Masajes • Cabinas de siesta • Hidroterapia
• Aromaterapia • Chocolaterapia
• Musicoterapia

FUSIÓN
Un Spa diferente

Relajación a medida

Abre sus puertas un nuevo Spa urbano en pleno centro de la ciudad: es un espacio único que ofrece terapias alternativas y nuevos conceptos de relajación junto a tradicionales masajes a precios muy interesantes. Además de la terapia, se pueden tomar tés exquisitos de todo el mundo y comprar en su tienda de productos especializados.

Precios: Desde los 100 € el tratamiento completo.

Altamente recomendado.

1. Con los niños no he dormido bien últimamente, hace meses que no tomo una siesta. *¿Por qué no prueba usted...*

2. He tenido unos días terribles. No me gusta el invierno, con este frío. ....

3. He trabajado mucho. Tengo mucho estrés. ....

4. He estado muy nervioso. Los ruidos del tráfico son estresantes. ....

Domingo Buendía, maestro de yoga

22 **El maestro de yoga** Read this text by Maestro Buendía and answer the questions.

> Mi vida es bastante sencilla, me gusta la actividad de cada día. Desayuno, a las seis, una sopa de arroz y mucha fruta. Después, practico mis ejercicios durante varias horas, hasta la comida. No como carne ni pescado, como muchas verduras, hortalizas y tofu. Por la tarde solamente tengo mis clases; no quiero estar muy ocupado porque necesito tiempo para meditar. Eso es mi tiempo libre. También me gusta...

1. ¿Cuándo practica sus ejercicios el maestro Buendía? ....
2. ¿Qué hace por las tardes? ....
3. ¿Qué hace en su tiempo libre? ....

23 **La rutina** Write a similar paragraph describing your day.

....
....
....
....
....
....

24 **¿Verdadero o falso?** Look at the receipts in Alfonso's wallet and indicate whether each statement is true (**verdadero**) or false (**falso**).

Verdadero Falso

○   ○   1. Alfonso ha estado en Barcelona.

○   ○   2. Alfonso ha comido churros.

○   ○   3. Alfonso ha ido a un museo.

○   ○   4. Alfonso ha hecho deporte.

○   ○   5. Alfonso ha estado en Madrid.

Lectura

25 **La siesta** Read this article about the siesta and answer the questions.

El yoga ibérico

La siesta es un momento tranquilo para relajarse, una costumbre antigua que toma su nombre de la "hora sexta" de los romanos para llamar al período de tiempo entre las 14:00 y 16:00 h.

El "yoga ibérico", como lo llamó Camilo José Cela, está de moda° en las empresas. El tiempo recomendado es entre 15 y 30 minutos, nunca una hora entera. Cuando la siesta es muy larga, son comunes los ataques de mal humor. Dormir la siesta en la cantidad, calidad, armonía y forma adecuadas ayuda a trabajar mejor y reduce los accidentes. La siesta protege contra el estrés y las enfermedades cardiovasculares, favorece la creatividad, relaja las tensiones laborales y aumenta el rendimiento° de los trabajadores.

En Japón se reconoce la siesta como un derecho de los trabajadores. Muchas empresas han instalado en sus edificios salas con sofás para que sus empleados las utilicen después de comer.

Según los estudios sobre los problemas del sueño en Europa, el 22% de los alemanes reconocen que duermen la siesta al menos tres veces a la semana. A cierta distancia les siguen° los italianos, con un 16%, y los británicos, con el 15%. Solo el 9% y el 8% de los portugueses y españoles, respectivamente, duermen la siesta.

está de moda *is in style* rendimiento *performance* siguen *follow*

1. ¿Cuál es el origen de la palabra *siesta*?
....
....
....

2. ¿Cuánto tiempo se recomienda dormir la siesta?
....
....
....

3. Escriba tres aspectos positivos de dormir la siesta.
a. ....
b. ....
c. ....

4. ¿Qué hacen las empresas para favorecer (*make possible*) la siesta entre sus empleados?
....
....
....

5. ¿Quiénes son los europeos que más duermen la siesta? ¿Y los que menos?
....
....
....

◁)) Pronunciación: The consonants **d** and **t**

Like **b** and **v**, the Spanish **d** can have a hard sound or a soft sound, depending on which letters appear next to it.

¿**D**ónde?	ven**d**er	na**d**ar	ver**dad**

At the beginning of a phrase and after **n** or **l**, the letter **d** is pronounced with a hard sound. This sound is similar to the English *d* in *dog*, but a little softer and duller. The tongue should touch the back of the upper teeth, not the roof of the mouth.

Don	**d**inero	tien**d**a	fal**d**a

In all other positions, **d** has a soft sound. It is similar to the English *th* in *there*, but a little softer.

me**d**ias	ver**d**e	vesti**d**o	hués**ped**

When **d** begins a word, its pronunciation depends on the previous word. At the beginning of a phrase or after a word that ends in **n** or **l**, it is pronounced as a hard **d**.

Don **D**iego no tiene el **d**iccionario.

Words that begin with **d** are pronounced with a soft **d** if they appear immediately after a word that ends in a vowel or any consonant other than **n** or **l**.

Doña **D**olores es **d**e la capital.

When pronouncing the Spanish **t**, the tongue should touch the back of the upper teeth, not the roof of the mouth. In contrast to the English *t*, no air is expelled from the mouth.

traje	pan**t**alones	**t**arje**t**a	**t**ien**d**a

d y t Repeat each phrase after the speaker to practice the **d** and the **t**.

26

1. Hasta pronto.
2. De nada.
3. Mucho gusto.
4. Lo siento.
5. No hay de qué.
6. ¿De dónde es usted?
7. ¡Todos a bordo!
8. No puedo.
9. Es estupendo.
10. No tengo computadora.
11. ¿Cuándo vienen?
12. Son las tres y media.

27 **Oraciones** When you hear the number, read the corresponding sentence aloud, focusing on the **d** and **t** sounds. Then listen to the speaker and repeat the sentence.

1. Don Teodoro tiene una tienda en un almacén en La Habana.
2. Don Teodoro vende muchos trajes, vestidos y zapatos todos los días.
3. Un día un turista, Federico Machado, entra en la tienda para comprar un par de botas.
4. Federico regatea con don Teodoro y compra las botas y también un par de sandalias.

28 **Refranes** Repeat each saying after the speaker to practice the **d** and the **t**.

1. En la variedad está el gusto. (*Variety is the spice of life.*)
2. Aunque la mona se vista de seda, mona se queda. (*You can't make a silk purse out of a sow's ear.*)

◁)) Vocabulario

29 **Escuchar y repetir** You will now hear the vocabulary found in your textbook on the last page of this lesson. Listen and repeat each Spanish word or phrase after the speaker.

Diario de aprendizaje

30 **Evaluar** Assess what you have learned in this lesson.

Cuantificar

Los adverbios **mucho, poco** y **nada** son invariables: **Ella trabaja mucho**.
Casi disminuye la intensidad de la información: **casi nunca, casi siempre, casi nada, casi todo**.

Negar

Se utiliza **y** para enumeraciones afirmativas y **ni** para las negativas. En caso de enumeraciones negativas de más de dos elementos se suele anteponer **ni** a cada uno de los elementos. **No le gusta ni el cine ni el teatro, ni los conciertos ni las exposiciones.**

Preguntar e indicar frecuencia

Para preguntar por la frecuencia se utiliza **mucho** detrás del verbo conjugado:
¿Vas mucho al cine?

Describir su día

El pretérito perfecto indica acciones pasadas que tienen alguna relación con el presente. Se emplea con marcadores temporales que tienen aún duración: **este mes, hoy, esta semana, este año.**
Ya/Todavía no, se anteponen o posponen al verbo, pero nunca van entre el auxiliar (**haber**) y el verbo conjugado: **No he estado en Córdoba todavía** o **No he estado todavía...** o **Todavía no he estado...**

Dar consejos

Se utiliza **tener que** + [*infinitivo*] o **¿Por qué no...?** + [*verbo conjugado*].
¿Por qué? se refiere a la pregunta y **porque** a la respuesta.

31 **Anotar** Write down words or phrases, grammatical structures, and cultural information that you have learned in this lesson.

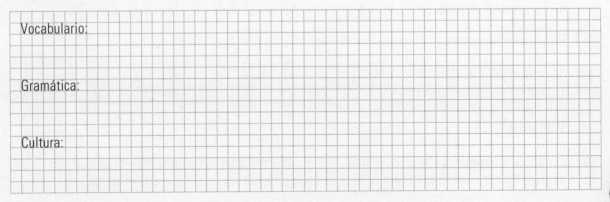

Vocabulario:

Gramática:

Cultura:

AMOR A DISTANCIA

Planes de viaje
Vocabulario

1 **Un viaje** Classify these words in the appropriate groups. Then, complete the sentences with words and expressions from the list.

| ciudad   tren   ver monumentos   camiseta   pueblo   artesanía |
| tapear   póster   tomar fotos   playa   carro   avión |

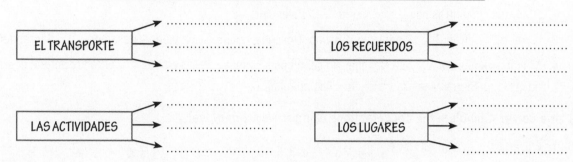

EL TRANSPORTE → .... → .... → ....

LOS RECUERDOS → .... → .... → ....

LAS ACTIVIDADES → .... → .... → ....

LOS LUGARES → .... → .... → ....

1. Para mí, el ....*avión*......... es un transporte rápido y muy seguro.
2. Prefiero ir en .... porque para en todos los pueblos y ciudades.
3. Cuando viajo, me gusta mucho .... y después hacer un álbum.
4. Estas vacaciones voy a ir a la .... en la Costa Brava.

2 **Viajar** Match the information in the columns, and then complete the table.

.... 1. Antonio va a ir a Zaragoza.
.... 2. Ibiza es una isla.
.... 3. Jesús viaja de Vigo a Córdoba.
.... 4. La persona que va de Valencia a Alicante viaja en coche.

a. Belén va a salir de Barcelona a una isla en barco.
b. Antonio va a salir de Madrid en tren.
c. Adela viaja a Alicante.
d. Hay un avión a Córdoba.

¿Quién?	Origen	Destino	Medio de transporte
....	....	....	....
....	....	....	....
....	....	....	....
....	....	....	....

3 **¿Lógico o ilógico?** Indicate whether each statement is **lógico** or **ilógico**.

Lógico	Ilógico	
○	○	1. Voy a ir de Miami a Madrid en bicicleta.
○	○	2. Tomás va a viajar en avión.
○	○	3. Daniela va en tren; su vuelo sale a las cinco.
○	○	4. Tomaron muchas fotos del castillo.
○	○	5. El caballo tiene sus billetes.
○	○	6. Vamos a pasar la noche en un albergue.

Gramática funcional

(4) Saber Write the forms of the verb **saber**.

	yo	tú	usted, él, ella	nosotros/as	vosotros/as	ustedes, ellos/as
SABER	....	sabes	....	....	sabéis	....

(5) Preposiciones Choose the correct preposition to complete the sentences: **a, de, en,** or **por**.

1. ¿Vais a ir .... avión o .... coche?

2. ¿Cuántos kilómetros hay .... Madrid .... Valencia?

3. Vamos .... tren .... Madrid .... Bilbao. Después vamos .... Oviedo y pasamos .... Santander.

4. Mañana vamos a ir .... La Habana. No sabemos si vamos .... coche o .... autobús porque queremos pasar .... Sierra Maestra y .... muchos pueblos.

(6) Ir a correr Complete the conversations using **ir** + **a** + [*infinitive*].

1. ■ ¿Vas .... viajar en tren?
   ● No, ... en autobús. ¿Y tú?

2. ■ ¿Dónde .... a .... (nosotros, dormir) en el viaje?
   ● En albergues.

3. ■ ¿Qué .... (vosotros, hacer) en agosto?
   ● .... (Nosotros, alquilar) una casa rural en la playa.

(7) Planes de viaje Look at the images. Then write sentences describing where these people are going, how they are traveling, and what they want to do. Use words and expressions from the list.

> Centroamérica   avión   Barcelona   catedrales   monumentos
> playa   ruinas   jungla   tomar fotos   tren   visita a la ciudad

Los señores Ortiz ....

....

Lucía y Miguel ....

....

8 **Preguntas y respuestas** Use **porque** to match the elements in the two columns. Then use the information to answer the questions below.

.... 1. Voy a ir a Cuba...

.... 2. No voy a viajar...

.... 3. Voy a ir en avión...

.... 4. Yo voy a comprar los billetes...

porque

a. ... mucha gente va a ir.

b. ... es más rápido.

c. ... no tengo vacaciones.

d. ... me gusta la salsa.

- ¿Por qué vas a ir a Cuba?
  - *Voy a ir a Cuba porque me gusta la salsa.*
  ....

- Yo no sé si comprar los billetes ahora, ¿tú qué vas a hacer?
  - ....

- ¿Cómo vas a ir?
  - ....

- ¿Por qué no vas a viajar este verano?
  - ....

9 **Planes** Listen to the questions and answer with the information provided. Then listen to the correct answer and repeat after the speaker.

MODELO	*You hear*: ¿Qué van a hacer tu hermano y tú en las vacaciones?
	You see: viajar a Europa
	You say: Mi hermano y yo vamos a viajar a Europa.

1. alquilar una casa
2. ir al campo
3. recorrer Latinoamérica
4. hacer una excursión al lago
5. visitar museos y recorrer la ciudad
6. subir una montaña

Lectura

10 **El Camino de Santiago** Read Juan's blog about **el Camino de Santiago**, look at the map, and indicate whether each statement is true (**verdadero**) or false (**falso**).

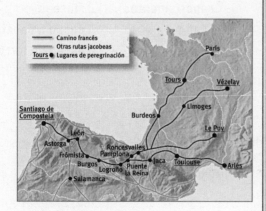

El Camino de Santiago fue la ruta de peregrinación° más importante de la Europa medieval. Su interés cultural y espiritual atrae° a muchos peregrinos° que hacen el Camino en bicicleta, a pie° o a caballo. Yo voy a hacerlo a pie con un grupo de amigos.

Las rutas más conocidas son el Camino Francés y el Camino de la Costa. El Camino Francés (760 km), el más antiguo, empieza en Roncesvalles (Navarra) y pasa por Pamplona, Logroño, Burgos y León. A lo largo° de todo el Camino hay monumentos del románico y el gótico. El Camino de la Costa va de Irún a Santiago por el País Vasco, Santander y Asturias. Mis amigos y yo vamos a hacer el Camino Francés.

En el camino la oferta de alojamiento° es muy variada. Hay albergues históricos gratuitos°, pero no es fácil encontrar habitación. También hay hoteles, casas rurales y campings. Nosotros vamos a alojarnos en campings.

peregrinación *pilgrimage* **atrae** *attracts* **peregrinos** *pilgrims* **a pie** *on foot* **a lo largo** *along* **alojamiento** *lodging* **gratuitos** *free of charge*

Verdadero Falso

○ ○ 1. El Camino de Santiago tiene solo dos rutas.

○ ○ 2. Los peregrinos no pueden hacer el Camino de Santiago a caballo.

○ ○ 3. En algunos albergues históricos no tienes que pagar dinero.

○ ○ 4. Juan y sus amigos van a pasar la noche en campings.

Reservas
Vocabulario

11 **Expresiones** Match the verbs to the phrases. Use each option only once.

1. reservar… ……….
2. comprar… ……….
3. hacer… ……….
4. ir… ……….
5. llamar… ……….

a. …de vacaciones
b. …una habitación doble
c. …un billete de ida y vuelta
d. …por teléfono
e. …la reserva

12 **Reservas** Complete the letter with words or expressions from the list.

alojamiento	estimados señores	individual	precios
atentamente	excursiones	información	quería reservar
caballo	habitación	me gustaría	

(1) ……………………… :

He visto su sitio en Internet y (2) ……………………… una (3) ……………………… doble y una habitación

(4) ……………………… del sábado 6 al domingo 14 de agosto. También (5) ……………………… recibir más

(6) ……………………… sobre excursiones y lugares para visitar, (7) ……………………… de paseos a

(8) ……………………… y de alquiler de coches.

¿Puedo pagar el (9) ……………………… y las (10) ……………………… con tarjeta?

(11) ………………………,

Héctor

13 **En la agencia de viajes** Listen to the conversation and check the options the travel agent offers Lucía.

Ofertas de viaje	Duración	Transporte	Alojamiento	Excursiones
❏ Islas Canarias	❏ 1 semana	❏ autobús	❏ albergues	❏ castillos
❏ Mallorca y Menorca	❏ 5 noches	❏ avión	❏ apartamentos	❏ museos
❏ pueblos de Castilla	❏ fin de semana	❏ barco	❏ campings	❏ paseo a caballo
		❏ tren	❏ hoteles	❏ paseo en ferry

Gramática funcional

14 **Una llamada** Choose the correct answers to complete this phone conversation.

1. Sí, ¿dígame?	a. Hola, ¿está Carmen, por favor?
	b. Dígame.
2. Sí, soy yo.	a. Gracias.
	b. Hola, Carmen. ¿Qué tal?
3. Muy bien, ¿y tú?	a. Muy bien. Oye, ¿vamos a cenar esta noche?
	b. Adiós.
4. ¿Nos vemos a las 21:00 h?	a. Vale, perfecto.
	b. Adiós, muchas gracias.

15 **Completar** Complete the e-mail with the expressions from the list. Then indicate what Camille wants.

Me pueden dar información sobre   Estimados señores   Atentamente   Me gustaría hacer un curso

A

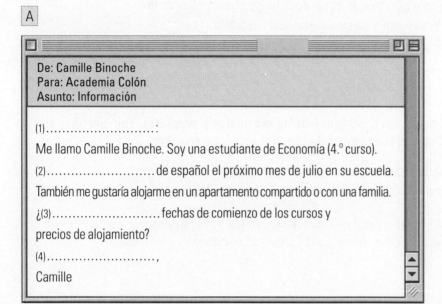

De: Camille Binoche
Para: Academia Colón
Asunto: Información

(1)..........................:
Me llamo Camille Binoche. Soy una estudiante de Economía (4.º curso).
(2)..........................de español el próximo mes de julio en su escuela.
También me gustaría alojarme en un apartamento compartido o con una familia.
¿(3)..........................fechas de comienzo de los cursos y
precios de alojamiento?
(4)..........................,
Camille

B

1. Camille quiere…
   a. reservar una habitación en un hotel.
   b. información de cursos y alojamientos.

2. Camille quiere…
   a. estudiar español.
   b. hacer algo en casa.

16 **A la Alhambra** Carlos makes two phone calls. Complete both conversations.

Vale, estupendo   está   soy

¿Diga?

Hola. ¿(1)..................... Sonia, por favor?

Sí, soy yo.

Hola, Sonia. (2)................. Carlos.

Hola, Carlos.

Oye, ¿vamos a ver la Alhambra?

¡(3)................ !

Voy a reservar por teléfono. Luego te llamo.

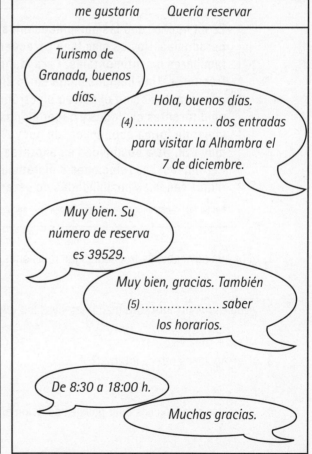

me gustaría   Quería reservar

Turismo de Granada, buenos días.

Hola, buenos días. (4)..................... dos entradas para visitar la Alhambra el 7 de diciembre.

Muy bien. Su número de reserva es 39529.

Muy bien, gracias. También (5)..................... saber los horarios.

De 8:30 a 18:00 h.

Muchas gracias.

17 **La cena de Pedro** Listen to the conversation and indicate whether each statement is true (**verdadero**) or false (**falso**).

Verdadero	Falso	
○	○	1. Pedro y Carmen se tratan de tú (*address each other as* **tú**).
○	○	2. Pedro invita a Carmen a una cena romántica.
○	○	3. Pedro va a hacer una cena de tapas en su casa.
○	○	4. La cena es el viernes.
○	○	5. Carmen no puede ir.

18 **Me gustaría, quería** Paraphrase each sentence using **me gustaría** or **quería**. You will hear six sentences. Then listen to the correct answer and repeat after the speaker.

MODELO

You hear: Quería reservar una habitación doble.
You say: Me gustaría reservar una habitación doble.

You hear: Me gustaría recibir información sobre excursiones.
You say: Quería recibir información sobre excursiones.

Lectura

19 **Amor a distancia** Read the article and then answer the questions.

> Es un hecho° que las comunicaciones rápidas e Internet han influido en las relaciones personales. Hoy es más fácil y frecuente tener relaciones a distancia, de amistad, familiares o sentimentales. Para mantenerlas vivas° es importante tener contacto frecuente. Una llamada o una carta significan mucho. Internet ofrece opciones muy interesantes como el correo electrónico y el *chat* en línea. Organizar encuentros° en diferentes ciudades y hacer planes también ayuda a consolidar la relación. Para viajar de forma económica, de nuevo° Internet se convierte en una herramienta° muy útil. Otra posibilidad es anotarse en las listas de pasajes de última hora de las aerolíneas. Las relaciones a distancia son siempre más difíciles, pero ahora más que nunca tenemos posibilidades de estar más cerca de nuestros seres queridos.
>
> hecho *fact* mantenerlas vivas *keep them alive* encuentros *meetings* de nuevo *again* herramienta *tool*

1. ¿Por qué hoy son más frecuentes las relaciones a distancia? ....

2. ¿Qué es importante para mantener vivas las relaciones a distancia? ....

3. ¿Qué opciones ofrece Internet? ....

4. ¿Cómo se pueden conseguir pasajes de avión económicos? ....

5. ¿Cree que el amor a distancia es posible? ....

Julia y Felipe, amor a distancia

20 **Una postal** Read Julia's postcard. Then answer the questions.

> *Queridos Juanma, Carla y Cristina:*
>
> *Gracias por el paquete. Todos aquí lo disfrutaron; a la madre de Felipe le gustó muchísimo. En especial, las fotos... Ustedes son unos amigos fantásticos.*
>
> *Estamos con la familia de Felipe en la casa de la playa en Viña del Mar.*
>
> *Estoy encantada de estar aquí. Ahora vamos a ir en un barco para ver la costa y esta noche voy a conocer a más amigos de Felipe. Es estupendo.*
>
> *Un saludo muy cariñoso desde este país. Hasta pronto,*
>
> *Julia*

1. ¿Para quiénes es la postal?

....

2. ¿Por qué escribe Julia la postal?
   a. para saludar por la Navidad
   b. para dar las gracias

3. ¿Desde dónde escribe Julia?
   a. Desde Vancouver, Canadá
   b. Desde Viña del Mar, Chile

4. ¿Qué van a hacer Julia y Felipe?
   a. Van a ir en barco a ver la costa.
   b. Van a viajar en avión.

21 **Una habitación doble, por favor** Send an e-mail to make a reservation in a hotel using words from the list.

atentamente del... al... estimados señores excursiones gustar habitación doble/individual información museos paseos a caballo precios querer reservar

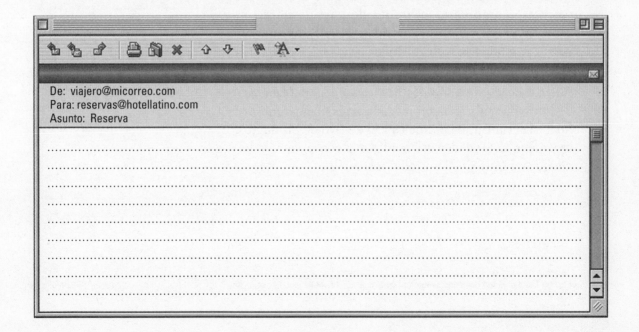

De: viajero@micorreo.com
Para: reservas@hotellatino.com
Asunto: Reserva

Lectura

22 **Ecoturismo en Chile** Read the text and answer the questions.

El Parque Pumalín

Chile cuenta con° atractivos destinos de ecoturismo como la Antártida y Cabo de Hornos, la zona de los lagos y volcanes, el Parque Pumalín y las Islas de Pascua y Juan Fernández, entre otros.

El Parque Pumalín está en el sur de Chile, en la Región de los Lagos, una de las zonas menos pobladas° del país. Tiene una superficie aproximada de 317 000 hectáreas y un valor ambiental° único.

En 1991, el norteamericano Douglas Tompkins compró los terrenos° del actual parque y creó un proyecto de conservación para protegerlos de actividades industriales. Creó infraestructuras para los visitantes, con estrictas pautas de conservación: senderos° para excursionistas, áreas de camping, centros de información, café, restaurante, cabañas y excursiones marítimas y terrestres.

Pumalín es el parque privado más grande del mundo y está declarado Santuario de la Naturaleza.

Ofrece al viajero la posibilidad de descubrir sus inmensos bosques, glaciares, ríos, lagos y fiordos. El visitante puede contemplar los escenarios naturales de esta región por diferentes rutas. De la Caleta Gonzalo parten las excursiones hacia el fiordo de Reñihué y a una lobería cercana. También es el punto de partida para los espectaculares circuitos de _trekking_ de Pumalín y el caminante puede encontrar en las termas de Cahuelmó la mejor manera de descansar.

Además de las aventuras ecoturísticas, en las poblaciones de Pumalín realizan la producción artesanal de queso y miel°, la crianza° de animales y el cultivo de productos orgánicos: actividades orientadas a la conservación del medio ambiente y el desarrollo° sostenible.

1. Anote tres destinos de ecoturismo en Chile.
   ....
   ....
   ....

2. ¿Dónde está el Parque Pumalín?
   ....
   ....

3. ¿Quién creó este parque? ¿Por qué?
   ....
   ....
   ....

4. ¿Qué ofrece al viajero el Parque Pumalín?
   ....
   ....
   ....

5. ¿Qué objetivos tienen las actividades en las poblaciones de Pumalín?
   ....
   ....
   ....
   ....

cuenta con _has_ pobladas _populated_ ambiental _environmental_ terrenos _grounds_ senderos _trails_ miel _honey_ crianza _breeding_ desarrollo _development_

🔊 Pronunciación: m and n

The letter **m** is pronounced like the *m* in the English word *made*.

mamá	**m**arzo	**m**andar	**m**esa

The letter **n** is pronounced like the *n* in the English word *none*.

norte	**n**adie	**n**unca	**n**ieto

When **n** is followed by the letter **v**, the **n** is pronounced like the Spanish **m**.

en**v**iar	in**v**ierno	in**v**itado	con **V**íctor

23 **m y n** Repeat each word or phrase after the speaker to practice pronouncing **m** and **n**.

1. imposible
2. mañana
3. mano
4. manejar
5. número
6. invitar
7. moreno
8. envase
9. enamorado
10. monumento
11. empleado
12. encima
13. matrimonio
14. confirmar
15. con Víctor
16. ningún

24 **Oraciones** When you hear the number, read the corresponding sentence aloud. Then listen to the speaker and repeat the sentence.

1. A mí no me gustan nada los mariscos.
2. En el mercado compro naranjas, melocotones y manzanas.
3. Mañana invito a Mario Martín a cenar conmigo.
4. Mario es el mejor mecánico de motocicletas del mundo.
5. También le importa mucho la conservación del medio ambiente.
6. Siempre envía los envases de aluminio al centro de reciclaje en Valencia.

25 **Refranes** Repeat each saying after the speaker to practice pronouncing **m** and **n**.

1. Más vale poco y bueno que mucho y malo. (*Quality is more important than quantity.*)
2. Mala hierba nunca muere. (*Like a bad penny, it just keeps turning up. Literally: Bad grass never dies.*)

🔊 Vocabulario

26 **Escuchar y repetir** You will now hear the vocabulary found in your textbook on the last page of this lesson. Listen and repeat each Spanish word or phrase after the speaker.

Diario de aprendizaje

(27) **Evaluar** Assess what you have learned in this lesson.

| Hacer planes | |

Para hacer planes y hablar del futuro se utiliza **ir a** + [*infinitivo*]: **Las próximas vacaciones vamos a ir a la playa.**
Se utiliza **saber** para hablar de conocimiento de una información y **conocer** para hablar de familiaridad con personas, lugares o cosas. **Yo no sé si voy a viajar a Cuba o a Colombia. No conozco México aún. Conozco a Raquel.**

| Empezar y terminar una carta | |

Fórmulas de carta formal: **Estimados señores/señoras:**
Cuando se conoce la identidad de la persona se escribe:
Estimado Sr. Pérez/Estimada Sra. López:
Cierre formal: **Atentamente.**

| Solicitar información o un servicio | |

Para solicitar información o un servicio específico se utiliza **Me gustaría** + [*infinitivo*]:
Me gustaría reservar una habitación.
Otra forma de hacer una solicitud es **Quería** + [*sustantivo/infinitivo*]: **Quería información de precios. Quería saber el horario del museo.**

| Hablar por teléfono | |

Expresiones en conversaciones telefónicas:
- **¿Diga?/¿Dígame?**
- **¿Está Lola, por favor? ¿Está Lola Peña, por favor? ¿La Sra. Peña, por favor?**
- **Sí, soy yo.**

| Proponer un plan y aceptar una propuesta | |

Para hacer planes se utiliza **ir a** + [*sustantivo/infinitivo*]: **¿Vamos a Segovia este fin de semana?**
Para aceptar un plan se dice: **¡Vale/Perfecto/Genial/Estupendo!**

(28) **Anotar** Write down words or phrases, grammatical structures, and cultural information that you have learned in this lesson.

Vocabulario:

Gramática:

Cultura:

6A

El arte de vivir
Autoevaluación

Read the dialogues and select the correct answer.

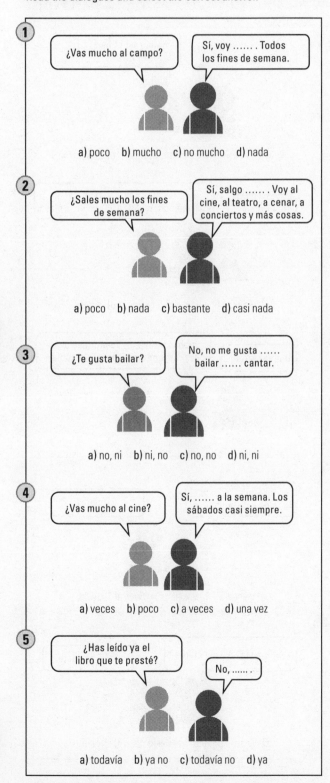

1

¿Vas mucho al campo?

Sí, voy .... Todos los fines de semana.

a) poco   b) mucho   c) no mucho   d) nada

2

¿Sales mucho los fines de semana?

Sí, salgo .... Voy al cine, al teatro, a cenar, a conciertos y más cosas.

a) poco   b) nada   c) bastante   d) casi nada

3

¿Te gusta bailar?

No, no me gusta ...... bailar ...... cantar.

a) no, ni   b) ni, no   c) no, no   d) ni, ni

4

¿Vas mucho al cine?

Sí, ... a la semana. Los sábados casi siempre.

a) veces   b) poco   c) a veces   d) una vez

5

¿Has leído ya el libro que te presté?

No, ...

a) todavía   b) ya no   c) todavía no   d) ya

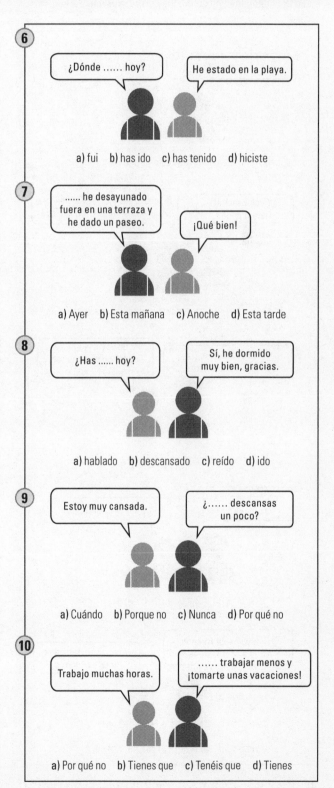

6

¿Dónde ...... hoy?

He estado en la playa.

a) fui   b) has ido   c) has tenido   d) hiciste

7

...... he desayunado fuera en una terraza y he dado un paseo.

¡Qué bien!

a) Ayer   b) Esta mañana   c) Anoche   d) Esta tarde

8

¿Has ...... hoy?

Sí, he dormido muy bien, gracias.

a) hablado   b) descansado   c) reído   d) ido

9

Estoy muy cansada.

¿...... descansas un poco?

a) Cuándo   b) Porque no   c) Nunca   d) Por qué no

10

Trabajo muchas horas.

...... trabajar menos y ¡tomarte unas vacaciones!

a) Por qué no   b) Tienes que   c) Tenéis que   d) Tienes

Answer key: 1.b 2.c 3.d 4.d 5.c 6.b 7.b 8.b 9.d 10.b

Read the dialogues and select the correct answer.

1

¿Qué ...... este verano?

Voy a ir a Honduras.

a) vas b) puedes c) quieres d) vas a hacer

2

¿Y vas a visitar Tegucigalpa?

Sí, claro, pero ..... voy a visitarla antes o después de ir a la playa.

a) no b) no sé si c) no sé qué d) no sé que

3

¿Y tú, Álvaro, vas a ir también?

No, no voy a viajar ...... no tengo vacaciones hasta octubre.

a) por qué b) no sé si c) no sé d) porque

4

¿Cómo vas a ir a la playa?

Voy a ir ...... autobús.

a) en b) a c) con d) de

5

¿Cómo vas de Buenos Aires a Montevideo?

Voy ...... el Río de la Plata, ... barco.

a) en, por b) a, de c) por, en d) de, el

6

¿......?

Hola, ¿está Olivia, por favor?

a) Vale b) Buenos días c) Diga d) Qué tal

7

Buenos días.

Buenos días. Me...... reservar un apartamento en Altea, cerca de la playa.

a) quiero b) gusta c) gustaría d) quieres

8

Buenas tardes.

Buenas tardes, ... información de las rutas de viaje por la Patagonia.

a) me gusta b) quería c) me gustaría d) quieres

9

Graciela, ¿...... cine esta noche?

Sí, claro.

a) vienes a b) vas a c) vienes al d) vas

10

¿Venís a la playa esta tarde?

......, perfecto.

a) No sé b) Vale c) Perfecto d) Lo siento

Answer key: 1.d 2.b 3.d 4.a 5.c 6.c 7.c 8.b 9.c 10.b

HOY POR HOY

El día a día
Vocabulario

1   **Profesiones** Read the sentences and write the corresponding profession from the list.

bailarina	bombero	escritora	profesor	taxista

1. Apago incendios. Soy ....
2. Me gusta escribir y leer, tengo mucha imaginación. Soy ....
3. Me encantan la música y el baile. Soy ....
4. Llevo a personas en un coche por toda la ciudad. Soy ....
5. Trabajo en una escuela, me encanta la enseñanza. Soy ....

2   **Hotelero** Complete the conversation with words from the list.

desayuno	me ducho	me levanto	me visto	te acuestas

- ¿A qué te dedicas, Jaime?
- Soy hotelero.
- ¿Cómo es tu día a día?
- Pues, (1) .... a las 7:00 h, (2) ....
  rápido, (3) .... y (4) .... en un bar.
- ¿Y a qué hora (5) ....?
- Tarde, a las 24:00 h.

3   **¿Verdadero o falso?** Listen to the recording and indicate whether each statement is true (**verdadero**) or false (**falso**).

Verdadero   **Falso**

  ○   ○   1. Ricardo transporta alimentos refrigerados en camión.
  ○   ○   2. Ricardo se levanta tarde y trabaja por la noche.
  ○   ○   3. Ricardo nunca almuerza en casa.
  ○   ○   4. Ricardo toma café con otros camioneros.
  ○   ○   5. Ricardo cena a las ocho y media de la noche.

Gramática funcional

4   **Pronombres** Match the pronouns with the correct verb form.

1. se ....   a. dedico
2. te ....   b. despierta
3. os ....   c. levantáis
4. nos ....   d. acuestas
5. me ....   e. duchamos

5 **¿A qué te dedicas?** Match elements to form sentences. Then form complete sentences using the information provided and the verb **dedicarse**.

1. Mis hermanos ....   a. me dedico a la decoración.

2. Julián ....   b. se dedican a la enseñanza.

3. Yo ....   c. se dedica a la electrónica.

4. Mis amigos y yo ....   d. nos dedicamos a la publicidad.

5. ¿Tú ....   e. os dedicáis a la informática?

6. ¿Vosotros ....   f. te dedicas a la construcción?

1. mi madre / electrónica *Mi madre se dedica a la electrónica.* ....

2. Sara y Julia / enseñanza ....

3. tú / decoración / ¿? ....

4. yo / traducción ....

5. ustedes / informática / ¿? ....

6. mis amigos y yo / construcción ....

6 **Traducir** Complete the text with the correct forms of the verb **traducir**.

> Trabajo en una empresa de traducción. Mis compañeros y yo (1) ....
> distintos documentos: Juan (2) .... manuales de informática, Silvia y
> Belén (3) .... folletos publicitarios y yo (4) ....
> anuncios para Internet. ¡Es un trabajo muy interesante!

7 **Verbos reflexivos** Choose the appropriate verb to complete each sentence and write it in the correct form.

1. Mi marido y yo .... (acostarse/vestirse) temprano, a las 22:00 h.

2. Para ir a trabajar, yo .... (vestirse/desayunar) de manera formal, con traje.

3. Mis hijos no .... (despertarse/acostarse) hasta las 7:30 h.

4. ¿Tú .... (levantarse/acostarse) después de mirar una película?

8 **¿A qué hora?** Listen to the questions and answer with the information given. Then, listen to the correct answer and repeat after the speaker.

MODELO	
You hear:	¿A qué hora te levantas?
You see:	7:00 h
You say:	Me levanto a las siete de la mañana.

1. 8:30 h   4. 6:30 h

2. por la noche   5. 6:45 h

3. 21:30 h   6. no

9 Entrevista Complete the interview with the appropriate form of the verbs.

- ¿Puede decirnos su nombre y su profesión?

■ Sí, claro, mi nombre es Araceli. (1) .... (dedicarse) a vender flores en un puesto de la Rambla de Barcelona. Trabajo con mi marido.

- ¿Y a qué hora (2) .... (despertarse) ustedes?

■ Mi marido y yo nos despertamos a las cinco de la mañana, (3) ....(levantarse), tomamos un café rápido y vamos al mercado central. Allí compramos las flores que después vendemos en nuestro puesto. Por la noche, (4) .... (acostarse) a las diez o a las diez y media.

- ¿Tienen hijos?

■ Sí, uno, pero bueno, ya es mayor, tiene 16 años, y su ritmo de vida es diferente. (5) .... (despertarse) más tarde, a las ocho. (6) .... (levantarse), (7) .... (ducharse), (8) .... (vestirse) y se prepara el desayuno, todo en media hora. Por la noche, él (9) .... (acostarse) más tarde que nosotros.

10 Mi rutina diaria Write a short paragraph describing your daily routine. Use at least four words or expressions from the list.

a las…	almorzar	dedicarse a	despertarse	ducharse	temprano
acostarse	cenar	desayunar	dormir la siesta	levantarse	vestirse

....
....
....
....

Lectura

11 Encontrar una profesión Read the information from the vocational test and indicate who is interested in various professions based on the students' statements.

TEST DE ORIENTACIÓN PROFESIONAL	Le interesa a...
dar clases en un colegio	
analizar fenómenos de la naturaleza	
diseñar muebles, ropa…	
estudiar el origen y la evolución de las lenguas	
trabajar en el *marketing* de productos nuevos	
traducir documentos	
apagar incendios	
reparar aparatos electrónicos	
curar a las personas enfermas	

Hola, soy Laura y quiero ser médica.

Hola, soy Jorge y quiero ser profesor.

Hola, soy Jimena y quiero ser diseñadora.

Hola, soy Miguel y quiero ser bombero.

Intereses

Vocabulario

12 **Completar** Complete the sentences with words from the list.

clásicos	deporte	futuro	literatura	salud
cómics	estar en forma	jugar	preocupaciones	

1. A mis hijos les encanta .... en el parque.

2. Me gusta mucho la ...., especialmente los autores .... Pero a mi marido sólo le

   gustan los ....

3. Juan hace .... para ....

4. Las .... más comunes entre los jóvenes son la .... y el .... profesional.

13 **¿Quiénes son ellos?** Complete the sentences to indicate what these people are doing. Then write who's who in the photographs.

....

1. Sandra y Mónica .... al fútbol.

2. Mario .... una motocicleta.

3. Lucio .... música y .... en su diario.

4. Martina .... un libro.

14 **Actividades** Listen to the conversation, then match the activities to the people who do them.

.... 1. aprender a conducir   a. Beatriz y María

.... 2. hacer ejercicio   b. Ángela

.... 3. estudiar italiano   c. Silvia

.... 4. dormir la siesta   d. Eliana

Gramática funcional

15 **¿De qué habla?** What is this person talking about? Select the appropriate option to complete each statement.

1
Me preocupa mucho…
  a. los niños.
  b. el medio ambiente.
  c. los idiomas.

2
No me interesa nada…
  a. la televisión.
  b. las películas de ficción.
  c. los programas de humor.

3
Me encantan…
  a. ir de viaje con mi familia.
  b. la familia de mi marido.
  c. las fiestas familiares.

16 El presente progresivo Write the present participle of each verb. Then complete the sentences below with their present progressive forms.

BEBER	HACER	ESCRIBIR	HABLAR
....	....	....	....

LEER	ESCUCHAR	TRADUCIR	DORMIR
....	....	....	....

- ¿Para quién (1) ....*estás escribiendo*......... (tú, escribir) la postal?
- Lo siento, la señora Gómez (2) .... (hablar) por otra línea.
- Silencio, el bebé (3) .... (dormir) la siesta.
- ¿Qué (4) .... (tú, hacer)? ▪ (5) .... (traducir) un libro del ruso al español.
- (6) .... (ustedes, escuchar) Radio Nacional de España, su radio amiga.
- ¿Qué (7) .... (tú, beber)? ▪ Un jugo de piña.
- Mis alumnos (8) .... (leer) *El Quijote*.

17 Verbos Complete the sentences with the verbs from the list.

conducir   dormir   hablar   leer   servir

1. Pedro ....*está hablando*......... por teléfono con su padre.

2. Son las dos de la mañana, Luis .... profundamente.

3. Carlos va a casa, ... despacio.

4. Maite y Sandra .... sus notas porque mañana tienen un examen.

5. Mis amigos y yo .... la cena.

18 Singular o plural Select the correct option to complete each sentence.

1. A mis padres **le/les** interesa mucho la política.

2. A mí me **encanta/encantan** las películas antiguas.

3. A Roberto **le/les** preocupa mucho el medio ambiente.

4. ¿A ti te **interesa/interesan** las nuevas tecnologías?

5. A nosotros **os/nos** interesa mucho la naturaleza.

19 ¿Qué están haciendo? What are these people doing? Use the verbs from the list to complete the sentences.

apagar   comprar   conducir   escribir   hablar   leer

1. El camarero ....*está hablando con un cliente*.........

2. El otro cliente ....

3. El hombre ....

4. El taxista ....

5. La escritora ....

6. El bombero ....

20 **Escuchar** Write some things these parents could be interested in or worried about. Also write some things they may enjoy. Then, listen to the interview and indicate whether each statement is true (**verdadero**) or false (**falso**).

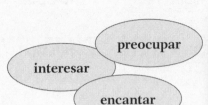

Les preocupa... ....

....

....

....

....

Verdadero	Falso	
○	○	1. A ella le interesa saber más sobre la alimentación infantil.
○	○	2. A él le preocupa la educación de su hija.
○	○	3. A los dos les preocupa con quién dejar a su hija mientras trabajan.
○	○	4. A los dos les encanta leer cuentos con su hija.
○	○	5. A él le interesan los libros sobre educación.
○	○	6. A ella le encanta la sonrisa de su hija.

Lectura

21 **Ocio** Read the information from the entertainment guide and the text about what Manuela likes. What do you think she is interested in doing this weekend?

Guía del ocio

SÁBADO
21h Sala La Luna, concierto: La Banda (jazz)
22h Cine Mayor, estreno: *Cosas de Madrid* (comedia española-argentina)
22h Bar El Barrio: degustación de comida colombiana

DOMINGO
20h Teatro Sur: Desfile de moda mexicana
21h Salón de actos de la Universidad Central, documental: *Planeta vivo*
21h Café Antiguo, conferencia: "La novela cubana hoy"

¿Qué hago este fin de semana?

A Manuela le encantan la música y el cine, pero no le interesa el jazz. Le interesa la comida de Venezuela. Le preocupa el medio ambiente y no le interesa la literatura. No le gusta la moda.

El sábado le interesa ....

El domingo ....

Jorge Drexler, cantautor uruguayo

22 Adverbios Write the adverb that corresponds to each adjective. Then complete the sentences with the correct adverb.

1. actual → *actualmente*
2. final → ....
3. casual → ....

4. último → *últimamente*
5. sincero → ....
6. verdadero → ....

1. Me encanta la música .... (especial) la música latina.
2. Por la mañana leo varios periódicos, ... (concreto) leo El País, El Mundo, El Economista y 5 Días.

23 ¿Qué has estado haciendo? Write two sentences using **actualmente** and two using **últimamente** to indicate what you are currently doing and what you have been doing lately.

....
....
....
....
....

24 Respuestas Read Jorge Drexler's answers, then write the questions.

1. • *¿Dónde y en qué año naciste?* ▪ Nací en Montevideo en 1964.
2. • .... ▪ Sí, son uruguayos. Mi mamá nació en Uruguay pero mi papá nació en Alemania.
3. • .... ▪ Mis padres son médicos.
4. • .... ▪ En 2005, por la canción *Al otro lado del río*.
5. • .... ▪ Estoy componiendo música para un nuevo disco.

25 Diarios de motocicleta Jorge Drexler won an Oscar for the song that appears in the film *Diarios de motocicleta*. Read the summary and then answer the questions.

Diarios de motocicleta se basa en el diario de viaje por América Latina del estudiante argentino Ernesto Guevara y un amigo. En este viaje de seis meses Ernesto, el joven burgués° de 23 años, adquiere una gran conciencia social y se transforma en el *Che* Guevara revolucionario°.

1. ¿En qué personaje se basa la película?
....

2. ¿En qué país nació?
....

3. ¿Qué presenta la película?
....
....
....

burgués *middle class* revolucionario *revolutionary*

Lectura

26   **El español**   Read the text and answer the questions.

EL ESPAÑOL, ¿IDIOMA POCO MUSICAL?

Últimamente existe una moda latina que se ha extendido por el mundo. Triunfan actores como Antonio Banderas, Javier Bardem, Penélope Cruz o Salma Hayek. Se come guacamole, churrasco o gazpacho, se viaja a países con sabor latino: México, Cuba, República Dominicana…, y esto ayuda a conocer a los cantantes latinos y a vender° discos en español en países no hispanos. Juan Luis Guerra o Compay Segundo, por ejemplo, son conocidos gracias a esta *moda latina*.

Pero el mercado de habla inglesa es difícil para un cantante latino. Vender pop en español en el Reino Unido es, más o menos, como vender en España flamenco con textos en inglés. Este es el motivo que lleva a algunos cantantes latinos a incluir canciones en inglés en sus discos.

Hay personas que critican a la famosa cantante colombiana Shakira porque no solo canta en español, también canta en inglés. Dicen que busca objetivos económicos y no artísticos. Ella contesta que canta en inglés "por un interés cultural, para construir puentes°". Pero la pregunta es: ¿está perdiendo sus raíces° o está llevando sus raíces al público que no habla su lengua?

Como Shakira, el puertorriqueño Ricky Martin, el español Enrique Iglesias o la cubana Gloria Estefan utilizan el idioma español para el mercado latino y cantan sus canciones en inglés cuando su objetivo es el mercado mundial.

Jorge Drexler, el protagonista de esta lección, incluye canciones en inglés en algunos de sus discos, algo que sorprende° a mucha gente. Su argumento es: "Hablo cuatro lenguas y me gusta mucho cantar en diferentes idiomas". En su trabajo *Cara B*, Drexler nos emociona° en cinco idiomas: inglés, italiano, portugués, catalán y castellano.

vender *to sell*   **puentes** *bridges*   **perdiendo sus raíces** *losing her roots*   **sorprende surprises**
emociona *moves*

---

1. La *moda latina* está presente en:

el cine, por ejemplo, (a)..................
....,
la gastronomía, por ejemplo, (b).......
....,
los destinos turísticos, por ejemplo
(c)...
....y
la música, por ejemplo, (d)..............
....
....

2. ¿Por qué algunos cantantes latinos cantan en inglés?

....
....
....

3. ¿Por qué critican a Shakira?

a. Porque es colombiana.

b. Porque canta en inglés.

c. Porque construye un puente.

4. ¿En qué idiomas canta Jorge Drexler en *Cara B*? Ordénelos alfabéticamente.

....
....
....
....
....

5. ¿Escucha música latina o conoce a actores latinos? Mencione dos y explique por qué los ha elegido.

....
....

Composición

27 **Describir la rutina** Imagine you are on vacation on a nearly deserted island in the Caribbean. Write a narrative composition describing your daily routine.

PREPARACIÓN

While planning your composition, ask yourself questions about your daily routine when on vacation, such as **¿A qué hora me levanto?, ¿Qué desayuno y dónde?, ¿Qué hago durante el día?** Use the reflexive verbs you have learned and adverbs such as **generalmente** and **últimamente**.

COMPOSICIÓN

- Begin your composition with an introduction in which you describe the place and the people who are there.
- Next, describe your daily routine while on vacation there. Imagine you are including a photo of yourself; explain what you are doing in it.
- To conclude, give your opinion about the place and your stay there.

....

....

....

....

....

....

....

....

....

....

....

....

....

....

....

....

....

....

....

 ## Vocabulario

28 **Escuchar y repetir** You will now hear the vocabulary found in your textbook on the last page of this lesson. Listen and repeat each Spanish word or phrase after the speaker.

Diario de aprendizaje

29 **Evaluar** Assess what you have learned in this lesson.

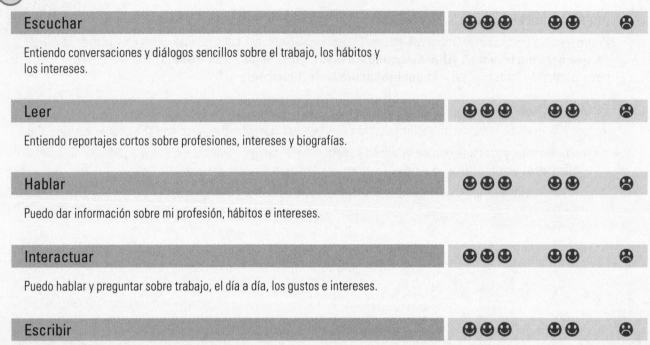

Escuchar

Entiendo conversaciones y diálogos sencillos sobre el trabajo, los hábitos y los intereses.

Leer

Entiendo reportajes cortos sobre profesiones, intereses y biografías.

Hablar

Puedo dar información sobre mi profesión, hábitos e intereses.

Interactuar

Puedo hablar y preguntar sobre trabajo, el día a día, los gustos e intereses.

Escribir

Puedo escribir un texto breve sobre un tema concreto.

30 **Anotar** Write down words or phrases, grammatical structures, and cultural information that you have learned in this lesson.

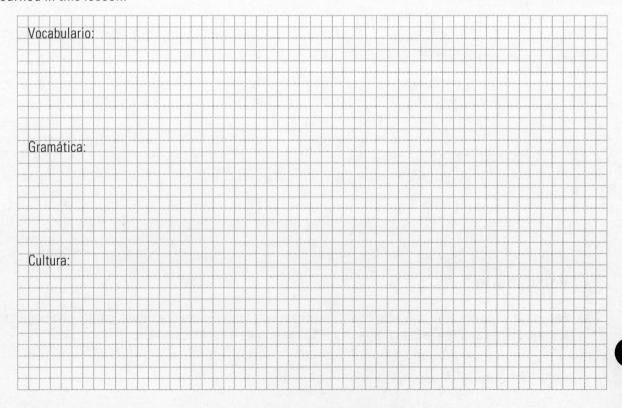

Vocabulario:

Gramática:

Cultura:

Madre trabajadora
Vocabulario

1 **El trabajo** Complete these work-related expressions with the appropriate words from the list.

agenda correos paquetes trabajo

1. Escribir ....
2. Tener mucho ....
3. Repartir ....
4. Poner al día la ....

2 **Conversación** Complete the conversation with words and expressions from the list.

actualizar	creo que	madre	responsable
al día	licencia	oficina	trabajo

PEDRO   No he visto a Victoria las últimas veces que vine a la (1) ....
        ¿Ha cambiado de (2) ....?

ALICIA   No, está de (3) .... por maternidad. Su hija nació hace más de un mes.

PEDRO   ¡Qué bien! ¿Y cuándo vuelve esa (4) .... trabajadora?

ALICIA   Ella vuelve el mes próximo. Todos la esperamos. Y también hay mucho trabajo…

PEDRO   Victoria es muy (5) .... A su regreso se va a poner (6) .... pronto.

ALICIA   (7) .... sí. En unos días va a (8) .... su agenda.

3 **De acuerdo** Listen to the conversations and decide if the second speaker agrees (**acuerdo**) or disagrees (**desacuerdo**) with the first speaker's hypothesis.

1. LAURA Quizás María no vino a trabajar porque está enferma.
   está de acuerdo / está en desacuerdo

2. MARCELO Quizás Antonio repartió todos los paquetes temprano y volvió a la oficina.
   está de acuerdo / está en desacuerdo

3. ROMINA Quizás Paula ha tenido mucho trabajo y olvidó llamar para reservar las entradas.
   está de acuerdo / está en desacuerdo

4. HERNÁN Quizás Gastón todavía no ha respondido todos los correos recibidos durante sus vacaciones.
   está de acuerdo / está en desacuerdo

Gramática funcional

4 **Verbos** Complete the table with the past participle or the infinitive of each verb.

HABLAR	....	ESCRIBIR	....	DECIR	....	HACER	....
....	puesto	....	visto	....	tenido	....	vuelto

5 **¿Qué crees tú?** Look at the photographs and answer the questions with **creo que sí/no, quizás**, or **es posible**.

¿Está en Europa? ....   ¿Está en Latinoamérica? ....

¿Es un lugar turístico? ....   ¿Tiene muchos habitantes? ....

¿Es una isla? ....   ¿Hay mucho tráfico? ....

6 **Tareas** What has Carla done so far this week and what has she not done yet?

> Escribir correos a los clientes ✓
> Reservar mesa en el restaurante
> Buscar regalo para la madre de Ángel ✓
> Hacer yoga ✓
> Comer con Paco

1. _Carla ha escrito correos a sus clientes._ ....

2. ....

3. ....

4. ....

5. ....

7 **Pronombres** Listen to the message twice; then indicate what nouns the direct object pronouns refer to.

1	2
lo:	la: ....

- **Lo** he encontrado en una tienda del centro.
- ¿Ya **la** has reservado?

8 **Completar** Complete the conversation with the missing pronouns and the correct forms of the verbs in parentheses.

- Cariño, he dejado un mensaje en el contestador, ¿(1) .... has escuchado?
- Sí, lo (2) .... (escuchar). ¿Y qué has comprado al final para mi madre?
- He comprado un libro de fotografía muy bonito. ¿Y tú? ¿(3) .... (reservar) ya mesa en el restaurante para celebrar su cumpleaños?
- Sí, ya (4) .... he reservado.
- ¿(5) .... (ver) el menú del restaurante?
- Sí, (6) .... he visto. El camarero (7) .... (decir) que son platos muy originales. No (8) .... he probado nunca.
- ¿Y las flores para tu madre? ¿Ya (9) .... has comprado?
- No, todavía no. Las compro mañana. Bueno, ahora vamos a cenar. Ya (10) .... (yo, hacer) la cena.

(9) **Hipótesis** Use words and expressions from the list to write hypotheses about the photo.

> compañeros de trabajo
> creo que...
> es posible
> grupo de estudiantes
> empresa
> quizás
> reunión de trabajo

....

....

....

....

(10) **La mudanza** Lucía has moved to a new house. What has she done with some of her belongings? Complete the conversation with the correct pronouns and the present perfect of the verbs.

- ¿Qué has hecho con el armario?
- (1) .....*Lo he regalado.*..... (regalar)
- ¿Y con las sillas?
- (2) .... (tirar)
- ¿Y la mesa también?
- No, (3) .... (poner) en la cocina.
- ¿Y dónde están los sillones?
- (4) .... (llevar) a la casa de mis padres. ¡Aquí no tengo espacio!
- ¿Ya no tienes espacio en el garaje?
- ¡No! ¡(5) .... (llenar) de cosas!

Lectura

(11) **Folleto publicitario** Read the facts about the airline and complete the brochure.

Volar Air

Origen: España

Empleados: 230 en España y 140 en México

Oficinas: Madrid y México, D.F.

Productos: Vuela todos los días a Ciudad de México y Cancún. Tarifas reducidas para la clase *business*.

Volar Air

NUESTRA EMPRESA

Volar Air ha nacido en (1)........................y es una compañía líder del sector.

Sus aviones y su personal en (2)........................y (3)........................hacen de Volar Air una empresa especial.

NUESTROS PRODUCTOS

Vuelos diarios a (4)........................y (5)........................ desde 500 €. ¡Oferta en viajes de negocios! (6)........................desde 800 €.

Un día negro
Vocabulario

12 **Diferente** Indicate the word or expression that does not belong in each group.

1. técnico / fotocopiadora / bloqueado / virus

2. imprimir / fotocopiar / archivar / ratón

3. tuteo / especialmente / en concreto / generalmente

4. compañero de trabajo / empleado / colega / oficina

13 **Objetos** Write the names of these objects. In some cases, they have different names in different regions.

....

....

14 **Definiciones** Match the terms with the definitions.

a. Medio de comunicación vía Internet

.... 1. impresora

.... 2. celular

.... 3. archivo

.... 4. correo electrónico

b. Teléfono que se utiliza para hablar con otras personas desde cualquier lugar

c. Aparato que se utiliza para imprimir en papel los documentos que están en la computadora

d. Espacio del sistema de la computadora donde guardamos documentos

Gramática funcional

15 **Entre amigos** Complete these conversations between colleagues.

1
- Hola, Marcos. Creo que tienes un problema. ¿Te .... (ayudar)?
- Sí, por favor. Mi computadora no funciona.

2
- Perdone, señor Martín, ¿ .... (poder) decirme el teléfono de la señora Campos?
- Sí, claro, ¿el celular o el fijo?

3
- No entiendo este programa nuevo. ¿Me .... (ayudar)?
- Sí, por supuesto.

16   **¿Formal o informal?** Listen to the conversations. Do the people address each other formally or informally? Then listen again and paraphrase the last sentence.

1. formal/informal

2. formal/informal

3. formal/informal

4. formal/informal

5. ¿Puede decirme el número? = ¿.................................. decir el número?

17   **¿Puedo...?** Match elements from both columns to form sentences.

1. ¿Puedes ....   a. venir esta tarde, señor García?

2. ¿Puede ....   b. ayudarte con estas cajas?

3. ¿Puedo ....   c. decirme el teléfono de tu hermana?

4. ¿Podéis ....   d. saber a qué hora es nuestro vuelo?

5. ¿Podemos ....   e. escuchar, señores?

6. ¿Pueden ....   f. averiguar a qué hora estáis ocupadas?

18   **Preguntas** Form questions using the cues provided and the appropriate form of **poder**.

1. mandar / por / poder (tú) / este / fax, / favor / ¿?

¿Puedes mandar este fax, por favor?

2. poder (yo) / te / ayudar / ¿?

....

3. un / poder (usted) / momento / venir / ¿?

....

4. con / ayudarme / poder (vosotros) / informes / estos / ¿?

....

5. paquete / el / ayudarlo / poder (nosotros) / a / llevar / ¿?

....

19   **Emparejar** Match these answers to the questions in Activity 18.

.... a. ¡Claro! Ya lo mando.

.... b. Sí, por favor. ¡Esto pesa mucho!

.... c. Sí, claro. Te ayudamos ahora mismo.

.... d. Por supuesto, señora Garrido.

.... e. No, muchas gracias. Puedo yo solo.

20 Correo electrónico Use words from the list to complete the e-mail sent to Silvio.

| concretamente | en especial | en general | generalmente |

Querido Silvio:

Yo también vivo en España desde hace unos meses y te comprendo perfectamente. Vivir en otro país siempre es un choque cultural. Yo soy mexicana, (1) .... de Puebla. En México, (2) .... la gente se trata de usted, (3) .... si no se conoce. Pero acá (4) .... la gente se tutea. A mí al principio me pareció una falta de respeto, pero ya me acostumbré. Mucha suerte en tu nuevo trabajo. Un beso, Daniela

21 Preguntas y respuestas Listen to the questions and answer using the appropriate option. Then, listen to the correct answer and repeat after the speaker.

MODELO

You hear: ¿Me das el teléfono de Sonia?
You see: a. Claro, es el 253 4471.
b. Sí, ¿qué necesitas?
You say: Claro, es el 253 4471.

1. a. No, gracias. Puedo yo solo.
   b. Sí, claro. ¿Necesita el celular o el fijo?

2. a. No, muchas gracias. Estoy bien.
   b. Sí, claro. ¿Qué necesitas?

3. a. Por supuesto, ¿qué necesitas?
   b. Sí, por favor. Este paquete es muy pesado.

4. a. Por supuesto, el celular es el 578 2190.
   b. Sí, por favor. ¿Puedes mandar este fax?

Lectura

22 Fax Read the fax and match each label with the corresponding section. Then choose the correct option to indicate the purpose of this document.

Compañía: Libros Amigos, S.L.
A la atención de: D. Antonio Paz
Fax: 97 557 87 9
  [1]

Remite: Dña. Paula Hernando
Teléfono: 87 445 09
Fecha: 14 de octubre
Nº páginas (incluida esta): 3
  [2]

Les envío el informe de contabilidad del proyecto "Bibliotecas".
  [3]

Atentamente, Paula Hernando
  [4]

| Despedida y firma [4] | Asunto |
| Remitente | Destinatario |

Este documento se usa para...

❏ a. dar una información.
❏ b. informar y enviar documentos.
❏ c. compartir archivos de Internet.

Guadalupe Rodríguez, una nueva etapa

23 **Antes y ahora** Reread the article about Guadalupe Rodríguez (page 180) and indicate whether each statement below is true (**verdadero**) or false (**falso**).

Verdadero Falso

○ ○ 1. La vida en el campo es mucho más fácil que en la ciudad.

○ ○ 2. Guadalupe tiene ahora más tiempo para estar con sus hijas.

○ ○ 3. Guadalupe vive en una casa de alquiler.

○ ○ 4. Han cambiado de vivienda porque les gusta más el clima del campo.

24 **Diferencias** Which activities can and cannot be done in a small town or village? Complete the table. Then, use the model to write a brief paragraph saying why you would like or dislike the idea of living in a small town.

- tener animales
- cenar en un restaurante
- respirar aire puro
- comprar en un centro comercial
- vivir en contacto con la naturaleza
- ir al cine o al teatro
- tener más tiempo para la familia
- ser autosuficientes

Se puede...	No se puede...
tener animales.	

MODELO *Me gustaría vivir en un pueblo pequeño porque se puede...*

....

....

....

....

25 **¿En el supermercado o al agricultor?** Write down two advantages and two disadvantages of buying fruits, vegetables, and natural products at the supermarket or directly from a farm. Use words and expressions from the list and the expressions **se puede** or **no se puede** to write sentences to complete the table.

ecológico/a	formas de pago	orgánico/a	sanos/as
entrega a domicilio	manipulación genética	productos químicos	

	En el supermercado	Directamente del agricultor
pros		
contras		

Lectura

26 **Pueblos abandonados** Read the text and answer the questions.

PUEBLOS ABANDONADOS

En España hay miles de pueblos **abandonados**. Durante el siglo pasado°, muchas personas emigraron° del campo a la ciudad. El abandono existe en toda España, especialmente en el noreste, donde provincias como Teruel o Soria son las regiones más **despobladas** de la Unión Europea.

Primero se van las familias, las escuelas cierran° y los servicios básicos (supermercados, ayuntamiento…) desaparecen. Hoy en día° diferentes proyectos de agricultura ecológica y turismo rural quieren recuperar° estos pueblos. Además, hay varios proyectos de pueblos **repoblados** con familias extranjeras.

La Asociación Española de Municipios contra la Despoblación ha buscado familias de parejas emigrantes con dos hijos, como mínimo°, para repoblar unos 230 pueblos españoles. Les han ofrecido un trabajo y una vivienda de alquiler.

Un ejemplo lo encontramos en Aguaviva, en Teruel, donde familias extranjeras han ayudado a recuperar el pueblo. Hay argentinos, rumanos°, chilenos, uruguayos, etc. La escuela no ha tenido que cerrar y la población ha aumentado.

Silvina y Walter son una pareja argentina. En 2001, junto con sus hijas de ocho y nueve años dejaron la ciudad de Buenos Aires para repoblar Foz Calanda, en Teruel. Se comprometieron a quedarse° durante 5 años a cambio de un trabajo y una vivienda de alquiler. Ellos están muy contentos con su decisión. Según Silvina, ganaron en calidad de vida y aprendieron a valorar las cosas esenciales de la vida. Está agradecida° por la oportunidad que les dio España, y porque no tuvieron problemas para integrarse.

1. ¿Qué provincias españolas son las más despobladas?

....

2. ¿Qué tipo de proyectos recuperan estos pueblos?

....
....
....

3. ¿Qué les han ofrecido a las familias de inmigrantes?

....
....

4. ¿Por qué no ha tenido que cerrar la escuela?

....
....
....

5. ¿A qué se han comprometido Silvia y Walter?

....
....
....

siglo pasado *last century* emigraron *emigrated* cierran *close* hoy en día *nowadays* recuperar *to recover* como mínimo *at the least* rumano *Romanian* se comprometieron a quedarse *committed themselves to staying* agradecida *thankful*

6. Read the definitions and write the corresponding word from the list.

| abandonar despoblar repoblar |

a. Disminuir la población de un lugar: ....

b. Volver a poblar (ocupar un lugar con gente): ....

c. Dejar un lugar, irse de un lugar: ....

Composición

27 **Escribir una carta** The mayor of a scarcely populated town has run an ad to attract people to move there. Write a letter in response to the ad.

> Alcalde busca familia con niños para pueblo despoblado.
> Se ofrece:
>   Apartamento subvencionado por el ayuntamiento
>   Puesto de trabajo en la construcción
>   Educación personalizada para los niños
>   Conexión a Internet gratis
>
> Enviar solicitudes a:
> ayuntamiento@serondenagima.gov

PREPARACIÓN

Write a letter in response to the ad. While planning your composition, consider why you are interested in the offer and why you would like to live in a small town. Also explain why the mayor should choose your family.

COMPOSICIÓN

Here are some useful words and expressions you may use in your letter.

Atentamente,	estar sin trabajo	no se puede…
calidad de vida	Estimados señores:	se puede…
cambio de vida	Me gustaría vivir en su	ser autosuficiente
dedicarse a	pueblo porque…	

....
....
....
....
....
....
....
....
....

Vocabulario

28 **Escuchar y repetir** You will now hear the vocabulary found in your textbook on the last page of this lesson. Listen and repeat each Spanish word or phrase after the speaker.

Diario de aprendizaje

29 **Evaluar** Assess what you have learned in this lesson.

Escuchar	

Entiendo conversaciones sobre experiencias recientes, conversaciones telefónicas y diálogos sencillos en los que se pide y se ofrece ayuda.

Leer	

Entiendo documentos laborales sencillos y reportajes breves.

Hablar	

Puedo hablar de experiencias recientes, pedir y ofrecer ayuda.

Interactuar	

Puedo conversar sobre experiencias recientes, pedir y ofrecer ayuda.

Escribir	

Puedo responder a un anuncio mediante una carta y expresar razones.

30 **Anotar** Write down words or phrases, grammatical structures, and cultural information that you have learned in this lesson.

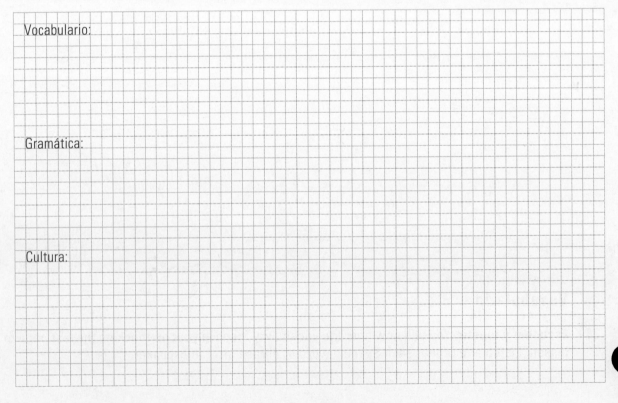

Vocabulario:

Gramática:

Cultura:

7A Hoy por hoy

Autoevaluación

Read the dialogues and select the correct answer.

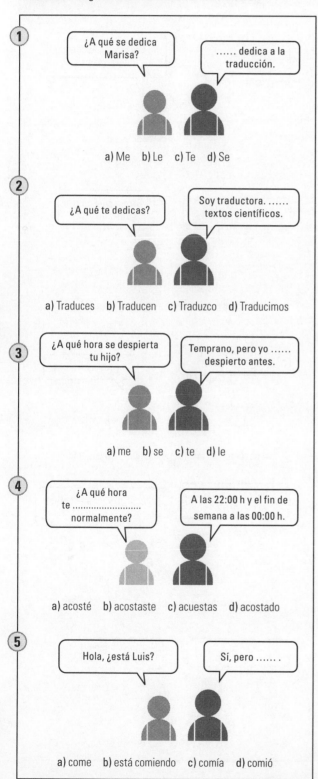

1

¿A qué se dedica Marisa?

...... dedica a la traducción.

a) Me   b) Le   c) Te   d) Se

2

¿A qué te dedicas?

Soy traductora. ...... textos científicos.

a) Traduces   b) Traducen   c) Traduzco   d) Traducimos

3

¿A qué hora se despierta tu hijo?

Temprano, pero yo ...... despierto antes.

a) me   b) se   c) te   d) le

4

¿A qué hora te .... normalmente?

A las 22:00 h y el fin de semana a las 00:00 h.

a) acosté   b) acostaste   c) acuestas   d) acostado

5

Hola, ¿está Luis?

Sí, pero ....

a) come   b) está comiendo   c) comía   d) comió

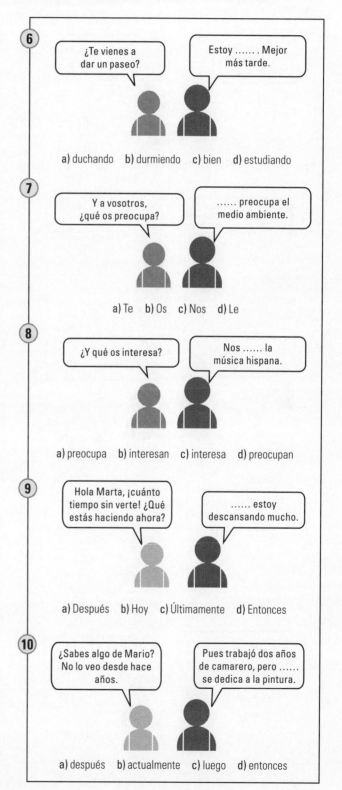

6

¿Te vienes a dar un paseo?

Estoy .... Mejor más tarde.

a) duchando   b) durmiendo   c) bien   d) estudiando

7

Y a vosotros, ¿qué os preocupa?

...... preocupa el medio ambiente.

a) Te   b) Os   c) Nos   d) Le

8

¿Y qué os interesa?

Nos ...... la música hispana.

a) preocupa   b) interesan   c) interesa   d) preocupan

9

Hola Marta, ¡cuánto tiempo sin verte! ¿Qué estás haciendo ahora?

...... estoy descansando mucho.

a) Después   b) Hoy   c) Últimamente   d) Entonces

10

¿Sabes algo de Mario? No lo veo desde hace años.

Pues trabajó dos años de camarero, pero ...... se dedica a la pintura.

a) después   b) actualmente   c) luego   d) entonces

Answer key: 1.d 2.c 3.a 4.c 5.b 6.d 7.c 8.c 9.c 10.b

7B

Cambio de vida
Autoevaluación

Read the dialogues and select the correct answer.

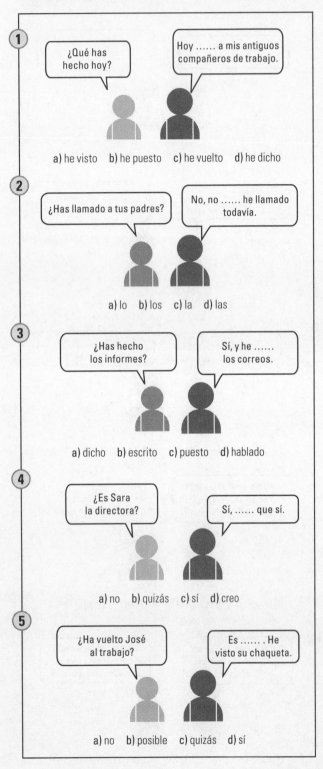

1
¿Qué has hecho hoy?

Hoy ...... a mis antiguos compañeros de trabajo.

a) he visto   b) he puesto   c) he vuelto   d) he dicho

2
¿Has llamado a tus padres?

No, no ...... he llamado todavía.

a) lo   b) los   c) la   d) las

3
¿Has hecho los informes?

Sí, y he ...... los correos.

a) dicho   b) escrito   c) puesto   d) hablado

4
¿Es Sara la directora?

Sí, ... que sí.

a) no   b) quizás   c) sí   d) creo

5
¿Ha vuelto José al trabajo?

Es .... He visto su chaqueta.

a) no   b) posible   c) quizás   d) sí

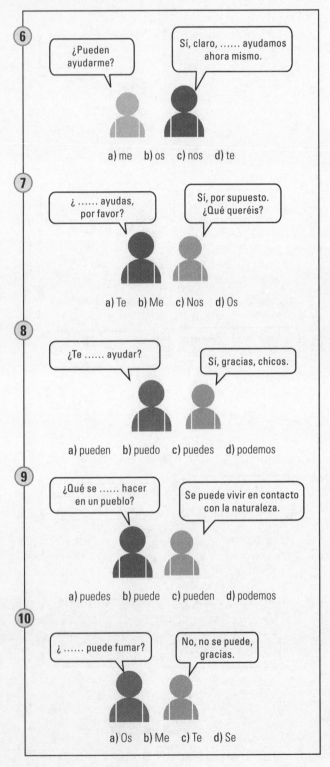

6
¿Pueden ayudarme?

Sí, claro, ... ayudamos ahora mismo.

a) me   b) os   c) nos   d) te

7
¿ ...... ayudas, por favor?

Sí, por supuesto. ¿Qué queréis?

a) Te   b) Me   c) Nos   d) Os

8
¿Te ...... ayudar?

Sí, gracias, chicos.

a) pueden   b) puedo   c) puedes   d) podemos

9
¿Qué se ...... hacer en un pueblo?

Se puede vivir en contacto con la naturaleza.

a) puedes   b) puede   c) pueden   d) podemos

10
¿ ...... puede fumar?

No, no se puede, gracias.

a) Os   b) Me   c) Te   d) Se

Answer key: 1.a 2.b 3.b 4.d 5.b 6.c 7.d 8.c 9.b 10.d

HECHO A MANO

Habilidades
Vocabulario

1 Categorías Match the skills with the categories.

.... 1. hacer paella   .... 4. reparar muebles   a. música   d. cocina

.... 2. componer canciones   .... 5. poner un enchufe (*socket*)   b. jardinería   e. electricidad

.... 3. plantar cactus   c. bricolaje

2 Pasatiempos Which word doesn't belong in each group? Write the category each group belongs to in the blank.

1. carpintería / madera / (periódico) / mueble: .... *bricolaje* ....

2. piano / guitarra / tocar / hogar: ....

3. riesgo / tapas / asado / postre: ....

4. taichí / yoga / cascada / gimnasio: ....

(bricolaje)
cocina
música
salud

3 Entrevista de trabajo Listen to the job interview and list in the table the things Cristina knows how to do. Then, indicate her skill level in each.

	mucho	bastante	un poco/algo	nada
tocar la guitarra			✓	
cocinar				
....				
mecánica				
....				

Gramática funcional

4 Saber Write numbers to put the conversation in order, and complete it with the forms of the verb **saber**. Then write four sentences about yourself. Tell how well you do some of these things.

☐ ■ No, yo no (a) ...., pero mis compañeros seguro que (b) ....

☐ • ¿Vosotros (c) .... mucho de informática?

☐ ■ Bueno, nosotros (d) .... un poco. ¿Por qué?

☐ • Es que mi computadora se ha bloqueado y yo no (e) .... arreglarla.
Mi compañero tampoco (f) .... ¿Tú (g) .... hacer un *back-up*?

bailar (tango)   cocinar   electricidad   informática   jardinería   mecánica   tocar el piano

....

....

....

....

5 **Habilidades** Read the cards and write what each person knows how to do, and how well.

1	**ANA**	*Ana sabe algo de jardinería. No sabe nada de mecánica.*
	jardinería: algo / mecánica: nada	....
2	**EVA Y JUAN**	....
	música: bastante / cocinar: muy bien	....
3	**MIS AMIGOS Y YO**	....
	electricidad: un poco / fotografía: nada	....
4	**YO**	....
	bricolaje: no mucho / decoración: algo	....

6 **Conversación** Complete the conversation with words and expressions from the list.

> a   de acuerdo   es que   lo siento   para   puedes   quieren

- Chicas, si (1) ...., quedamos después de clase (2) .... tomar un café.
- (3) ...., yo no puedo, (4) .... tengo que ir al gimnasio.
- Entonces, ¿quedamos mañana (5) .... las ocho?
- No sé…, si (6) ...., mejor quedamos el viernes. Tenemos mucho trabajo mañana.
- (7) ...., nos vemos el viernes.

7 **Si…** Match elements from the two columns to form logical sentences.

1. Si queremos respirar aire puro ....   a. yo pago las entradas.
2. Si vamos al cine ....   b. salimos al campo.
3. Si cenamos en casa ....   c. me dejas un mensaje.
4. Si puedes ....   d. me llamas por teléfono.
5. Si no estoy ....   e. yo preparo el postre.

8 **¿Quedamos hoy?** Read this post-it note and answer the questions you hear using complete sentences. Then, listen to the correct answer and repeat after the speaker.

> ¿Quedamos hoy?
> 21:00 h. Café Comercial.
> Viene Anita.
> Vamos a hacer la tarea.
> BESOS.

1. ....
2. ....
3. ....
4. ....

9 **Quedar** Write the phrases from the list under the appropriate category in the table. Then combine them to write two sentences.

hacer yoga	la una en punto
ir de compras	mi hermano
la Plaza Mayor	nuestros amigos
las tres y media	tu casa

QUEDAR	
para	**en**
a	**con**

....

....

10 **La cita** Look at Inés' schedule, then complete the conversation between Rosa and Inés.

Jueves, 10 de marzo

8.00	9.30 Desayunar con María.
10.00	
12.00	
14.00	Tomar un café con David.
16.00	Gimnasio de cuatro a seis.
18.00	
20.00	
22.00	21.00 Cena con abuelos.

Rosa   Si quieres, quedamos para desayunar el jueves.

Inés   (1) ....

Rosa   (2) ....

Inés   Imposible, voy a (3) .... con David.

Rosa   ¿Quedamos para (4) .... a las cuatro?

Inés   (5) ....

Rosa   (6) .... a las ocho.

Inés   Lo siento, es que (7) ....

Rosa   (8) ....

Inés   (9) ....con mis abuelos.

Rosa   (10) ....

Inés   Vale, ¡nos vemos allí!

Lectura

11 **Anuncios** Look at this notice board. Which characteristics do all the ads share? Check them on the list. Then help Carlos shorten his ad to post on the board.

Italiana, de Bari, busca intercambio español-italiano. Paola: 555 33 762

Grupo de teatro: quedamos viernes 18:00 h Café Sol. ¡Te esperamos!

¿Sabes tocar la guitarra? ¡Grupo pop-rock busca guitarrista! Lucas: 743 390 005

Clases de alemán. Nativa, mucha experiencia. anna1985@mail.com

1. Son muy breves. ☐
2. Escriben las oraciones completas. ☐
3. A veces no escriben verbos, artículos o preposiciones. ☐
4. No hay información de contacto. ☐

Doy clases de cocina peruana los jueves a las 20:00 h en el Bar Muñoz. Las clases son económicas. Este es mi teléfono: 019 887 006. Me llamo Carlos.

Trucos para el hogar
Vocabulario

12   **Material** Look at the photos and complete the sentences indicating what each item is made of.

A   El cuchillo *(knife)* es de .... y ....

B   La botella es de ....

C   El bolso, el cinturón y la cartera *(wallet)* son de ....

D   El bolígrafo es de ....

13   **¿Manitas o manazas?** Write the appropriate expression next to each sentence: **manitas** or **manazas**.

1. He clavado mal los clavos y los cuadros *(paintings)* se han caído al suelo: ....

2. Hoy he arreglado los cajones del armario y he cambiado los enchufes: ....

14   **¿De qué son?** Answer these questions.

1. ¿De qué es su libro? ....
2. ¿De qué son sus muebles? ....
3. ¿De qué es su ropa? ....
4. ¿De qué son las monedas? ....

15   **La lista** Listen to the list of materials required for a crafts class and complete Sara's notes.

🔊

a. 1 caja de ....
b. 3 platos de ....
c. 2 botellas grandes de ....
d. 1 frasco de .... con tapa de rosca
e. .... de diferentes colores
f. 1 pañuelo de ....
g. 1 marco de ....

16   **¿De qué es?** This text contains errors related to the material some common items are made of. Correct the errors.

La mesa es de cerámica, las botas son de papel, las sillas son de vidrio, los libros son de metal, los clavos son de tela, la corbata es de madera, los platos son de madera y los pantalones son de papel.

La mesa es de madera, ...

....

....

....

Gramática funcional

17 **Verbos** Complete the sentences with the **tú** commands of the verbs **utilizar, sujetar, meter, añadir,** and **guardar**.

1. .... los helados en el refrigerador.

2. .... el clavo con cuidado.

3. .... sal y aceite a la ensalada.

4. .... jabón para lavarte las manos.

5. .... la ropa en el armario.

18 **Instrucciones** Complete these instructions with the imperative (**tú**) form of the verbs.

> **Instrucciones para un uso correcto de la fotocopiadora**
>
> 1. .... (Conectar°) el aparato a la red.
> 2. .... (Esperar) unos segundos.
> 3. .... (Levantar°) la tapa.
> 4. .... (Colocar) el documento sobre el vidrio.
> 5. .... (Bajar°) la tapa con cuidado.
> 6. .... (Oprimir°) la tecla° verde.
> 7. .... (Apagar) la fotocopiadora si no la usas.

conectar *to connect* levantar *to lift* bajar *to lower* oprimir *to press* tecla *key*

19 **Instrucciones para cocinar** Whenever you cook, your mother is always telling you what to do. Listen to the steps of the recipe and say what your mother would tell you to do. Then, listen to the correct answer and repeat. (6 items)

| MODELO | *You hear:* añadir limón |
| | *You say:* Añade limón. |

Ingredientes	
papas	*queso*
cebollas	*sal*
crema	

20 **Receta** Look at the photograph and write the instructions for the recipe using the **tú** command forms of the verbs listed.

| añadir | batir | cortar | lavar | meter | usar |

la batidora →

CREMA DE FRESAS (*strawberry soup*)
Ingredientes: fresas, yogur, azúcar
Lava las fresas, ...
....
....
....
....

8A

Nombre   Fecha

21 **Trucos** Complete the tips with the **tú** commands of the verbs listed. Then add one more tip for the Web site.

| añadir | lavar | meter | pelar | utilizar |

TODO-TRUCOS, ¡TU WEB DE TRUCOS!

- Para no llorar°, (1) .... las cebollas° unas horas en el refrigerador antes de cortarlas.
- Para quitar° una mancha° de huevo, (2) .... la prenda con agua fría y un poco de agua oxigenada°.
- Para tener plantas más bonitas, (3) .... el agua de la lluvia.
- Para tener un pelo más suave, (4) .... un poco de vinagre de manzana° al agua del enjuague°.
- Para hacer salsa de tomate, (5) .... los tomates antes de freírlos°.
- Para (6) ....

llorar *to cry* cebollas *onions* quitar *to remove* mancha *stain* agua oxigenada *peroxide*
vinagre de manzana *apple vinegar* enjuague *rinse* freírlos *frying them*

Lectura

22 **Etiquetas** Look at the labels and complete the paragraph with the missing information. Then, indicate whether the information summarized is given on the labels or not.

ARTÍCULO: SUÉTER
TALLA:

EUR	USA	MEX	UK
40	7,5	25,5	6,5

P.V.P.° 150 €

PURA LANA° VIRGEN

FABRICADO EN ESPAÑA

Este (1) .... está fabricado° en (2) .... Su talla europea es la (3) .... y su precio es de (4) .... Es de (5) ...., ¡es muy delicado! Para (6) .... esta prenda, usa agua a 30° C sin cloro°. Plancha° a temperatura alta. Puedes lavarla en seco°.

P.V.P. (precio de venta al público) *price* lana *wool*
fabricado *made* cloro *bleach* plancha *iron*
lavarla en seco *dry-clean it*

Sí	No	
○	○	a. el lugar de origen de la prenda
○	○	b. las instrucciones de lavado
○	○	c. el color
○	○	d. el material

Justo Gallego, manos a la obra

23 **Sorpresa** Complete the story using **alguien** or **nadie**.

¡Hola! ¿Hay (1) .... en casa?

¡Qué raro°! Parece que° no hay (2) ....

Creo que hay (3) .... detrás de la puerta.

¿(4) .... me puede explicar qué significa esto?

¡¡Feliz cumpleaños!!

Hemos preparado esta fiesta sorpresa°. Por eso (5) .... te ha dicho nada.

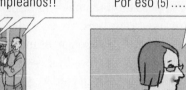

raro *strange* Parece que *It seems that* sorpresa *surprise*

24 **Alguien o algo** Complete the sentences using **alguien** or **algo**.

1. ¡Ya estoy aquí! ¿Hay .... en casa?

2. ¿Tienes .... para mí en la bolsa?

3. ¿........................... quiere ir a Mejorada del Campo?

4. ¡Qué hambre (*I'm hungry*)! ¡Necesito comer ....!

5. La catedral de don Justo es .... increíble.

25 **Negación** Answer the questions in the negative form.

1. ¿Alguien ha visto la catedral de Justo Gallego? .... *No, nadie la ha visto.*

2. ¿Vas con alguien a la fiesta? ....

3. ¿Queréis algo de beber? ....

4. ¿Han comprado algo en la tienda? ....

5. ¿Hay alguien en la oficina? ....

26 **Opiniones** Listen to the tourists' comments on the cathedral and indicate whether each statement is true (**verdadero**) or false (**falso**).

Verdadero	Falso	
○	○	1. Justo Gallego no ha colocado andamios (*scaffolding*) en el exterior de la catedral.
○	○	2. Justo trabaja en la catedral de lunes a viernes.
○	○	3. El interior de la catedral no llama mucho la atención.
○	○	4. La catedral tiene un patio interior.
○	○	5. Justo Gallego no es el dueño (*owner*) del lugar donde construye la catedral.

Nombre .... Fecha ....

Lectura

27 **Productos** Read the article and answer the questions.

PRODUCTOS BONITOS, NATURALES Y ÚNICOS: HECHOS A MANO

Las empresas de artesanía, también llamadas "talleres° artesanales", no pueden competir° en precios o cantidad con las grandes fábricas°, pero tienen algo único: productos exclusivos° y de calidad.

Las empresas artesanales son en su mayoría pequeñas y medianas empresas (PYMES), pero también hay empresas muy pequeñas (microempresas) o familiares, y en todas ellas los trabajadores están muy calificados: son artesanos°. Los artesanos desean unir las creaciones originales y los productos de calidad con la tradición y modernidad. Con su creatividad, estos maestros artesanos dan un toque° diferente a cada uno de sus productos: cada objeto que sale de sus manos es único e irrepetible°, ¡no hay dos iguales!

Los talleres o fábricas artesanales se dedican sobre todo al vidrio, la cerámica, la elaboración de jabones y velas, la joyería° creativa, la pintura en seda°, la producción de tejidos° tradicionales, la restauración de muebles de madera y la fabricación de papel artesanal.

Y, sobre todo, como señala Mercedes Valcárcel, coordinadora de la Fundación Española para la Innovación de la Artesanía (Fundesarte), en la artesanía

hay valores° que no hay en la industria en serie°, como la sustentabilidad°, el saber local y el respeto de los materiales. Quizás las empresas artesanas no pueden competir en productividad y precio con las otras industrias, pero están ganando clientes gracias a su diseño y sus materiales, la exportación y la venta por Internet.

1. Subraye en el texto los tipos de artesanía más típicos que se mencionan.

2. a. ¿Qué ofrecen las grandes fábricas que no ofrecen los talleres?
....
b. ¿Por qué la gente busca productos artesanales? ¿Qué los diferencia?
....

3. Busque sinónimos en el texto para estas expresiones.
a. empresa de artesanía:
....
b. exclusivo:
....

4. ¿Qué es una PYME?
....

5. Señale en el texto tres características que busca un artesano en su producto.

6. Complete las oraciones con palabras del texto.
a. Para ser artesano, debes saber mucho de.......................... y también de..........................
b. El respeto de los .... es muy importante en los talleres.

---

talleres *workshops* competir *compete* fábricas *factories* exclusivos *exclusive* artesanos *artisans* toque *touch* irrepetible *unrepeatable*
joyería *jewelry* seda *silk* tejidos *textiles* valores *values* en serie *mass (production)* sustentabilidad *sustainability*

Composición

28

Dar instrucciones Write instructions for making something you know well, such as how to prepare a particular dish. Be very specific, so that anyone can use your instructions.

PREPARACIÓN

Think about something you know how to do well. List the materials that are needed and the steps involved in creating the final product. You can use a dictionary if you need help with some words. Use the informal (**tú**) imperative form of the verbs in the instructions.

COMPOSICIÓN

Remember that, when you describe a process, it is important to specify the order of the actions. Use numbers to put the steps in order. You can also include a materials/ingredients list.

....
....
....
....
....
....
....
....
....
....
....
....
....
....
....
....
....
....
....
....

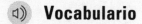 **Vocabulario**

29 **Escuchar y repetir** You will now hear the vocabulary found in your textbook on the last page of this lesson. Listen and repeat each Spanish word or phrase after the speaker.

Diario de aprendizaje

30 **Evaluar** Assess what you have learned in this lesson.

Escuchar

Entiendo diálogos en los que se queda para intercambiar habilidades e instrucciones básicas sobre trucos para el hogar.

Leer

Entiendo la información básica de un banco de tiempo en Internet, listas con instrucciones sencillas y artículos de un periódico.

Hablar

Puedo describir mis habilidades, hacer propuestas, quedar y dar instrucciones.

Interactuar

Puedo describir mis habilidades y entender las de otros, hacer propuestas y reaccionar ante propuestas de otros, dar y comprender instrucciones.

Escribir

Puedo escribir un anuncio e instrucciones.

31 **Anotar** Write down words or phrases, grammatical structures, and cultural information that you have learned in this lesson.

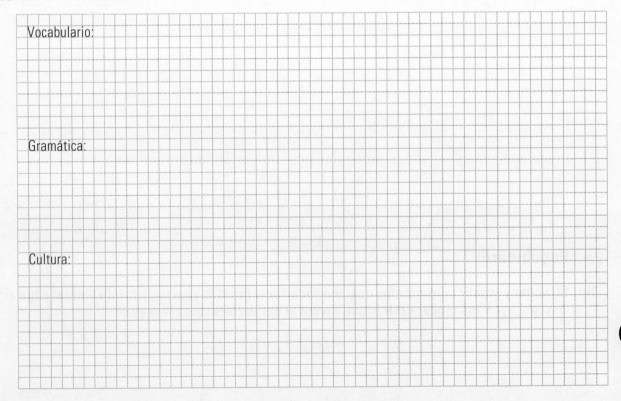

Vocabulario:

Gramática:

Cultura:

Emigrantes
Vocabulario

1 Completar Complete the paragraph with words from the list. Conjugate the verbs in the preterite.

construir	dejar	maletas	suerte	viajar
desde hace	finca	quedarse	tener	volver

En 1985, mis padres (1) .... Villazón, en Bolivia, para probar (2) .... en

Buenos Aires, Argentina. Hicieron las (3) .... y (4) .... en tren.

(5) .... en las afueras de Buenos Aires en una casa de alquiler. Allí nos (6) ....

a mi hermano y a mí. Con el tiempo y mucho esfuerzo (7) .... su casita. (8) ....

cinco años tienen su propia (9) .... Venden verduras, frutas y huevos. El año pasado,

(10) .... al pueblito a visitar familiares, pero su vida está en Argentina.

2 El intruso Pick the word that does not belong in each series. Then use each of those words to write sentences.

1. finca / agricultor / cultivar / guerra
2. exilio / quedarse / hacer fortuna / tener suerte
3. volver / viajar / casarse / hacer las maletas
4. químico / obrero / investigación / beca
5. campo / chimenea / industrial / fábrica

1. ....
2. ....
3. ....
4. ....
5. ....

3 ¿Verdadero o falso? Listen to the conversation and indicate whether each statement is true (**verdadero**) or false (**falso**).

Verdadero   Falso

   ◯   ◯   1. Sandra es de Venezuela.

   ◯   ◯   2. Sandra vive en California desde hace 6 meses.

   ◯   ◯   3. Sandra trabajó en el servicio doméstico durante 3 meses.

   ◯   ◯   4. Ahora Sandra es empleada de una tienda de ropa.

   ◯   ◯   5. Sandra vive sola.

   ◯   ◯   6. Sandra quiere quedarse en California.

Gramática funcional

4 **El pretérito** Complete the paragraph with the preterite form of the verbs.

En 1964, mis padres emigraron de un pueblo de Extremadura al País Vasco; fue la época de la emigración del campo a la ciudad. Primero (1) .... (venir) mi padre y unos meses más tarde también mi madre (2) .... (hacer) las maletas. Se instalaron en Bilbao, una importante ciudad industrial en esos años. Aquí mis padres nos (3) .... (tener) a nosotros, a mi hermano y a mí. En los años ochenta (4) .... (haber) una crisis industrial y mi padre perdió el trabajo. Gracias a unos ahorros, mis padres abrieron un pequeño negocio y funcionó, (5) .... (tener) suerte y (6) .... (poder) salir adelante.

5 **Pronombres** Match the verb forms with the appropriate pronouns and then, write a sentence using each one.

.... 1. vinisteis   a. yo: ....
.... 2. tuvo   b. tú: ....
.... 3. pude   c. usted, él, ella: ....
.... 4. quisieron   d. nosotros/as: ....
.... 5. hiciste   e. vosotros/as: ....
.... 6. vinimos   f. ustedes, ellos/as: ....

6 **Reescribir** Rewrite these sentences, changing the verbs to the preterite.

1. El sábado hay una fiesta en el barrio.   *El sábado hubo una fiesta en el barrio.*
2. Podemos trabajar en esa empresa. ....
3. Jaime viene a casa a las ocho. ....
4. Hago deporte por la tarde. ....
5. ¿Tienes una entrevista de trabajo? ....

7 **Oraciones** Write three sentences using one element from each box.

| Durante / Desde / De | tres años / 1995 / que | a 2001 / trabajé / vinieron a Chile | como camarero. / hice la tesis. / los vemos más. |

1. ....
2. ....
3. ....

8 **La vida de Elena** Read the information about Elena's life. Complete the sentences in the box, then answer the questions.

> 2002–2004: Barcelona
> 2005: Francia, profesora de dibujo
> 2006: tener un hijo
> 2007–2008: máster en Diseño
> 2009–hoy: trabajar en casa como
>   diseñadora

Vivió en Barcelona durante dos años, de ....
....
En 2005 ....
....
....
....
....

1. ¿Qué hizo durante 2005? ....

2. ¿Desde cuándo vive en Francia? ....

3. ¿Desde cuándo trabaja en casa? ....

9 **Con el pretérito** Listen to the sentences and repeat them using the preterite of the verb provided. Then listen to the correct answer and repeat after the speaker.

MODELO	*You hear:* Mi hermano .... un libro.
	You see: traducir
	You say: Mi hermano tradujo un libro.

1. poner	3. poder	5. querer	7. conducir
2. estar	4. saber	6. hacer	8. tener, poder

Lectura

10 **Oferta de empleo** Read this job offer and look at the candidates' information. Then, indicate who would be the best match for the job and write down the relevant items in the ad.

> **EMPRESA DE INFORMÁTICA SELECCIONA DIRECTOR(A) PARA EL DEPARTAMENTO DE PUBLICIDAD**
>
> **Requisitos:**
> Máster en Publicidad
> Experiencia mínima de cinco años
> Idiomas: español y francés
>
> **Ofrecemos:**
> Coche de empresa
> Sueldo interesante
>
> **Enviar CV para entrevista a:**
> recursos_humanos@empresa.com

A
- Nació en Francia y vino a España hace diez años.
- Trabajó seis años en una agencia de publicidad.

B
- Hizo un Máster en Publicidad.
- Vivió en Italia tres años.
- No tiene licencia de conducir.

1. el nombre del puesto de trabajo ....

2. el salario ....

3. la forma de contacto ....

Nuevas formas de vida
Vocabulario

11 Nacionalidades Paraphrase the sentences. Replace the underlined words with an adjective.

1. Me gusta la comida <u>de China</u>.   *Me gusta la comida china.* ....

2. Los mercados <u>de Marruecos</u> son muy tradicionales. ....

3. El asado es una comida típica <u>de Argentina</u>. ....

4. El *Taipan* es un barco <u>de Alemania</u>. ....

5. Muchos jubilados <u>del Reino Unido</u> emigran a España. ....

6. Los dueños del quiosco del barrio son <u>de República Dominicana</u>. ....

7. Tengo un amigo <u>de Ecuador</u>. ....

8. El café <u>de Colombia</u> es famoso en todo el mundo. ....

12 Lugares Which business is the best option in each situation?

bazar marroquí	panadería	restaurante	tienda china
locutorio	peluquería	tetería	tienda de alimentación

1. Necesitas hablar por teléfono y usar Internet. ....

2. Quieres tomar un té. ....

3. Quieres cortarte el pelo. ....

4. Necesitas comprar alimentos. ....

5. Tu amigo y tú quieren almorzar fuera de casa. ....

6. Necesitas comprar pan. ....

7. Quieres comprar elementos de limpieza, alimentos y un juguete para tu hijo. ....

8. Quieres comprar dulces y un refresco. ....

13 Trabajos Listen to Armando, Inés, Pablo, and Lucía describing their jobs. Write the correct name next to each occupation.

1. .... hotelería   3. .... taxista

2. .... empresaria   4. .... servicio doméstico

Gramática funcional

14 Escoger Choose the correct option to complete each sentence.

1. ¿Vosotros **queréis/quieren** hacer un viaje este año?

2. Juan no quiere **viene/venir** hoy a cenar.

3. ¿Quieres **tomar/tomas** un café esta tarde?

4. Yo **quiere/quiero** conocer Colombia, ¿y tú?

15 **Querer** What does each person or group want to do? Look at the illustrations and complete the sentences.

A

Sonia ......*quiere*...... ir a la playa.

B

Nuestros amigos .... abrir una panadería.

C

Vosotros .... viajar.

D

Marcos y yo .... vivir en el campo.

16 **Verbos** Complete the conversations with the correct forms of **querer** and the verbs **aprender, hacer, tomar,** or **ser.**

1. • ¿Qué .... hoy?
   ▪ Queremos ir al cine.

2. • Y tú, ¿qué .... de mayor?
   ▪ ¡Médico!

3. • Este año yo .... chino.
   ▪ ¡Yo también!

4. • ¿Usted .... café?
   ▪ No, muchas gracias.

17 **Intenciones** What are the intentions of these people? Complete the sentences.

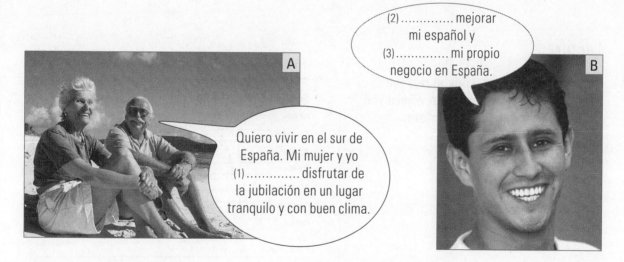

A

Quiero vivir en el sur de España. Mi mujer y yo (1) .... disfrutar de la jubilación en un lugar tranquilo y con buen clima.

B

(2) .... mejorar mi español y (3) .... mi propio negocio en España.

C

(4) .... disfrutar de mis nietos.

No queremos (5) .... al extranjero. (6) .... encontrar un buen trabajo aquí, en nuestro país.

D

(7) .... tener hijos y (8) .... cerca de nuestras familias.

18 **¿Qué queréis hacer?** Listen to the questions and answer using the information provided. Then listen to the correct answer and repeat after the speaker.

> **MODELO**
> *You hear:* ¿Qué queréis hacer?
> *You see:* abrir una tienda
> *You say:* Queremos abrir una tienda.

1. casarse pronto
2. viajar al Caribe
3. trabajar menos horas
4. comprar una casa
5. colaborar en una ONG
6. terminar la carrera en la universidad

19 **Mis intenciones** Complete the table with two things you want to do at each point in time.

hoy	esta semana

este mes	el próximo año

Lectura

20 **Solicitud de empleo** Look at this job application form and indicate where you should write each piece of information.

1. De 2000 a 2005: Auxiliar de cocina
2. 22 500 euros anuales
3. Bachillerato en Nutrición
4. Hostelería
5. Español e inglés
6. Uso de bases de datos e Internet

SOLICITUD DE EMPLEO

Por favor complete con sus datos.

* Nombre _____ * Apellidos _____
* DNI _____ * Edad _____
* E-Mail _____
Teléfono casa _____ * Celular _____
Dirección _____
Ciudad _____ Provincia _____
* Estudios _____
* Idiomas _____
* Informática _____
* Experiencia laboral _____
* Áreas de interés _____ Aspiración salarial° _____
* Disponibilidad de viaje: SÍ / NO * Licencia de conducir: SÍ / NO

aspiración salarial *salary expectation*

Fernanda y Alberto, dueños de un negocio salvadoreño

21 **Escuchar** You already know Fernanda and Alberto from El Salvador. Now listen to this Ecuadorean couple in Spain with a similar story and complete the table. You will hear the recording twice.

Motivo para emigrar	....
Intenciones para el futuro próximo	....
Productos que más compran los clientes	....

22 **Comparación** Compare these two capital cities: Mexico, D.F. and La Habana. Look at the information in the table, then complete the sentences below using **tan, tanto(s)**, or **tantas(s)**.

	La Habana	México, D.F.
Población	2 140 000 habitantes	8 720 916 habitantes
Extensión	721 km²	1485 km²
Medios de transporte	camello (dos autobuses juntos), guagua (autobús normal), taxis…	metro, pesero (microbús urbano), camiones (autobús), tren suburbano, taxis…
Población española migrante	40 725 españoles	77 000 españoles
Turismo	100% turismo extranjero	28,4% turismo extranjero el resto: turismo mexicano

1. En La Habana no viven .... personas como en México, D.F.

2. La extensión de La Habana no es .... grande como la de México, D.F.

3. En La Habana no hay .... medios de transporte como en México, D.F.

4. En La Habana no hay .... población española migrante como en México, D.F.

5. En México, D.F. no hay .... turismo extranjero como en La Habana.

23 **Comparaciones** Read about these two people, then write sentences about them using **tanto/a(s)... como**.

Paula García Fuentes
En Perú desde 2003.
Casada, dos hijos
Profesión: Camarera
Experiencia profesional: 3 años
Idiomas: inglés, francés, catalán

Raúl Herrero López
En Perú desde 1999.
Separado, dos hijos
Profesión: Médico
Experiencia profesional: 3 años
Idiomas: alemán

1. (tiempo en Perú) .... *Paula no lleva en Perú tanto tiempo como Raúl.*

2. (hijos) Raúl tiene .... Paula.

3. (experiencia profesional) Paula tiene .... Raúl.

4. (idiomas) Raúl no sabe .... Paula.

Lectura

(24) Autónomo Read the article and then answer the questions to summarize the main information.

SER AUTÓNOMO°: UNA AVENTURA EMPRESARIAL

¿Quiere formar su propia empresa o ser su propio jefe/a°? Si usted es emprendedor, le damos las claves para ser un profesional autónomo.

Si usted es, por ejemplo, taxista, carpintero, médico, diseñador de páginas web, abogado o traductor, usted puede trabajar como autónomo y crear una empresa o ser usted su propia empresa. Para ello, es importante estar informado de los derechos y obligaciones de los trabajadores autónomos.

- Para cobrar°, se emiten° facturas°. Para hacerlo hay que darse de alta° como trabajador autónomo en la oficina de la Seguridad Social y en Hacienda°, y pagar una tasa° mensual. Así tendrá derecho a asistencia sanitaria y pensiones. Por el contrario, el autónomo no tiene derecho a cobrar el subsidio de desempleo.

- En las facturas hay que incluir el IVA (impuesto sobre el valor añadido) al cliente, normalmente de un 16%.

- Actualmente hay empresas que emplean a trabajadores autónomos entre su personal°, esto es ilegal si el autónomo sólo trabaja para esa empresa. Además, si el autónomo tiene un horario y un puesto fijos en la empresa, no puede trabajar como autónomo: necesita un contrato laboral.

- Al principio, va a gastar° mucho en crear su propia "oficina" (que puede ser, por ejemplo, una habitación de la casa). Para ahorrar gastos, Internet es muy útil: utilice *software* libre° y banca° en línea…

¡Mucha suerte!

---

autónomo *freelancer* jefe/a *boss* cobrar *be paid* se emiten *are issued* facturas *invoices* darse de alta *register* Hacienda *Treasury* tasa *tax* personal *staff* gastar *spend* libre *free* banca *banking*

1. Marque verdadero o falso.

Verdadero   Falso

○   ○   a. Todos los trabajadores deben emitir facturas para cobrar.

○   ○   b. Los autónomos no tienen derecho a cobrar una pensión.

○   ○   c. En las facturas hay que añadir los impuestos.

2. Busque en el texto dos trucos para ahorrar como autónomo.

a. ....

b. ....

3. Escriba el contrario de las siguientes palabras del texto.

a. legal: ....   b. ahorrar: ....

Composición

Un plan de negocios Write a business plan for starting your own business. First decide on a unique business offering and how it would answer a need in your area. Explain what would be interesting about your company and who your clients would be.

PREPARACIÓN

While preparing to write, make notes on the resources you will need. These questions may help you:

- Can you work at home, or will you need other space?

- Will you work alone, or with members of your family, or with people you will hire?

- What related experience do you have?

COMPOSICIÓN

Start your composition with a description of your business and where it will be located. Then, say why you think the business will be successful and who will help you. Finally, describe your intentions and your related experience.

....
....
....
....
....
....
....
....
....
....
....
....
....
....
....
....
....
....

 ## Vocabulario

Escuchar y repetir You will now hear the vocabulary found in your textbook on the last page of this lesson. Listen and repeat each Spanish word or phrase after the speaker.

Diario de aprendizaje

 27 **Evaluar** Assess what you have learned in this lesson.

Escuchar	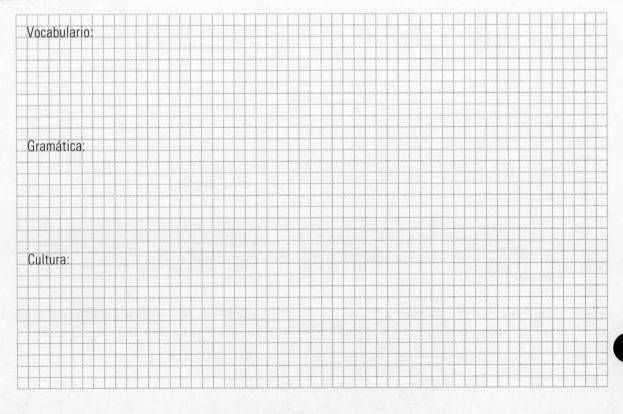

Entiendo textos orales de personas que hablan de sus experiencias pasadas y sus intenciones de futuro.

Leer	

Entiendo paneles informativos de una exposición, noticias breves en revistas de economía y en páginas web.

Hablar	

Puedo hablar sobre experiencias de trabajo y de vida en el pasado.

Interactuar	

Puedo conversar con los demás sobre las experiencias pasadas, y preguntar y expresar las intenciones de futuro.

Escribir	

Puedo participar con comentarios escritos en un foro de Internet.

 28 **Anotar** Write down words or phrases, grammatical structures, and cultural information that you have learned in this lesson.

Vocabulario:

Gramática:

Cultura:

Hecho a mano
Autoevaluación

Read the dialogues and select the correct answer.

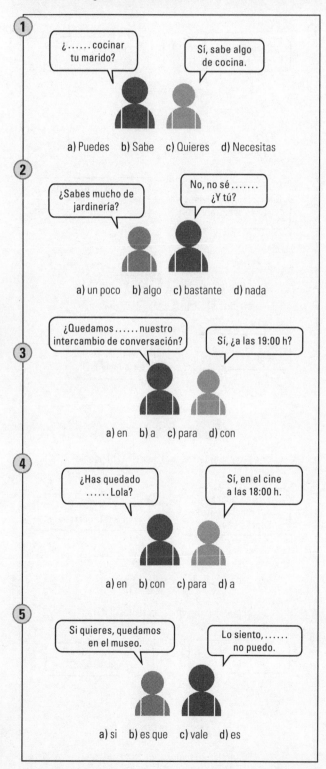

1
- ¿...... cocinar tu marido?
- Sí, sabe algo de cocina.

a) Puedes   b) Sabe   c) Quieres   d) Necesitas

2
- ¿Sabes mucho de jardinería?
- No, no sé ...... ¿Y tú?

a) un poco   b) algo   c) bastante   d) nada

3
- ¿Quedamos ...... nuestro intercambio de conversación?
- Sí, ¿a las 19:00 h?

a) en   b) a   c) para   d) con

4
- ¿Has quedado ...... Lola?
- Sí, en el cine a las 18:00 h.

a) en   b) con   c) para   d) a

5
- Si quieres, quedamos en el museo.
- Lo siento, ... no puedo.

a) si   b) es que   c) vale   d) es

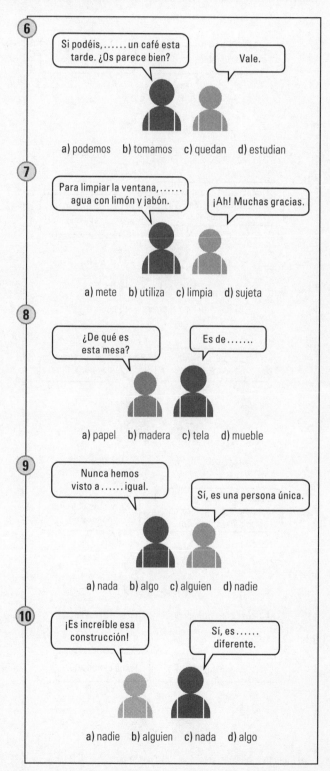

6
- Si podéis, ... un café esta tarde. ¿Os parece bien?
- Vale.

a) podemos   b) tomamos   c) quedan   d) estudian

7
- Para limpiar la ventana, ... agua con limón y jabón.
- ¡Ah! Muchas gracias.

a) mete   b) utiliza   c) limpia   d) sujeta

8
- ¿De qué es esta mesa?
- Es de ....

a) papel   b) madera   c) tela   d) mueble

9
- Nunca hemos visto a ...... igual.
- Sí, es una persona única.

a) nada   b) algo   c) alguien   d) nadie

10
- ¡Es increíble esa construcción!
- Sí, es ...... diferente.

a) nadie   b) alguien   c) nada   d) algo

Answer key: 1. b 2. d 3. c 4. b 5. b 6. b 7. b 8. b 9. d 10. d

Read the dialogues and select the correct answer.

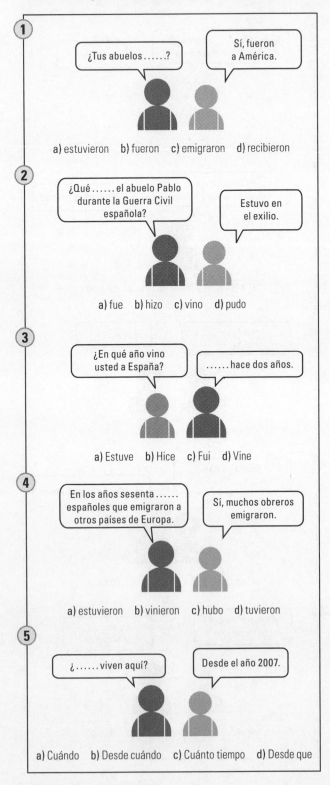

1

¿Tus abuelos......?

Sí, fueron a América.

a) estuvieron   b) fueron   c) emigraron   d) recibieron

2

¿Qué...... el abuelo Pablo durante la Guerra Civil española?

Estuvo en el exilio.

a) fue   b) hizo   c) vino   d) pudo

3

¿En qué año vino usted a España?

...... hace dos años.

a) Estuve   b) Hice   c) Fui   d) Vine

4

En los años sesenta...... españoles que emigraron a otros países de Europa.

Sí, muchos obreros emigraron.

a) estuvieron   b) vinieron   c) hubo   d) tuvieron

5

¿...... viven aquí?

Desde el año 2007.

a) Cuándo   b) Desde cuándo   c) Cuánto tiempo   d) Desde que

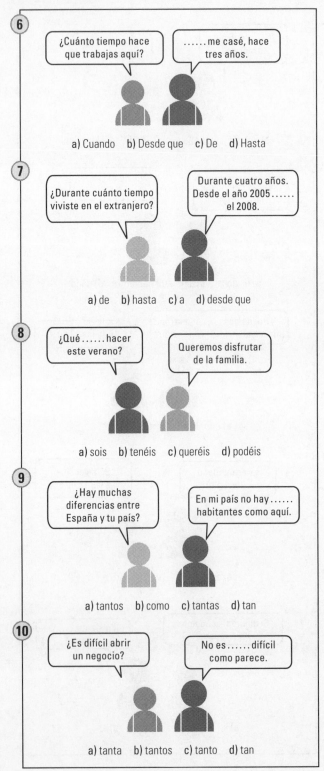

6

¿Cuánto tiempo hace que trabajas aquí?

...... me casé, hace tres años.

a) Cuando   b) Desde que   c) De   d) Hasta

7

¿Durante cuánto tiempo viviste en el extranjero?

Durante cuatro años. Desde el año 2005...... el 2008.

a) de   b) hasta   c) a   d) desde que

8

¿Qué...... hacer este verano?

Queremos disfrutar de la familia.

a) sois   b) tenéis   c) queréis   d) podéis

9

¿Hay muchas diferencias entre España y tu país?

En mi país no hay...... habitantes como aquí.

a) tantos   b) como   c) tantas   d) tan

10

¿Es difícil abrir un negocio?

No es...... difícil como parece.

a) tanta   b) tantos   c) tanto   d) tan

Answer key: 1. c 2. b 3. d 4. c 5. b 6. b 7. b 8. c 9. a 10. d

9A

ETAPAS DE LA VIDA

¡Qué tiempos!
Vocabulario

1 **Cuando era niño** Complete the paragraph with the words from the list. Conjugate the verbs as necessary.

antes	clases	egresar	época	reencontrar	tarea
aventureros	club	encuentro	escuela	responsabilidades	TV

Cuando iba a la (1) .... primaria, tenía (2) .... por la mañana y después de hacer

la (3) ...., unos amigos y yo íbamos siempre a un (4) .... del barrio. Era un punto

de (5) .... Algunos días jugábamos al fútbol y otros salíamos en bicicleta. Éramos muy

(6) .... A veces también nos reuníamos a mirar la (7) .... o alguna película.

¡Qué agradable (8) ....! Me gustaría (9) .... a esos compañeros. No los he visto

desde que (10) .... (11) .... teníamos mucho tiempo libre, pero ahora tenemos

más (12) ....

2 **En ese tiempo** Listen to the questions and choose the correct answer. Read the answer aloud, then listen to the correct answer and repeat after the speaker.

1. a. Era muy divertida   b. Jugábamos en el parque.
2. a. Iba a la escuela primaria.   b. Antes era activo.
3. a. Jugábamos al fútbol por la tarde.   b. Veía un canal infantil.
4. a. A veces iba al cine con amigos.   b. Tenía clases todos los días por la mañana.
5. a. Era simpático y aventurero.   b. Me gustaba pasar los veranos con mis abuelos.

Gramática funcional

3 **El imperfecto** Complete the table with the imperfect form of the verbs.

	estar	poder	vivir	ir	ser
yo	....	....	....	....	....
tú	....	....	....	....	....
usted, él/ella	....	....	....	....	....
nosotros/as	....	....	....	....	....
vosotros/as	....	....	....	....	....
ustedes, ellos/as	....	....	....	....	....

4 **Lo que hacía antes** Complete the sentences with the verbs from the list.

| cocinaba | estaba | gustaba | hablaba | leía | tenía | viajaba | vivía |

1. Antes no .... español y no me .... Shakira.

2. Antes .... en autobús y .... muchos libros.

3. Antes .... con mis padres y no .... nunca.

4. Antes .... soltera y .... mucho tiempo libre.

5 **De vacaciones** Choose the verb that best completes each sentence and write the appropriate form of the imperfect.

Cuando (1) ....*éramos*.... (ser/estar) pequeños, mis hermanos y yo (2) .... (vivir/ir) de vacaciones al pueblo de mis abuelos. Allí (3) .... (tener/hacer) muchas cosas: (4) .... (nadar/vender) en el río, (5).................... (jugar/comer) en la plaza con los niños del pueblo y (6) .... (compartir/estudiar) nuestros juguetes con ellos. A mí me (7) .... (querer/gustar) mucho leer cómics después de comer, ¡(8) .... (ser/estar) la hora de la siesta y yo no (9) .... (poder/tener) salir!

6 **La vida de Pedro** Read the notes, then write sentences comparing Pedro's life now and then using **ahora** and **antes**.

A LOS 21 AÑOS
- estudiar Ingeniería
- ir a discotecas
- comer carne
- dormir mucho

A LOS 67 AÑOS
- aconsejar a empresarios
- ir al teatro
- ser vegetariano
- levantarse temprano

Pedro antes estudiaba Ingeniería, y ahora...

....

....

....

....

....

....

....

7 **La chica y su abuela** Listen to the conversation between a girl and her grandmother and indicate whether each statement is true (**verdadero**) or false (**falso**).

Verdadero   Falso

○   ○   1. Las mujeres trabajaban mucho fuera de la casa.

○   ○   2. Las mujeres se preocupaban porque no sabían qué hacer.

○   ○   3. Las mujeres tenían pocos electrodomésticos.

○   ○   4. Las mujeres escuchaban la radio.

○   ○   5. Las mujeres podían conducir, pero no era común.

8 Familia y trabajo Look at the photographs. In your opinion, what was life like in the past and what is it like now in terms of family and work?

FAMILIA   TRABAJO

Antes ....   Antes ....

....

Ahora ....   Ahora ....

....

9 En la infancia Describe how you are different now from when you were a child (physical appearance, studies, interests, personality). You can use these words and expressions as a guide.

escuela primaria	pasatiempo	ir a
estudiar	pelo	jugar al fútbol
hacer la tarea	responsabilidad	jugar con amigos
tener clases de	simpático/a	salir en bicicleta

....

....

....

....

....

Lectura

10 Recuerdos de infancia Read these paragraphs describing childhood activities a few years ago and fifty years ago. Then write two similarities and two differences.

ERNESTO: Crecí en los años 60 y tenía muchos hermanos. Recuerdo que de pequeños jugábamos al fútbol en la calle. También salíamos en bicicleta después de la escuela. Si teníamos que hacer una investigación para la escuela, íbamos a la biblioteca del barrio. Íbamos solos porque no había muchos coches. A la noche nuestras madres nos llamaban para la cena y volvíamos a casa. Después de la cena, leíamos algún libro y nos acostábamos temprano.

MARTÍN: Nací en 1990 y antes de empezar la escuela, ya me gustaba jugar con la computadora. Con mis compañeros de la escuela primaria, nos reuníamos después de clases para jugar con la *play station*. Si teníamos que hacer una investigación, en general navegábamos por Internet. A veces, también íbamos a jugar al fútbol al club. No jugábamos solos en la calle porque a nuestros padres no les gustaba.

....

....

....

....

Segunda juventud
Vocabulario

(11) La intrusa Circle the word that does not belong in each series.

1. mochila / concierto / carpa / campamento
2. pequeño / escuela primaria / infancia / charla
3. egresar / ahora / antes / época
4. promoción / egresar / canal / escuela primaria
5. divertido / reencontrar / aventurero / activo
6. guapa / TV / canal / programa

(12) Programas favoritos What kind of programs are the favorite of each TV viewer? Use words from the list.

> deportes   informativos   música   política   sociedad   viajes

1. DIANA: Miro la televisión para estar informada sobre la actualidad y la política.

   ....

2. RODOLFO: A mí me gusta ver los partidos de fútbol y los programas relacionados.

   ....

3. DARÍO: Me gustan los programas que muestran lugares y culturas interesantes.

   ....

4. LORENA: Me encantan los programas que pasan conciertos y documentales de músicos.

   ....

5. OSVALDO: Me gustan los programas en los que se debaten temas de actualidad.

   ....

(13) ¿Verdadero o falso? Listen to the conversation and indicate whether each statement is true (**verdadero**) or false (**falso**).

Verdadero	Falso	
○	○	1. Hay dos películas que no vieron.
○	○	2. Hay algunos conciertos en la programación.
○	○	3. A Jorge no le gustan las series.
○	○	4. Jorge quiere ver un documental.
○	○	5. A Mara le gustan los programas de viajes.

Gramática funcional

(14) Con la ministra Complete this political debate from *Somos todo oídos* with **algún, alguna, ningún,** and **ninguna**.

• Señora Ministra, antes de terminar el debate, ¿quiere añadir (1) .... cosa?

• Sí, quiero decir que si hemos tenido (2) .... dificultad de comunicación con el Partido Verde, en (3) .... caso ha sido debido a nuestro equipo, que siempre está abierto al diálogo.

• Gracias. Si (4) .... persona tiene (5) .... pregunta o (6) .... comentario, puede hacerlo ahora. Si no hay (7) .... pregunta más, terminamos el debate de hoy.

15 **Negativas** Rewrite the sentences in the negative form.

1. Hay algún programa interesante. .... *No hay ningún programa interesante.*

2. ¿Quieres ver alguna película? ....

3. Tú ya conocías a algunos. ....

4. ¿Te gustaba alguna canción? ....

5. Quería ver algún documental. ....

6. Hice algunos viajes interesantes. ....

7. Aquí hay algún error. ....

8. ¿Has leído alguna noticia sobre las elecciones? ....

16 **¿Algún, algunos?** Complete the questions below using **algún, alguno/a, ningún, la más**, and **la menos**; then answer them.

Canciones en Internet – Las más escuchadas de 1960 a 1980

1. *A hard day's night*, The Beatles (pop)
2. *Gracias a la vida*, Violeta Parra (cantautora)
3. *Manuela*, Julio Iglesias (canción melódica)
4. *Sueños de luna*, Celia Cruz (salsa)
5. *Monkey man,* The Rolling Stones (rock)

❯ Escuchar   ✉ Enviar   ⁝ Compartir

Comentarios:

Javier_65: ¡La 2 es la más interesante! ¡Y esa cantante era la mejor! ¡Me encantaba!

Ana_Lima: El mejor: Julio Iglesias. Y la más aburrida: la 5, ¡era horrible!

Luis24: ¿No hay ninguna canción de jazz?

---

1. ¿Hay .... canción de rock? ....

2. ¿Hay .... grupo? ....

3. De los artistas, ¿a Javier le gusta .... ? ....

4. ¿No hay .... grupo latino? ....

5. ¿Le gusta a Ana .... cantante? ....

17 **No me gusta ninguno** Listen to the sentences and complete them with the appropriate word. Then, listen to the correct answer and repeat after the speaker.

🔊

MODELO	*You hear:*	No me gusta .... programa en la tele.
	You see:	alguno/ningún
	You say:	No me gusta ningún programa en la tele.

1. algún/ningún
2. alguno/algún
3. ninguna/alguna
4. ninguna/alguna
5. algún/ninguno

18 **Canciones y artistas** En tu opinión, ¿cuáles son las mejores canciones de los últimos años? ¿Y las peores? ¿Quiénes son los mejores y peores artistas?

....

....

....

19 **Algunos de tus gustos** Write the answers to the questions using **el**, **la**, **los**, **las**, **más**, and **menos**.

1. • ¿Qué programas de televisión prefieres?

   ▪ (interesantes) Los documentales son *los más interesantes*

2. • ¿Qué canciones te gustaban de joven?

   ▪ (divertidas) Las canciones pop eran ....

3. • ¿Qué libros lees menos?

   ▪ (útil) Pues… ¡los de ciencia ficción! Son ....

4. • ¿Qué deporte practicas en tu tiempo libre?

   ▪ (completo) El fútbol, ¡es ....!

5. • ¿Qué clase te gustaba menos en el colegio?

   ▪ (interesante) ¡Filosofía! Era ....

20 **¡Es la mejor!** Listen to the sentences and respond to them using the superlative. Then, listen to the correct answer and repeat after the speaker. (6 items)

MODELO	*You hear:* Este programa es bueno.
	You say: ¡Este programa es el mejor!

Lectura

21 **Programación** Look at the TV listings and select the news programs. Then complete the listings with these types of programs.

tv8	Lunes, 15 de agosto	
Hora	**Programa**	**Tipo**
06:00	Telediario 1	Informativo
08:30	Las noticias de hoy	....
09:00	¡Ya es lunes!	Magacín
13:00	Personas	Tertulia
14:30	Telediario 2	Informativo
15:30	Perdidos en el espacio	....
17:00	Conciertos tv8	....
19:00	España verde	....
20:30	Telediario 3	Informativo
21:30	Fútbol	....
23:00	¿Usted qué opina?	....

debate	documental	musical
deportes	informativo	serie

Luis Soriano, creador del Biblioburro

22 **En, con o como** Complete the sentences with **en, con**, or **como**.

1. Nosotros llevamos tres años .... el pueblo de mis tíos.

2. Luisa y Manuel solo llevan un mes .... profesores en ese instituto.

3. ¿Vosotros lleváis diez años .... el fútbol? ¡Increíble!

4. Su mujer lleva un año .... directora del departamento de publicidad.

5. Llevo dos semanas .... La Palma, ¡es precioso!

23 **Llevo dos semanas** Write sentences with the information provided, **llevar** + [*amount of time*], and the correct preposition.

1. Perú / 2 años: Ella *lleva dos años en Perú.* ....

2. fotografía / un mes: Yo ....

3. administrativo / 2 semanas: Mis amigos ....

4. tango / 5 años: Ellas ....

5. camping / diez días: Tú ....

24 **Biblioburro** Read the information about Luis Soriano and write sentences about him using **llevar**.

Maestro de escuela: desde hace 30 años
Biblioburro: desde hace más de 20 años
Empezar a ser bibliotecario en Santa Marta: hace 14 años
Colombia: toda la vida
Entrevistas en televisión: desde hace 3 años

Lleva 30 años como maestro de escuela. ....
....
....
....
....

25 **Conversación** Listen to the conversation and indicate whether each statement is true (**verdadero**) or false (**falso**).

Verdadero   Falso

○   ○   1. Ramón es un vecino del maestro Soriano.

○   ○   2. Cuando conoció al maestro Soriano, Ramón pensó que los libros eran aburridos.

○   ○   3. Cuando llega a la vereda de Ramón, el maestro Soriano reúne a los niños bajo un árbol.

○   ○   4. El maestro Soriano sólo habla sobre literatura con los lectores del biblioburro.

○   ○   5. A los padres de Ramón les parece mal leer cuentos.

○   ○   6. La familia de Ramón lee los libros del maestro Soriano después de la cena.

Lectura

26   **Jubilados voluntarios**   Read the article and answer the questions to summarize the main ideas.

JUBILADOS VOLUNTARIOS

El Programa de Asesores° Senior es un programa chileno de voluntariado° dirigido a profesores jubilados que ayudan a escolares° en sus domicilios.

El programa, que lleva más de diez años, está auspiciado° por el FOSIS (Fondo° de Solidaridad e Inversión° Social) y el SENAMA (Servicio Nacional del Adulto Mayor), y está orientado a los niños del Programa Puente Chile Solidario.

Los profesores jubilados participan voluntariamente para ofrecer ayuda escolar personalizada una vez a la semana a dos niños de familias en situación de pobreza°, especialmente en gramática y literatura, matemáticas e inglés. El programa fomenta° la creación de rutinas de estudio.

Los profesores participantes señalan que las condiciones son favorables, ya que antes trabajaban con clases de muchos niños, pero ahora lo hacen en forma individual y una hora por semana con cada uno de sus dos alumnos. Destacan que es gratificante para ellos sentirse útiles y ver el progreso de los niños. Asimismo, destacan que esta experiencia contribuye° a la integración y reconocimiento° social a los adultos mayores.

El programa recibió el Premio Infanta Cristina en el año 2009 del Instituto de Mayores y Servicios Sociales de España por promover° el envejecimiento° activo y la participación social, además de la integración de la sociedad.

---

1. ¿Quiénes pueden ser voluntarios del Programa de Asesores Senior?
....

2. ¿A qué niños está dirigido el programa?
....
....

3. ¿Cuáles son los objetivos del programa?
....
....
....
....

4. ¿Cuáles son los beneficios para los voluntarios?
....
....
....

5. ¿Qué premio recibió el programa? ¿Por qué?
....
....
....
....
....

---

asesores *counselors* **voluntariado** *volunteering* **escolares** *schoolchildren* **auspiciado** *sponsored* **fondo** *fund* **inversión** *investment* **pobreza** *poverty* **fomenta** *encourages* **contribuye** *contributes* **reconocimiento** *recognition* **promover** *to promote* **envejecimiento** *ageing*

Composición

La programación de televisión Write an entry in a blog about the kinds of programs being shown on television and what you'd like to see more and less of.

PREPARACIÓN

While preparing your composition, think about the offerings on TV. Are there too many of one kind of program, and not enough of another? Is there a kind of program that you'd like to see, but that is not being offered? What are your preferences?

COMPOSICIÓN

Use these words and expressions as a guide.

algún	el/la mejor	canal	cocina política
alguno/a	el/la peor	medios de	deportes pronóstico
ningún	el/la más	comunicación	educación serie
ninguno/a	el/la menos	televidente	hogar sociedad
			informativo tertulia
			magacín

....

....

....

....

....

....

....

....

....

....

....

....

....

....

Vocabulario

Escuchar y repetir You will now hear the vocabulary found in your textbook on the last page of this lesson. Listen and repeat each Spanish word or phrase after the speaker.

Diario de aprendizaje

29 **Evaluar** Assess what you have learned in this lesson.

| Escuchar | 😃😃😃 | 😃😃 | 😞 |

Entiendo conversaciones y diálogos sencillos sobre los recuerdos del pasado, por ejemplo, de programas de radio y televisión.

| Leer | 😃😃😃 | 😃😃 | 😞 |

Entiendo información específica en anuncios de periódico sencillos y textos literarios breves.

| Hablar | 😃😃😃 | 😃😃 | 😞 |

Puedo describir hábitos en el pasado y compararlos con el presente, y expresar preferencias.

| Interactuar | 😃😃😃 | 😃😃 | 😞 |

Puedo comunicarme en intercambios sencillos sobre situaciones del pasado.

| Escribir | 😃😃😃 | 😃😃 | 😞 |

Puedo escribir una reseña.

30 **Anotar** Write down words or phrases, grammatical structures, and cultural information that you have learned in this lesson.

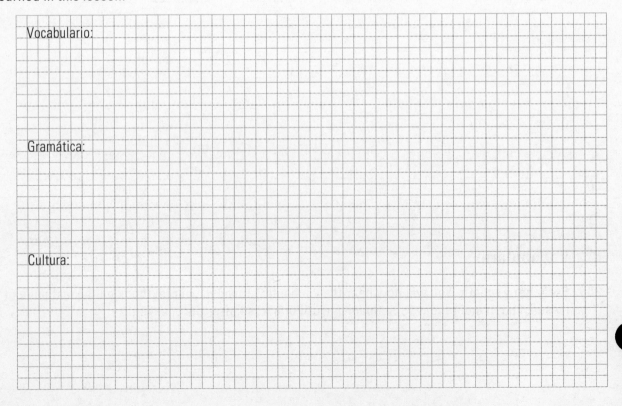

Vocabulario:

Gramática:

Cultura:

HISTORIAS DE LA CALLE

Caras del barrio
Vocabulario

1 **Tienda y tendero** Complete the series with the name of the store and/or the name of the related occupation.

1. pan → *panadería* → *panadero/a*
2. periódico → .... → *quiosquero/a*
3. flores → .... → *florista*
4. fruta → .... → *frutero/a*

5. lotería → .... → ....
6. mensaje/paquete → .... → *mensajero/a*
7. juguete → .... → *juguetero/a*
8. libro → .... → *librero/a*

2 **Producto y tienda** Match the amounts with the products and write the name of the store where you can buy them.

| un | (ramo) caja | de | manzanas   flores |
| una | bolsa | | tarjetas de felicitación |

1. .... *un ramo de flores* .... Establecimiento: .... *floristería* ....
2. .... Establecimiento: ....
3. .... Establecimiento: ....

3 **Indicaciones** Look at the images and write sentences giving directions.

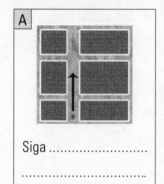

A

Siga ....
....

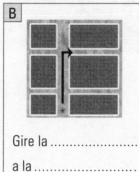

B

Gire la ....
a la ....

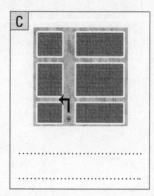

C

....
....

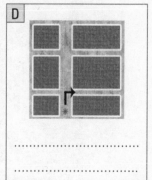

D

....
....

4 **¿Verdadero o falso?** Listen to the conversations and indicate whether each statement is true (**verdadero**) or false (**falso**).

Verdadero	Falso	
○	○	1. La mujer quiere saber dónde está el cine.
○	○	2. La floristería está enfrente del quiosco.
○	○	3. La muchacha (*young woman*) está buscando un locutorio.
○	○	4. El locutorio está a la izquierda de la avenida principal.
○	○	5. El muchacho (*young man*) busca una panadería.
○	○	6. La panadería está frente a la parada del autobús 505.

Gramática funcional

5 **Características** Match elements from both columns to form logical sentences.

1. El de la librería ....
2. La de la floristería Tulipán ....
3. El que cocina en el bar Paquita ....
4. La que trabaja en la peluquería ....
5. Los que tienen el restaurante La Habana ....
6. Los de la panadería La Violeta ....

a. son cubanos, de Santiago de Cuba.
b. hacen muchos tipos de pan.
c. vende plantas bonitas.
d. lee mucho.
e. se llama Carmen y es muy creativa.
f. hace unas tapas muy ricas.

6 **El de la tienda** Complete the text with **el/la/los/las + de/del/que**.

¡En mi calle hay mucha gente interesante! Todos los días hablo con Julián, (1) .... quiosco, y veo a Susana, (2) .... vende lotería. Cuando paso al lado de Alberto, (3) .... tiene la frutería, me saluda y me pregunta qué tal estoy, ¡es muy amable! Con él siempre está Lucía, (4) .... la librería, ¡es una chica muy bonita! Tomás y Gonzalo son (5) .... locutorio; son colombianos, y son amigos de Felisa y Julia, (6) .... trabajan en el café. ¡Todo el mundo se conoce!

7 **Según el mapa** Look at the map. Locate the starting point and then write directions for how to get to the bakery.

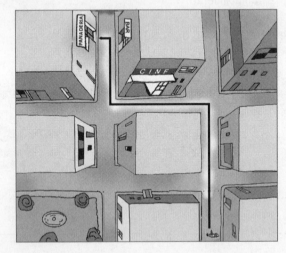

● Perdone, ¿hay una panadería cerca?

■ Sí, ...
....
....
....
....
....
....

8 **Imperativos** Rewrite the sentences, changing the formal imperative to the informal, or vice versa.

1. Perdona, ¿sabes dónde está el estanco? .... *Perdone, ¿sabe dónde está el estanco?*

2. Toma esta calle y sigue todo recto. ....

3. Gire a la izquierda y vaya hasta la calle Mayor. ....

4. Recorra toda la avenida y antes de la plaza está el supermercado. ....
....

5. Tome la primera a la derecha y siga todo recto. ....

6. Ve hasta la plaza y gira a la izquierda. ....

9 **Descripciones** Look at the image, listen to the descriptions, and complete the sentences. Then, identify who is who in the picture based on the descriptions you completed.

Esta es una foto del concurso de caras más populares del barrio. (1) .... está a la izquierda es el de la pescadería. (2) .... está a su lado es la peluquera, la que lleva la camisa blanca. (3) .... delante son los panaderos, los que tienen la panadería La Violeta. (4) .... está a la derecha de la peluquera es el cocinero del bar Paquita. La que está delante del cocinero es (5) .... la floristería Tulipán. (6) .... están delante, entre los de la panadería y la de la floristería son los del restaurante La Habana.

```
1  ┌──────────────────────────┐         ┌──────────────────────────┐  4
   │  el de la pescadería       │         │  ......................  │
   └──────────────────────────┘         └──────────────────────────┘

2  ┌──────────────────────────┐         ┌──────────────────────────┐  5
   │  ......................   │         │  ......................  │
   └──────────────────────────┘         └──────────────────────────┘

3  ┌──────────────────────────┐         ┌──────────────────────────┐  6
   │  ......................   │         │  ......................  │
   └──────────────────────────┘         └──────────────────────────┘
```

Lectura

10

Plano turístico Look at this brochure of Mérida (Spain). Then, complete the sentences and answer the questions.

Librerías, museos, restaurantes, cines…
Mérida: una ciudad de arte y cultura.
Vaya al río Guadiana, ¡toda una experiencia!

Mérida romana
1 Puente° romano
2 Área arqueológica
3 Teatro y anfiteatro
4 Circo
5 Templo de Diana

Museos
6 Museo de Geología e Historia
7 Museo abierto de Mérida

Servicios
P Parking público
H Hotel
R Restaurante típico
+ Hospital

1. El teatro está .... del anfiteatro.

2. El Templo de Diana está a la .... del Museo abierto.

3. Al final del puente hay un ....

4. Hay un hospital .... circo.

5. Indique cómo ir del puente romano al restaurante típico más cercano:
   ....
   ....

6. ¿Qué monumento de Mérida quiere visitar?
   ....
   ....

7. Elija un restaurante para ir a comer. ¿Dónde está?
   ....
   ....

puente *bridge*

Anécdotas
Vocabulario

11 **Algunas anécdotas** Complete the sentences with expressions from the list.

de repente   el otro día   entonces   una vez

1. • ¿Qué tal fue el día de tu cumpleaños?

   ■ Pues llegué a casa y ¡.. estaban allí todos mis amigos! ¡Era una fiesta sorpresa!

2. Yo ...., hace mucho tiempo, ¡me encontré en la calle un billete de 100 euros!

3. ¡.. vi en la calle a mi actor favorito! ¡Estaba grabando una escena de una película!

4. Llegaba tarde al trabajo y salí rápido a la calle. .... una persona me señaló: ¡yo todavía llevaba el pijama!

12 **Seleccionar** Choose the correct word to complete the expressions.

1. **Participar/Jugar** en un concurso
2. **Encontrar/Ganar** un premio
3. **Tocar/Comprar** billetes de lotería
4. **Rodar/Estar** la escena de una película

13 **¡No me digas!** Listen to the anecdotes and choose the appropriate response. Then, listen to the correct answer and repeat after the speaker.

MODELO	*You hear:* ¡Gané la lotería!
	You see: ¿Qué te pasó?/¿De verdad?
	You say: ¿De verdad?

1. No, ¿qué te pasó?/¡No me digas!
2. ¡Increíble!/¿Y qué pasó?
3. ¡No me digas!/¡Qué mala suerte!
4. ¡Qué suerte!/¿De verdad?
5. ¿Qué te pasó?/¡Qué suerte!

Gramática funcional

14 **Imperfecto e indefinido** Complete the table with the correct form of the verbs.

	Imperfecto	Indefinido
(ser, yo)	*era*	*fui*
(hacer, él)	....	....
(mirar, tú)	....	....
(dormir, nosotros)	....	....
(ir, ustedes)	....	....

15 **Situación y acción** Complete the description using the preterite or the imperfect of the verbs.

SITUACIÓN

El otro día yo (1) .... (estar) en la playa,
(2) .... (haber) muchas familias con niños,
(3) .... (ser) un día típico de sol en el Caribe,
de repente...

ACCIÓN

(4) .... (empezar) a llover y toda la gente
(5) .... (recoger) sus cosas y (6) ....
(desaparecer) de la playa. Diez minutos después
(7) .... (salir) el sol otra vez.

16 **En la parada de autobús** Write the correct form of each verb to complete the paragraph.

El otro día yo (1) .... (estar) en una parada de autobús, (2) .... (ser) las tres de la tarde, el
autobús 502 no (3) .... (pasar), yo (4) .... (estar) muy cansada y, de repente, (5) ....
(parar) un coche negro muy elegante, se (6) .... (abrir) la ventanilla y una señora me (7) ....
(preguntar) por mi calle y me (8) .... (llevar) allí. ¡Increíble!

Un correo electrónico Complete the e-mail with the verbs from the list in the preterite or the imperfect.

17

estar	pasar
haber	recoger
llamar	ser (x2)
llegar	ver
mirar (x2)	

¡Hola, Teresa!

El lunes (1) .... de Buenos Aires, pero mi maleta no. ¿Sabes qué
(2) ....? (3) .... en el aeropuerto y no (4) .... la maleta por
ninguna parte. De repente, (5) .... a la derecha: ¡(6) .... una maleta
exactamente como la mía! La (7) .... pero no (8) .... la mía,
(9) .... de otra persona, ¡increíble! Todo el mundo me (10) .... ¡qué
horror! Ayer (11) .... la compañía aérea: esperan encontrarla pronto. ¡Qué
mala suerte!

18 **¿Sabes qué?** Complete the conversations with **¿sabes qué?, ¡anda ya!, ¿y qué pasó?** or **¿de verdad?**
according to the instructions in parentheses.

A
- Ayer vi en la panadería del barrio a Pedro Almodóvar.
  - (*Exprese sorpresa*) (1) ....
    ....

B
- (*Introduzca una anécdota*) (1) ....
  El otro día me encontré un perro perdido en la calle.
  - (*Solicite la continuidad del relato*) (2) ....
    ....
- Lo llevé al veterinario y encontramos al dueño.
  - (*Exprese sorpresa*) (3) ....,
    ¡qué suerte!

19 **¿Indefinido o imperfecto?** Preterite or imperfect? Write the correct form of the verbs. Then put the conversation in order.

> • No, ¿qué te ....(pasar)?

> • ¡........................(volver) a casa y ....(acostarse)!

> • ....(despertarse, yo) a las diez y ....(salir) rápido de casa porque ....(llegar) muy tarde al trabajo. En el metro no ....(haber) mucha gente, y las tiendas no ....(estar) abiertas... (Ir, yo) .... al quiosco, ...(comprar) el periódico y, de repente, ...(ver) la fecha: ¡........................(ser) domingo!

> **1** • ¿Sabéis qué me ...._pasó_........ (pasar) una vez?

> • ¡Anda ya! ¿Y qué .... (hacer, tú)?

20 **Una anécdota interesante** Listen to the anecdote and indicate whether each statement is true (**verdadero**) or false (**falso**).

Verdadero	Falso	
○	○	1. La anécdota ocurre un día de sol.
○	○	2. Silvia no pudo abrir la puerta del carro.
○	○	3. Silvia vio unos paquetes en el interior del carro.
○	○	4. Silvia robó un carro.
○	○	5. Los dos carros eran iguales.

Lectura

21 **Fiestas de barrio** Read this program for a local festival and answer the questions.

ASOCIACIÓN DE VECINOS "NUESTRO BARRIO"
Programa de fiestas, 17–19 julio

viernes 17
20:00 h Teatro infantil en Librería Letras ✓
21:00 h Cena popular en Bar José Luis
23:00 h Concurso de cortos en Cine Estrellas
sábado 18
17:00 h Campeonato de karate en Gimnasio Músculos
18:00 h Chocolate con churros en Café Amigos
domingo 19
14:00 h Paella gigante delante de la panadería Rico Pan
18:00 h Entrega de premios

¿Qué premios entregan el domingo?
....
....
....

Lea el texto y marque en la programación las actividades a las que fue Gabriel.

El viernes llevé a los niños a la librería, luego estuve con José Luis, el del bar, y el sábado comí algo con Laura. El domingo comí con Mónica, la que trabaja en la panadería.

Lola, la del quiosco del barrio

22 Empezar Complete each sentence with **empezar a** in the present or the preterite and a verb from the list.

estudiar
ir
trabajar
viajar

1. Lola .... sola en el quiosco hace cinco años.

2. ¿Cuándo .... español? ¡Hablas muy bien!

3. Nosotros .... a Ecuador en 2001.

4. Esta tarde yo .... a clases de tango.

23 Para narrar una anécdota Which expressions do you use...?

¿Sabes qué...?	¿Ah, sí?	¿Y qué te pasó?	¡Anda ya!
¿Y qué pasó?	¿De verdad?	¿Saben qué....?	¡Increíble!

1. Para introducir una anécdota: ....

2. Para solicitar la continuación del relato: ....

3. Para expresar escepticismo (*skepticism*) o sorpresa: ....

24 Conversaciones Complete the conversations.

1 ¿ ....
....?

2 Empecé a participar en la asociación de vecinos hace un año.

3 ¿ Cuándo empezáis a estudiar para el examen?

4 ....
.... esta tarde.

25 Artículo de noticias Put the parts of this news article in order. Which prohibitions do some cities have? Identify them in the text and write them down.

A Periódicos como *Qué, Metro, 20 minutos* actualmente son una competencia para la prensa tradicional, por eso,

C En el año 2000 llegaron los periódicos gratuitos a España.

B y han fijado° el horario de reparto de 7:00 a 11:00 h de la mañana.

D algunos ayuntamientos como el de Madrid, Sevilla o Zaragoza han prohibido el reparto° de periódicos gratuitos a menos de 50 metros de los quioscos

han fijado *have set* reparto *distribution*

....
....
....

Lectura

26 **¿El fin de las tiendas de barrio?** Read the article and answer the questions.

¿EL FIN DE LAS TIENDAS DE BARRIO?

Los grandes supermercados representan el 60% de los negocios de alimentación.

La aparición de nuevos supermercados y los cambios de hábitos en la sociedad son la causa del cierre° de un gran número de pequeños negocios familiares. Los sectores más afectados son las tiendas de alimentación, jugueterías y papelerías.

Jacinta Domínguez tiene 84 años. Cuando era joven no había supermercados y las mujeres no trabajaban fuera de casa. Jacinta visitaba casi todos los días a Enrique, el de la tienda de alimentación. La nieta de Jacinta se llama Irene y tiene 32 años. La semana pasada hizo las compras un domingo por la noche en un centro comercial de las afueras de su ciudad.

Este ejemplo muestra el cambio de costumbres° en solo dos generaciones. ¿Hacer las compras un domingo por la noche? Antes era imposible, pero ahora muchos centros comerciales tienen supermercados y ofrecen a sus clientes amplios° horarios.

Hacer las compras puede ser también una actividad de ocio por las tiendas o bares que hay junto al supermercado, y mucha gente aprovecha°, por ejemplo, para comer o ir al cine. Además de los horarios, las tiendas de barrio no pueden competir en precios con los grandes supermercados.

¿Qué pueden ofrecer los establecimientos del barrio?

Se puede encontrar productos muy específicos, difíciles de comprar en otro lugar. Muchas veces las familias compran en el supermercado los productos básicos, y los productos frescos, como la carne, el pescado o la fruta, los compran en las tiendas del barrio. Por último, una de las mayores ventajas de las tiendas es la cercanía en el trato al cliente, algo imposible de encontrar en un gran supermercado.

cierre *closure* costumbres *habits* amplios *extended* aprovecha *take the opportunity*

1. ¿Por qué cierran muchas tiendas de barrio?

   ....

   ....

2. ¿Qué diferencias señala el texto entre los supermercados y las tiendas de barrio?

   ....

   ....

3. Anote qué productos se compran en el barrio y cuáles en los supermercados.

   ....

4. ¿Usted qué prefiere: comprar en los supermercados o en las tiendas de barrio? ¿Por qué?

   ....

Composición

Contar anécdotas Write an e-mail to a friend telling him/her a funny or incredible anecdote.

(27) **PREPARACIÓN**

When telling an anecdote, you usually start by describing an ordinary situation in your life, and then you tell about something unexpected. Remember to describe the situation in the imperfect and then use the preterite to narrate the action.

COMPOSICIÓN

Write your e-mail message. Here are some useful words and expressions.

de repente	empezar a	hace + [*time expression*]	una vez
el otro día	entonces	la semana pasada	

....

....

....

....

....

....

....

....

....

....

....

....

....

....

....

....

Vocabulario

(28) **Escuchar y repetir** You will now hear the vocabulary found in your textbook on the last page of this lesson. Listen and repeat each Spanish word or phrase after the speaker.

Diario de aprendizaje

29 **Evaluar** Assess what you have learned in this lesson.

Escuchar	😃😃😃	😃😃	😦

Entiendo indicaciones de dirección y el significado de anécdotas breves.

Leer	😃😃😃	😃😃	😦

Entiendo información sobre las secciones de un periódico y entrevistas escritas.

Hablar	😃😃😃	😃😃	😦

Puedo indicar cómo llegar a un lugar y contar anécdotas breves.

Interactuar	😃😃😃	😃😃	😦

Puedo indicar y entender direcciones sencillas en la calle, contar anécdotas breves y reaccionar a lo que se cuenta.

Escribir	😃😃😃	😃😃	😦

Puedo redactar un texto de opinión sobre la prensa escrita.

30 **Anotar** Write down words or phrases, grammatical structures, and cultural information that you have learned in this lesson.

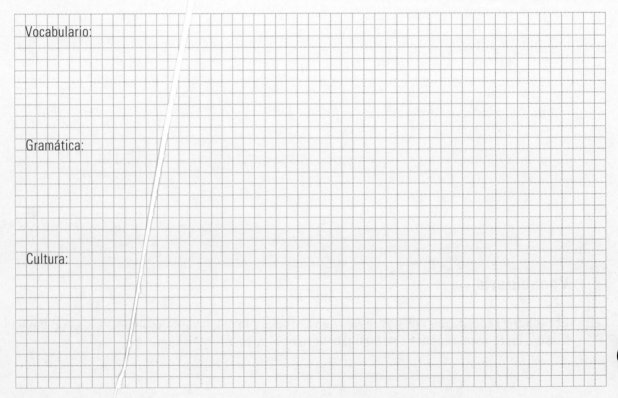

Vocabulario:

Gramática:

Cultura:

Read the dialogues and select the correct answer.

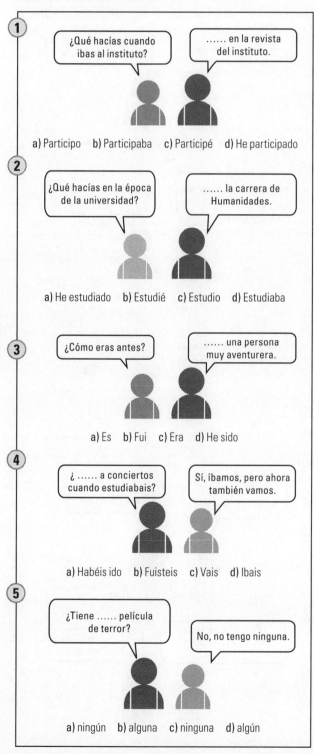

1
¿Qué hacías cuando ibas al instituto?

...... en la revista del instituto.

a) Participo   b) Participaba   c) Participé   d) He participado

2
¿Qué hacías en la época de la universidad?

...... la carrera de Humanidades.

a) He estudiado   b) Estudié   c) Estudio   d) Estudiaba

3
¿Cómo eras antes?

...... una persona muy aventurera.

a) Es   b) Fui   c) Era   d) He sido

4
¿ ...... a conciertos cuando estudiabais?

Sí, íbamos, pero ahora también vamos.

a) Habéis ido   b) Fuisteis   c) Vais   d) Ibais

5
¿Tiene ...... película de terror?

No, no tengo ninguna.

a) ningún   b) alguna   c) ninguna   d) algún

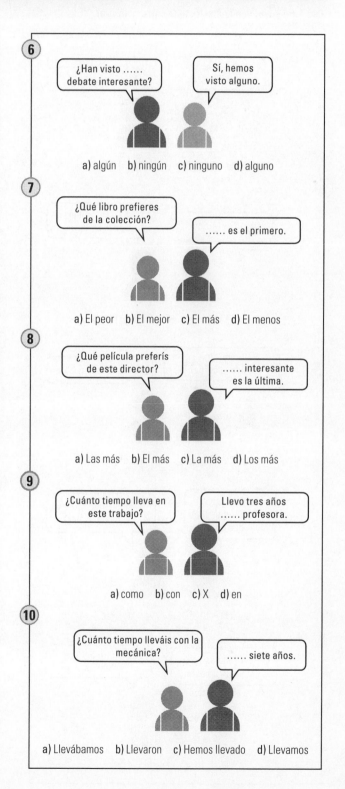

6
¿Han visto ...... debate interesante?

Sí, hemos visto alguno.

a) algún   b) ningún   c) ninguno   d) alguno

7
¿Qué libro prefieres de la colección?

...... es el primero.

a) El peor   b) El mejor   c) El más   d) El menos

8
¿Qué película preferís de este director?

...... interesante es la última.

a) Las más   b) El más   c) La más   d) Los más

9
¿Cuánto tiempo lleva en este trabajo?

Llevo tres años ...... profesora.

a) como   b) con   c) X   d) en

10
¿Cuánto tiempo lleváis con la mecánica?

...... siete años.

a) Llevábamos   b) Llevaron   c) Hemos llevado   d) Llevamos

Answer key: 1. b 2. d 3. c 4. a 5. d 6. a 7. b 8. c 9. a 10. d

Read the dialogues and select the correct answer.

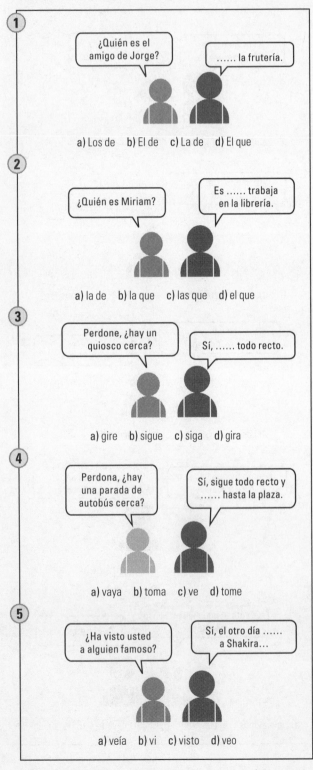

1

¿Quién es el amigo de Jorge?

...... la frutería.

a) Los de   b) El de   c) La de   d) El que

2

¿Quién es Miriam?

Es ...... trabaja en la librería.

a) la de   b) la que   c) las que   d) el que

3

Perdone, ¿hay un quiosco cerca?

Sí, ... todo recto.

a) gire   b) sigue   c) siga   d) gira

4

Perdona, ¿hay una parada de autobús cerca?

Sí, sigue todo recto y ...... hasta la plaza.

a) vaya   b) toma   c) ve   d) tome

5

¿Ha visto usted a alguien famoso?

Sí, el otro día ...... a Shakira...

a) veía   b) vi   c) visto   d) veo

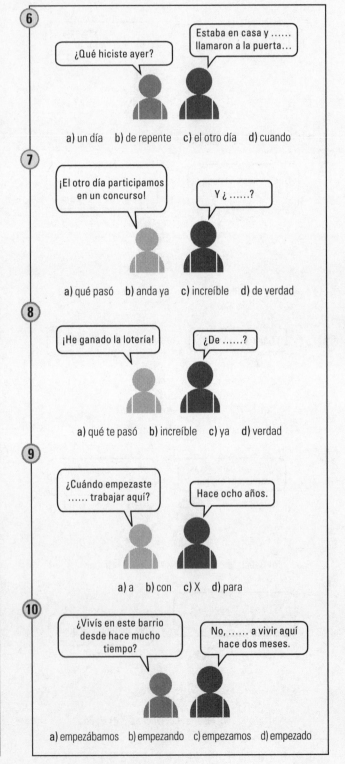

6

¿Qué hiciste ayer?

Estaba en casa y ...... llamaron a la puerta...

a) un día   b) de repente   c) el otro día   d) cuando

7

¡El otro día participamos en un concurso!

Y ¿ ......?

a) qué pasó   b) anda ya   c) increíble   d) de verdad

8

¡He ganado la lotería!

¿De ......?

a) qué te pasó   b) increíble   c) ya   d) verdad

9

¿Cuándo empezaste ...... trabajar aquí?

Hace ocho años.

a) a   b) con   c) X   d) para

10

¿Vivís en este barrio desde hace mucho tiempo?

No, ... a vivir aquí hace dos meses.

a) empezábamos   b) empezando   c) empezamos   d) empezado

Answer key: 1. b 2. b 3. c 4. c 5. b 6. b 7. a 8. d 9. a 10. c

AL MAL TIEMPO BUENA CARA

El tiempo y la salud
Vocabulario

1 **El tiempo en Venezuela** Look at this map of Venezuela and write what the weather is like in each region. Remember, 0 °C = 32 °F; 25 °C = 77 °F.

hace frío	está nublado	hace buen tiempo
hace calor	llueve	hace mal tiempo
hace sol	nieva	

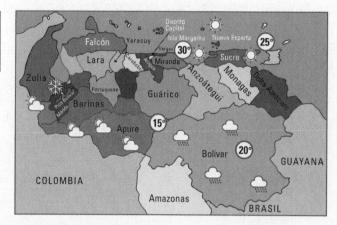

1. En Sucre ....

2. En Mérida ....

3. En Bolívar ....

4. En Apure ....

5. En Isla Margarita ....

2 **Planes** You want to make plans with a friend for tomorrow. Listen to the weather report and decide which is the best option.

1. Hacer un asado en el jardín.   ☐

2. Ir a la piscina.   ☐

3. Ir al museo a ver la exposición de Picasso.   ☐

3 **Tomar, tener, estar** Place the words in the appropriate columns.

resfriado	fiebre
enfermo	antibióticos
alergia	
leche con miel	

TOMAR	TENER	ESTAR
....	....	....
....	....	....

4 **Correo electrónico** Complete Miguel's e-mail logically with words from the list. Not all words will be used.

bien	calor	frío	montaña
cabeza	estómago	lluvia	sol

De: Miguel
Para: Andrea
Asunto: VACACIONES

¡Hola, Andrea!

Estoy de vacaciones en la (1)........................, hace (2)........................ y me duele la (3)........................

De todas formas, me encuentro (4)........................, aunque deseo volver al sur y ver el (5)........................

todas las mañanas. Me encantan los días de (6)........................ y sol.

¡Hasta pronto!

Miguel

Gramática funcional

(5) Preguntas y respuestas Listen to the questions and answer with the information provided. Then listen to the correct answer and repeat after the speaker.

> **MODELO**
> *You hear:* ¿Qué te pasa?
> *You see:* cabeza
> *You say:* Me duele la cabeza.

1. muelas
2. estómago
3. fiebre
4. resfriado/a

5. garganta
6. alergia
7. frío
8. cansado/a, calor

(6) Conversaciones Complete the conversations with the appropriate pronoun (where necessary) and the correct form of the verbs.

- Buenas tardes. ¿Qué (1)............................(pasar, usted)?

- (2)............................(encontrarse, yo) muy mal. (3)............................(estar, yo) muy cansado y también (4)............................(doler, yo) la cabeza.

- Hola, señora Castaño, ¿cómo (5)............................(encontrarse, usted) hoy?

- Un poco mejor, gracias. Ya no (6)............................(tener) fiebre, pero todavía (7)............................(estar) algo resfriada.

- Hola, Luis, ¿cómo (8)............................(encontrarse, tú)?

- Hola, Inés, pues hoy (9)............................(estar) resfriado.

- ¿(10)............................(tener, tú) fiebre?

- No, pero (11)............................(doler, yo) la garganta.

(7) Remedios What is wrong with these people? What do you do in these situations? Think of a remedy.

Le duele la cabeza. ....

Si me duele la cabeza… ....

....

....

8 **Donde el doctor** Complete this conversation with appropriate words and expressions.

DOCTOR	Señor Jiménez, ¿(1)..?
SR. JIMÉNEZ	Bastante mal, me duelen las muelas y tengo fiebre…
DOCTOR	¿Y tiene otros síntomas? ¿Le duele la cabeza o el cuerpo? ¿Está resfriado?
SR. JIMÉNEZ	Pues no, pero (2)..
DOCTOR	Sí, ya veo… ¿(3).. últimamente?
SR. JIMÉNEZ	La verdad es que no, pero tengo fiebre, ¿por qué debo ver al dentista?
DOCTOR	(4).................................... Tome estos antibióticos y consúltelo.
SR. JIMÉNEZ	De acuerdo. Muchas gracias, hasta luego.
DOCTOR	Adiós.

9 **Recomendaciones** Give advice to each person based on his/her complaints.

1. Me duele el estómago.

....

4. Me duele la cabeza.

....

2. Tengo alergia a las plantas.

....

5. Tengo fiebre.

....

3. Me duele la garganta.

....

Lectura

10 **El clima en Centroamérica** Read this excerpt from a travel guide and choose the word that best completes each sentence.

Si viaja a Centroamérica, disfrute del clima tropical y prepare sus maletas de acuerdo con la época del año. La temperatura en general es cálida°, pero recomendamos tener a mano un chubasquero° o paraguas. A pesar de que el clima es siempre muy agradable, si piensa, por ejemplo, ir a Guatemala debe saber que está en las zonas más elevadas°, por eso hace más frío.

En general no hay grandes diferencias de temperatura entre la noche y el día: hace alrededor de° 20 grados centígrados. El clima es muy húmedo y los meses más lluviosos° son agosto, septiembre y octubre. Prácticamente todos los países de Centroamérica tienen playas maravillosas. Aproveche el sol y el buen tiempo, y ¡disfrute de excursiones y de las mejores playas!

cálida *warm* chubasquero *raincoat* elevadas *high* alrededor de *about* lluviosos *rainy*

1. En Centroamérica el clima es **tropical/frío**.
2. Nos recomiendan llevar un chubasquero o paraguas porque puede **nevar/llover**.
3. En Guatemala hace más **frío/calor** porque está más alto.
4. El clima es bastante **árido/húmedo**.
5. Se puede ir a la playa porque hace **mal/buen** tiempo.

Nombre _____ **Fecha** _____

Salud, divino tesoro
Vocabulario

11 Elegir Complete the sentences with words from the list.

1. Uso los .... para escuchar música.
2. Uso la .... para tragar (*swallow*) los alimentos y las bebidas.
3. Uso las .... para tomar cosas.
4. Uso los .... para ver.
5. Uso los .... para caminar.

> garganta
> manos
> oídos
> ojos
> pies

12 Hábitos Place the following words in the appropriate categories.

> bicicleta   comida basura   ejercicio   estrés   fruta   preocupación   tabaco   tiempo libre

Saludables		No saludables	
....	....	....	....
....	....	....	....

13 Problemas y recomendaciones Listen to these people's problems and choose the appropriate piece of advice in each case. Then listen to the correct answer and repeat.

> **MODELO**
> *You hear:* Me duele la cabeza.
> *You see:* a. Tome una aspirina y duerma.
> b. Levántese temprano.
> *You say:* Tome una aspirina y duerma.

1. a. Haga natación.
   b. Desayune jugos naturales y alimentos con fibra.
2. a. Dúchate con agua fría.
   b. Trabaja menos.
3. a. Duerme más.
   b. Come muchas frutas y verduras.
4. a. Coma menos comida basura.
   b. Utilice la bicicleta para ir al trabajo.

5. a. Tome té con miel.
   b. Haga gimnasia.
6. a. Haga mucho ejercicio.
   b. Tome mucha agua.
7. a. Tome una manzanilla.
   b. Coma despacio y siempre a la misma hora.
8. a. Haz yoga.
   b. Acuéstate temprano.

14 Pidiendo recomendaciones Choose the appropriate question to ask for advice in each situation.

1. Me acuesto tarde y me duele la cabeza.
   a. ¿Por qué te acuestas tarde?
   b. ¿Qué debería hacer?
   c. ¿Tengo fiebre?

2. Me duele mucho la espalda.
   a. ¿Qué me aconseja?
   b. ¿Haz ejercicio?
   c. ¿Es un dolor muy fuerte?

3. Estoy nervioso y tenso.
   a. ¿Qué ha pasado?
   b. ¿Estás bien?
   c. ¿Qué puedo hacer?

4. Últimamente tengo muchas alergias.
   a. ¿Estoy comiendo bien?
   b. ¿Qué me aconsejas?
   c. ¿Has ido al médico?

Gramática funcional

Mandatos informales Fill in the table with the appropriate affirmative **tú** commands.

15

acostarse	levantarse	vestirse	adaptarse	quedarse	darse

16 **Otra versión** Rewrite the sentences using the **tú** command and any necessary pronouns.

1. Tienes que utilizar el cuaderno para escribir la composición.
   Utilízalo para…
   ....

2. Es mejor tomar antibióticos cuando te lo dice el médico.
   ....

3. Puedes usar mi coche si lo necesitas.
   ....

4. Tienes que probar esta tortilla, está muy buena.
   ....

5. Deberías llevar las gafas de sol porque hace sol.
   ....

17 **Estilo de vida** Your friend needs to change his/her lifestyle. Give him/her three pieces of advice using **tú** commands with pronouns and **deberías** + [*infinitive*].

comer sano	dormir ocho horas	tomar jugos naturales
disfrutar de la familia y los amigos	pasear mucho	trabajar menos

18 **Revista sobre salud** Complete these pieces of advice from a health magazine.

1. ¿Tienes una bicicleta? ....*Utilízala*............ (utilizar, tú / la bicicleta) para ir al trabajo.

2. .... (levantarse, tú) temprano y aprovecha la luz del sol. Es buena para la salud.

3. Para dormir mejor, ... (ducharse, tú) antes de acostarte.

4. Toma té y no café. .... (tomar / el té) por la mañana.

5. Si tienes estrés, ... (acostarse, tú) temprano y duerme ocho horas mínimo.

(19) Una carta Put the fragments of this letter in order.

☐ Además, después del trabajo no me puedo relajar y por las noches tengo problemas para dormir.

☐ Desde hace unos meses tengo un nuevo trabajo.

☐ Mi trabajo me gusta y mis colegas son muy simpáticos, pero estoy más de nueve horas al día en la oficina.

☐ ¿Qué me aconseja?
Atentamente, Javier Pérez

Check which pieces of advice you would give Javier, then give an additional suggestion.

☐ dormir más horas   ☐ trabajar menos horas   ☐ caminar tres horas al día

☐ tomar unas vacaciones   ☐ pasar tiempo con la familia   ☐ cambiar de trabajo

....

(20) Para Javier Use the pieces of advice from Activity 19 and **tú** commands to answer Javier's letter.

> Hola, Javier:
>
> Gracias por tu consulta. Si tienes problemas para dormir, practica deporte ....
>
> ....
>
> ....
>
> ....

(21) En el consultorio Listen to the conversation at a doctor's office and fill in the medical record.

🔊

    Síntomas: ....

    Diagnóstico: ....

    Consejos: ....

Lectura

(22) Estrés laboral Read the article about stress reduction. Then write out the suggestions using **tú** commands.

> Estudios recientes° demuestran° que el crecimiento° económico, el progreso y la estabilidad° de una empresa no dependen solamente de los medios de producción sino° también del bienestar de sus trabajadores. Entre otros, los aspectos que influyen en el estrés son: la organización, la administración y, desde luego, la calidad de las relaciones humanas.
>
> ¿Qué podemos hacer cuando sufrimos estrés en el trabajo? Usar estrategias para administrar el tiempo, priorizar los problemas, planificar técnicas de negociación, organizar las tareas, ejercitar habilidades para la toma de decisiones° y solucionar conflictos sociales para mejorar las relaciones.
>
> recientes *recent* demuestran *show* crecimiento *growth* estabilidad *stability* sino *but also* toma de decisiones *decision-making*

Usa estrategias para administrar el tiempo.
....

....

....

Add one more piece of advice to reduce stress at work.

Carlos Salazar, médico de familia en La Habana

23 Hay que... Complete each suggestion logically with **hay que** and an expression from the list.

1. Para estar en forma
   hay que hacer ejercicio.

2. Para ser un jugador de fútbol
   ....

hay que	preparar un botiquín
	estudiar en la universidad
	hacer ejercicio
	entrenar en un equipo

3. Para ser médico
   ....

4. Antes de ir de viaje
   ....

24 ¿Verdadero o falso? Listen to the interview with Ángela Ponzo and indicate whether each statement is true (**verdadero**) or false (**falso**).

Verdadero	Falso	
○	○	1. A Ángela no le gusta su trabajo.
○	○	2. Ángela piensa que su trabajo es difícil a veces porque hay que tomar decisiones rápidas.
○	○	3. Ángela ve a unos pocos pacientes por día.
○	○	4. La causa de consulta más frecuente es el dolor de estómago.
○	○	5. Ángela aconseja hacer ejercicio.

25 A un amigo Answer this letter from a friend who is traveling to Venezuela and has asked you for advice. Look at the pictures and give him/her useful recommendations. There are other suggestions on page 243 of your textbook.

Voy a Venezuela de vacaciones. Tú has estado allí. ¿Qué me aconsejas?

....
....
....
....
....
....
....
....

Lectura

26 **Turismo termal** Read the article and answer the questions to summarize the main points.

TURISMO TERMAL

El uso de aguas termales° empezó hace más de dos mil años. Los romanos empleaban el agua para tratar enfermedades y cultivar el bienestar y la belleza personal. Este es el origen de los actuales balnearios°: hoteles que tienen tratamientos° de aguas termales.

España cuenta con muchos balnearios con aguas minerales medicinales. En el siglo XIX y principios del XX eran también el destino de vacaciones de las clases privilegiadas. Actualmente, el tratamiento médico es el principal motivo de visita a los balnearios. Son el lugar ideal donde mejorar tanto la salud física como mental, y alejarse° del estrés y los problemas de un ritmo de vida demasiado rápido.

Algunos balnearios han adaptado su oferta y han renovado sus instalaciones° con la última tecnología para ofrecer los tratamientos más modernos. La oferta se ha complementado en los últimos años con diferentes tipos de actividades turísticas y de ocio para toda la familia.

En España hay más de 130 balnearios. Algunos muy reconocidos son el balneario de Lanjarón, en Granada; el balneario de Archena, en Murcia; el balneario de la Toja, en Galicia y el balneario Vichy Catalán, en Cataluña.

En Argentina, el turismo termal también ha crecido mucho últimamente. Hay una amplia variedad de balnearios termales con distintos entornos° naturales. Por ejemplo, se puede disfrutar de termas de agua salada° en la provincia de Buenos Aires, en el balneario Termas Marinas, de la ciudad de San Clemente del Tuyú. Otra posibilidad es ir a las termas ubicadas en la cordillera° de los Andes, como las termas de Copahue, en Neuquén, cerca del volcán del mismo nombre.

La provincia que más balnearios termales reúne es Entre Ríos, al norte de Buenos Aires. Estas aguas surgen° de perforaciones de más de 1000 metros de profundidad° y llegan con temperaturas de entre 40 °C y 50 °C.

1. ¿Qué son los balnearios? ¿Cuál es su origen?

....
....
....

2. ¿Cuáles eran los motivos para visitar los balnearios en el siglo pasado? ¿Y actualmente?

....
....
....

3. ¿Cuál es la oferta de los balnearios?

....
....
....

4. ¿Qué tipo de terma se ofrece en la provincia de Buenos Aires, en Argentina?

....
....

5. ¿En qué provincia argentina hay más balnearios termales? ¿Qué características tienen?

....
....
....

aguas termales _thermal springs_ **balnearios** _spas_ **tratamientos** _treatments_ **alejarse** _to get away_ **instalaciones** _facilities_ **entornos** _surroundings_
agua salada _salt water_ **cordillera** _mountain range_ **surgen** _rise_ **profundidad** _depth_

Composición

27 **Dar consejos** Post an entry to a backpacker's forum with advice for travelers who want to visit South America and go hiking.

PREPARACIÓN

Choose a place in South America and research information that would interest travelers (climate, geography, appropriate clothes, any necessary vaccines).

COMPOSICIÓN

Here are some useful words and expressions. Remember to use third person singular verbs to describe the climate, and the imperative to give advice. You can also combine the imperative with pronouns. To express obligation, use **hay que**.

hace buen/mal tiempo hace frío/calor hace...°C de temperatura/sol	deberías + [*infinitive*] hay que + [*infinitive*]

....

....

....

....

....

....

....

....

....

....

....

....

....

....

....

....

Vocabulario

28 **Escuchar y repetir** You will now hear the vocabulary found in your textbook on the last page of this lesson. Listen and repeat each Spanish word or phrase after the speaker.

Diario de aprendizaje

(29) Evaluar   Assess what you have learned in this lesson.

Escuchar		

Entiendo informaciones sencillas sobre el tiempo, enfermedades, síntomas y consejos de salud.

Leer		

Entiendo pronósticos del tiempo y su simbología, un test de salud sencillo, consultas breves de salud y un artículo periodístico breve sobre medicina.

Hablar		

Puedo hablar del tiempo atmosférico, describir síntomas y dar consejos de salud básicos.

Interactuar		

Puedo expresar síntomas, dolencias y preguntar por ellos, entender y dar consejos básicos de salud.

Escribir		

Puedo realizar una consulta por escrito a un consultorio de salud sobre un problema específico.

(30) Anotar   Write down words or phrases, grammatical structures, and cultural information that you have learned in this lesson.

Vocabulario:

Gramática:

Cultura:

Imágenes de la memoria
Vocabulario

1 **El primero de enero de 2000** Complete the sentences with appropriate words from the list.

| acontecimiento | entusiasmo | milenio | testigos |
| decisivo | generaciones | optimismo | Unión Europea |

El 1.º de enero de 2000 fue un día muy importante en todo el mundo. Todos celebramos con

(1) .... el cambio de (2) .... Fue un (3) .... único en

la historia y quienes fuimos (4) .... lo vivimos con (5) ...., esperando

un mundo mejor para las nuevas (6) .... Esta fecha también invitó a reflexionar sobre

los hechos más importantes en la historia reciente. Muchos coinciden en que la creación de la

(7) .... es un hecho (8) .... para el futuro de Europa, al igual que el

Mercosur y otras organizaciones para los países de América.

2 **Entrevista** Listen to the interview with Carmen and indicate whether each statement is true
(**verdadero**) or false (**falso**).

Verdadero **Falso**

  ○   ○   1. Carmen es española.

  ○   ○   2. Carmen cuenta sobre el bicentenario de la independencia argentina.

  ○   ○   3. Antes de 1810, Argentina era una colonia española.

  ○   ○   4. Argentina ha tenido gobiernos democráticos desde 1810.

  ○   ○   5. No ha habido dictaduras en Argentina.

  ○   ○   6. Carmen cree que la dictadura ha quedado en la historia.

3 **Escoger** Choose the word from the list that can be used with each set of verbs or expressions.

| contacto | experiencia | extranjero | noticias |

irse al →   1 ....   tener →   3 ....
ser →   ....   leer las → ....

estar en → 2 ....   en mi →   4 ....
mantener el → ....   una buena → ....

Gramática funcional

4 **Tiempos verbales** Match the descriptions with the verb tenses used to express them.

.... 1. Expresar acciones completas.   a. pretérito indefinido

.... 2. Expresar acciones pasadas conectadas con el presente.   b. pretérito imperfecto

.... 3. Describir situaciones en el pasado.   c. pretérito perfecto

5 **Tabla** Complete the table with the missing infinitives or **yo** verb forms.

INFINITIVO	● Pretérito indefinido	●⟶ Pretérito perfecto	⬭ Pretérito imperfecto
SER	....	....	....
ESTAR	estuve	....	....
....	....	he ido	....
....	....	....	venía
....	....	he hecho	....
....	tuve	....	....

6 **¿Perfecto o indefinido?** Complete the sentences with the appropriate forms of the preterite (**pretérito indefinido**) or the present perfect (**pretérito perfecto**) of the verbs.

1. Ayer Miguel .... (ir) al aeropuerto a las cinco.

2. Esta primavera .... (visitar, tú) Toledo.

3. La semana pasada .... (llamar, vosotros) por teléfono.

4. Esta semana .... (empezar) las fiestas de mi barrio.

5. Hace dos años .... (estar, yo) en Venezuela.

6. Este año .... (viajar, nosotros) a Centroamérica.

7 **Oraciones** Complete the sentences with the appropriate forms of the verbs.

1. García Márquez .... (estar) en su casa cuando .... (recibir) la noticia del premio.

2. Cuando .... (ganar) el primer Tour de Francia, Induráin .... (tener) 27 años.

3. Los españoles .... (votar) ayer por primera vez. Todos .... (estar) emocionados.

4. En 1981, el *Guernica* .... (llegar) a Madrid. Para muchos ese día .... (ser) el símbolo de la democracia.

8 **¿Presente o imperfecto?** Present or imperfect? Choose the appropriate forms of the verbs.

1. Antes **soy/era** muy serio, ahora **soy/era** muy divertido.

2. Almudena **lee/leía** mucho ahora, pero antes **lee/leía** muy poco.

3. Cuando **éramos/somos** pequeños, **somos/éramos** muy inquietos; ahora hemos cambiado.

4. Hace cincuenta años, mucha gente **vive/vivía** en el campo, ahora **prefiere/prefería** la ciudad.

5. Cuando **sois/erais** estudiantes, **tenéis/teníais** más vacaciones; ahora **tenéis/teníais** menos días.

9 **Preguntas y respuestas** Listen to the questions and use the information provided to answer them. Then listen to the correct answer and repeat after the speaker.

MODELO	You hear: ¿Qué has hecho últimamente?
	You see: trabajar mucho
	You say: Últimamente he trabajado mucho.

1. ir a clase
2. montar en bicicleta
3. estudiar mucho
4. salir de excursión
5. hacer deporte
6. leer novelas
7. dar un discurso
8. tocar el piano

10 **Sobre ti mismo** Complete the sentences about yourself. Use the preterite (**pretérito indefinido**), the present perfect (**pretérito perfecto**), or the imperfect (**pretérito imperfecto**).

| MODELO | Recientemente *he comenzado a leer novelas históricas.* |

1. Cuando era niño/a ....
2. El año pasado ....
3. Esta semana ....
4. Antes de estudiar español ....
5. Después de la secundaria ....
6. Últimamente ....
7. En la infancia ....
8. Hoy ....

11 **¿Antes o después?** Listen to the conversation about Spain's recent history and choose the correct option to complete each sentence. You will hear the recording twice.

1. La ley del divorcio en España es de **antes/después** de entrar en la Comunidad Económica Europea.

2. Se proclamó al rey dos días **antes/después** de la muerte de Franco.

3. Se aprobó la Constitución **antes/después** de un referéndum.

4. España entró en la OTAN **antes/después** de entrar en la Comunidad Económica Europea.

Lectura

12 **Trasbordador espacial** Read astronaut Pedro Duque's blog and check off which statements below are true.

Alfredo (Alcorcón)
El astronauta John Glenn, ¿le contó algo anecdótico o especial de las naves° Mercurio cuando voló con usted en el trasbordador espacial°? Me interesan mucho las naves de los años 60, ya que yo nací en 1962. Muchas gracias.

Pedro Duque
Creo que John no nos contó nada especial que no se haya escrito ya en los muchos libros que se han publicado sobre el tema. No estaba previsto° llevar ninguna cámara de fotos, pero él decidió irse a una tienda en Florida y comprar una máquina simple, que se podía manejar con guantes°, y al final la llevó. Esas son las primeras fotos que tenemos desde el espacio.

nave *(space)ship* trasbordador espacial *space shuttle* previsto *planned* guantes *gloves*

1. Pedro Duque viajó al espacio con John Glenn.
2. Pedro voló en 1962 al espacio.
3. Alfredo es astronauta.
4. John Glenn compró una cámara.
5. John Glenn tomó las primeras fotos del espacio.

Chile en la memoria
Vocabulario

13 **¿Acuerdo o desacuerdo?** Classify the expressions according to the categories in the table.

¡Tienes razón!	¡Claro que sí!
¡No estoy de acuerdo!	¡No es verdad!

1 Mostrar acuerdo	**2** Mostrar desacuerdo
....	....
....	....

14 **Seleccionar** Circle the word that does not belong to the group.

1. amargo / positivo / feliz / alegre
2. tormenta / lluvia / tristeza / paraguas
3. decepción / tristeza / esperanza / nostalgia
4. verdad / falso / exacto / razón

15 **Completar** Choose the correct option to complete each sentence.

1. No estoy de acuerdo. No tienes ....
   a. acuerdo
   b. opinión
   c. razón

2. .... que es la mejor solución.
   a. Tienes razón
   b. Verdad
   c. Opino

3. A mí .... me gusta la idea.
   a. depende
   b. tampoco
   c. pienso

4. ¡................... que sí, estoy seguro!
   a. Claro
   b. También
   c. Verdad

16 **¿Verdadero o falso?** Listen to the conversation and indicate whether each statement is true (**verdadero**) or false (**falso**).

Verdadero	Falso	
○	○	1. Ángela cree que la gente no quiere volver al propio país después de mucho tiempo.
○	○	2. Mario opina que la mayoría de los emigrantes vuelven a su país natal.
○	○	3. Para Ángela, los emigrantes nunca olvidan su país de origen.
○	○	4. Mario y Ángela están en total desacuerdo.
○	○	5. Mario cree que los emigrantes aprenden a amar su nuevo país.
○	○	6. Ángela cree que la nostalgia acompaña siempre a los emigrantes.

Gramática funcional

Emparejar Match elements from the columns to form complete sentences.

17
1. En mi opinión, es mejor ....
2. Para mí, este ejercicio ....
3. Creo que ....
4. Opino que no es importante ....

a. si se hace de una forma u otra.
b. hacer una sola actividad.
c. no es nada complicado.
d. sí.

18 **Opiniones** Express your agreement or disagreement with these statements. Use expressions from the list to soften your opinions.

> bueno, depende...   claro que...   pero...

1. El béisbol es el deporte más representativo de los Estados Unidos. ....

2. Los estadounidenses no participan mucho en las elecciones. ....

3. El español es más fácil que el francés. ....

4. El euro es una buena solución para Europa. ....

19 **Conversaciones** Use verbs from the list to ask questions about each topic. You may use each verb more than once. Then, add your own opinion to each conversation.

> creer   estar de acuerdo   opinar   pensar

1
- *Vivir afuera es difícil. ¿Estás de acuerdo?* ....
- No estoy de acuerdo: ¡Vivir afuera no es nada difícil!
- Pues, para mí, ...

2
- ....
- Creo que deben vacunar a todos los niños.
- Pues yo creo que ....

3
- ....
- Yo pienso que es mejor siempre usar crema solar protectora.
- Pues yo pienso que ....

4
- ....
- En mi opinión, conocer personas de otras nacionalidades es una buena experiencia.
- Pues, en mi opinión, ...

5
- ....
- Creo que la natación es el mejor tipo de ejercicio.
- Pues yo creo que ....

20 **Personajes famosos** Listen to these Chileans talking about famous people from their country. Indicate whom each speaker is talking about.

1. ....   a. Gabriela Mistral, escritora
2. ....   b. Pablo Neruda, poeta
3. ....   c. Salvador Allende, político

Lectura

21 **El que regresa es otro** Read these blog entries and put them in order. Then, write your own entry in the blog. Then indicate whether each statement is true (**verdadero**) or false (**falso**).

☐ MABEL: Yo no estoy de acuerdo con Edwards. Para mí, el exilio es una circunstancia más en la vida que a algunos nos toca vivir, pero no por eso cambia nuestra esencia como personas. Creo que está en nosotros luchar por ser felices en otro país.

☐ GUSTAVO: Amigos, quiero compartir con ustedes esta cita de nuestro compatriota chileno, el escritor Jorge Edwards: "Parecía que la cosa era simple. Salir al exilio […] y al cabo de unos años regresar. Pero […] nada es tan simple […]. El que sale ya no regresa. El que regresa es otro". ¿Qué opinan ustedes? ¿Están de acuerdo?

☐ ARIEL: Pues yo creo que Edwards tiene razón. Uno no es el mismo después de tener que dejar su país y su gente. Es verdad, Mabel, que está en nosotros luchar por ser felices fuera, pero hay algo que ya no va a ser igual. Y si volvemos, tampoco la realidad es como nuestros recuerdos.

....

....

....

....

....

Verdadero **Falso**

○ ○ 1. En su cita, Jorge Edwards dice que el individuo que regresa del exilio es otra persona.

○ ○ 2. Mabel opina que el exilio no cambia la esencia de las personas.

○ ○ 3. Ariel está en desacuerdo con Jorge Edwards cuando dice: "Uno no es el mismo…".

○ ○ 4. Ariel cree que, al volver, los recuerdos no coinciden con la realidad.

Jorge Edwards, recuerdos de un escritor

22 **Recordar** Complete the sentences with the appropriate present-tense forms of the verb **recordar**.

1. Sonia .... la casa de sus abuelos perfectamente.

2. Nosotros .... la secundaria con mucho cariño.

3. Yo .... el día que conocí a Jaime.

4. Berta y Javier .... el camino para llegar a la biblioteca.

5. ¿Vosotras .... vuestra infancia?

23 **Preposiciones** Write the preposition **a** if necessary.

1. ¿Recuerdas .... el día que llegué a la ciudad?

2. Recuerdo .... Luis siempre que paso por su casa.

3. Recuerdo .... lo bonito que era mi barrio.

4. Recuerdo .... mis amigos cuando veo su regalo.

24 **Los recuerdos de Adela** Listen to the recording and indicate which of Adela's memories are happy and which are sad.

	Recuerdo feliz	Recuerdo triste
1. la infancia y la familia		
2. el barrio		
3. los amigos		
4. las calles		
5. el día que salió para España		

25 **Biografía** Read the notecard about Jorge Edwards and write a short biography.

Lugar y fecha de nacimiento: Santiago de Chile, 1931

Países donde ha vivido: Chile, Estados Unidos, Francia, Cuba, España

Primera novela: *El peso de la noche* (1965)

Periódicos donde ha escrito: *La Nación, Le Monde, El País, Il Corriere della Sera*

Otras obras: *La mujer imaginaria* (1985), *El anfitrión* (1988), *Diálogos en un tejado* (2003)

Otros datos de interés: Embajador de Chile en la UNESCO (1994–1996)

Jorge Edwards nació... ....

....

....

....

....

Lectura

26 **La historia de Chile** Read the text and answer the questions to summarize the main points.

LOS ACONTECIMIENTOS MÁS IMPORTANTES DE LA HISTORIA DE CHILE

Si se pregunta a los chilenos de hoy qué acontecimientos de la historia de su país les parecen más importantes, posiblemente están de acuerdo en estos:

1. Las elecciones de 2006: Michelle Bachelet se convierte en la primera mujer presidenta de Chile y en todo un símbolo de la historia del país de los últimos años.

2. La "Revuelta° de los pingüinos". "Los pingüinos", nombre que reciben los estudiantes en Chile, organizaron en el año 2006 una protesta porque no estaban de acuerdo con el proyecto de educación del gobierno, precisamente el de Bachelet. Demostraron una capacidad de organización y de respuesta social° muy importante.

3. El siguiente acontecimiento en la memoria colectiva es más lejano, octubre de 1988. La respuesta de los chilenos fue clara y la victoria del "no" en el Referéndum Nacional sobre la continuidad de Pinochet, significó el final de la dictadura y el principio de la democracia.

4. Naturalmente, todos los chilenos recuerdan a Neruda, el poeta nacional, y el año en que recibió el Premio Nobel de Literatura, en 1971. Neruda no fue el primero; antes, en 1945, Gabriela Mistral fue la primera escritora latinoamericana en recibir el galardón°, algo que recuerdan especialmente las generaciones más mayores porque fue un acontecimiento muy importante en su momento.

revuelta _revolt_ **respuesta social** _social response_ **galardón** _award_

---

1. Estos son los acontecimientos mencionados en el texto. ¿A qué descripción corresponde cada uno?
- Premios Nobel de Literatura ☐
- La victoria de Bachelet ☐
- Referéndum Nacional de 1988 ☐
- La revuelta estudiantil de 2006 ☐

---

2. Marque en el texto dónde se expresan estas ideas.

a. Los estudiantes eran organizados y comprometidos.

b. Los estudiantes estaban en desacuerdo con el gobierno.

---

3. ¿A qué respondieron los chilenos "no"?

....

....

....

---

4. Anote estas informaciones. Escritores chilenos que recibieron el Premio Nobel de Literatura:

1945: ....

1971: ....

Classify the events described above in the appropriate categories.

(Sociedad ☐) (Política ☐) (Educación ☐) (Cultura ☐)

Composición

27

La historia de mi país Write a brief description of the most significant events for your country in three of the following categories. Explain why you think each event was important.

Deportes	Cultura	Política	Economía

Sociedad	Relaciones internacionales	Naturaleza y medio ambiente

PREPARACIÓN

Decide which categories you would like to write about and identify events that are especially significant for your country. If necessary, research the details. You might want to give some background information and describe how things changed afterward.

COMPOSICIÓN

Here are some useful words and expressions. In your composition, you should refer to memories. Use the appropriate tenses in order to relate past events. Also be sure to express your opinion clearly and to justify it.

antes/después de + [*infinitive/noun*]	creer/opinar que…
para mí; en mi opinión…	recordar (que)

....
....
....
....
....
....
....
....
....
....
....
....
....
....
....
....

◁)) Vocabulario

28 **Escuchar y repetir** You will now hear the vocabulary found in your textbook on the last page of this lesson. Listen and repeat each Spanish word or phrase after the speaker.

Nombre _____ **Fecha** _____

Diario de aprendizaje

29 **Evaluar** Assess what you have learned in this lesson.

Escuchar	😃😃😃	😃😃	😦

Entiendo conversaciones breves y sencillas sobre momentos históricos y experiencias que relatan otras personas.

Leer	😃😃😃	😃😃	😦

Entiendo pies de foto y noticias breves sobre hechos históricos, información específica en un blog, citas sencillas, un artículo de prensa sobre un escritor y un discurso literario corto y sencillo.

Hablar	😃😃😃	😃😃	😦

Puedo hablar de momentos y personajes históricos, expresar mi opinión, y mostrar acuerdo y desacuerdo.

Interactuar	😃😃😃	😃😃	😦

Puedo hablar de momentos y personajes históricos, expresar mi opinión, expresar acuerdo y desacuerdo, y compartir recuerdos.

Escribir	😃😃😃	😃😃	😦

Puedo escribir un relato breve.

30 **Anotar** Write down words or phrases, grammatical structures, and cultural information that you have learned in this lesson.

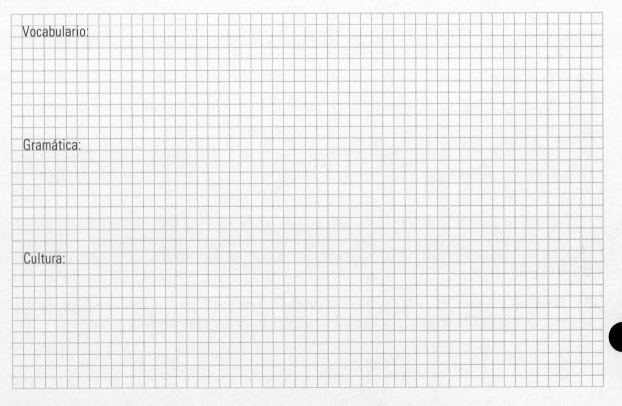

Vocabulario:

Gramática:

Cultura:

Read the dialogues and select the correct answer.

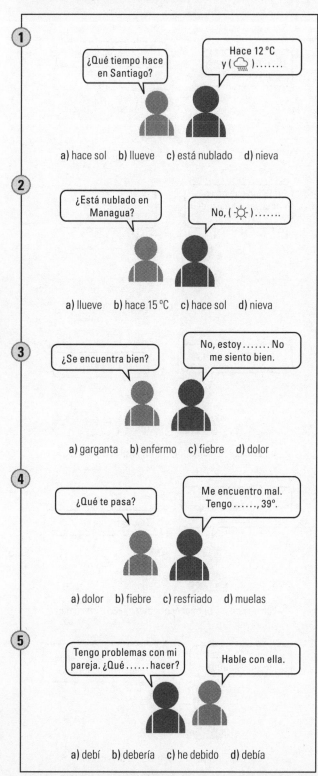

1. ¿Qué tiempo hace en Santiago? — Hace 12 °C y (🌧)……..

a) hace sol   b) llueve   c) está nublado   d) nieva

2. ¿Está nublado en Managua? — No, (☀)……..

a) llueve   b) hace 15 °C   c) hace sol   d) nieva

3. ¿Se encuentra bien? — No, estoy ……. No me siento bien.

a) garganta   b) enfermo   c) fiebre   d) dolor

4. ¿Qué te pasa? — Me encuentro mal. Tengo ……, 39°.

a) dolor   b) fiebre   c) resfriado   d) muelas

5. Tengo problemas con mi pareja. ¿Qué …… hacer? — Hable con ella.

a) debí   b) debería   c) he debido   d) debía

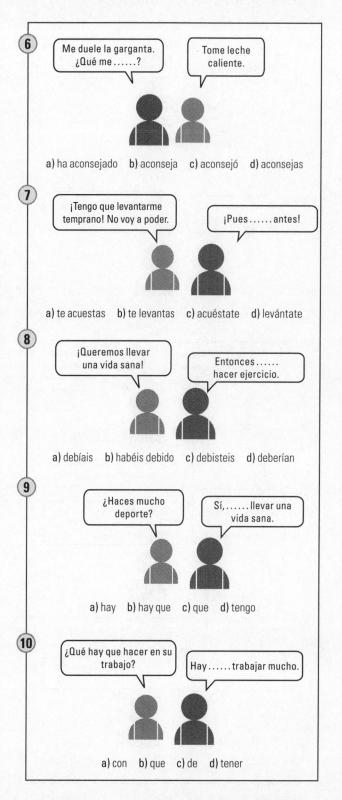

6. Me duele la garganta. ¿Qué me ……? — Tome leche caliente.

a) ha aconsejado   b) aconseja   c) aconsejó   d) aconsejas

7. ¡Tengo que levantarme temprano! No voy a poder. — ¡Pues …… antes!

a) te acuestas   b) te levantas   c) acuéstate   d) levántate

8. ¡Queremos llevar una vida sana! — Entonces …… hacer ejercicio.

a) debíais   b) habéis debido   c) debisteis   d) deberían

9. ¿Haces mucho deporte? — Sí, …… llevar una vida sana.

a) hay   b) hay que   c) que   d) tengo

10. ¿Qué hay que hacer en su trabajo? — Hay …… trabajar mucho.

a) con   b) que   c) de   d) tener

Answer key: 1. b 2. c 3. b 4. b 5. b 6. b 7. c 8. d 9. b 10. b

10B

Memorias
Autoevaluación

Read the dialogues and select the correct answer.

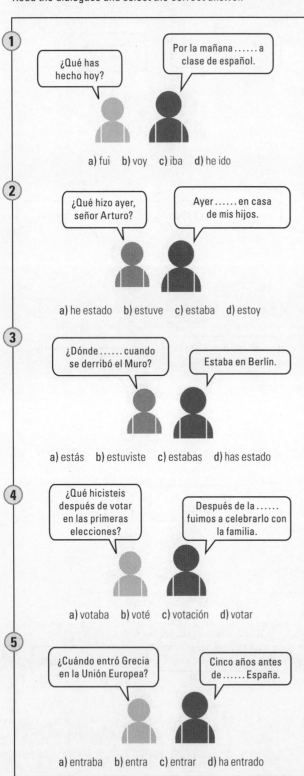

1

¿Qué has hecho hoy?

Por la mañana ...... a clase de español.

a) fui   b) voy   c) iba   d) he ido

2

¿Qué hizo ayer, señor Arturo?

Ayer ...... en casa de mis hijos.

a) he estado   b) estuve   c) estaba   d) estoy

3

¿Dónde ...... cuando se derribó el Muro?

Estaba en Berlín.

a) estás   b) estuviste   c) estabas   d) has estado

4

¿Qué hicisteis después de votar en las primeras elecciones?

Después de la ...... fuimos a celebrarlo con la familia.

a) votaba   b) voté   c) votación   d) votar

5

¿Cuándo entró Grecia en la Unión Europea?

Cinco años antes de ...... España.

a) entraba   b) entra   c) entrar   d) ha entrado

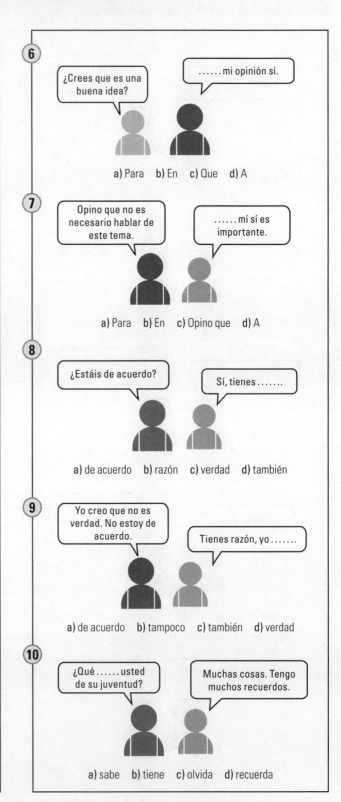

6

¿Crees que es una buena idea?

...... mi opinión sí.

a) Para   b) En   c) Que   d) A

7

Opino que no es necesario hablar de este tema.

...... mí sí es importante.

a) Para   b) En   c) Opino que   d) A

8

¿Estáis de acuerdo?

Sí, tienes ....

a) de acuerdo   b) razón   c) verdad   d) también

9

Yo creo que no es verdad. No estoy de acuerdo.

Tienes razón, yo ....

a) de acuerdo   b) tampoco   c) también   d) verdad

10

¿Qué ...... usted de su juventud?

Muchas cosas. Tengo muchos recuerdos.

a) sabe   b) tiene   c) olvida   d) recuerda

Answer key: 1.a 2.b 3.c 4.c 5.c 6.b 7.a 8.b 9.b 10.d

Cambiar de aires
Vocabulario

1 **Expresiones** Combine the elements from the columns and write the expressions in the box.

1. parque ....   a. aeropuerto
2. cambio de ....   b. viajes
3. agencia de ....   c. regla
4. recepción en el ....   d. nacional
5. pasaporte en ....   e. aires

> *parque nacional,* ....
> ....
> ....
> ....

2 **Un viaje inolvidable** Complete the paragraph logically using words from the list.

aeropuerto	avión	ecoturismo	guía	llegada	regla
autobús	cambio	equipaje	isla	pasajes	salida

¡Este verano hemos hecho un viaje inolvidable! Compramos (1) .... de avión a Honduras porque leímos en nuestra (2) .... de viajes que ese país tiene los mejores lugares para hacer (3) .... La (4) .... del (5) .... fue por la tarde y la (6) .... al (7) .... de Tegucigalpa fue a las 12:00 h. Recogimos el (8) .... y pasamos por el control muy rápido porque teníamos los pasaportes en (9) .... Luego, tomamos el (10) .... para llegar al hotel y al día siguiente visitamos las ruinas de Copán, ¡eran impresionantes! Después fuimos a visitar las playas y una (11) .... llamada Roatán, ¡tenía un fondo marino espectacular! Si necesitan un (12) .... de aires, visiten Honduras. ¡Vale la pena!

3 **Anuncios** Listen to the radio announcements and indicate whether each statement is true (**verdadero**) or false (**falso**).

Verdadero	Falso	
○	○	1. El hotel Termas Puyehue está en la Patagonia.
○	○	2. El hotel Termas Puyehue es el único hotel de cinco estrellas de Chile.
○	○	3. La Súper Fiesta Internacional Solteros es en Costa Rica.
○	○	4. La Súper Fiesta Internacional Solteros ofrece una cena con baile en la playa.
○	○	5. Los dos anuncios ofrecen servicios "Todo incluido".

Gramática funcional

4 **Tú** Choose the **tú** command from each list and write its corresponding infinitive form.

1
a. dices
b. di
c. decías
_____

2
a. pon
b. has puesto
c. pones
_____

3
a. vienes
b. ven
c. venís
_____

4
a. haces
b. hace
c. haz
_____

5   **Completar**   Complete the slogans with the **tú** commands of the verbs in the list.

hacer ir poner salir venir

1. ¡.............................. a Galicia! ¡Y descubre la España verde!

2. ¡.............................. salsa a tu vida! ¡Visita el Caribe!

3. ¿Quieres aventura? ¡.............................. por ella y encuéntrala en Puerto Rico!

4. ¡.............................. algo diferente! Islas Galápagos: la naturaleza como nunca la viste.

5. Hoteles Innovación. ¡.............................. de la rutina!

6   **Consejos**   Transform the sentences to the imperative to tell your friend where to meet and what to do in Mexico City.

1. Tienes que **esperar** el autobús en la avenida Chapultepec.
   Espera el autobús en la avenida Chapultepec.
   ....

2. Si prefieres **tomar** el metro, entonces tienes que **ir** a la estación Chapultepec de la línea 1.

   ....

3. Tienes que **comprar** un plano con los monumentos claramente señalados.

   ....

4. Tienes que **visitar** el Jardín del Arte y el Museo de Cera.

   ....

5. Tienes que **recorrer** el Paseo de la Reforma.

   ....

7   **Recomendar**   Write the appropriate form of the verb **recomendar**.

1. Yo te .... salir al campo más a menudo.

2. Nuestros vecinos nos .... visitar el jardín botánico.

3. Nosotros .... a todo el mundo la tarta de manzana.

4. Tú .... siempre el mismo libro.

5. Mónica .... a su hijo estudiar Biología.

8   **La llamada**   Complete the message by writing the appropriate form of the verbs and choosing **si** or **que**.

Guillermo ha llamado y (1) .... (preguntar)
(2) **si/que** queremos ir al cine. Yo (3) .... (responder)
(4) **si/que** no podemos. Le (5) .... (explicar) (6) **si/que**
tenemos que ir a una conferencia sobre la historia de América.
Él (7) .... (decir) (8) **si/que** entonces podemos ir
otro día.

9 **Recomendaciones** Read the travel recommendations these people have received. What kind of trip would you recommend for them?

1

"Mis amigas me recomiendan ir de camping."
Sra. Pujol

2

"Mis padres me recomiendan ir de vacaciones al campo."
Javi

3

"La agencia de viajes nos recomienda un viaje a Ibiza."
Chema y Mariluz

A la Sra. Pujol le recomiendo... ....

....

10 **¿Qué dijo?** Listen to Luisa's questions and statements, and report them using the verb you see. Then listen to the correct answer and repeat after the speaker.

MODELO	*You hear:*	¿Quieres ir a Mendoza?
	You see:	preguntar
	You say:	Me ha preguntado si quiero ir a Mendoza.
	You hear:	Tengo que trabajar.
	You see:	explicar
	You say:	Me ha explicado que tiene que trabajar.

1. decir
2. preguntar
3. comentar
4. decir
5. preguntar
6. contar
7. preguntar
8. explicar

Lectura

11 **México en Segway** Read the paragraph and indicate whether each statement is true (**verdadero**) or false (**falso**).

MÉXICO EN *SEGWAY*

Visite el centro histórico de la ciudad de México en este relativamente nuevo medio de transporte y circule como un peatón°. Aprenda a manejarlo en cinco minutos y recorra lugares históricos llenos de leyendas°. Descubra los lugares de batallas°, los símbolos y acontecimientos que esconden° las calles y callejuelas° de una de las ciudades más antiguas y más grandes del mundo. Disfrute de una circulación más cómoda sabiendo que no contamina° el medio ambiente. Párate a comer unos tacos en cualquier restaurante típico; puede aparcar el *Segway* fuera del restaurante o incluso entrar con él sin ningún problema.

peatón *pedestrian* leyendas *legends* batallas *battles* esconden *hide* callejuelas *narrow streets* contamina *pollute*

Verdadero	Falso	
○	○	1. El *Segway* es un medio de transporte relativamente nuevo.
○	○	2. Es complicado de manejar.
○	○	3. Es contaminante.
○	○	4. Se puede aparcar en la calle.

Experiencias de viaje
Vocabulario

12 **En el hotel** Listen to the conversation between Marcelo, the hotel manager, and Pablo and Yanina, two guests that are leaving. Then, indicate whether each statement is true (**verdadero**) or false (**falso**).

Verdadero	Falso	
○	○	1. Pablo y Yanina piden el libro de quejas.
○	○	2. El personal no les pareció muy amable.
○	○	3. A Pablo y a Yanina les gustaron las instalaciones y las vistas.
○	○	4. Ellos no se sintieron cómodos.
○	○	5. Pablo y Yanina piensan volver el año próximo.
○	○	6. Ellos no recomiendan el hotel.

13 **Quejas** Complete the letter of complaint with the most appropriate words and expressions from the list. Conjugate the verbs when necessary.

aire acondicionado	decir	parecer	piscina	queja
aparcamiento	estrellas	pésimo	por último	recomendar

Señor gerente:

Queremos hacerle llegar nuestra (1) .... por la atención que recibimos en su hotel de cuatro

(2) .... La habitación nos (3) .... muy mala, y el servicio al cliente,

(4) .... En primer lugar, el televisor y el (5) .... no funcionaban.

(6) .... que lo iban a solucionar, pero no lo hicieron. Después, el (7) ....

era abierto y sin seguridad. Además, necesitan limpiar con más frecuencia el agua de la (8) ....

(9) ...., en la página web ofrecían sillas para bebés, pero cuando solicitamos una nos dijeron

que ya no tenían. Sin dudas, no pensamos volver ni (10) .... el lugar a nuestros conocidos.

Atentamente,

Familia Pérez

Gramática funcional

14 **Opiniones** Match the elements from the columns to form complete sentences using **parecer**.

1. A Elena ....
2. A ti ....
3. A ti y a mí ....
4. A vosotras ....
5. A Andrés y a Astrid ....
6. A mí ....

a. te parecen muy bonitas las vistas al mar.
b. les parece mala la atención al cliente.
c. os parece pésima la habitación.
d. nos parece muy mala la organización del viaje.
e. me parece buena la seguridad del hotel.
f. le parece terrible el ruido del aire acondicionado.

15 **Verbos** Complete the sentences with the appropriate forms of **parecer, ser**, or **estar**.

1. La ruta que nos han recomendado .... (a mí) muy bonita.

2. La comida del restaurante del hotel .... muy buena.

3. A nosotros .... malas las instalaciones del hotel cerca de la plaza.

4. .... mal no decirnos que el hotel está en obras.

5. A Marta .... pésima la atención al cliente.

16 **Satisfacción** Match the opinions to the icons. Then write complete sentences using the icons as a guide.

.... 1. Está muy contento.　　a.

.... 2. No está contento.　　b.

.... 3. Está encantado.　　c.

.... 4. Está contento.　　d.

1. Sra. García / 　/ 　　　*La Sra. García no está contenta con el hotel.*

2. El grupo / 　/ 　　　...

3. Los viajeros / 　/ 　　　...

4. Cecilia / 　/ 　　　...

5. Nosotros / 　/ 　　　...

17 **Conversaciones** Complete the conversations with the most appropriate words from the list. Not all words will be used.

bien　bonito　contento　divertido　encantado　guapo　interesante　raro　rica

1 ● ¿Estás contento con la guía de viajes?
　■ ¡Sí! ¡Qué ....!

2 ● ¿Te ha gustado el jardín japonés del hotel?
　■ ¡Sí! ¡Qué ....!

3 ● Hoy es un día de invierno pero hace mucho calor.
　■ ¡Qué ....!

4 ● ¿Te gusta la comida que he preparado?
　■ ¡Sí! ¡Qué ....!

5 ● Mañana empiezo un trabajo nuevo.
　■ ¡Qué ....!

6 ● Quiero hacer ecoturismo en Honduras.
　■ ¡Qué ....!

18 **Aspectos del viaje** Listen to three people talking about a package tour to the Caribbean. Write their impressions about these aspects of the trip.

	la habitación del hotel	la comida	el personal de la agencia
1.	Le parece pequeña, ...	....	....
2.	....	....	....
3.	....	....	....

19 **Encuesta** Write comments for a travel agency's customer satisfaction survey based on the information given.

El personal: Guía amable y simpática.   **El transporte:** Autobús un poco viejo.

El hotel: Bonito, muy bueno.   **La comida:** No muy buena, y no hay menú vegetariano.

> Estimado cliente, permítanos conocer su opinión y ayúdenos a mejorar nuestro servicio.
>
> En primer lugar, el personal me parece muy bueno ....
>
> Después, ...
>
> Por último, ...

Lectura

20 **Tipos de viaje** Read the brochures and match them to the types of vacation offered.

| 1. Viaje de novios° | 2. Turismo y voluntariado | 3. Turismo de aventura | 4. Cultural y gastronómico |

Cuba ☐
Relájese en playas paradisíacas°. Un viaje inolvidable por los rincones más románticos del mundo.

Argentina ☐
Visite Salta y descubra el norte andino. Duerma en la casa de un aldeano° y colabore con la comunidad para la protección de la cultura y las tradiciones.

Perú ☐
Cuzco tiene el principal patrimonio arqueológico° y el más espectacular legado° del arte colonial de América del Sur, además de una gran oferta gastronómica.

Costa Rica ☐
Encuentre en su viaje algo más. Explore zonas remotas° y disfrute del contacto con la naturaleza. Practique *rafting*, buceo°, escalada° o parapente°.

viaje de novios *honeymoon* paradisíacas *paradise-like* aldeano *villager* patrimonio arqueológico *archaeological heritage*
legado *legacy* remotas *remote* buceo *scuba diving* escalada *climbing* parapente *paragliding*

¿Qué viaje elegiría hacer usted? ¿Por qué?

....

José Carlos, encantado de ayudarlo

21 **Viajar** Match the elements from the two lists to form travel-related expressions. Then use the expressions formed to complete the sentences.

.... 1. hotel	.... 6. reserva	a. de ida y vuelta	f. de dos estrellas
.... 2. retraso	.... 7. habitación	b. con antelación	g. de habitaciones
.... 3. agencia	.... 8. alquiler	c. aérea	h. de viajes
.... 4. libro	.... 9. servicio	d. con vistas	i. de quejas
.... 5. pasaje	........10. compañía	e. de coches	j. de vuelo

1. El precio incluye alojamiento y .... *pasaje de ida y vuelta* ..... en avión. ¡Y .... al mar!

2. Este .... no tiene piscina, claro, pero el .... es muy bueno.

3. ¡Me parece fatal! Quiero el ...., por favor.

4. El .... nos da flexibilidad para viajar por todo el país.

5. Si haces una ...., la .... te hace un descuento del 15%.

22 **Tarjeta de bienvenida** Complete this welcome card from the Hotel El Convento with the expressions from the list.

(1) .... cliente: En nombre de todo el equipo del Hotel El Convento: (2) .... Le deseamos (3) .... Estamos (4) .... <div align="right">La Dirección</div>	¡Bienvenido! encantados de ayudarlo Estimado una feliz estancia

23 **Dar la bienvenida** Read the situations and write an appropriate expression to welcome or wish someone well.

1	Un grupo de amigas llegan a un hostal en los Pirineos.

Bienvenidas, disfrutad de las vistas.
....

3	Marta vuelve al trabajo después de una baja por maternidad.

....
....

2	El señor y la señora García llegan al Hotel El Convento.

....
....

4	Juan vuelve a casa después de pasar un año en el extranjero.

....
....

24 **Bienvenido** Listen to the name of the person being greeted and give an appropriate welcome. Then, listen to the correct answer and repeat after the speaker. (4 items)

MODELO	*You hear:*	señor Martínez
	You say:	¡Bienvenido, señor Martínez!

Lectura

25 **Ecoturismo** Read the description of the hotel and the attractions nearby, and answer the questions to summarize the main points.

Ecoturismo en Puerto Rico

Hotel La Cabaña Lajas, Puerto Rico
Habitaciones

- 40 individuales
- 15 dobles
- Teléfono/TV/Cable
- Aire acondicionado
- Restaurante (Bar)
- Piscina
- Área de juegos
- Cajero automático°

El hotel está situado en Playa Grande, un pequeño pueblo de pescadores° del mar Caribe. Está abierto los 365 días del año. Hay una rebaja especial para estudiantes universitarios.

DIRECCIÓN: Playa Grande 406, Lajas, PR 00667.

Atracciones cercanas

Playa Grande ¿Busca la playa perfecta? Playa Grande es la playa que está buscando. Usted puede tomar el sol, pescar°, tomar fotos, nadar, practicar deportes acuáticos° y pasear en bicicleta. Playa Grande es un paraíso para el turista. El lugar es bonito e interesante, con muchas oportunidades para descansar y disfrutar en familia.

Valle Niebla° Ir de excursión, tomar café, montar a caballo, caminar, acampar, hacer picnic.

Bahía° Fosforescente Tomar fotos, salidas de noche, excursión en barco.

Arrecifes° de coral Tomar fotos, bucear°, explorar.

Parque Nacional Forestal Tomar fotos, visitar el Museo de Arte Nativo. Reserva Mundial de la Biosfera.

1. ¿Dónde está situado el Hotel La Cabaña?

2. ¿Qué se puede hacer en Playa Grande?

3. ¿Por qué Playa Grande es un paraíso para el turista?

4. ¿Qué sitios de interés hay cerca del hotel?

5. Elija dos atracciones y explique por qué le interesan.

Cajero automático *ATM* pescadores *fishermen* pescar *fish* deportes acuáticos *water sports* Niebla *Fog* Bahía *bay* Arrecifes *Reefs* bucear *to scuba-dive*

INICIATIVAS

Pasión y profesión
Vocabulario

1 **Profesiones y pasatiempos** Write the names of professions and hobbies in the boxes as indicated. Pay attention to the endings.

Profesiones en **-ista**	Aficiones en **-ismo**	Profesiones en **-or**
_d e n t i s t a_	sen_ _ _ _ _ _ _ _	pro_ _ _ _ _ _
perio_ _ _ _ _ _	sub_ _ _ _ _ _ _ _ _	ase_ _ _ _

2 **Información** Complete the diagrams with the information provided.

asesor financiero   c/ Florida, 26   curso de inglés   fotógrafo   Javier   máster en *Marketing*

1. Datos personales

2. Experiencia profesional

3. Formación académica

....

3 **Profesiones** Listen to the interview and indicate whether each statement is true (**verdadero**) or false (**falso**).

Verdadero	Falso	
○	○	1. Daniela ya no es maestra de kínder.
○	○	2. Daniela abrió una tienda de artesanías.
○	○	3. Daniela hace juguetes de tela.
○	○	4. Daniela cambió de trabajo porque ya no le gustan los niños.
○	○	5. Su experiencia profesional le ayudó en su nueva empresa.
○	○	6. Daniela dice que valió la pena cambiar de trabajo.

Gramática funcional

4 **Cambios** Match the elements from the columns to form logical sentences.

1. Yo sigo en la carrera ....

2. Elena y Yolanda siguen en el mismo trabajo ....

3. Miguel ya no sigue en su ciudad ....

4. Mercedes y yo seguimos con clases de piano ....

pero

a. hemos cambiado de profesor.

b. sigue con la pintura.

c. han cambiado de apartamento.

d. he cambiado de cursos.

5 **Seguir** Complete the table with the appropriate form of the verb **seguir**.

yo	tú	usted, él, ella	nosotros/as	vosotros/as	ustedes, ellos/as
....	....	sigue	....	seguís	....

6 **Escoger** Choose the appropriate construction to complete each sentence.

1. Carlos **ya no/ha cambiado** trabaja como profesor; ahora es traductor.

2. Nosotros **ya no/hemos cambiado** de país; queríamos conocer otros lugares.

3. Mis padres **ya no/han cambiado** viven en el extranjero.

4. **He cambiado/Ya no** vivo en San Salvador; ahora vivo en Ahuachapán.

5. Adriana pensaba que el mundo de la música era fácil, pero **ya no/ha cambiado** de idea.

6. Vosotros **ya no/habéis cambiado** de horario, y ahora salís antes.

7 **Correo electrónico** Complete the e-mail with words and expressions from the list.

| ha cambiado | he cambiado | sigue | ya no |

De: Javier
Para: Pilar
Asunto: Re: DE VUELTA A PERÚ

Hola, Pilar:

¡Me alegro mucho de verte tan pronto! Te cuento cómo están todos: Elvira (1) .... en Cuzco, como siempre; Andrés (2) .... de ciudad, y ahora vive en Arequipa; Aurora (3) .... vive en el mismo barrio, ahora vive en otro más céntrico; y por último, yo sigo en Cuzco, pero también (4) .... de barrio. Ahora vivo cerca de Aurora.

De: Pilar
Para: Javier
Asunto: DE VUELTA A PERÚ

Hola, Javier:

Voy a ir a Cuzco dentro de diez días. ¿Cómo están todos nuestros amigos? ¡Estoy deseando verlos!

8 **Cambiar** Look at the illustrations and complete the sentences with the expressions in the list and the appropriate forms of the verbs. The expressions may or may not be needed, and they can be used more than once.

| ya no | cambiar de |

Mallorca, 1994 / Mallorca, hoy

Bogotá, 2005 / Bogotá, hoy

Dublín, 1989 / Madrid, hoy

1. Hoy María .... (seguir) en Mallorca, pero .... (trabajar) como guía turística. .... (cambiar) trabajo.

2. Carlos .... (seguir) con sus estudios, pero .... (seguir) en Bogotá.

3. Sara no .... (cambiar) profesión, pero .... (vivir) en Dublín.

15 **Describir** Use expressions from the list to write a sentence describing each photograph.

> altísimo/a   grandísimo/a   muy grande   muy muy alto/a   pequeñísimo/a   superpequeño/a

....

....

....

16 **¿Verdadero o falso?** Where do you think these people would like to live? Listen to the recording and indicate whether each statement is true (**verdadero**) or false (**falso**).

Marcos   María   Elena

Verdadero   Falso

○   ○   1. A Marcos le gustaría vivir en una casa con jardín.

○   ○   2. A María le gustaría vivir en el campo.

○   ○   3. A Elena no le gustaría vivir en el centro. Prefiere la tranquilidad.

17 **Deseos** Read the information about these people. What do you think they would like to do? Match the elements from the columns to form complete sentences.

- Tú practicas esquí todos los años.
- Vosotros necesitáis ir al trabajo rápido.
- Luisa y Alfredo no han venido nunca a casa.
- A Enrique le encanta nadar.
- A Lucía y a mí nos encantan las playas del Caribe.
- A mí me encanta la naturaleza.

1. A ti	a. le	1. conocer nuestra casa. ....
2. A vosotros	b. te	2. vivir en el campo. ....
3. A Luisa y a Alfredo	c. les	3. tener una casa en la montaña. ..*1—b—3*.
4. A Enrique	d. me	4. alquilar una casa en la playa. ....
5. A Lucía y a mí	e. os	5. tener una piscina. ....
6. A mí	f. nos	6. vivir cerca del metro. ....

encantaría

18 **Me encantaría...** Write your wishes about these items.

> MODELO | *Me gustaría/encantaría trabajar desde casa.*

vivienda: ....

trabajo: ....

vacaciones: ....

19 **Escuchar** Listen to the questions and answer with the information provided. Then listen to the correct answer and repeat after the speaker.

> MODELO | *You hear:* ¿Qué les gustaría hacer a Mario y a ti?
> *You see:* vivir en el campo
> *You say:* A Mario y a mí nos gustaría vivir en el campo.

1. Machu Picchu
2. ser guías turísticos
3. mañana mismo

4. tener un apartamento propio
5. televisor LCD

Lectura

20 **Anuncios** Read the note and the real-estate listings. Then complete the table with the apartments' characteristics and indicate which ad is the most appropriate.

Somos dos estudiantes extranjeras y nos gustaría compartir apartamento en habitaciones individuales. Nos encantaría en el centro y con garaje. Precio máximo $500/mes. Desde febrero hasta mayo.

Apartamento más apropiado:

....

	Apartamento 1	**Apartamento 2**	**Casa**
n° de dormitorios			
precio			
garaje			
ubicación			

1
Se alquila apartamento en Coyoacán, México, D.F. Dos dormitorios grandes y uno pequeño. Edificio con ascensor°. Un baño y garaje. Cerca de la universidad. Precio total: $1500/mes. Tel. 5554 0984.

2
Apartamento a compartir en Coyoacán. Cuatro dormitorios. Dos baños. Una terraza. Zona centro. $500/mes, gastos de comunidad° incluidos. Interesados llamar al 5539 1923.

3
Se alquila casa 160m², 2 plantas°. Tres dormitorios. Dos baños. Parcela° de 100m². Garaje. Trastero°. En las afueras. Precio: $2000/mes. Tfno. 964785312.

ascensor *elevator* **gastos de comunidad** *condominium fees* **plantas** *stories* **parcela** *lot* **trastero** *storage room*

Héctor y Gabriela, propietarios de Patagonia Natural

21 **Mensaje** Listen to the message on Gabriela and Héctor's voicemail and indicate whether each statement is true (**verdadero**) or false (**falso**).

Verdadero	Falso	
○	○	1. Laura quiere averiguar el precio de una habitación individual.
○	○	2. Laura quiere viajar la primera semana de febrero.
○	○	3. Laura pide información sobre la ubicación de la posada.
○	○	4. Laura quiere caminar sobre el glaciar Perito Moreno.
○	○	5. Laura dice que quiere explorar el lago Viedma.

22 **Patagonia Natural** Write to Gabriela and Héctor's inn, Patagonia Natural. Choose one or more possible tours and request more information (about the location, prices, how to get there, etc.).

Patagonia Natural

Complete sus datos y mándenos su solicitud. Estaremos encantados de recibirlo en nuestra posada.

Nombre y apellidos: ....

Fecha de la estancia: desde .... hasta ....

Elija una o más actividades que le gustaría realizar:

excursión al glaciar Perito Moreno ☐

senderismo por el lago Rico ☐

paseos a caballo ☐

Solicite más información sobre nuestros servicios:

23 **Completar** Complete the sentences with **además** or **sobre todo**.

Nos hemos mudado a vivir a Panamá. Estamos encantados,

(1) .... porque la vida es más relajada,

(2) .... el clima es fantástico. Nos gusta mucho

la comida, (3) .... porque hay mucha variedad

de frutas, (4) .... el pescado es buenísimo.

Hay muchos lugares para visitar, (5) ...., parques

naturales y playas maravillosas, pero (6) ....,

hay monumentos históricos y, (7) ...., ¡el canal!

Lectura

24 **Revalorización del pasado** Read the article and answer the questions.

Revalorización del pasado

El reciclaje° está de moda en la arquitectura de Buenos Aires. Esta tendencia°, muy marcada en los barrios de Palermo, San Telmo y Belgrano, revaloriza° el patrimonio arquitectónico de principios del siglo XX. Además, hay pocas parcelas disponibles° en las áreas céntricas, al igual que en la mayoría de las grandes ciudades del mundo.

Las personas que deciden reciclar en vez de comprar a estrenar° o edificar desde los cimientos° pertenecen a un segmento que elige mantener la vigencia° de una época, pero con los servicios actuales. Porque lo cierto es que adquirir una casa de otros tiempos y de menor precio equivale a tener una vivienda antigua totalmente desactualizada° desde el punto de vista del confort moderno.

Muchas familias han decidido entonces reciclar construcciones de principios del siglo XX. El reciclaje no es fácil, pero suele valer la pena el esfuerzo. Reciclar una vivienda no es necesariamente menos caro que construir una nueva porque problemas imprevistos° pueden aumentar el presupuesto°, pero las viviendas recicladas tienen la ventaja de ofrecer ambientes amplios en zonas céntricas y de esa manera ofrecer una mayor calidad de vida.

Los tipos de vivienda que más se reciclan son las casas chorizo, un tipo de casa con un patio sobre uno de sus lados, y los PH (propiedad horizontal), entre 2 y 6 viviendas con un pasillo° común. Estas casas, que antes alojaron° a varias familias, en la mayoría de los casos se convierten en viviendas para una sola familia, y a veces incorporan estudios profesionales u oficinas en casa. En otros casos, los proyectos de reciclaje buscan nuevos usos para espacios diferentes, por ejemplo, viejas fábricas recicladas en viviendas.

1. ¿Por qué está de moda el reciclaje en la arquitectura de Buenos Aires?

2. ¿Qué privilegian las personas que deciden reciclar en vez de comprar una vivienda nueva?

3. ¿Por qué vale la pena reciclar aunque no signifique un ahorro?

4. ¿Qué tipos de casa se reciclan con frecuencia?

5. ¿Cuántas familias viven usualmente en este tipo de viviendas recicladas?

reciclaje *recycling* tendencia *trend* revaloriza *gives new value* disponible *available* a estrenar *newly built* cimientos *foundations* vigencia *validity* desactualizada *outdated* imprevistos *unforeseen* presupuesto *budget* pasillo *hallway* alojaron *housed*

Piense en las alternativas de vivienda que describe el texto. ¿Qué aspectos positivos y negativos cree que tienen estas viviendas?

Composición

25

Oferta de vivienda Imagine that you have recently bought an old factory and want to recycle it into lofts. Write an e-mail to a friend describing your plan.

PREPARACIÓN

Think about the housing situation in your region and why it would be a good idea to recycle the factory. Give details about the factory's location, the features you are planning each loft to have, any common areas, who could be interested in buying or renting the lofts, etc.

COMPOSICIÓN

While writing, remember to give counterarguments using **pero**. The original argument may be implied or generally known. In informal letter writing, it is also common to use superlative forms. Here are some useful words and expressions.

además	falta	superdifícil
carísimo	pequeñísimo	valer la pena
de alquiler	sobre todo	vivienda

....

....

....

....

....

....

....

....

....

....

....

....

....

....

Vocabulario

26

Escuchar y repetir You will now hear the vocabulary found in your textbook on the last page of this lesson. Listen and repeat each Spanish word or phrase after the speaker.

Diario de aprendizaje

27 **Evaluar** Assess what you have learned in this lesson.

Escuchar	😃😃😃	😃😃	☹️

Entiendo una entrevista de trabajo breve, conversaciones sencillas sobre la vivienda ideal y mensajes publicitarios breves.

Leer	😃😃😃	😃😃	☹️

Entiendo un CV, cartas al director de un periódico, entrevistas y folletos.

Hablar	😃😃😃	😃😃	☹️

Puedo hablar de la experiencia laboral, hablar de cambios, expresar valoración, presentar un contraargumento y formular deseos sobre el trabajo y la vivienda ideal.

Interactuar	😃😃😃	😃😃	☹️

Puedo hablar de la experiencia laboral y conversar sobre la vivienda y el trabajo.

Escribir	😃😃😃	😃😃	☹️

Puedo solicitar por escrito una información concreta.

28 **Anotar** Write down words or phrases, grammatical structures, and cultural information that you have learned in this lesson.

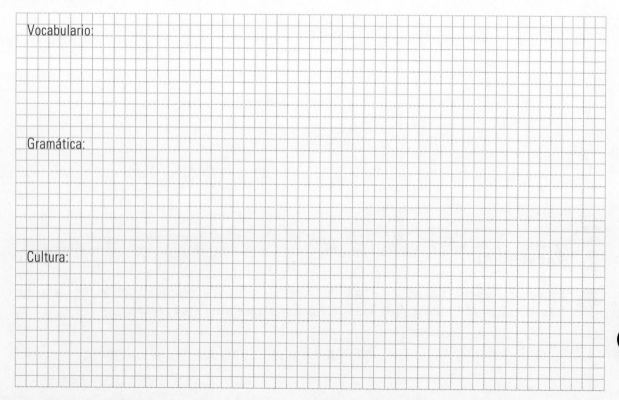

Vocabulario:

Gramática:

Cultura:

De viaje

Autoevaluación

Read the dialogues and select the correct answer.

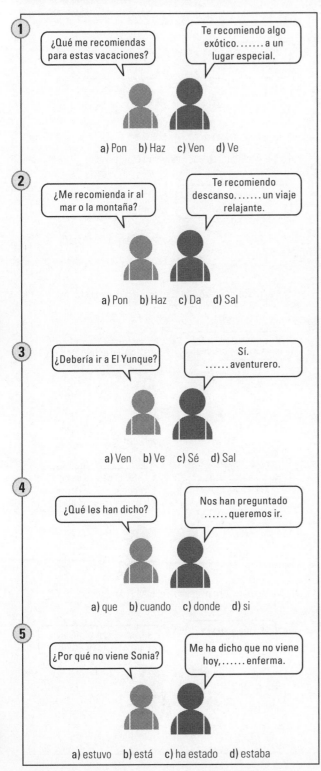

1

¿Qué me recomiendas para estas vacaciones?

Te recomiendo algo exótico. . . . . . . a un lugar especial.

a) Pon b) Haz c) Ven d) Ve

2

¿Me recomienda ir al mar o la montaña?

Te recomiendo descanso. . . . . . . un viaje relajante.

a) Pon b) Haz c) Da d) Sal

3

¿Debería ir a El Yunque?

Sí. . . . . . . aventurero.

a) Ven b) Ve c) Sé d) Sal

4

¿Qué les han dicho?

Nos han preguntado . . . . . . queremos ir.

a) que b) cuando c) donde d) si

5

¿Por qué no viene Sonia?

Me ha dicho que no viene hoy, ... enferma.

a) estuvo b) está c) ha estado d) estaba

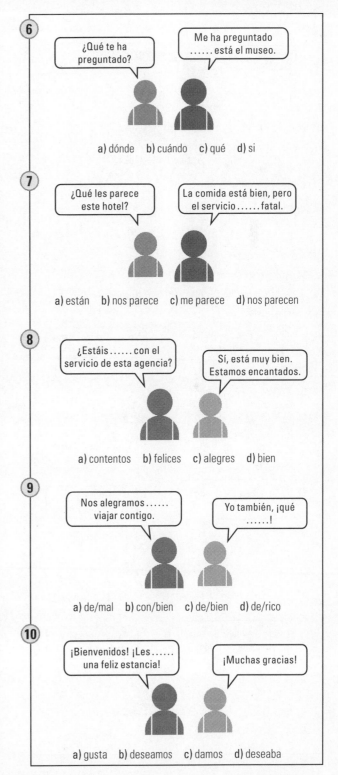

6

¿Qué te ha preguntado?

Me ha preguntado . . . . . . está el museo.

a) dónde b) cuándo c) qué d) si

7

¿Qué les parece este hotel?

La comida está bien, pero el servicio . . . . . . fatal.

a) están b) nos parece c) me parece d) nos parecen

8

¿Estáis . . . . . . con el servicio de esta agencia?

Sí, está muy bien. Estamos encantados.

a) contentos b) felices c) alegres d) bien

9

Nos alegramos . . . . . . viajar contigo.

Yo también, ¡qué . . . . . . !

a) de/mal b) con/bien c) de/bien d) de/rico

10

¡Bienvenidos! ¡Les . . . . . . una feliz estancia!

¡Muchas gracias!

a) gusta b) deseamos c) damos d) deseaba

Answer key: 1. d 2. b 3. c 4. d 5. b 6. a 7. b 8. a 9. c 10. b

Read the dialogues and select the correct answer.

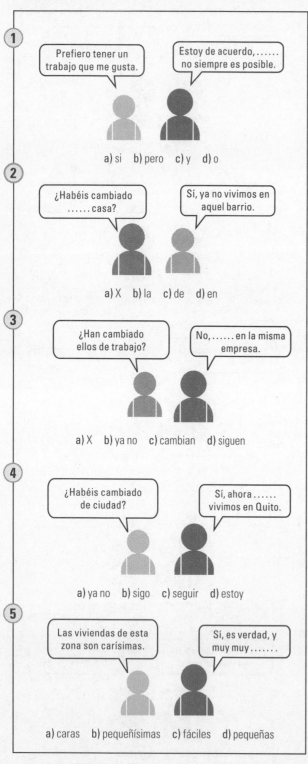

1

Prefiero tener un trabajo que me gusta.

Estoy de acuerdo, ... no siempre es posible.

a) si   b) pero   c) y   d) o

2

¿Habéis cambiado ...... casa?

Sí, ya no vivimos en aquel barrio.

a) X   b) la   c) de   d) en

3

¿Han cambiado ellos de trabajo?

No, ... en la misma empresa.

a) X   b) ya no   c) cambian   d) siguen

4

¿Habéis cambiado de ciudad?

Sí, ahora ...... vivimos en Quito.

a) ya no   b) sigo   c) seguir   d) estoy

5

Las viviendas de esta zona son carísimas.

Sí, es verdad, y muy muy ......

a) caras   b) pequeñísimas   c) fáciles   d) pequeñas

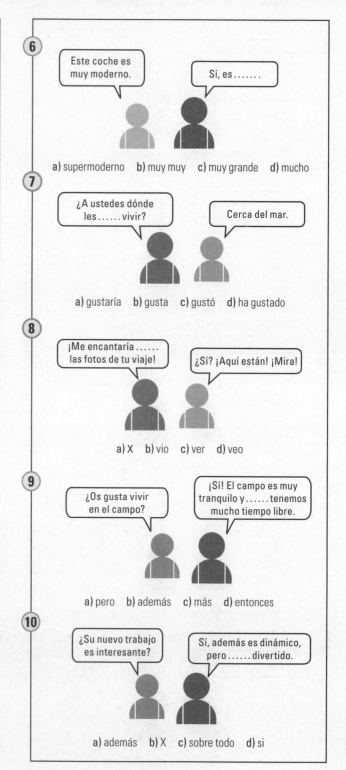

6

Este coche es muy moderno.

Sí, es ......

a) supermoderno   b) muy muy   c) muy grande   d) mucho

7

¿A ustedes dónde les ...... vivir?

Cerca del mar.

a) gustaría   b) gusta   c) gustó   d) ha gustado

8

¡Me encantaría ...... las fotos de tu viaje!

¿Sí? ¡Aquí están! ¡Mira!

a) X   b) vio   c) ver   d) veo

9

¿Os gusta vivir en el campo?

¡Sí! El campo es muy tranquilo y ...... tenemos mucho tiempo libre.

a) pero   b) además   c) más   d) entonces

10

¿Su nuevo trabajo es interesante?

Sí, además es dinámico, pero ...... divertido.

a) además   b) X   c) sobre todo   d) si

Answer key: 1.b 2.c 3.d 4.a 5.d 6.a 7.a 8.c 9.b 10.c

Vida en común
Vocabulario

1 **Antónimos** Match the elements from the columns to form pairs of opposites.

.... 1. alto/a   a. moreno/a
.... 2. largo/a   b. bajo/a
.... 3. rubio/a   c. rizado/a
.... 4. liso/a   d. corto/a

2 **Describir** Choose the appropriate words to describe María and Luz. Then complete the last paragraph with a description of yourself.

Hola, soy María. Soy **rubia/morena/pelirroja**, tengo el pelo **liso/rizado** y **largo/corto**, y **uso/no uso** gafas.

Hola, soy Luz. Soy **rubia/morena/pelirroja**, tengo el pelo **liso/rizado** y **largo/corto**, y **uso/no uso** gafas.

SU FOTO

Hola, soy .... Soy **rubio/a / moreno/a / pelirrojo/a**, tengo los ojos **marrones/azules/verdes**, tengo el pelo **liso/rizado** y **largo/corto**. Soy una persona **optimista/pesimista**. Estoy **contento/a / enfadado/a** y de **buen/mal** humor.

3 **Escuchar** Listen to the conversation and write the name of each person based on the descriptions you hear.

....

Listen again and write two adjectives to describe each man's personality.

1. ...., ...   2. ...., ...   3. ...., ...

4   **Adjetivos** Complete the sentences logically with words and expressions from the list.

contentas   de mal humor   encantados   enfadada   ilusionada   preocupado

1. Luis se siente un poco ....; va a ser padre por primera vez y quiere aprenderlo todo.

2. Mónica está ....; su novio siempre llega tarde.

3. Nuria y David están ....; solo queda una semana para su boda.

4. Nicolás está ....; su coche no funciona y ha olvidado su celular.

5. Bea está ....; su marido ha preparado una sorpresa.

6. Nosotras estamos muy ....; vamos a ir a la boda de nuestra mejor amiga.

5   **Reacciones** How are these people feeling? Match the circumstances with people's reactions.

.... 1. Mi hermana y su novio van a casarse.   a. Están muy contentos.

.... 2. Vamos a tener un bebé.   b. Estoy un poco preocupada.

.... 3. Últimamente mi esposo duerme poco.   c. Está de mal humor.

.... 4. Habéis ganado la lotería.   d. Estamos muy ilusionados y un poco asustados.

.... 5. Últimamente no me encuentro bien.   e. Estáis contentos, ¿no?

Gramática funcional

6   **Adjetivos con *ser* o *estar*** Listen to the questions and answer using the correct form of the adjectives provided. Then listen to the correct answer and repeat after the speaker.

MODELO	*You hear:* ¿Cómo están María y Carla? *You see:* ilusionado/a *You say:* María y Carla están ilusionadas.

1. optimista   5. enfadado/a
2. responsable   6. realista
3. preocupado/a   7. triste
4. inteligente   8. pesimista

7   **Verbos** Complete the paragraph with the appropriate forms of **ser, tener**, and **usar**.

En mi familia todos (1) .... optimistas, menos mi hermano, que (2) .... más realista. Mis padres (3) .... muy cariñosos y alegres. Yo (4) .... el más tímido de la familia. En cuanto al aspecto físico, mi madre (5) .... baja y mi padre, muy alto. Mis hermanos y yo (6) .... altos como mi padre. Mis padres ya (7) .... el pelo blanco y (8) .... gafas. Mi hermana mayor (9) .... pelirroja y (10) .... el pelo rizado, como mi papá. Mi hermano (11) .... el pelo rubio y liso, y yo lo (12) .... castaño y rizado. Mi mamá y mis hermanos (13) .... los ojos azules, y mi papá y yo (14) .... los ojos grises.

8   **Emparejar** Match the elements from the columns to form complete sentences.

1. La niña ....   a. están preocupados.
2. Mis amigos y yo ....   b. son muy cultas.
3. Maribel y Gabriela ....   c. está asustada.
4. Pablo y Rafael ....   d. estáis de mal humor hoy.
5. Mi novio ....   e. estamos muy ilusionados.
6. Vosotros ....   f. es muy tímido.

9 **Sentirse** Write short conversations using the cues provided. Use **sentirse** in the question and the appropriate form of the adjective in the answer.

> **MODELO**
> *You see:* tú / mal humor
> *You write:* ¿Cómo te sientes? Estoy de mal humor.

1. tu madre / alegre ....

2. tu esposo y tú / preocupado/a ....

3. Jimena y Adriana / enfadado/a ....

4. vosotras / triste ....

5. tú / contento/a ....

10 **Una cita** You have met the man/woman of your dreams but you do not know how to ask him/her out on a date. Write a short letter to Matilde asking for advice. Describe his/her personality and physical appearance, and your state of mind. Here are some useful words and expressions you can use.

| ¿Qué puedo hacer?
hacer una consulta
estar
ser
tener | ....
....
....
....
.... |

Lectura

11 **Contactos por Internet** Read the article and complete the sentences below to summarize the main ideas.

> El estilo de vida activa, con jornadas laborales amplias y tiempo de ocio limitado, ha cambiado en nuestra forma de comunicarnos. Ahora utilizamos las nuevas tecnologías para conocer gente. Cada vez más personas cultas prefieren Internet para hacer nuevas amistades y para encontrar pareja. Los mayores de 30 años son un creciente° grupo de usuarios°, y es que a esa edad es común tener amigos que ya están casados o en pareja y no tienen tiempo para salir. Algunas ventajas del uso de Internet son: la comodidad°, ya que no es necesario trasladarse° para conocer gente en citas° que pueden resultar un chasco°; el costo, porque si bien hay que pagar, es más económico que una sola cita en un restaurante, y la rapidez°, en poco tiempo se puede conocer a muchas personas. También hay "intergrupos", que seleccionan los tipos de personas si se busca a alguien que tiene las mismas aficiones e intereses, que vive en algún país o lugar en concreto, que habla algún idioma... Puede ser, además, una manera muy fácil de conocer otras culturas diferentes.

creciente *growing* usuarios *users* comodidad *convenience* trasladarse *to move* citas *dates* chasco *disappointment* rapidez *speed*

1. Las nuevas tecnologías sirven para ....

2. Algunos motivos por los que la gente busca pareja por Internet son ....

3. Utilizar Internet es muy cómodo porque ....

4. Conocer gente por Internet es económico porque ....

5. Los "intergrupos" son útiles para ayudar a ....

¿Qué otras ventajas y desventajas tiene el uso de Internet para conocer gente?

....

....

12A

Relaciones personales
Vocabulario

12 **Acciones** Match these photographs with the actions listed.

| casarse   enamorarse   separarse/divorciarse |

....

13 **Conversación** Complete the conversation with the appropriate words or phrases.

ALICIA   Cuéntame, ¿(1) .... con el chico del anuncio?

GLADYS   Sí, nos (2) .... ayer.

ALICIA   ¿Cómo es (3) ....? ¿Es guapo?

GLADYS   Sí, es muy guapo. Es alto, moreno, tiene (4) .... castaños y el (5) .... rizado.

ALICIA   ¿Y de (6) ....?

GLADYS   Es muy divertido e inteligente.

ALICIA   ¿Ha estado casado?

GLADYS   Sí, (7) .... con su novia del instituto, pero (8) .... a los 2 años.

ALICIA   ¿Y cómo (9) ....?

GLADYS   Estoy muy ilusionada. Creo que podemos (10) .... bien.
Los dos queremos una (11) .... seria.

14 **Mensaje** Lucas calls a radio program to request a dedication. Listen to his message, and then indicate whether each statement is true (**verdadero**) or false (**falso**).

Verdadero   **Falso**

○   ○   1. Lucas le dedica la canción a su ex esposa.

○   ○   2. Lucas dice que ella es la mujer de su vida.

○   ○   3. Lucas está enamorado de su esposa, pero ella ya no.

○   ○   4. Lucas y su esposa cumplen cinco años de casados.

Gramática funcional

15 **Elegir** Choose the correct ending for each sentence.

1. Para mí es importante **tener buenos amigos/tengo buenos amigos**.

2. Para mis padres es importante **estudian una carrera/la carrera profesional**.

3. ¿Para ti es importante **casarte/casado**?

4. Para mis amigos es importante **son buenos amigos/la amistad**.

16 Completar Complete the text with the appropriate forms of the words listed.

| enamorarse • enamorado/a | casarse • casado/a | divorciarse • divorciado/a |

Mis padres (1) .... ¡con 18 años! en Combarro, el pueblo gallego donde vivían. Eran muy jóvenes pero estaban muy (2) .... Ocho años más tarde (3) .... en la catedral de Santiago de Compostela y celebraron la boda en el pueblo con familiares y amigos. Estuvieron (4) .... veinte años. En ese tiempo nacimos nosotros, mi hermano y yo. Después, mis padres empezaron a llevarse mal y unos años más tarde (5) .... Ahora están (6) ...., pero se llevan mucho mejor.

17 Está enamorado Complete the sentences with the appropriate forms of **estar enamorado (de)**.

1. Felipe .... Elena, pero ella .... su compañero de trabajo.

2. Mis abuelos, después de 40 años de casados, dicen que ....

3. Vosotras .... Javier Bardem, pero es un amor imposible.

4. Nosotros .... nuestra profesora de baile, ¡es tan simpática!

18 Pronombres Choose the appropriate pronoun.

1. Tengo que decirle a Miriam que **lo/la** quiero.

2. Todas las noches les digo a mis hijos que **os/los** quiero mucho.

3. Cuando veo la foto de Diego, recuerdo cuánto **lo/los** quiero.

4. Mis nietas son difíciles, pero **los/las** quiero mucho.

5. Ustedes son mis mejores amigas; **los/las** quiero mucho.

6. Tú eres mi vida; **te/os** quiero mucho.

7. Mi madre **os/nos** quiere por igual a mi hermano y a mí.

8. Vosotros sois lo más importante para mí; **los/os** quiero mucho.

19 ¿En serio? Your friends are telling you unexpected news about their relationships. Choose the appropriate expression to react with surprise to what each person says. Then listen to the correct answer and repeat after the speaker.

MODELO	You hear: **Estoy enamorada de Marcos.**	You hear: **Quiero mucho a Mariana.**
	You see: ¿De él? / ¿A él?	You see: ¿Lo quieres? / ¿La quieres?
	You say: ¿De él?	You say: ¿La quieres?

1. ¿No la quiere? / ¿No te quiere?

2. ¿De ella? / ¿La quiere?

3. ¿A él? / ¿De él?

4. ¿No lo quieres? / ¿No la quieres?

5. ¿A mí? / ¿De mí?

6. ¿A él? / ¿No la quiere?

7. ¿La quiere? / ¿De ella?

8. ¿Los quiere? / ¿La quieren?

20 **Parejas** Using the words and expressions provided, complete what these couples say.

Rodrigo conoce a Andrea en la biblioteca.	Juan y Ana empiezan a salir. ¿Qué piensa uno del otro?	Paola descubre que no le gusta el carácter de Martín.

soltera / no / novio	gustar / alegre / guapa / atractivo / romántico	siempre / preocupado / trabajo / mal humor

- _¿Estás saliendo con alguien?_ ....
- ■ ....
- • ....

- • ....
- ■ ....
- • ....

- _¿Por qué estás enfadada?_ ....
- ■ ....
- • ....

Lectura

21 **Dos jubilados modernos** Read the interview and answer the questions below.

ENTREVISTADOR Teresa y Esteban son una pareja de jubilados modernos. ¿Cómo se decidieron a poner un anuncio en una página para buscar pareja?

TERESA Cuando me jubilé°, de repente tenía mucho tiempo libre, pero mis amigas no, y como soy viuda°, estaba buscando un compañero para ir al teatro.

ESTEBAN Mi ex esposa y yo nos separamos cuando nuestros hijos se fueron de casa y descubrimos que ya no nos llevábamos bien solos. Pero quería encontrar una compañera y no sabía dónde buscarla.

ENTREVISTADOR ¿Ya sabían usar Internet o tuvieron que aprender?

ESTEBAN Yo ya conocía el chat y las videoconferencias porque los uso para comunicarme con mis hijos cuando viajan. Y Teresa chateaba y usaba Internet cuando trabajaba.

ENTREVISTADOR ¿Conocieron a muchas personas antes de encontrarse?

TERESA No muchas, en realidad. La página nos envió varios perfiles° y chateamos con varias personas, pero personalmente° me encontré solo con él.

ENTREVISTADOR ¿Recomiendan este sistema de citas° para conocer, tal vez, al amor de su vida?

ESTEBAN Por supuesto. Es mucho más efectivo que cuando te presentan a alguien en una reunión. Aquí hay muchas más posibilidades de compartir intereses.

me jubilé _I retired_ viuda _widow_ perfiles _profiles_ personalmente _in person_ citas _dates_

A. ¿Por qué decidieron Teresa y Esteban buscar pareja por Internet?

....

B. ¿Usaban Internet antes de usarlo para encontrar pareja?

....

C. ¿Por qué Esteban y Teresa piensan que el sistema de citas por Internet es efectivo?

....

....

Ricardo Hernández, padre cien por ciento

22 Parecidos Listen and choose the correct option to complete the sentences. Then listen to the correct answer and repeat after the speaker.

> **MODELO**
>
> *You hear:* Tengo el pelo rizado ...... mi madre
> *You see:* como / a
> *You choose:* como
> *You say:* Tengo el pelo rizado como mi madre.

1. me parezco / como
2. rubio / pelirroja
3. me parezco / soy
4. ojos / pelo
5. es / se parece
6. simpático / tímida
7. castaño / verdes
8. a / como

23 ¿A quién se parecen? Look at the photograph: who looks like whom? Use **parecerse a** and **ser/tener... como** to write sentences comparing the members of the family.

César
Raúl
Cintia
Cristina
Paola
Victoria

....

....

....

....

....

....

....

Lectura

24 **Familas de todo tipo** Read this article about different types of families and answer the questions.

Familias de todo tipo

1. Hermana dedicada

Me llamo Isabel y tengo dieciocho años. Vivo con mi hermanito Daniel, mi padre Carlos y mi madre Estela. Estudio en la universidad para ser programadora. Soy muy buena para° las computadoras. Por las tardes, ayudo a Daniel a usar la computadora para hacer su tarea. Daniel aprende muy rápido. ¡Se parece a mí!

2. Primas futbolistas

Me llamo Roberto Sandoval. Mi hija se llama Mónica y es una aficionada° al fútbol. Los sábados y los domingos ella juega al fútbol con su prima Carolina y juntas ven todos los partidos° de fútbol en la televisión. Mónica y Carolina desean jugar en el equipo nacional. ¡Qué honor: dos primas en el equipo nacional!

3. Una madre orgullosa

Me llamo Ángela. Tengo dos hijos. Estoy muy orgullosa de ellos. La mayor se llama Lourdes y el menor, José María. Lourdes tiene 18 años y José María tiene 15 años. Mis dos hijos son unos estudiantes muy inteligentes y responsables. Lourdes estudia arquitectura y José María toma clases de italiano.

4. Nieto único°

Me llamo Luis y vivo con mi abuelo Artemio y mi abuela María. Soy su único nieto. No tengo hermanos ni primos. Mis abuelos trabajan mucho. Los fines de semana comemos con mis tías Carmen y Beatriz. Mis tías son muy simpáticas.

buena para *good at* aficionada *fan* partidos *games* único *only*

1. ¿Con quién vive Isabel? ¿Cómo ayuda a su hermano?

....

....

....

2. ¿Cuál es la relación familiar entre Mónica y Carolina? ¿Cómo se llevan?

....

....

3. ¿Con quién vive Ángela? ¿Cómo se siente ella respecto de sus hijos? ¿Cómo son ellos?

....

....

....

4. ¿Con quién vive Luis? ¿Cómo son sus tías?

....

....

....

5. ¿Crees que hay un tipo de familia ideal? ¿Por qué?

....

....

....

Composición

Mi familia Write a letter describing your own family to a Colombian exchange student who will be living with you next semester. Mention the members of your family and say who lives with you.

PREPARACIÓN

First write an introductory paragraph presenting your family members and describing their physical appearance and personality. Say if you resemble them or not. Then explain if you get along with the members of your family. Tell who is most important to you and explain why.

COMPOSICIÓN

Here are some useful words and expressions.

casarse	llevarse bien/mal	casado
separado	parecerse a	es importante + [*noun/infinitive*]
ser	separarse	ser/tener... como
querer mucho a alguien	tener	usar

....

....

....

....

....

....

....

....

....

....

....

....

....

....

....

 ## Vocabulario

 Escuchar y repetir You will now hear the vocabulary found in your textbook on the last page of this lesson. Listen and repeat each Spanish word or phrase after the speaker.

Diario de aprendizaje

27 **Evaluar** Assess what you have learned in this lesson.

| Escuchar | ☻☻☻ | ☻☻ | ☹ |

Entiendo conversaciones sobre el estado de ánimo, los sentimientos y las relaciones personales, y un mensaje de felicitación breve.

| Leer | ☻☻☻ | ☻☻ | ☹ |

Entiendo textos descriptivos breves sobre el aspecto físico, la personalidad, el estado de ánimo y las relaciones personales con valoraciones sobre estas.

| Hablar | ☻☻☻ | ☻☻ | ☹ |

Puedo describir a personas, hablar sobre relaciones personales y expresar valoraciones sobre estas.

| Interactuar | ☻☻☻ | ☻☻ | ☹ |

Puedo hablar sobre el aspecto físico, el estado de ánimo y las relaciones personales, y expresar afecto.

| Escribir | ☻☻☻ | ☻☻ | ☹ |

Puedo desarrollar un tema concreto por escrito y expresar mi opinión sobre ese tema.

28 **Anotar** Write down words or phrases, grammatical structures, and cultural information that you have learned in this lesson.

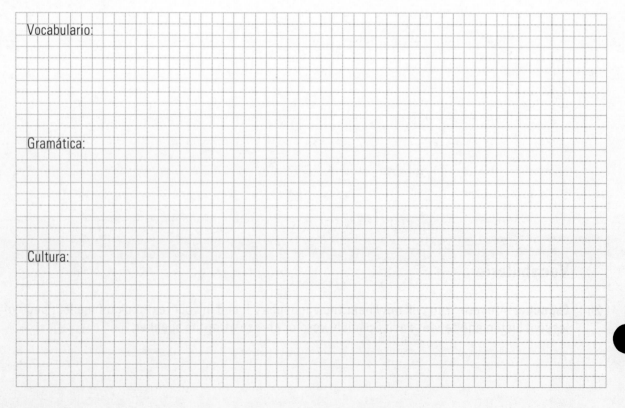

Vocabulario:

Gramática:

Cultura:

Voluntarios

Vocabulario

1 **Voluntarios** Choose the correct word to complete each sentence.

1. Tenemos **colaboradores/colaboraciones** voluntarios y también empleados de la ONG.

2. Los **organizaciones/organizadores** de la campaña son optimistas.

3. Si quieres **ayuda/ayudar** a estos niños, colabora con nuestra ONG.

4. Aldeas Infantiles SOS se ocupa de **defender/defensa** los derechos de los niños sin recursos.

5. El **repartir/reparto** de alimentos comenzará mañana.

2 **Definiciones** Match each word with its definition.

.... 1. beca   a. Los elementos naturales, económicos, etc., que posee una persona o un país.

.... 2. recursos   b. Persona que hace un trabajo o servicio para ayudar a otros y no recibe nada a cambio.

.... 3. voluntario/a   c. Situación mala o difícil.

.... 4. crisis   d. Ayuda económica para estudiar o hacer investigaciones.

3 **Entrevista** Listen to the interview with Martín, an organizer for Cimientos, and indicate whether each statement is true (**verdadero**) or false (**falso**).

Verdadero	Falso	
○	○	1. Para Martín, lo bueno de su trabajo es poder ayudar a los niños a tener acceso a la educación.
○	○	2. Para Martín, lo malo es ver que hay niños que dejan de estudiar.
○	○	3. Cimientos aumentará el número de becas a 5000.
○	○	4. Cimientos no dará ayuda a más escuelas el año que viene.
○	○	5. Martín piensa que más personas colaborarán el año próximo.

Gramática funcional

4 **Completar** Complete the series with the appropriate forms of **llamar, ver**, and **aprender** in the simple future.

1. .... / llamarás / .... / llamaremos / llamaréis / ....

2. veré / .... / verá / .... / .... / verán

3. .... / aprenderás / .... / .... / aprenderéis / ....

Complete these sentences using some of the verbs from above.

1. Tú ya .... cuanto .... en la universidad.

2. Prométeme (*Promise me*) que .... cuando llegues a Argentina.

3. En el curso ustedes .... a preparar deliciosos platos.

4. Nosotras .... muchas cosas en este intercarmbio.

5 **¿Qué harás?** Complete Pablo's answer using verbs from the list in the simple future.

aprender construir curar ofrecer recoger ser

¿Qué harás este año?

Este año, iré con un grupo de profesionales a un lugar devastado por un huracán. Los médicos (1) .... a los enfermos. Los arquitectos (2) .... un colegio con la gente del pueblo. Entre todos (3) .... alimentos para llevarlos. Allí nos (4) .... un lugar para dormir. (5) .... un año especial y ¡(6) .... muchas cosas!

6 **Lo bueno y lo malo** Choose the word that best completes each sentence. Then write your own sentences with some of the expressions you chose.

1. Lo **bueno/malo** de mi trabajo es la simpatía de las personas.
2. Lo **bueno/malo** de mi trabajo es llegar tarde a casa.
3. Lo **fácil/difícil** es hacer varias cosas al mismo tiempo.
4. Lo **importante/difícil** es ayudar a la gente.
5. Lo **útil/frustrante** es que a veces nuestra labor no es suficiente.

1. *Lo bueno de mi trabajo es…*
   ....
2. ....
3. ....

7 **Valoraciones** Complete the sentences with expressions from the list. More than one expression may be correct.

lo fácil   lo difícil   lo malo   lo importante

1. Para aprender español .... es practicar en un país hispanohablante.
2. Para mí, ... del español es la gramática. .... es la pronunciación.
3. .... de los hispanohablantes es que a veces hablan muy rápido.

8 **A partir de ahora** Write complete sentences in the simple future using the cues. Add any necessary words.

1. A partir de ahora / los voluntarios / recoger / ropa

   ....

2. A partir de mañana / profesores / abrir / colegio

   ....

3. A partir del próximo año / ONG / defender / derechos / mujeres

   ....

4. A partir de este momento / arquitectos / construir / hospitales

   ....

9 **Planes** Listen to the sentences and use the prompts to complete them with the simple future. Then listen to the correct answer and repeat after the speaker.

MODELO	*You hear:* El próximo año, mi hermano ....
	You see: estudiar Economía
	You say: El próximo año, mi hermano estudiará Economía.

1. viajar a México
2. colaborar con una ONG
3. ir
4. llevar alimentos

5. recibir becas
6. practicar más deporte
7. terminar la universidad
8. defender los derechos

10 **El próximo año** What are your plans for next year? Use verbs from the list in the simple future to write five sentences.

abrir	colaborar	defender
ahorrar	asumir	estudiar
aprender	conseguir	recorrer

1. ....

2. ....

3. ....

4. ....

5. ....

Lectura

11 **El voluntariado** Read the article and indicate whether each statement below is true (**verdadero**) or false (**falso**).

Una llamada de emergencia interrumpe° el descanso en el centro de voluntarios de la Cruz Roja, en Tarifa. La somnolencia° desaparece enseguida de las caras de los estudiantes, la mayoría futuros médicos, y en solo unos minutos se visten con el uniforme de pantalón largo y camiseta. Son las cinco de la mañana y dos botes se acercan a este punto de la costa andaluza.

Entre nervios y prisas, los doce jóvenes que duermen durante una quincena° en el campamento próximo a la delegación° de la Cruz Roja en el puerto, ya están preparados para ayudar. Van a esta oficina, donde esperan° el coordinador, el médico, la enfermera y el conductor de la furgoneta°, que transporta agua y mantas°. El equipo se reparte entre la furgoneta, una ambulancia con material sanitario y un coche para ir al muelle°. Junto a siete guardias civiles, esperan la llegada de las desafortunadas° embarcaciones°.

interrumpe *interrupts* somnolencia *sleepiness* quincena *fifteen days* delegación *local office* esperan *wait for* furgoneta *van* mantas *blankets* muelle *pier* desafortunadas *unfortunate* embarcaciones *boats*

Verdadero	Falso	
○	○	1. Los voluntarios estaban durmiendo.
○	○	2. Los voluntarios son médicos.
○	○	3. Los voluntarios ofrecen atención médica, agua y mantas.
○	○	4. El equipo cuenta con tres vehículos de distinto tipo.
○	○	5. Solo el equipo espera a las embarcaciones en el muelle.

Querer es poder
Vocabulario

12 **Oraciones** Complete the sentences with words from the list.

1. Todavía hay muchos edificios no .... a personas con ....

2. Queremos lograr la ....

3. Pedimos .... dignos para todos.

4. Esperamos ayudar a integrarse a las personas ....

> discapacitadas
> adaptados
> puestos de trabajo
> igualdad
> discapacidad

13 **Expresiones** Match the elements from the columns to form expressions.

1. barreras ....   a. discapacitadas
2. integrarse a ....   b. económica
3. personas ....   c. físicas
4. grupos ....   d. la sociedad
5. rueda de ....   e. prensa
6. ayuda ....   f. marginados

14 **Escuchar y completar** Listen to the sentences and choose the appropriate word to complete them. Then, listen to the correct answer and repeat after the speaker.

> **MODELO**
> *You hear:* Quiero ...... de la sociedad.
> *You see:*   aceptación / consecuencia
> *You say:*   Quiero aceptación de la sociedad.

1. lograr / integración   6. rueda de prensa / portavoz
2. igualdad / congreso   7. manifiesto / marginación
3. marginados / discapacidad   8. petición / eliminación
4. sufrir / barreras   9. discapacitada / por eso
5. adaptados / puestos de trabajo 10. carpintero / independencia

Gramática funcional

15 **Querer, desear, esperar** Read the statements on the left. Then, use elements from the two lists to form sentences telling what will happen as a result.

1. Todavía vivo con mis padres.
2. Estoy enamorada de ti.
3. Estoy desocupado.
4. Me gusta el trabajo solidario.

> Deseo...
> Quiero...
> Espero...

- independizarme.
- colaborar con esta ONG.
- encontrar un trabajo.
- casarme contigo.

1. ....

2. ....

3. ....

4. ....

Pedir Match the subjects with the corresponding verb forms and write out the combinations.

16

Yo
Elvira y Tomás
Juan y yo
Tú
Vosotros
Susana

pides.
pido.
pedimos.
pide.
pedís.
piden.

1. .... *Yo pido.* ....
2. ....
3. ....
4. ....
5. ....
6. ....

17 **Verbos** Write the appropriate forms of the verbs to complete the sentences.

1. Vosotros .... (querer informar) a la sociedad sobre las ayudas.

2. Tú .... (**dese**ar encontrar) menos barreras físicas.

3. Ellas .... (esperar tener) una vida independiente.

4. Nosotras .... (querer colaborar) con una ONG.

18 **El manifiesto** Read the manifesto and put the sentences in order.

A *1*
Queremos integrarnos a la
sociedad desde pequeños

D
Después, pedimos la eliminación
de las barreras físicas

B
porque deseamos
ser independientes.

E
porque queremos trabajar como el
resto de la gente.

C
Por último, queremos encontrar
puestos de trabajo,

F
y por eso pedimos, en primer lugar,
programas especiales de integración
en las escuelas.

19 **Deseos personales** Write two personal wishes with each verb, following the example.

Deseo	Espero	Quiero
• *Deseo colaborar con*	•	• ....
una ONG.	....	....
•	•	• ....
....	....	....

20 **Deseos** Look at the photograph and write wishes and requests that this man may have. Use words and expressions from the list to write at least four complete sentences.

barreras físicas
barreras mentales
desear
el resto de
esperar
independiente
integrarse
lograr
puestos de trabajo

1. ....
....
2. ....
....
3. ....
....
4. ....
....

21 **Querer, pedir, desear** Listen to the recording and write the correct present-tense form of the verb you see to complete each sentence.

> **MODELO**
> *You hear:* Juan y Pedro ...... la participación de todos.
> *You see:* pedir
> *You write:* piden

1. esperar ....
2. querer ....
3. desear ....
4. pedir ....
5. querer ....

6. desear ....
7. pedir ....
8. pedir ....
9. esperar ....
10. querer ....

Lectura

22 **Deporte adaptado** Read this article and indicate whether each statement below is true (**verdadero**) or false (**falso**).

El deporte adaptado permite la participación de las personas con discapacidades físicas, psíquicas o sensoriales en actividades deportivas. Empezó después de la Segunda Guerra Mundial, por la gran cantidad de lesionados° que hubo. Poco tiempo después, el baloncesto° en silla de ruedas° empezó a despertar el entusiasmo en los EE.UU. En 1949 se jugó el primer torneo nacional de baloncesto en silla y se formó la Asociación Nacional de Baloncesto sobre Ruedas (N.W.B.A, por su sigla en inglés). En 1960 se celebraron en Roma las primeras Paralimpíadas, y desde entonces cada vez participan más países. Tanto los terapeutas° como los deportistas coinciden en que el deporte es una oportunidad para la autosuperación°. Establecer pequeñas metas° ayuda a superarse° mental y físicamente, lo que mejora la autoestima° y el desarrollo° personal.

lesionados *wounded (people)* baloncesto *basketball* silla de ruedas *wheelchair* terapeutas *therapists* autosuperación *self-improvement* metas *goals* superarse *to better oneself* autoestima *self-esteem* desarrollo *development*

Verdadero **Falso**

○ ○ 1. Las personas con discapacidades no pueden hacer deporte.
○ ○ 2. El deporte adaptado comenzó después de la Segunda Guerra Mundial.
○ ○ 3. Las primeras Paralimpíadas se celebraron en Roma.
○ ○ 4. Cada vez menos países participan en las Paralimpíadas.
○ ○ 5. El deporte mejora la autoestima y el desarrollo personal.

Marifé, vendedora de ilusiones

23 **Escuchar** Listen to the conversation between Marifé and a client and indicate whether each statement is true (**verdadero**) or false (**falso**).

Verdadero	Falso	
○	○	1. La cliente compra cupones para el sorteo del jueves.
○	○	2. El premio de hoy es 50 000 euros.
○	○	3. La cliente compra 3 cupones.

Listen again and mark the expression used in the conversation.

¡Buena suerte! ☐   ¡Buen viaje! ☐   ¡Mucha suerte! ☐

24 **Muy bueno** Complete the sentences with words from the list.

buen	buena	buenas	bueno	buenos

1. ¡...................... días, queridos oyentes! Hoy entrevistaremos a Blanca.
2. Es una .... oportunidad de trabajo. ¡No la dejes pasar!
3. Has hecho un muy .... trabajo, Elvira. ¡Felicidades!
4. Este perro guía es muy ....
5. Los voluntarios de esta ONG son muy .... personas.

25 **Buenos deseos** Match each situation with the appropriate expression.

.... 1. Nos vamos al norte.   a. ¡Buenas vacaciones!
.... 2. Vamos a estar quince días en la playa. b. ¡Buen viaje!
.... 3. Mañana tengo el examen de conducir.   c. ¡Adiós y buen día!
.... 4. ¡Hasta luego!   d. ¡Mucha suerte!

26 **Un deseo hecho realidad** Look at the photograph. What do you think happened?

....
....
....

This couple's wish has come true. Now write three things you wish.

Espero / Deseo ....
....
....
....
....

Lectura

27 **La zooterapia** Read the article and answer the questions below to summarize the main points.

¿Qué es la zooterapia?

La zooterapia utiliza animales para realizar terapias complementarias a los tratamientos médicos, en la prevención y los procesos de patologías físicas y psíquicas.

Hasta ahora es muy conocida la habilidad de los perros entrenados para guiar a personas ciegas. Ahora los animales, además de ser una ayuda en la vida cotidiana, se utilizan como un complemento de los tratamientos, que pueden ser de tres tipos: delfinoterapia, hipoterapia y terapia con animales de menor tamaño°.

Delfinoterapia: Algunos terapeutas consideran que los sonidos° que emite un delfín° entrenado pueden estimular el sistema nervioso° y el cerebro° humano, por eso se utiliza mucho en caso de enfermedad psicológica o neurológica.

Hipoterapia: Consiste en aprovechar los movimientos del caballo para estimular los músculos y las articulaciones°. También el burro se adapta muy bien a los discapacitados

mentales. De igual modo, los ponis dan buenos resultados para devolver la confianza a los discapacitados físicos, al dejarles llevar las riendas° y conducirlos°.

Terapia con animales de menor tamaño: Es sabido que muchos de estos animales, como los gatos°, traen beneficios a las personas que sufren taquicardias° o hipertensión arterial°. El hecho de acariciar° una bola de pelo°, imprevisible° pero afectuosa y cariñosa, ayuda a bajar el ritmo cardíaco°. Por su parte, el conejo° devuelve la calma y la seguridad a los ancianos°. En determinados lugares, no solo se trabaja con personas enfermas sino que se utilizan animales en personas con altos niveles de estrés o sometidas a labores rutinarias. Los resultados son la relajación y la disminución del estrés, lo que algunos llaman "la magia° de la dulzura°".

tamaño _size_ sonidos _sounds_ delfín _dolphin_ sistema nervioso _nervous system_ cerebro _brain_ articulaciones _joints_ riendas _reins_
conducirlos _ride them_ gatos _cats_ taquicardias _abnormally rapid heartbeat_ hipertensión arterial _high blood pressure_ acariciar _stroke_
bola de pelo _ball of fur_ imprevisible _unpredictable_ ritmo cardíaco _heart rate_ conejo _rabbit_ los ancianos _the elderly_
magia _magic_ dulzura _sweetness_ prefijos _prefixes_ sufijo _suffix_

1. ¿Qué cree que significan los prefijos° **zoo-** e **hipo-**? ¿Y el sufijo° **-terapia**?

....

2. ¿En qué consiste la zooterapia?

....

3. ¿Conoce otros prefijos que se usen en combinación con -terapia?

....

4. ¿Qué animales se usan en estas terapias?

A. Delfinoterapia	B. Hipoterapia	C. Animales de menor tamaño

5. ¿Qué patologías, enfermedades o aflicciones se tratan con estos animales?

delfín: ....   burro: ....   gato: ....

Composición

28 **Un proyecto de voluntariado** Read these two ads for volunteer positions in Argentina and take notes on what you like about each project. Then choose one of the two and write a letter to a friend telling him/her about it.

VIAJES SOLIDARIOS A LA PATAGONIA - VOLUNTARIOS SIN FRONTERAS

En diciembre y enero, de 10 a 25 días.

Participación en clases de escuelas primarias para fomentar el intercambio cultural.

- Donación de material de estudio.
- Plantación de árboles.
- Visitas a espacios turísticos.

Los costos de viaje están a cargo del voluntario y son únicamente los necesarios para cubrir los gastos de viaje, alojamiento y comida.

Perfil: Mayor de 18 años, con capacidad para hablar medianamente español. Motivación para desarrollar actividades educativas, recreativas y/o deportivas. Capacidad para trabajar en equipo. Tiempo mínimo de permanencia en Argentina 2 o 3 semanas, según la totalidad del viaje.

TRADUCCIONES PARA VOLUNTARIOS SIN FRONTERAS

Lugar: Sede de Voluntarios Sin Fronteras (VSF). Ciudad de Buenos Aires, zona céntrica.

- Traducción del sitio web de VSF.
- Traducción de material didáctico y libros para las actividades de VSF.
- Incorporación de VSF a sitios web en otros idiomas.

Perfil: Mayor de 17 años, con capacidad para hablar medianamente español, con conocimiento de idiomas (portugués, inglés, alemán, francés, ruso, mandarín, italiano) y de computadoras. Capacidad para trabajar en equipo.

PREPARACIÓN

Tell your friend what you will do in the volunteer position and describe what you hope to achieve. Remember to use the simple future and verbs such as **querer**, **desear**, and **esperar**.

COMPOSICIÓN

....

....

....

....

....

....

....

....

....

....

Vocabulario

29 **Escuchar y repetir** You will now hear the vocabulary found in your textbook on the last page of this lesson. Listen and repeat each Spanish word or phrase after the speaker.

Diario de aprendizaje

30 **Evaluar** Assess what you have learned in this lesson.

| Escuchar | ☺☺☺ | ☺☺ | ☹ |

Entiendo conversaciones telefónicas en contextos cotidianos sobre compromisos futuros, los temas de un congreso y el resultado de un juego de lotería.

| Leer | ☺☺☺ | ☺☺ | ☹ |

Entiendo textos sobre campañas de ONG, manifiestos, entrevistas y artículos.

| Hablar | ☺☺☺ | ☺☺ | ☹ |

Puedo hablar de compromisos futuros en mi vida cotidiana, valorar distintos aspectos del trabajo y la vida, y expresar deseos, peticiones y consecuencias.

| Interactuar | ☺☺☺ | ☺☺ | ☹ |

Puedo expresar compromisos futuros y expresar deseos, peticiones y consecuencias.

| Escribir | ☺☺☺ | ☺☺ | ☹ |

Puedo formular una petición por escrito.

31 **Anotar** Write down words or phrases, grammatical structures, and cultural information that you have learned in this lesson.

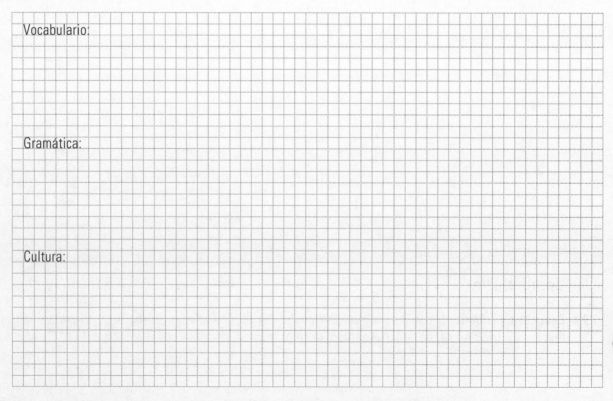

Vocabulario:

Gramática:

Cultura:

Read the dialogues and select the correct answer.

1

¿Cómo es tu profesora de español?

Pues ...... rubia, baja y muy simpática.

a) lleva b) es c) está d) tiene

2

¿Cómo es tu hijo?

¡Es muy cariñoso y muy guapo! ...... los ojos verdes.

a) Tiene b) Es c) Lleva d) Son

3

¿Y su marido quién es?

Es el que ...... bigote.

a) X b) va c) tiene d) es

4

¿Cómo os ......?

Estamos muy contentos, gracias.

a) sentáis b) sentís c) estáis d) sois

5

¿Cómo ...... sienten ustedes?

Estamos muy ilusionados.

a) le b) os c) te d) se

6

El año pasado ...... separé de mi marido.

¿Y ...... lleváis bien?

a) se/os b) os/te c) me/os d) te/os

7

Se enamoró ...... Alberto a primera vista.

¿Y se ha casado ...... él?

a) con/de b) X/con c) de/con d) X/de

8

Para vosotros, ¿qué es importante en la vida?

Es importante la ...... y ...... felices.

a) sana/vivir b) salud/vivir c) disfrutar/estar d) moda/dinero

9

¿Estás enamorado ...... mí?

¡Sí! ...... quiero mucho.

a) X/Os b) de/X c) de/Te d) con/Te

10

¿Se parece usted ...... su padre?

Sí, soy ...... él, pero tengo los ojos como mi madre.

a) en/como b) como/como c) X/igual d) a/como

Answer key: 1. b 2. a 3. c 4. b 5. d 6. c 7. c 8. b 9. c 10. d

Sin límites
Autoevaluación

Read the dialogues and select the correct answer.

1

El próximo año ...... un negocio.

¿Sí? ¡Qué bien!

a) abríamos   b) abriremos   c) abrieron   d) hemos abierto

2

...... ahora, estudiaré más español.

¡Muy bien!

a) Para   b) A partir de   c) Hasta   d) Por

3

¡...... importante es estar con la familia!

Sí, estamos de acuerdo.

a) Es   b) La   c) El   d) Lo

4

Lo ...... es disfrutar de tu tiempo libre.

Sí, lo malo son las distancias en una ciudad grande.

a) bueno   b) malo   c) fácil   d) bien

5

Quiero ...... con un gran equipo.

¡Sí! Un buen equipo es muy importante.

a) trabajar   b) trabajo   c) trabajé   d) trabajaré

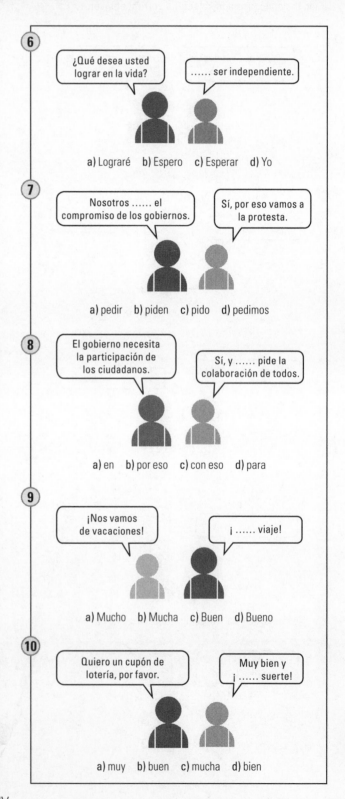

6

¿Qué desea usted lograr en la vida?

...... ser independiente.

a) Lograré   b) Espero   c) Esperar   d) Yo

7

Nosotros ...... el compromiso de los gobiernos.

Sí, por eso vamos a la protesta.

a) pedir   b) piden   c) pido   d) pedimos

8

El gobierno necesita la participación de los ciudadanos.

Sí, y ...... pide la colaboración de todos.

a) en   b) por eso   c) con eso   d) para

9

¡Nos vamos de vacaciones!

¡ ...... viaje!

a) Mucho   b) Mucha   c) Buen   d) Bueno

10

Quiero un cupón de lotería, por favor.

Muy bien y ¡ ...... suerte!

a) muy   b) buen   c) mucha   d) bien

Answer key: 1.b 2.b 3.d 4.a 5.a 6.b 7.d 8.b 9.c 10.c

AVENTURAS COTIDIANAS

Señores pasajeros

Vocabulario

1 **En el aeropuerto** Match the elements from the columns to form expressions used at the airport.

1. mostrador de ....
2. entrega de ....
3. sala de ....
4. número ....
5. cambio de ....

a. equipaje
b. de vuelo
c. facturación
d. llegada
e. dinero

2 **Recomendación** Complete these recommendations for travelers using words and expressions from the list.

mostrador	equipaje	pasaje	terminal	carrito
con retraso	control de pasaportes	compañía aérea	libres de impuestos	de embarque

ANTES DE VIAJAR

- Compruebe que su (1) .... está bien cerrado, e identifíquelo con su nombre y dirección. Compruebe que su equipaje de mano cumple con las normas de seguridad y no lleva ningún producto no permitido.
- Confirme los datos de su (2) ....: número de vuelo, (3) ...., hora límite de facturación, y de qué (4) .... sale su vuelo.
- Consulte el tiempo de antelación necesario antes de facturar y vaya al aeropuerto con tiempo suficiente.

EN EL AEROPUERTO

- Vaya al (5) .... de facturación.
- Si es difícil llevar su maleta, busque un (6) ....
- Después de facturar, le recomendamos ir al (7) .... para evitar la espera.
- Busque la puerta (8) .... y mire la pantalla o panel informativo.
- Si junto al número de su vuelo aparece el mensaje (9) "...............................", entonces hay tiempo para tomar un café y visitar las tiendas (10) ....

3 **¿Verdadero o falso?** Listen to the conversations and indicate whether each statement is true (**verdadero**) or false (**falso**).

Verdadero	Falso	
○	○	1. El vuelo de San Salvador llega con retraso.
○	○	2. Para llegar a la terminal 2 hay que tomar un autobús en la puerta B.
○	○	3. La puerta de embarque B26 cambió por la C32.
○	○	4. En la puerta de embarque C32 todavía no han empezado a embarcar.

Gramática funcional

4 **Preguntar** Imagine you and a friend are traveling to Colombia. In what order would you ask these questions?

☐ ¿Le importaría confirmarme la hora de embarque del vuelo AV4556?

☐ ¿Podría decirme cómo llegar al aeropuerto?

☐ ¿Podría decirme dónde está el mostrador de facturación de Avianca?

☐ ¿Podría indicarme dónde está la puerta de embarque D36?

5 **Información** Match the questions to the corresponding answers.

1. ¿Puede decirme dónde está
   la puerta de embarque 21? ....

2. ¿Podría confirmarme la hora
   de embarque del vuelo 721? ....

3. Perdone, ¿sabe a qué terminal
   llega el avión de Santiago de Chile? ....

4. Disculpe, ¿puede decirme si
   se puede fumar aquí? ....

5. Oiga, ¿por favor, puede decirme si
   en esta compañía es posible facturar
   en línea? ....

a. Sí, la 4. Está un poco lejos de aquí.
   Puede usted tomar un autobús.

b. No se puede, excepto en las zonas
   autorizadas.

c. Sí, claro. Tiene que seguir este pasillo
   y está a la izquierda.

d. Sí, si solo va a llevar equipaje de mano.

e. Pues… ha habido un retraso,
   así que será a las nueve.

6 **Preguntas** Complete the sentences with words from the list.

si	dónde	cuándo	cuál	cómo	quién	cuántos	qué

1. Perdone. ¿Puede indicarme .... está el mostrador de Aerolíneas Argentinas?

2. ¿Le importaría decirme .... sale el vuelo a Lima?

3. Oiga, ¿sabe .... es el responsable del mostrador de información?

4. ¿Podría decirme .... kilos se pueden facturar en esta compañía?

5. ¿Sabe a .... terminal llega el vuelo de París?

6. ¿Puede decirme .... es la puerta de embarque del vuelo 3256?

7. ¿Podría decirme .... hay algún problema con el avión que viene de Bogotá?

8. Perdone, ¿puede explicarme .... se llega a la terminal 4?

7 **Pedir información** Write the questions corresponding to each piece of information.

Información que necesita	Pregunta
1. El lugar de entrega del equipaje.	*¿Podría decirme dónde se entrega el equipaje?*
2. La hora de salida del vuelo 212.	
3. Quién es el responsable.	
4. Causa del retraso del vuelo de Buenos Aires.	
5. Precio de los kilos extra del equipaje.	
6. Modo de llegar a la terminal 4.	
7. Saber si se ha cancelado el vuelo 543.	

8 **Información en el aeropuerto** Listen to the questions and rephrase them using the prompt you see. Then, listen to the correct answer and repeat after the speaker.

MODELO
You hear: ¿Se ha cancelado el vuelo?
You see: sabe
You say: ¿Sabe si se ha cancelado el vuelo?

1. puede decirme
2. podría confirmarme
3. sabe
4. podría decirme
5. sabe

6. puede confirmarme
7. le importaría decirme
8. podría explicarme
9. puede decirme
10. sabe

9 **Conversación** Complete the conversation with polite questions, using the cues and the information provided in the answers.

PASAJERA (1) .... (cuándo, la hora de embarque)

PERSONAL DE INFORMES Lo siento, pero el vuelo a Cancún está con retraso.

PASAJERA (2) .... (a qué hora, sale el vuelo)

PERSONAL DE INFORMES No puedo decirle, pronto van a anunciarlo por el altavoz.

PASAJERA Discúlpeme, pero se supone que en este mostrador deberían saber eso.
(3) .... (quién, responsable)

PERSONAL DE INFORMES Sí, es el señor Calderón, supervisor de Informes. Pero en este momento no está.

PASAJERA (4) .... (cuándo, va a volver)

PERSONAL DE INFORMES Vuelve en unos minutos. ¿Podría esperarlo?

Lectura

10 **Viajero frecuente** Read the brochure and answer the questions.

PROGRAMA DE VIAJERO FRECUENTE

Ventajas:
Con nuestra tarjeta puede:

- Conseguir vuelos, estancias en hoteles y alquileres de coches gratis°.
- Acceder a clases superiores en sus vuelos.
- Reservar el asiento° que prefiere.
- Tener prioridad en las listas de espera° del aeropuerto.
- Llevar un acompañante° gratis.
- Disfrutar de un completo seguro de viaje°.

¿Como obtener nuestra tarjeta?
- Regístrese en nuestra página web.
- Presente su tarjeta en sus viajes y gane puntos.
- Acumule° puntos y disfrute de todas las ventajas.
- Los puntos son personales e intransferibles°.

1. ¿Hay que pagar para conseguir la tarjeta?
....

2. ¿Adónde hay que ir para conseguir la tarjeta?
....

3. Si un viajero olvida su tarjeta, ¿puede acumular los puntos?
....

4. ¿Se pueden dar los puntos a otros viajeros?
....

5. ¿Viaja usted mucho en avión? ¿Tiene tarjeta de viajero frecuente?
....

gratis *for free* asiento *seat* en las listas de espera *standby*
acompañante *companion* seguro de viaje *travel insurance*
acumule *earn* intransferibles *non-transferable*

Rincones escondidos
Vocabulario

11 **Tipos de viaje** Indicate which activities correspond to each kind of trip.

	Viaje organizado	Viaje de aventura
1. Viajar con un guía		
2. Alojarse en casas particulares		
3. Alojarse en hoteles		
4. Ir a una agencia de viajes		
5. No preparar el viaje		
6. Viajar en medios de transporte locales sin un guía		

12 **En Cuba** Replace the boldface words with the Cuban equivalent using words from the list.

| aeromoza carro reservación tremendo un paladar |

1. Si quieren viajar por el país, les recomiendo alquilar un **coche**. ....

2. Si queréis ahorrar y comer bien, os recomendamos comer en **una casa de comidas**. ....

3. Si necesita algo a bordo, puede pedir ayuda a la **auxiliar de vuelo**. ....

4. El paisaje desde el avión es **maravilloso**. ....

5. Yo que tú, haría la **reserva** de hotel con antelación. ....

13 **Después del viaje** Listen to Juan's message and indicate whether each statement is true (**verdadero**) or false (**falso**).

Verdadero	Falso	
○	○	1. Juan llama a Pedro desde el aeropuerto.
○	○	2. Juan fue a una playa del Caribe.
○	○	3. A Juan el viaje le pareció aburrido.
○	○	4. Los paisajes le parecieron espectaculares.
○	○	5. La gente no le pareció muy simpática.
○	○	6. Juan recomienda el lugar a Pedro.

Gramática funcional

14 **Escuchar** Listen to these people talking about their most recent trip and check off the verbs in the preterite (**pretérito indefinido**) that they use.

☐ averió	☐ fui	☐ pareció	☐ regresé
☐ conocimos	☐ fuimos	☐ perdieron	☐ sirvió
☐ encantó	☐ gustó	☐ propusiste	☐ tuvimos
☐ fue	☐ llovió	☐ recorrimos	☐ viajamos

15 Planes de viaje Match the travel plans with the recommendations.

.... 1. Estoy pensando en ir a la playa el fin de semana.

.... 2. No sé qué hotel elegir.

.... 3. Quiero ir a Egipto este verano.

a. Yo que tú iría en un viaje organizado. Es más cómodo.

b. Pues no te lo recomiendo. Han dicho que va a llover.

c. Yo en tu lugar reservaría en el que está al lado de la playa. Tiene unas vistas espectaculares.

16 Sugerencias Complete Romina's e-mail with the conditional of the verbs.

De: Romina
Para: Patricia

¡Hola, Patricia!

Sé que estás preparando un viaje a Buenos Aires, y te escribo para hacerte algunas sugerencias. Para no gastar mucho dinero, yo que tú (1)........................(alojarse) en un albergue en el centro de la ciudad. Para comer, yo (2)........................(ir) a restaurantes con menú fijo, que son más económicos. En lugar de contratar excursiones, yo (3)........................(tomar) el metro. Y (4)........................(comprar) una guía para saber qué lugares visitar. Si te gustan los museos, yo en tu lugar (5)........................(visitar) el Malba, el museo de arte latinoamericano. Además, te recomiendo ir a los barrios de La Boca y San Telmo.

Después escríbeme para contarme qué te pareció. Un saludo,

Romina

17 Recomendaciones Match the statements to the recommendations.

.... 1. Los hoteles son muy caros.

.... 2. El restaurante Casa García tiene unos menús magníficos.

.... 3. Esta compañía es muy buena.

.... 4. Hay buenas ofertas de vuelos en Internet.

a. Te las recomiendo.

b. No te los recomiendo.

c. Te la recomiendo.

d. Te los recomiendo.

18 Destinos What do you recommend in these situations? Write complete sentences.

1 Egipto	2 Caribe	3 China	4 Machu Picchu
¿verano?	¿barco o avión?	¿solo/a?	¿con niños?

....

....

....

19 Completar Complete the e-mail with the preterite (**pretérito indefinido**) of **gustar**, **parecer**, and **encantar**.

De: María Virginia López
Para: Fátima Vázquez

Querida Fátima:

Gracias por tus recomendaciones. Regresamos ayer. El viaje nos (1)........................fantástico. El lugar nos (2)........................y las playas nos (3)........................magníficas. Al grupo le (4)........................mucho las excursiones y la comida les (5)........................excelente. Lo único que no nos (6)........................mucho fue el precio. Nos (7)........................un poco caro.

Un beso,

María

20 **Recomendar** Listen to the sentences and give recommendations for each situation using the conditional. Then, listen and repeat the correct answer after the speaker.

MODELO	*You hear:*	No sé qué hotel elegir.
	You see:	a. un hotel de cinco estrellas
		b. alquilar un carro
	You say:	Yo en tu lugar elegiría un hotel de cinco estrellas.

1. a. comer en paladares
   b. contratar un hotel con todo incluido
2. a. ir en barco
   b. sacar un pase de esquí
3. a. tomar un taxi
   b. no viajar con un viaje organizado
4. a. ir a México
   b. ir a Madrid

5. a. alojarse en casas particulares
   b. ir al aeropuerto con antelación
6. a. hacer turismo de aventura
   b. ir a un hotel de campo
7. a. viajar en tren
   b. viajar en avión
8. a. ir al Caribe
   b. ir a Bolivia

Lectura

21 **Ofertas de viajes** Read this ad carefully and answer the questions.

COSTA RICA

OFERTA 788 €

Salidas todos los jueves y sábados desde Madrid (sábados desde Barcelona)
El viaje incluye:
* Vuelo especial directo
* Estancia de siete noches
* Régimen de todo incluido°
* Traslados aeropuerto - hotel - aeropuerto
* Servicio de guía
* Seguro básico°
El viaje no incluye:
* Tasas de aeropuerto°
* Suplemento de 110 € en salidas desde Barcelona

Nota importante: El pasaporte debe tener una validez superior a seis meses al comenzar el viaje.

Programa del viaje
Primer día
* Presentación 180 minutos antes de la salida del avión
* Trámites de facturación y embarque
* Llegada, traslado y alojamiento

Días intermedios
* Días libres
* Estancia en el hotel y régimen de todo incluido

Último día
* Traslado al aeropuerto y salida con destino al punto de origen
* Llegada y fin de nuestros servicios

** **Válido para reservas efectuadas hasta el 30 de abril** **

1. ¿Cuánto hay que pagar en total por persona si se viaja desde Madrid? ¿Y desde Barcelona?

   ....

2. ¿Qué condición hay para poder viajar?

   ....

3. ¿Hasta cuándo se puede reservar para aprovechar esta oferta?

   ....

4. ¿Qué hay programado para el segundo día del viaje?

   ....

5. ¿Con cuántas horas de antelación hay que ir al aeropuerto el día del viaje?

   ....

6. ¿Cuántas comidas en el hotel están incluidas en el precio?

   ....

régimen de todo incluido *all-inclusive* seguro básico *basic insurance* tasas de aeropuerto *airport tax*

Nelson y Edgar, bienvenidos a bordo

22 **A bordo** Listen to the recording and label the people and objects with the corresponding numbers. Then listen again and write the words in the space provided.

1. ....
2. ....
3. ....
4. ....
5. ....
6. ....

23 **Entrevista** Complete this interview with a flight attendant with words and expressions from the list.

| a bordo | abrocharse | asiento | control | pasajeros | respaldo | seguridad | vuelo |

- Entonces, ¿cuáles son tus obligaciones una vez (1) ....?

- Bueno, lo primero es dar la bienvenida a los viajeros y ayudarles a encontrar su (2) .... o a subir su equipaje de mano al compartimiento. Cuando ya todos están sentados y el avión va a despegar°, tenemos que recordarles los procedimientos° de (3) ....: (4) .... los cinturones de seguridad, mantener el (5) .... del asiento en posición vertical, apagar los celulares... También hay que hacer una demostración de cómo actuar en caso de una emergencia. Luego, durante el (6) .... hay que atender las necesidades de todos los (7) .... Y según el país adonde volamos, a veces hay que darles un formulario° que luego deben entregar en el (8) .... de pasaportes.

despegar *to take off* procedimientos *procedures* formulario *form*

24 **¡Buena suerte!** Write complete sentences to wish someone well in the following situations. Use the sentence starters from the list.

| Les deseamos… | ¡Que tengas…! | ¡Que disfruten…! | ¡Feliz/Felices…! |
| ¡Que lo pases…! | ¡Buen…! | ¡Buenas…! | |

1. Empiezan las vacaciones. Su profesor(a) los despide.

....

2. Su amigo/a y usted se van de viaje. Otros amigos los despiden.

....

3. Su hermano/a vuela en avión por primera vez. Usted lo despide.

....

4. Sus padres salen a recorrer el país en coche. Sus hermanos y usted los despiden.

....

5. Usted y sus amigos llegan a un hotel. Los recibe el hotelero.

....

Lectura

25 **Viajes de negocios** Read the article.

1. Decide who are the intended recipients of these pieces of advice.

los dueños de compañías de viaje ☐   los empresarios ☐   los auxiliares de vuelo ☐

CÓMO ABARATAR° LOS PRECIOS DE LOS VIAJES DE NEGOCIOS

En el mundo de los negocios, viajar se ha hecho indispensable. Los ejecutivos pasan mucho tiempo en viajes de negocios y hoteles, negociando° con clientes y cerrando tratos°. Esto requiere una gran inversión de dinero para las empresas y ahora, con la crisis, hay que ahorrar. Aquí le damos unos consejos para conseguirlo:

1. **Desarrollar** una política de viajes y **darla** a conocer a todas las personas de su empresa: por qué categoría de hoteles o vuelos puede optar cada tipo de ejecutivo, qué tipo de gastos° cubre la empresa (comidas, alquiler de coches…).

2. **Comprar** los billetes con antelación. Cuanto más lejos esté la fecha del viaje, más económicos serán los billetes. También es más barato viajar en fines de semana y, por supuesto, utilizar aerolíneas de bajo costo o, si no hay más remedio° que usar líneas regulares, escoger billetes de clase turista.

3. **Llegar** a un trato con compañías aéreas, hoteles y restaurantes para conseguir buenos precios. Intentar buscar los que tienen filiales° en los países donde su empresa tiene negocios.

4. **Conseguir** que el Departamento de Viajes trabaje en estrecha° colaboración con los directores financieros de la empresa. Así la empresa podrá controlar con más eficiencia sus gastos y buscar cómo reducirlos.

5. **Asociarse** a una agencia de viajes. Si usted se compromete a trabajar sólo con ellos, le ofrecerán precios más bajos, facilidades de pago° y otras ventajas, por ejemplo, servicio de reservas en línea, que permite escoger itinerarios; orden de compra electrónica, que permite comparar los precios antes de la emisión del billete; también ofrecen programas especiales para grupos.

abaratar *to reduce* **negociando** *doing business* **cerrando tratos** *making deals* **gastos** *expenses* **si no hay más remedio** *if there is no choice* **filiales** *subsidiaries* **estrecha** *close* **facilidades de pago** *payment options*

---

2. Write the number of the item where each piece of information appears.

a. Conviene comprar los billetes mucho tiempo antes. ☐

b. Los empleados deben estar informados de lo que paga y lo que no paga la empresa en los viajes. ☐

c. Es bueno que diferentes departamentos de la empresa colaboren entre sí. ☐

d. Es mejor trabajar con una sola agencia de viajes. ☐

e. Hay que hacer acuerdos con hoteles que estén en los países adonde se viaja por negocios. ☐

3. Complete the table with the infinitives used to give advice in the text and write the formal imperative form (**usted** commands).

a. *desarrollar*	*desarrolle*	d.	....
b.	....	e.	....
c.	....	f.	....

Composición

26

Una queja Write a letter to an airline complaining about a bad travel experience and say what you would do to improve the service.

PREPARACIÓN

Make a list of all the things that went wrong during your trip and suggest ways to fix the problems. In the letter, first describe your experience using past tenses (preterite and imperfect). In another paragraph, make suggestions using the conditional.

COMPOSICIÓN

Here are some useful words and expressions.

el cambio de asiento	el embarque	el mostrador de facturación
el/la auxiliar de vuelo	la entrega de equipaje	el mostrador de información
el/la jefe/a de cabina	hacer escala	el retraso
el/la responsable	la aerolínea abanderada	Yo en su lugar + [*conditional*]
el/la supervisor(a)	la frazada	

....

....

....

....

....

....

....

....

....

....

....

....

....

....

◁)) Vocabulario

27 **Escuchar y repetir** You will now hear the vocabulary found in your textbook on the last page of this lesson. Listen and repeat each Spanish word or phrase after the speaker.

Diario de aprendizaje

28 **Evaluar** Assess what you have learned in this lesson.

| Escuchar | ☻☻☻ | ☻☻ | ☹ |

Entiendo mensajes por altavoz en un aeropuerto o en una estación, y recomendaciones de a bordo.

| Leer | ☻☻☻ | ☻☻ | ☹ |

Entiendo textos relacionados con información a viajeros, correos electrónicos que cuentan y valoran un viaje, artículos de revistas y avisos

| Hablar | ☻☻☻ | ☻☻ | ☹ |

Puedo hacer recomendaciones de vacaciones, pedir y confirmar información de viaje, y desear un buen vuelo.

| Interactuar | ☻☻☻ | ☻☻ | ☹ |

Puedo hablar y preguntar sobre destinos turísticos, recomendaciones de viaje y charlar sobre anécdotas de viajes.

| Escribir | ☻☻☻ | ☻☻ | ☹ |

Puedo redactar textos contando y valorando un viaje, y haciendo recomendaciones.

29 **Anotar** Write down words or phrases, grammatical structures, and cultural information that you have learned in this lesson.

Vocabulario:

Gramática:

Cultura:

16 **Diferencias entre empresas** Read the descriptions of the companies where these two friends work. Compare them and complete the conversation below with possessive adjectives and pronouns. Remember to use the corresponding definite article with the possessive pronouns, if necessary.

El jefe es muy simpático y le encanta trabajar en equipo. No pagan las horas extras. Hay muchos problemas personales entre los colegas.

El jefe es muy serio y le gusta mucho mandar. Paga muy bien las horas extras. Los colegas se llevan muy bien y hacen muchas cosas juntos en su tiempo libre.

PABLO   ¿Y cómo te va en el trabajo?

MARTA   Pues bien... Mira, aunque mi jefe es un poco autoritario me llevo bien con él. ¿Y (1) .... qué tal?

PABLO   (2) .... es muy comprensivo. Pero (3) .... colegas tienen muchos problemas entre ellos. Aunque imagino que (4) .... colegas también tienen (5) ....

MARTA   No, en absoluto. Mira, este mes hacemos una excursión juntos. ¡Hemos cobrado las horas extras!

PABLO   ¿(6) .... empresa os paga las horas extras? ¡Qué suerte!

MARTA   ¿(7) .... no?

17 **Los míos** Complete the conversations with your own ideas, following the model.

1. • Mi jefe es muy dinámico e innovador.
   ▪ *Pues el mío es ...*.................................

2. • Mi oficina está cerca de casa.
   ▪ ....

3. • Mis compañeros de trabajo son muy serios.
   ▪ ....

4. • Mi horario es bastante cómodo.
   ▪ ....

5. • A mi jefe le gusta el trabajo en equipo.
   ▪ ....

6. • En mi oficina trabajamos seis personas.
   ▪ ....

18 **Escuchar** Listen to the sentences and inquire about the same situation for the people listed. Then listen to the correct answer and repeat after the speaker.

MODELO	*You hear:*	Mi jefe es muy serio.
	You see:	tú
	You say:	¿Y el tuyo?

1. tú   3. tú   5. vosotros   7. ellas
2. yo   4. usted   6. nosotros   8. ustedes

19 **Elegir** Complete the conversations with appropriate expressions from the list.

| Siento verte así.   No te preocupes.   Te entiendo perfectamente.   No pasa nada. |

1. • Estoy preocupado. He perdido mi trabajo y con la edad que tengo, va a ser muy difícil encontrar otro.
   ▪ .... Me encantaría poder hacer algo para ayudarte.

2. • No sé qué hacer. En mi trabajo tengo que hacer horas extras constantemente. Nunca estoy con mis hijos.
   ▪ .... Cuando los míos eran pequeños, tenía el mismo problema. .... porque al final aprendes a decir que no.

3. • ¿Sabes? He empezado en un nuevo trabajo. Tengo que aprender muchas cosas en poco tiempo y no entiendo nada.
   ▪ .... Eso pasa siempre al principio, pero dentro de poco empezarás a controlar la situación.

20 Seleccionar Choose the correct option to complete each sentence.

1. Es una editorial muy especializada. Trabajan **solamente/sobre todo** en el campo de la educación.
2. En verano tenemos jornada reducida y trabajamos **especialmente/únicamente** por las mañanas.
3. Me llevo bien con todos mis compañeros pero **especialmente/solo** con Carolina.
4. Tiene un contrato a tiempo parcial, por eso trabaja **solo/sobre todo** cuatro horas al día.

21 Consolar Offer consolation to these people using the expressions learned in the unit.

1. • En mi empresa trabajamos mucho y no nos pagan las horas extras. Únicamente nos dan días libres, a veces.

   ▪ ....

2. • Mis compañeros no me ayudan, especialmente los de mi equipo.

   ▪ ....

3. • ¿Sabes? Me canso del trabajo. No sé que hacer.

   ▪ .... Eso pasa siempre después de un tiempo, pero seguro es algo temporal.

Lectura

22 El perfil laboral Read this job description and indicate whether each statement below is true (**verdadero**) or false (**falso**).

DESCRIPCIÓN DE PUESTOS DE TRABAJO

SITUACIÓN EN EL ORGANIGRAMA

el jefe de su jefe: Director General • su jefe: Director de Recursos Humanos • su puesto: Técnico de Recursos Humanos

RESPONSABILIDADES/FUNCIONES

- Planificación: definición de metas°, de estrategias y coordinación de actividades.
- Organización: definición de las tareas y organización de equipos.
- Liderazgo°: formación y motivación al equipo, comunicación y resolución de conflictos.
- Control de los recursos: seguir las actividades y corregir cualquier desviación significativa.

PERFIL Y REQUISITOS DEL PUESTO

- Conocimiento de los programas informáticos° relacionados con su función.
- Trabajo en equipo y gestión de personas.
- Análisis de situaciones complejas.
- Habilidades interpersonales para establecer contactos internos y externos a la organización.
- Amplios conocimientos de los aspectos legales, fiscales y laborales relacionados con el puesto.

metas *goals* Liderazgo *Leadership* programas informáticos *software*

Verdadero	Falso	
○	○	1. El puesto de trabajo depende directamente del Director General.
○	○	2. El puesto pertenece al Departamento de Contabilidad.
○	○	3. Su tarea consiste especialmente en el control de los recursos.
○	○	4. Las relaciones interpersonales son imprescindibles en el puesto.
○	○	5. También se necesitan conocimientos informáticos, legales, fiscales y laborales.

Cristina Rubio, asesora laboral

23 **Asesoría laboral** Arrange Cristina Rubio's answers to this question in order and underline the words that helped you organize the text.

- *Cristina, ¿qué factores son indispensables para conseguir un buen ambiente laboral?*

☐ *Después, por una parte están los compañeros y su capacidad de trabajar en equipo.*

☐ *Por un lado, y como factor quizás más importante, está el jefe: su actitud puede crear un buen clima laboral o puede producir estrés y tensión.*

☐ *Y por otra, el trabajador: si no estás motivado y no sientes entusiasmo por tu trabajo, no ayudarás a crear un buen clima laboral.*

☐ *Bueno, para mí hay muchos factores que contribuyen a un buen clima laboral.*

☐ *Por otro lado, el trabajo: hay trabajos que producen más tensión que otros.*

24 **Carta** Complete this letter to Cristina Rubio with appropriate words and expressions.

> Estimada Sra. Rubio:
>
> He leído su presentación en Internet y creo que puede ayudarme. Trabajo en una (1) ....
> de *marketing* desde hace varios años. (2) ...., me gusta mi trabajo. Es muy interesante
> y tengo un (3) .... que me permite vivir sin problemas económicos, además me encanta
> trabajar con mis (4) .... (5) ...., después del trabajo no puedo
> disfrutar de mi marido y de mi hija porque mi cabeza sigue en el trabajo. Espero que usted pueda
> ayudarme a solucionar mis (6) .... En espera de sus noticias, la saluda atentamente,
>
> Juana Alonso

25 **Escribir** Read this ad from Cristina Rubio's company. Which course would be the best option for Juana, from the previous activity? Explain your answer.

> Cursos para empresas
>
> **Comunicación y presentaciones**
> *Coaching* para lograr una comunicación exitosa relacionada con nuevos contactos y mejorar los existentes: personales o profesionales.
>
> **Gestión de estrés**
> Cómo minimizar el estrés en momentos de gran presión laboral. Aprender a desconectar fuera del horario de trabajo.
>
> **Bases de la inteligencia emocional**
> Reconocer sentimientos propios y ajenos, y manejarlos adecuadamente puede ser de gran ayuda en el trabajo.

....
....
....
....
....
....
....

Lectura

(26) **La comunicación y los negocios** Read the article and answer the questions.

1. Indicate the sentence that best summarizes the article.

   a. Los empleados de una empresa pueden hablar mal de ella a sus amigos y conocidos si no están bien informados. ☐

   b. La buena comunicación ayuda tanto a los empleados como a la misma empresa. ☐

   c. Hay que invertir mucho dinero en nuevas tecnologías para conseguir una buena comunicación dentro de la empresa. ☐

LA COMUNICACIÓN EN LA EMPRESA

Todas las empresas, grandes o pequeñas, necesitan una comunicación interna fluida°, tanto para facilitar° los procesos rutinarios como para contribuir al buen ambiente laboral. Y para esto, las nuevas tecnologías pueden desempeñar° un papel fundamental.

Un buen sistema de comunicación interna facilita la tarea de compartir archivos; acceder a las bases de datos° de la empresa desde cualquier lugar; enterarse° rápidamente de las novedades° de la empresa, por ejemplo, de la llegada de nuevos compañeros; trabajar en equipo sin estar físicamente juntos; informar, por ejemplo, del interés de cualquier trabajador en comprar o vender un coche; felicitar los cumpleaños; realizar cursos de formación…

Pero, por otra parte, la buena información de los empleados de una empresa sobre lo que pasa en la misma, no es solo positivo dentro del trabajo en sí. No hay que olvidar que el principal portavoz de una compañía, y el más creíble°, son sus empleados. Lo que ellos dicen en la calle es fundamental: todo el mundo piensa "ellos trabajan ahí, así que deben saber bien lo que pasa". Un trabajador bien informado de lo que pasa en su compañía, se siente parte de ella y dará una imagen positiva en el exterior ante posibles futuros clientes. Los empleados no deben enterarse de las novedades en los periódicos y deben ser capaces de responder a las preguntas de sus amigos y familiares.

La incorporación de nuevas tecnologías para facilitar la comunicación es fundamental en el área de recursos humanos y es siempre favorable para la empresa. Pero no es cuestión de comprar la intranet o extranet más cara, sino de hacer un estudio sobre cuál es la mejor plataforma de comunicación para su organización.

Si usted ayuda a una comunicación fluida entre los miembros de su equipo, verá cómo mejora el ambiente laboral y cómo lo notan sus clientes.

fluida *fluid* **facilitar** *to ease* **desempeñar** *to carry out* **bases de datos** *data bases* **enterarse** *to find out* **novedades** *news* **creíble** *credible*

---

2. Who is the target audience of this article?

   a. los empleados ☐   b. el Departamento de RR.HH. ☐   c. los clientes ☐

3. Indicate whether each statement is true (**verdadero**) or false (**falso**).

Verdadero **Falso**

   ○   ○   a. La buena comunicación dentro de la empresa ayuda no solo al trabajo sino también a las buenas relaciones entre los trabajadores.

   ○   ○   b. La gente a veces busca información sobre una empresa a través de sus trabajadores.

   ○   ○   c. Es mejor comprar una intranet cara, para estar seguro de que es la mejor.

Composición

Dar consejos laborales Read the letters Javier and Micaela sent to Cristina Rubio and answer one of them as if you were a counseling specialist.

Estimada Sra. Rubio:
Quería pedirle un consejo sobre cómo conseguir mi primer trabajo en mi especialidad después de terminar la carrera. Para pagar mis estudios he trabajado como mesero y en otros trabajos a tiempo parcial, pero mi experiencia no tiene relación con mi profesión de analista de *marketing*. ¿Qué puedo hacer?
Atentamente,
Javier

Estimada Sra. Rubio:
Leí su página de Internet y creo que me puede ayudar a elegir una pasantía de verano. Estoy estudiando periodismo y me gustaría encontrar una pasantía relacionada con mi carrera, pero no encuentro pasantías pagadas y necesito ganar algo de dinero para cubrir mis gastos. ¿Qué me aconseja?
Atentamente,
Micaela

PREPARACIÓN

In your reply, offer consolation and encouragement. Then give advice about the personal characteristics that the individual should emphasize when looking for a job or internship. Remember to structure the information logically.

COMPOSICIÓN

Here are some useful words and expressions.

porque	innovador(a)	reunir los requisitos	título	por un lado/una parte
aunque	comprensivo/a	postularse	perspectiva	por otro/otra
sin embargo	estar motivado/a	No te preocupes.	habilitar	
comunicador(a)	relacionarse	¡Ánimo!	solamente	
metódico/a	actitud	contrato de trabajo	sobre todo	

....

....

....

....

....

....

....

....

....

....

 ## Vocabulario

Escuchar y repetir You will now hear the vocabulary found in your textbook on the last page of this lesson. Listen and repeat each Spanish word or phrase after the speaker.

Diario de aprendizaje

29 **Evaluar** Assess what you have learned in this lesson.

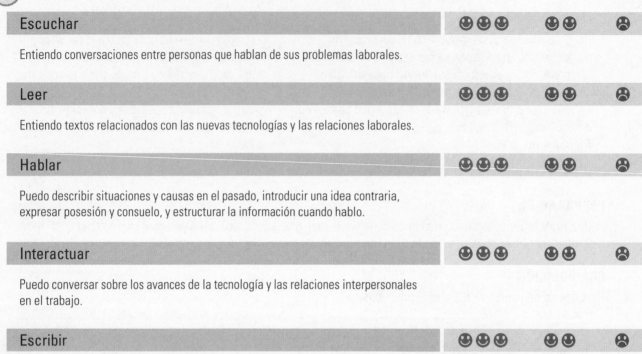

Escuchar	

Entiendo conversaciones entre personas que hablan de sus problemas laborales.

Leer	

Entiendo textos relacionados con las nuevas tecnologías y las relaciones laborales.

Hablar	

Puedo describir situaciones y causas en el pasado, introducir una idea contraria, expresar posesión y consuelo, y estructurar la información cuando hablo.

Interactuar	

Puedo conversar sobre los avances de la tecnología y las relaciones interpersonales en el trabajo.

Escribir	

Puedo escribir una oferta de trabajo.

30 **Anotar** Write down words or phrases, grammatical structures, and cultural information that you have learned in this lesson.

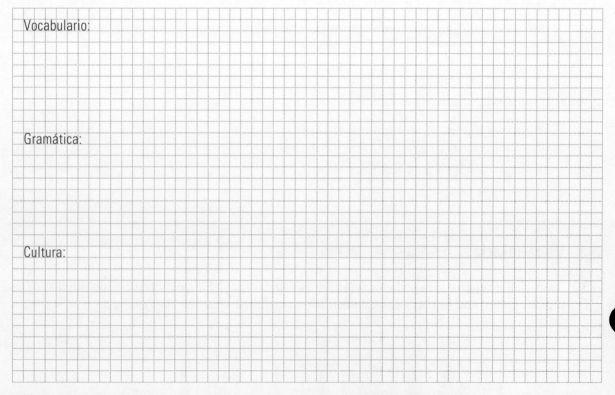

Vocabulario:

Gramática:

Cultura:

13A

Aventuras cotidianas

■ Autoevaluación

Read the dialogues and select the correct answer.

1
¿Le importaría decirme ...... el vuelo de Barcelona tiene retraso?

No. Llegará puntual.

a) dónde b) cuándo c) si d) cuál

2
¿Le ...... decirme dónde recoger el equipaje?

Sí, claro, en la sala 3.

a) podría b) importaría c) puede d) sabe

3
¿Me puede ...... sus datos personales por favor?

Por supuesto, aquí tiene mi pasaporte.

a) confirmar b) confirma c) confirmas d) confirmaría

4
¿Podría decirme ...... es la puerta de embarque?

Lo siento, todavía no tiene puerta asignada.

a) si b) qué c) cuál d) dónde

5
¿Qué tal vuestro viaje a Costa Rica?

Muy bien. La naturaleza nos ...... increíble.

a) encantó b) gustó c) pareció d) fue

6
¿Qué tal te fue en Honduras?

Me encantó la comida, es ....

a) maravilloso b) excelente c) increíbles d) estupendo

7
Últimamente estoy muy cansada.

Yo que tú, ... una semana de vacaciones.

a) me tomo b) te tomas c) me tomaría d) te tomarías

8
Queremos ir a Barcelona, ¿nos ...... recomiendas?

Claro, os va a encantar.

a) les b) le c) los d) lo

9
Quiero ir en agosto de vacaciones a Chile.

En agosto es muy caro. Yo en ...... lugar, compraría ya los billetes.

a) mi b) tu c) nuestro d) vuestro

10
Mañana nos vamos a Perú.

¡Que ...... mucho del viaje!

a) disfrutan b) disfrutarán c) disfrutarían d) disfruten

Answer key: 1.c 2.b 3.a 4.c 5.c 6.b 7.c 8.d 9.b 10.d

13B Mundo tecnológico

Autoevaluación

Read the dialogues and select the correct answer.

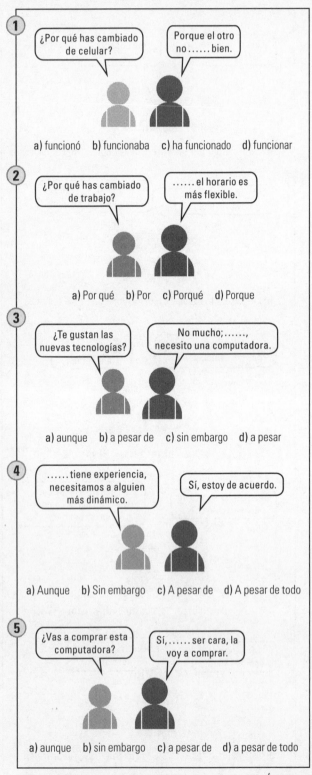

1
¿Por qué has cambiado de celular?
Porque el otro no ...... bien.

a) funcionó   b) funcionaba   c) ha funcionado   d) funcionar

2
¿Por qué has cambiado de trabajo?
...... el horario es más flexible.

a) Por qué   b) Por   c) Porqué   d) Porque

3
¿Te gustan las nuevas tecnologías?
No mucho; ......, necesito una computadora.

a) aunque   b) a pesar de   c) sin embargo   d) a pesar

4
...... tiene experiencia, necesitamos a alguien más dinámico.
Sí, estoy de acuerdo.

a) Aunque   b) Sin embargo   c) A pesar de   d) A pesar de todo

5
¿Vas a comprar esta computadora?
Sí, ... ser cara, la voy a comprar.

a) aunque   b) sin embargo   c) a pesar de   d) a pesar de todo

6
Mi casa está aquí cerca, a cinco minutos.
...... mía también está cerca.

a) El   b) La   c) Los   d) Las

7
En muchas empresas se trabaja solo por la mañana.
En ...... no, también trabajamos por la tarde.

a) la nuestra   b) la vuestra   c) las nuestras   d) las vuestras

8
Mañana no podré ir a tu fiesta.
......

a) Te entiendo   b) No pasa nada   c) Gracias   d) Porque

9
¿Usas mucho las nuevas tecnologías?
Sí, ... el celular.

a) solo   b) solamente   c) sobre todo   d) toda

10
¿Por qué quieres trabajar en nuestra empresa?
Por ......, su prestigio, por otro, la posibilidad de liderar un equipo.

a) un lado   b) una   c) una parte   d) uno

Answer key: 1. b 2. d 3. c 4. a 5. c 6. b 7. a 8. b 9. c 10. a

UN IDIOMA COMÚN

Un mundo en movimiento
Vocabulario

1 **Economía** Use words from each column to form expressions related to the economy.

| industria |
| recurso (2) |
| producto |
| explotación |

| natural |
| petrolera |
| de recursos |
| interior bruto |
| económico |

1. ....*industria petrolera*......................
2. ....
3. ....
4. ....
5. ....

2 **Escuchar** Listen to the report and indicate whether each statement is true (**verdadero**) or false (**falso**).

Verdadero Falso

○	○	1. El petróleo es el segundo recurso económico de Venezuela.
○	○	2. Venezuela es uno de los países productores de petróleo más importantes del mundo.
○	○	3. El petróleo solo se encuentra en una zona de la costa venezolana.
○	○	4. Venezuela también exporta oro.
○	○	5. La industria en general forma una parte importante del producto interior bruto del país.

Gramática funcional

3 **Un poco de historia familiar** Complete the story of this family that lived in Equatorial Guinea during the colonial era. Use the preterite and the imperfect in your answers.

Mi abuelo (1) .... (emigrar) a Guinea Ecuatorial después de la Guerra Civil porque la situación

en España (2) .... (ser) muy difícil. Mi abuelo (3) .... (ser) el sexto de ocho

hermanos, y no (4) .... (tener) trabajo, así que (5) .... (decidir) emigrar

con su esposa. En esa época, Guinea Ecuatorial todavía (6) .... (ser) parte de España.

Mis abuelos (7) .... (abrir) un pequeño taller de carpintería en Luba, donde

(8) .... (fabricar) muebles artesanales. Al principio (9) .... (ser) duro:

(10) .... (estar) en un país diferente, con otro clima y otra cultura. La gente, además

del español, (11) .... (hablar) muchas lenguas que no conocían.

Ellos (12) .... (volver) a España después de la independencia de Guinea Ecuatorial en 1968.

Mi abuelo (13) .... (soler) contar historias sobre su experiencia en ese país.

4 **Soler** Listen to the sentences and rephrase them using the verb **soler**. Then, listen to the correct answer and repeat after the speaker. (8 items)

| **MODELO** | *You hear:* | Todos los veranos íbamos a Chile. |
| | *You say:* | Todos los veranos solíamos ir a Chile. |

5 **Antes** Rewrite this text in the past.

> Me encanta viajar, pero no me gustan los viajes organizados. Voy a la aventura. También prefiero viajar solo porque así tengo la oportunidad de conocer a la gente del lugar. Visito los monumentos y los museos, pero también paseo por las calles y como en los restaurantes donde lo hace la gente local.

Antes de tener niños ....

....

....

....

....

....

6 **Ordinales** Complete the paragraph by writing out the correct forms of the ordinal numbers.

> ### ARGENTINA, SUPERMERCADO DEL MUNDO
>
> Además de ser el (a) .... (1.º) exportador mundial de aceite de maní°, peras frescas y aceite de soja°, Argentina es el (b) .... (3.º) exportador mundial de miel. También es el (c) .... (6.º) productor mundial de carne bovina°. Este país es el (d) .... (10.º) exportador de vinos.

aceite de maní *peanut oil* soja *soybean* carne bovina *beef*

7 **Anuncios** Listen to the radio announcement and complete the sentences with the correct ordinal numbers.

Guineamar es el (1) .... hotel con un campo de golf. Su playa es la (2) .... más grande del país. Ha sido elegido el (3) .... hotel más lujoso del continente africano.

With which economic resource do you associate the commercial?

industria petrolera ☐   recursos naturales ☐   turismo ☐

8 **En otras palabras** Rewrite the sentences as in the model.

1. Cuando era niño, normalmente jugaba en la calle con mis amigos.

   Cuando era niño, solía jugar en la calle con mis amigos.

2. Antes, su familia y ella casi siempre viajaban al extranjero una vez al año.

   ....

3. En el pasado los viajes en avión eran normalmente muy caros.

   ....

4. Cuando éramos pequeños, íbamos casi siempre a la playa en verano.

   ....

9 **En la infancia** What did you use to do as a child? Write sentences with words and expressions from the list and the verb **soler**.

casi siempre	de vez en cuando	todos los años/días	normalmente

1. ....

2. ....

3. ....

4. ....

Lectura

10 **El español en Guinea Ecuatorial** Read this text about the Spanish language in Equatorial Guinea and indicate whether each statement is true (**verdadero**) or false (**falso**). Then answer the questions.

En cada uno de los países en que se habla la lengua española, el español presenta características peculiares° en lo que se refiere a° la fonología y al léxico°. En Guinea Ecuatorial, por ejemplo, la fonología, la morfosintaxis y el léxico del español han recibido desde siempre interferencias de las lenguas vernáculas. Este particular fenómeno comparte protagonismo con el inevitable empobrecimiento° de la enseñanza y el aprendizaje° de la lengua española en Guinea (la pérdida° de la capacidad de hablar y escribir bien la lengua española por parte de muchos de los jóvenes inmersos° hoy en el sistema educativo guineano). Todo ello se agrava° más porque hay enormes carencias° de recursos para la enseñanza y el aprendizaje de la lengua, como programas de televisión, por ejemplo, que podrían servir para reforzar la presencia de la lengua española en Guinea Ecuatorial.

Pero aunque tenga sus peculiaridades°, el español que se habla en Guinea Ecuatorial es la lengua a través de la cual nos comunicamos la mayor parte de la población ecuatoguineana entre todas las tribus° y con el resto de los hispanohablantes. De este modo, hoy por hoy, los ecuatoguineanos aún creamos literatura en lengua española, escribimos novelas, poesías y obras de teatro° que son, gracias a ello, legibles° por toda la comunidad de habla española.

peculiares *particular* en lo que se refiere a *with respect to* léxico *vocabulary* empobrecimiento *impoverishment* aprendizaje *learning* pérdida *loss* inmersos *immersed* se agrava *gets worse* carencias *shortage* peculiaridades *peculiarities* tribus *tribes* obras de teatro *plays* legibles *readable*

Verdadero **Falso**

○ ○ 1. En Guinea Ecuatorial la influencia de las lenguas nativas sobre el español es importante.

○ ○ 2. El sistema educativo guineano pone especial énfasis en la enseñanza del español.

○ ○ 3. El español es importante para los ecuatoguineanos porque les permite comunicarse entre las distintas tribus y con otros hispanohablantes.

1. ¿En qué contextos se habla español en Guinea Ecuatorial?

....

....

2. ¿Qué manifestaciones culturales en español hay en Guinea Ecuatorial?

....

Intercambios
Vocabulario

11 **Expresiones** Match the elements from the columns to form expressions.

1. solicitar ....
2. cumplir ....
3. participar en ....
4. aprobar ....
5. llamar ....

a. un programa de intercambio
b. un examen
c. una beca (ERASMUS)
d. los requisitos
e. la atención

12 **Programa de intercambio** Complete the paragraph with words and expressions from the list. Use the appropriate forms of the verbs.

bachillerato	cursar	perfeccionar	solicitud	vida académica
beca ERASMUS	mudanza	programas de intercambio	validar	

Cuando me recomendaron los (1) ...., no sabía que iba a conocer a tanta gente

y de diversas partes del mundo. Después de terminar el (2) ...., decidí

(3) .... mis estudios de alemán en Berlín, mientras (4) ....

algunas materias de mi carrera. Yo pensaba que si no practicaba lo que había aprendido durante los años

del colegio me olvidaría de todo. Por suerte aprobaron mi (5) .... a la

(6) .... y en unos meses preparé la (7) .... a Berlín.

Yo creía que la (8) .... en Berlín era aburrida, pero no fue así. Tenía que hablar en

alemán en todo momento, ya que no hablaban español, pero todos me ayudaron. Al regresar,

(9) .... las materias que cursé en Alemania. ¡Fue una experiencia increíble!

Gramática funcional

13 **Ordenar** Read the interview with a world traveler and number the events to put them in order.

- Entonces, empezaste tus aventuras cuando terminaste la carrera.
- Todavía no la había terminado cuando me fui a África. La terminé cuando volví de mi segundo viaje.
- También fue entonces cuando te casaste...
- Me casé pocos días después.
- Y a Yamila, ¿la conociste en ese segundo viaje?
- La había conocido ya en el primer viaje, pero nos enamoramos durante mi segundo viaje allí...

☐ Casarse
☐ Primer viaje
☐ Conocer a Yamila
☐ Segundo viaje
☐ Enamorarse de Yamila
☐ Terminar la carrera

14 **Completar** Complete the sentences about Mandy with verbs in the appropriate tense.

1. En septiembre, Mandy .... (venir) a vivir a Alcalá. Antes .... (vivir) en Alemania.

2. En 1999 .... (empezar) a estudiar español. Antes .... (estudiar) inglés.

3. Antes de su primer viaje a Europa, ya .... (aprobar) el bachillerato.

15 Reescribir Rewrite these sentences following the model.

1. En 2005 Juan y Alicia se casaron. Un año después se compraron una casa.

   Cuando Juan y Alicia se compraron la casa, ya se habían casado.

2. Alberto empezó a trabajar en enero. Terminó sus estudios en julio del mismo año.

   ....

3. María se independizó económicamente de sus padres en 2009. En 2010 se fue a vivir al extranjero.

   ....

4. Juan encontró trabajo en 2002. Un año después se licenció en Ingeniería.

   ....

16 El perfil de Beatriz Look at Beatriz's profile on this professional networking site and rewrite the paragraph to give the correct information.

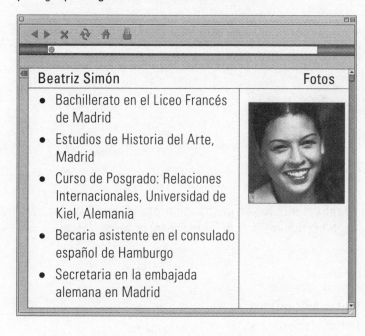

Beatriz Simón   Fotos

- Bachillerato en el Liceo Francés de Madrid
- Estudios de Historia del Arte, Madrid
- Curso de Posgrado: Relaciones Internacionales, Universidad de Kiel, Alemania
- Becaria asistente en el consulado español de Hamburgo
- Secretaria en la embajada alemana en Madrid

Cuando Beatriz llegó a Hamburgo, no hablaba alemán porque no había aprendido alemán ni había vivido en una ciudad alemana. Hablaba muy bien francés porque había estudiado en una escuela francesa. Había sido becaria antes de llegar a Hamburgo, pero nunca había estudiado nada sobre Relaciones Internacionales.

....
....
....
....
....
....
....

17 Reacciones Read the sentences and react to the new information following the model.

1. En Guinea Ecuatorial, además del español, se hablan otros seis idiomas: bisio, bubi, ibo, fang, ndowe (combe, benga, etc.) y criollo inglés.

   No sabía que en Guinea Ecuatorial se hablaba español.

2. En España las lenguas oficiales son castellano, catalán, euskera y gallego.

   ....

3. En Uruguay también se hablan diversas lenguas tupi-guaraníes.

   ....

4. En México se han conservado más de sesenta dialectos indígenas.

   ....

18   **Lo que yo creía** Complete the conversations with **creía que** or **pensaba que**, as in the model.

1. • El español es la segunda lengua más hablada del mundo después del chino.

    ■ (inglés) *Yo creía que era el inglés.* ....

2. • En la película actúa un actor español, Antonio Banderas.

    ■ (mexicano) ....

3. • La capital de Brasil es Brasilia.

    ■ (Río de Janeiro) ....

4. • En América, Colombia es el segundo país hispanohablante más poblado después de México.

    ■ (Argentina) ....

5. • Cuba tuvo el primer servicio de trenes de Latinoamérica.

    ■ (México) ....

19   **No sabía que...** Listen to the statements and react using **no sabía que**. Then, listen to the correct answer and repeat after the speaker. (8 items)

> **MODELO**
>
> *You hear:*   Estudio chino.
> *You say:*   No sabía que estudiabas chino.

Lectura

20   **Programas de intercambio** Read these requirements for an exchange program and look for synonyms of these words. Then indicate whether each statement is true (**verdadero**) or false (**falso**).

UNIVERSIDAD ATENEA

Programa de intercambio para estudiantes extranjeros

El Programa de Intercambio Internacional ofrece la posibilidad de cursar un semestre o un año académico en nuestra universidad a los estudiantes de universidades extranjeras con las que existen convenios de intercambio de estudiantes.

Requisitos:

- Inscribirse en sus universidades de origen.
- Pagar los gastos de los billetes de ida y vuelta y de los libros de texto.
- Contratar un seguro médico de cobertura total internacional.

1. estudiar: ....
2. acuerdos: ....
3. nueve meses: ....
4. condiciones: ....
5. registrarse: ....

Verdadero   **Falso**

○   ○   1. Todos los estudiantes pueden participar en este programa.

○   ○   2. Hay que pasar todo un año académico en el programa.

○   ○   3. Los participantes deben pagar sus billetes y su material de estudio.

○   ○   4. Los estudiantes se inscriben en su propia universidad.

Acacio Maye Ocomo, una vida en el mar

21   **¿Presente o futuro?** Listen to the sentences and circle the tense you hear in the second clause.

1. presente/futuro   3. presente/futuro   5. presente/futuro   7. presente/futuro

2. presente/futuro   4. presente/futuro   6. presente/futuro   8. presente/futuro

22   **Una vida en el mar** Complete Acacio Mayo Ocomo's statements with the correct tenses of the verbs.

1. Si .... (ser, tú) ingeniero, ... (encontrar, tú) trabajo en el sector energético en Guinea Ecuatorial.

2. Si .... (trabajar, tú) en una plataforma en el mar, ... (estar, tú) mucho tiempo lejos de la familia.

3. Si .... (vivir, tú) en una plataforma en Guinea Ecuatorial, ... (conocer, tú) a personas de muchos países.

4. Si la relación con tus compañeros .... (ser) buena, ... (ser, ellos) como una segunda familia.

5. Si .... (tener, yo) pocos días libres, ... (quedarme, yo) en la plataforma.

6. Si .... (estar, yo) solo en la plataforma, ... (contemplar) los atardeceres en el mar.

7. Si Nora y yo .... (ahorrar) unos años más, ... (formar) una familia.

8. Si Nora y yo .... (tener) dinero, ... (empezar, nosotros) en otra parte.

23   **Conversación** Use the appropriate forms of the verbs from the list to complete the conversation.

consumir	necesitar	sustituir	terminarse	usar

- Si los países (1) .... petróleo al ritmo actual, muy pronto (2) .... el petróleo y (3) .... (nosotros) buscar otros tipos de energía.

- Pues a mí eso no me parece una mala noticia. Si (4) .... la energía solar y la energía eólica (*wind energy*), estas (5) .... al petróleo y sus efectos negativos, como la contaminación (*pollution*).

24   **Si...** Complete the sentences with your own ideas.

1. Si sube el precio del petróleo, ...

2. ...., iré en bicicleta al trabajo.

3. Compraré un coche nuevo si ....

4. Si mi universidad hace convenios con otras universidades, ...

5. Si ahorro dinero durante un año, ...

6. ...., podré practicar mi español con hispanohablantes.

7. Si la demanda laboral aumenta, ...

8. ...., estudiaré en el extranjero.

Lectura

25   **El nuevo idioma de los negocios** Read the article on Spanish as a business language and answer the questions.

EL IDIOMA DE LOS NEGOCIOS: EL ESPAÑOL

El español está de moda. Su enseñanza ha crecido un 150% en Japón, un 80% en Europa del Este y en los Estados Unidos, Brasil y Canadá no hay suficientes profesores para cubrir la demanda. Se prevé° que en 2030 el español supere° al inglés y se convierta en la segunda lengua de uso e intercambio económico en el mundo, solo por detrás del chino. Siendo una lengua tan internacional y cuyo uso en los negocios se está generalizando, es lógico pensar que un número cada vez mayor de alumnos que desean cursar un máster se decida a hacerlo en español.

Hasta ahora, el mayor número de alumnos interesados procedía de los países latinoamericanos. Pero el abanico se ha abierto a Europa para atender a los profesionales de habla portuguesa, así como a alemanes y franceses. Quienes solicitan este tipo de enseñanza son profesionales con experiencia que desean progresar en su carrera. También empresas que, con el fin de alcanzar° mayor competitividad°, recurren al reciclaje de su plantilla°.

Las metodologías de enseñanza tradicionales están cediendo terreno° a las nuevas tecnologías y dejando paso al *e-learning*. Este tipo de formación aprovecha la facilidad° de distribución de materiales y herramientas° de comunicación para crear un entorno para el aprendizaje que resulta extremadamente efectivo. Uno de los aspectos más relevantes que solo permite la enseñanza en línea es la creación de foros de debate con participantes de todo el mundo. Además ofrece a los alumnos de cualquier país la posibilidad de cursar un máster en español sin traslados, algo que supone un importante ahorro económico para compañías y empleados y permite compatibilizar° los estudios con la vida laboral y personal, pues los alumnos no están sujetos a° horarios estrictos. La disponibilidad° a cualquier hora y desde cualquier lugar de las materias de estudio aporta un valor añadido indispensable para el profesional, para quien el factor tiempo es clave.

1. ¿Por qué hay un aumento de alumnos extranjeros que deciden hacer un máster en español?

....

....

2. ¿Qué posición tendrá el español en el ámbito económico en el futuro?

....

....

3. ¿Qué tipo de persona quiere estudiar un máster en español?

....

....

4. ¿Cómo se estudiarán en el futuro los másteres? ¿Qué ventajas ofrece este método?

....

....

....

5. ¿Por qué estudia usted español? ¿Hay mucho interés por el español en su país?

....

....

Se prevé *It is foreseen* **supere** *overcomes* **alcanzar** *reach* **competitividad** *competitiveness* **plantilla** *staff* **cediendo terreno** *giving way* **facilidad** *ease* **herramientas** *tools* **compatibilizar** *to make compatible* **no están sujetos a** *are not tied to* **disponibilidad** *availability*

Composición

26 **Un programa de intercambio** Read the ad about university exchange programs in Chile. Then write a note to tell a friend why you are choosing this program or to recommend this program to him or her.

INTERCAMBIOS UNIVERSITARIOS EN CHILE

Convenios de intercambio con universidades de los Estados Unidos, China, Alemania, Suecia, Australia y otros.

Cursos regulares mediante acuerdos con las universidades participantes.

Obtención de dos títulos: el otorgado por la universidad de origen y el otorgado por la universidad chilena.

Requisitos: manejo del idioma español necesario para poder comprender las clases.

PREPARACIÓN

When you give the reasons for choosing this exchange program, you can mention something that you were not aware of and that you find interesting. You can also tell what is likely to happen if you or your friend participate in the program.

COMPOSICIÓN

Here are some useful words and expressions.

aprobar	formación profesional	solicitud	vida académica	pensaba que
beca	perfeccionamiento	valer la pena	creía que	si + [present], [present/simple future]
cursar	programa de intercambio	validar	no sabía que	

....

....

....

....

....

....

....

....

....

....

....

....

 **Vocabulario**

27 **Escuchar y repetir** You will now hear the vocabulary found in your textbook on the last page of this lesson. Listen and repeat each Spanish word or phrase after the speaker.

Diario de aprendizaje

28   **Evaluar**   Assess what you have learned in this lesson.

| Escuchar | 😀😀😀 | 😀😀 | 😟 |

Entiendo a personas que hablan de aspectos culturales y sobre su experiencia en un país extranjero.

| Leer | 😀😀😀 | 😀😀 | 😟 |

Entiendo testimonios de personas que han vivido en otros países y hablan de las diferencias culturales.

| Hablar | 😀😀😀 | 😀😀 | 😟 |

Puedo hablar de situaciones y acciones habituales en el pasado, de acciones anteriores a otras, expresar orden y grado, desconocimiento y condiciones posibles.

| Interactuar | 😀😀😀 | 😀😀 | 😟 |

Puedo hablar sobre las diferencias culturales entre dos países y expresar desconocimiento.

| Escribir | 😀😀😀 | 😀😀 | 😟 |

Puedo escribir un testimonio sobre una profesión y sus particularidades.

29   **Anotar**   Write down words or phrases, grammatical structures, and cultural information that you have learned in this lesson.

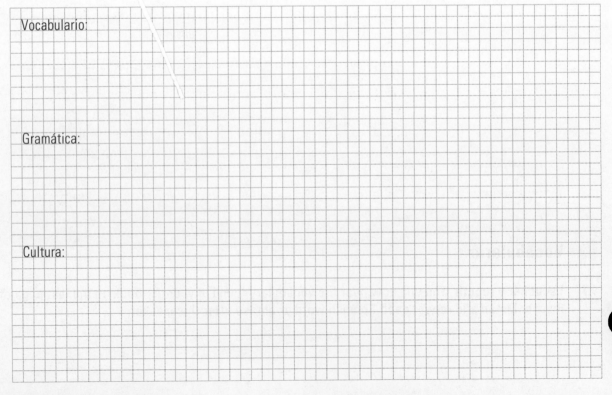

Vocabulario:

Gramática:

Cultura:

PROGRAMAS DE SIEMPRE

La mejor década
Vocabulario

1 Expresiones Match these words to form expressions.

aficionado/a	plantearse	revivir	un concierto	(una película)	una serie

1. estrenar ......*una película*......
2. pasar ....
3. ser .... a la música

4. dar ....
5. .... preguntas
6. .... una década

2 Décadas Write out the periods that are associated with these groups and singers.

1. Los Beatles: ....
2. Nirvana: ....
3. Elvis Presley: ....
4. ABBA: ....
5. Madonna: ....
6. Usher: ....

los cincuenta
los sesenta
los setenta
LOS OCHENTA
LOS NOVENTA
LA PRIMERA DÉCADA DEL SIGLO XXI

3 ¿Verdadero o falso? Listen to the conversation between Ariel and his father, Gustavo, and indicate whether each statement is true (**verdadero**) or false (**falso**).

Verdadero	Falso	
○	○	1. En los 70 Gustavo estaba en la escuela secundaria.
○	○	2. De los 70 recuerda que veía series en la televisión con su padre.
○	○	3. En los 80 Gustavo empezó a escuchar música pop.
○	○	4. En los 80 se hizo fan del grupo Queen.
○	○	5. Gustavo compró su primer reproductor de CD en la década de los 90.
○	○	6. Gustavo conoció a su mujer en la década de los 90.
○	○	7. Gustavo iba mucho al cine con su mujer en los 90.
○	○	8. Gustavo y su mujer escuchaban juntos a Nirvana.

Gramática funcional

4 Elegir Choose the correct options to complete the conversation.

- ¡Hola, Enrique! ¿Por qué no viniste ayer a casa de Carlos a ver el último capítulo de la serie? ¡Vinieron todos!
- Es que (1) **estaba/estuve** trabajando hasta tarde. Cuando (2) **estaba/estuve** en la oficina, me (3) **llamó/llamaba** mi jefa y al final (4) **estábamos/estuvimos** resolviendo un asunto urgente toda la tarde. Y ¿qué (5) **pasó/pasaba** en la serie?
- Pues (6) **estábamos/estuvimos** esperando todos muy emocionados. (7) **Empezamos/Empezábamos** a ver la serie, y cuando (8) **estábamos/estuvimos** muy cerca del final… (9) **se fue/se iba** la conexión de la televisión nueva de Carlos. ¡Qué mal!

5 **En pretérito** Complete the sentences with the appropriate form of the preterite (**pretérito indefinido**) or the imperfect (**pretérito imperfecto**).

1. Cuando .... (yo, escuchar) a los Rolling Stones, mis padres .... (protestar).

2. Cuando mi hermana .... (comprar) su primer coche, ... (tener) 22 años.

3. Cuando Los Beatles .... (venir) a España en 1965, mis padres .... (ir) al aeropuerto de Barajas para recibirlos.

4. Cuando .... (pasar) nuestra serie favorita en la tele, toda la familia .... (sentarse) en el sofá para verla.

6 **El gerundio** Fill in the table with the present participles and group the verbs according to their irregularities.

OÍR	VENIR	IR	MORIR	VESTIR
oyendo				

- **y**
- **o → u**
- **e → i**

oyendo ....

....

PREFERIR	TRAER	DORMIR	PEDIR	DECIR

....

....

....

What was Lola's family doing on Sunday afternoon? Complete Lola's answers with verbs from above.

Yo ....
música en la radio.

Enrique ....
en el jardín.

Quique ....
tonterías (*nonsense*).

7 **La serie de televisión** Complete the paragraph with verbs from the list in the appropriate tense.

| dormir | haber | hablar | ir | pasar | poder | sentir | ser | tener | ver |

Cuando (1) .... pequeño, (2) .... una serie en televisión que se llamaba "V". Yo (3) .... 6 o 7 años y no (4) .... ver la televisión por la noche. Por eso, cuando los otros niños (5) .... en el colegio de lo que (6) .... en el capítulo de la noche anterior, yo me (7) .... muy mal. Una noche (8) .... a dormir a la casa de un amigo y (9) .... la serie juntos. Después de esa noche, no (10) .... durante una semana.

8 **Escuchar y responder** Listen to the questions and answer them using the information provided. Then, listen to the correct answer and repeat after the speaker.

> **MODELO**   *You hear:* ¿Dónde estabas cuando murió Michael Jackson?
>   *You see:*   universidad
>   *You say:*   Estaba en la universidad cuando murió Michael Jackson.

1. escuela primaria
2. mirar la televisión
3. trece
4. Nueva York
5. solo
6. mis compañeros de trabajo

9 **Recuerdos** Listen to a fragment of the program *La mejor década*. What is the presenter doing?

Está...

Listen to the fragment again and match the elements from the columns to form sentences with the television viewers' memories.

1. Estábamos horas y horas ....
2. Estábamos esperando ....
3. Estaba escuchando a su cantante favorito ....

a. cuando se levantó y bailó con mi madre.
b. el fin de semana para ir a la discoteca a bailar.
c. oyendo la radio para grabar las canciones.

Lectura

En la tele Read this fragment of a TV schedule and answer the questions below.

10

> Canal 4 — Programación del domingo 16 de octubre
>
> **14:00 h** *Verano azul*: Tus padres crecieron mirando esta serie de los 80 que narra las aventuras de un grupo de amigos cuando estaban de vacaciones en la costa andaluza. Ese verano, los jóvenes descubrieron el valor de la amistad, guiados por un marino retirado y una pintora.
>
> **15:00 h** *El Chavo del ocho*: Esta serie cómica de los 70 cuenta la historia de un niño huérfano° y muy humilde°, el Chavo, que pasaba gran parte del tiempo escondido en un barril en el patio central de una vecindad°.
>
> **16:00 h** *La pantera rosa*: Este dibujo animado° de la década de los 60 era el favorito de tus padres y tus abuelos cuando eran jóvenes. Diviértete con ellos viendo a un felino silencioso, de andar° elegante y totalmente rosa que tenía graciosas aventuras.
>
> **16:30 h** *Floricienta*: Esta telenovela romántica infantil y juvenil que tal vez viste cuando ibas a la escuela está basada en *Cenicienta*° y combina la comedia, el humor, el drama y el musical.

huérfano *orphan* humilde *humble* vecindad *tenement house* dibujo animado *cartoon* andar *gait* Cenicienta *Cinderella*

1. ¿Qué programa no es cómico? ¿Quiénes lo miraban en los 80? ....
2. ¿Qué programas cómicos son para los niños más pequeños? ....
3. ¿Qué programa tiene música? ....
4. ¿Cree que los programas cómicos unen a más de una generación? ....
....

Cuéntame cómo pasó
Vocabulario

11 **Completar** Complete this fragment of the TV schedule from a newspaper with words from the list.

personajes	escena	capítulo	serie

Esta noche a las 22:00 h su (1) .... favorita *Amor sin fronteras*.
En el (2) .... de hoy, podrán ver la esperada (3) ....
del reencuentro entre Rosaura y Luis Alfonso. Las vidas de los dos
(4) .... protagonistas vuelven a cruzarse.

12 **Debate** Listen to the people who participate in the debate and choose the correct statement from each pair.

1. a. El programa es sobre las mejores películas de la historia.
   b. El programa es sobre las mejores series de televisión de la historia.

2. a. A Carla le gusta *Cuéntame cómo pasó* porque es un repaso de la historia española.
   b. A Carla le gusta *Cuéntame cómo pasó* porque con ella aprende español.

3. a. A Ignacio al principio no le gustaba *Dr. House*, pero después le encantó.
   b. A Ignacio le gustó *Dr. House* desde el primer momento.

4. a. Para Lucía la mejor serie es *Héroes*, en todas sus temporadas.
   b. Para Lucía la mejor serie es *Héroes*, especialmente la primera temporada.

5. a. A Lucía le gusta pensar que cualquiera podría tener habilidades especiales como los protagonistas.
   b. A Lucía le da miedo pensar que cualquiera podría tener habilidades especiales como los protagonistas.

Gramática funcional

13 **Escoger** Choose the construction that correctly completes each sentence.

1. ¿Sabes **lo que/lo de** dijo ayer el presentador del programa *La mejor década*? Comentó **lo que/lo de** ya me imaginaba, que es el programa de televisión más visto.

2. En las décadas de los 60 y los 70 **lo del/lo que el** pelo largo en los hombres era un símbolo de rebeldía.

3. Mi madre vivió **lo que/lo de** la emigración a Francia que aparece en el programa *Cuéntame cómo pasó*.

4. *Cuéntame cómo pasó* me gusta porque me ayuda a recordar **lo que/lo de** fue mi infancia y mi juventud.

14 **Lo que supe** Complete the sentences with **lo de** or **lo que**.

1. ¿Sabes .... me pasó ayer en el concierto?

2. Todo el mundo comenta .... los premios.

3. ¿Te he contado .... la fiesta del sábado?

4. ¿Sabes .... han dicho hoy en la tele?

15 **Comentó...** Listen to the sentences and rephrase them using indirect discourse as in the model. Then, listen to the correct answer and repeat after the speaker.

MODELO	*You hear:*	Estoy aburrido.
	You see:	comentó
	You say:	Comentó que estaba aburrido.

1. preguntó   5. preguntó
2. comentó   6. preguntó
3. dijo   7. comentó
4. explicó   8. explicó

16 **Los Reyes Magos** Read the conversation between Carlos, his grandmother, and his father about the presents the **Reyes** (the Three Wise Men) brought him on January 6. Then complete the paragraph below with what the characters in the series said.

CARLOS	Y tú, abuela, ¿qué les has pedido a los Reyes?
HERMINIA	A mí siempre me gustó una muñeca de porcelana°. En el pueblo solo la tenía la hija del médico y… ¡me daba una envidia°!
CARLOS	Oye, papá, y tú, ¿qué les has pedido a los Reyes?
ANTONIO	Los Reyes no suelen echar° nada a los padres.

muñeca de porcelana *china doll* envidia *envy* echar *bring*

Cuéntame cómo pasó, Grupo Ganga, RTVE, capítulo 14.

Carlos les preguntó a su abuela y a su padre qué les (1) .... a los Reyes Magos. Herminia, su abuela, le dijo que a ella siempre le (2) .... una muñeca de porcelana. Le comentó que en el pueblo solo la (3) .... la hija del médico y añadió que a ella le (4) .... mucha envidia. Antonio, su padre, le explicó a Carlos que los Reyes no (5) .... nada a los padres.

17 **Conversación** Read the conversation between José and Rosa, and finish the first conversation between José and Raquel.

> Ayer me llamó Raquel y me dijo que el sábado pasaban la serie que les encanta, y me preguntó si queríamos ir a su casa para verla.

> Pero… ¿a ti te gusta esa serie?

> Pues no mucho. Le expliqué a Raquel que a mí nunca me había interesado, y me comentó que tampoco a ella le gustaba antes, pero que un día había estado en casa de su hermana y les gustó mucho. Le dije que te iba a preguntar. ¿Qué opinas?

> Bueno, si tú quieres, vamos.

José:

José: ¿Diga?
Raquel: Hola, José. ¿Qué tal? Mira, el sábado pasan la serie que tanto nos gusta, ¿sabes? ¿..................... venir Rosa y tú a casa para verla?
José: ....
....
Raquel: ....
....
José: ....
....

18 **Estilo indirecto** Write the equivalent of these sentences.

Estilo directo	Estilo indirecto
1. "¿Cuál es tu canción favorita?"	Preguntó ....
2. "..."	Dijo que no sabía el título de la canción.
3. "En 1989 estuve en un concierto de ese cantante y me encantó."	Dijo que ....
4. "..."	Preguntó si había escuchado su última canción.
5. "Se titula *La vuelta* y es preciosa."	Explicó que ....

19 **Un correo electrónico** Rewrite this e-mail using indirect discourse. Be sure to include the verbs **explicar**, **preguntar**, and **comentar** in their appropriate forms.

> Hola, Margarita:
>
> ¿Cómo estás? Te escribo para pedirte un favor. Quiero comprar la serie *Cuéntame* en DVD y aquí es muy difícil conseguirla. ¿Puedes comprarla tú en España? Es que vimos algunos capítulos en la clase de español y me encantaron. Al principio me gustaba solo para practicar, pero ahora quiero verla entera. Me parece una serie muy buena y aprendo mucho viéndola. Un beso y ¡muchas gracias!
>
> Nadia

La semana pasada recibí un correo electrónico de Nadia en el que me pedía ....

....

....

....

Lectura

20 **Sinopsis de una serie** Read a summary of the original series *Yo soy Betty, la fea*. Then, match the characters' names to their descriptions.

> ### YO SOY BETTY, LA FEA
>
> Cuando Roberto Mendoza, uno de los fundadores de la empresa de moda Ecomoda se retira, su hijo Armando es nombrado presidente con la oposición de Daniel, hijo del difunto° Julio Valencia, el otro fundador de la empresa.
>
> Armando necesita una secretaria y Betty, una economista muy inteligente pero poco atractiva, se presenta. Marcela, hermana de Daniel y prometida° de Armando, que también trabaja en la empresa, quiere el puesto para su amiga Patricia, con el plan de convertirla en la espía° de Armando. Armando decide contratar a Betty, pero tiene también que aceptar a Patricia, guapa pero inútil, para satisfacer a su prometida.
>
> Poco a poco, Betty se gana el afecto de casi todos los trabajadores de la empresa con la excepción de Marcela, Patricia y el diseñador Hugo Lombardi, que la desprecian° por su aspecto físico. También demuestra su inteligencia y su valía° y se hace indispensable para Armando, del que finalmente se enamora.

difunto *late* prometida *fiancée* espía *spy* desprecian *despise* valía *worth*

1. .... Betty   a. enemigo de Armando
2. .... Armando Mendoza   b. ex presidente de Ecomoda
3. .... Roberto Mendoza   c. prometida de Armando
4. .... Marcela Valencia   d. la protagonista
5. .... Patricia   e. presidente de Ecomoda
6. .... Daniel Valencia   f. empleado de Ecomoda
7. .... Hugo Lombardi   g. amiga de Marcela

Summarize the plot of this popular series.

....

....

....

....

Macarena Berlín, *Hablar por hablar*

21 **Hablar por hablar** Listen to the presentation of *Hablar por hablar* and indicate whether each statement is true (**verdadero**) or false (**falso**).

Verdadero	Falso	
○	○	1. En *Hablar por hablar* Macarena Berlín cuenta sus preocupaciones, alegrías y deseos.
○	○	2. Los oyentes aprovechan que casi todos duermen para poder hablar.
○	○	3. El programa lo hacen realmente las personas que llaman.
○	○	4. El objetivo del programa es compartir información.
○	○	5. El programa apela a los sentimientos y las emociones.

22 **Pero** Match the elements from the columns to form logical sentences.

1. Pensaba decírmelo ....
2. Quería descansar el fin de semana ....
3. Pensábamos regalarle ese CD ....   **pero**
4. Quería ver el capítulo ....
5. Quería cambiar de coche ....

a. tenía mucho trabajo para el lunes.
b. el televisor no funcionaba.
c. no teníamos suficiente dinero.
d. le dio miedo mi reacción.
e. me dijeron que ya lo tenía.

23 **Cambio de planes** Use the cues to write complete sentences about how people's plans changed.

1. yo salir a dar un paseo / llover / quedarse en casa
   Pensaba salir a dar un paseo, pero empezó a llover y me quedé en casa.
   ....

2. ella llamarlo / no funcionar el teléfono / escribirle un correo electrónico
   ....

3. él cambiar de trabajo / aumentarle el sueldo / cambiar de idea
   ....

4. ellos comprar una casa / caro / decidir alquilar
   ....

5. yo acostarme / pasar una serie muy buena / decidir verla
   ....

24 **Oraciones** Write five sentences about yourself using **quería/pensaba** and **pero**. Here are some useful words and expressions.

cambiar de...	comprar	dejar de...	estudiar	ir al gimnasio	viajar a...

1. ....
2. ....
3. ....
4. ....
5. ....

Lectura

25 **Las telenovelas hispanas en el mundo** Read the article about Hispanic soap operas.

1. Match the titles with the paragraphs. Then add the titles to the text.

Impacto económico ☐   Opiniones negativas ☐   La telenovela en el mundo ☐   ¿Qué es una telenovela? ☐

Las telenovelas hispanas se exportan a todo el mundo

a. ....

Las telenovelas son series televisivas producidas en diversos países hispanos, comparables a la novela rosa° por su contenido melodramático y muy populares en todo el mundo. Las telenovelas se transmiten en episodios diarios (usualmente de lunes a viernes). A diferencia de las *soap operas* de la televisión anglosajona, tienen un número limitado de episodios, normalmente alrededor de cien, y suelen durar° de seis meses a un año como máximo, excepto las telenovelas de producción española, que sí suelen ser de duración indefinida. Los países latinoamericanos que más exportan telenovelas al mundo son México, Argentina, Brasil, Venezuela y Colombia.

b. ....

Por el dinero que mueven, las telenovelas se pueden comparar más al cine de Hollywood que a las *soap operas*. En muchos canales la programación se articula en torno a° ellas, puesto que si tienen éxito, ayudan a mejorar los niveles de audiencia del resto de la oferta televisiva. Además, las telenovelas son un producto de exportación: muchas se venden para su emisión en todo el mundo y, otras veces, se venden los derechos de formato para su adaptación local.

c. ....

Quizás el mejor ejemplo de éxito mundial es la telenovela colombiana *Yo soy Betty, la fea*, que ha entrado en el libro de los *Guinness World Records* como la telenovela más exitosa de la historia. Las telenovelas gozan° de gran popularidad en toda Latinoamérica y en países como Portugal, España, Italia, Grecia, Rusia, Turquía, China, etc. Sus actores se han convertido en ídolos del público en estos países.

d. ....

Muchos critican° el fenómeno de las telenovelas porque piensan que son una forma de hacer que la gente se olvide de los problemas económicos y sociales que aquejan° a sus países. A otros les preocupa la mala influencia que pueden tener sobre los niños, puesto que se suelen emitir a horas en las que estos están en casa.

novela rosa *romance novel* durar *last* en torno a *around* gozan *enjoy* critican *criticize* aquejan *affect*

2. ¿En qué se diferencian las telenovelas latinoamericanas de las *soap operas*?

....

3. ¿En qué se parecen las telenovelas latinoamericanas al cine de Hollywood? ¿De qué maneras y adónde se exportan las telenovelas latinoamericanas?

....

4. ¿Qué críticas se hacen a las telenovelas?

....

5. ¿Alguna vez ha visto una telenovela? ¿De qué nacionalidad era? ¿Cómo se titulaba? ¿Le gustó?

....

Composición

26   Mi programa de televisión favorito

Mi programa de televisión favorito A friend of yours wrote you an e-mail explaining that he/she was not able to watch yesterday's episode of his/her favorite series or soap opera and has asked you to tell him/her what happened. Answer his/her e-mail.

PREPARACIÓN

Pay special attention to the use of tenses when you narrate. Use the imperfect to describe the background and the preterite to describe specific actions in the past. Remember that you can use a past form of the verb **estar** and a present participle to describe actions in progress in the past. You can also report what some of the characters said using indirect discourse, paying attention to the tense correlation. To refer to a previously mentioned topic, you can use **lo que** + [*verb*] or **lo de** + [*noun/infinitive*]. To express unfulfilled intentions, use **quería/pensaba** + [*infinitive*] + **pero**.

COMPOSICIÓN

....

....

....

....

....

....

....

....

....

....

....

....

....

....

....

....

....

....

 ## Vocabulario

27   Escuchar y repetir

Escuchar y repetir You will now hear the vocabulary found in your textbook on the last page of this lesson. Listen and repeat each Spanish word or phrase after the speaker.

Diario de aprendizaje

28 **Evaluar** Assess what you have learned in this lesson.

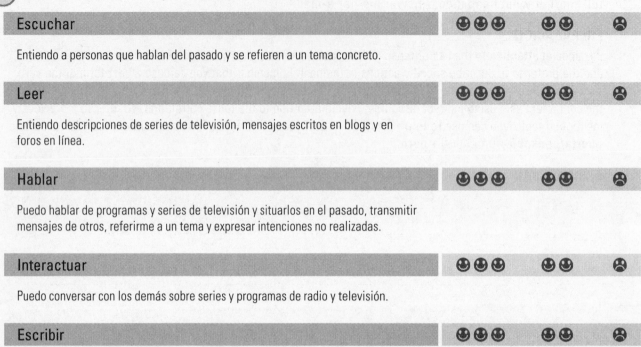

Escuchar

Entiendo a personas que hablan del pasado y se refieren a un tema concreto.

Leer

Entiendo descripciones de series de televisión, mensajes escritos en blogs y en foros en línea.

Hablar

Puedo hablar de programas y series de televisión y situarlos en el pasado, transmitir mensajes de otros, referirme a un tema y expresar intenciones no realizadas.

Interactuar

Puedo conversar con los demás sobre series y programas de radio y televisión.

Escribir

Puedo participar activamente en un blog o en un foro sobre diferentes temas.

29 **Anotar** Write down words or phrases, grammatical structures, and cultural information that you have learned in this lesson.

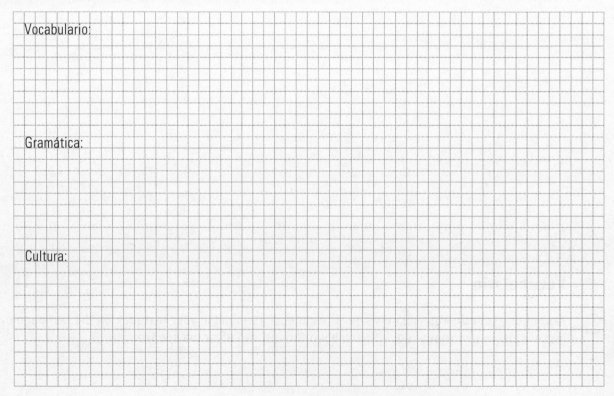

Vocabulario:

Gramática:

Cultura:

14A Un idioma común
Autoevaluación

Read the dialogues and select the correct answer.

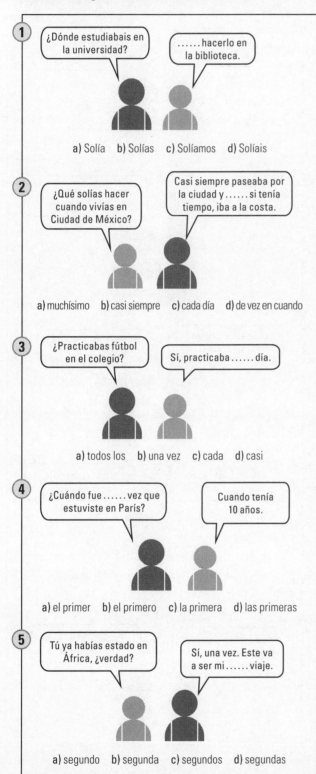

1
¿Dónde estudiabais en la universidad?

...... hacerlo en la biblioteca.

a) Solía   b) Solías   c) Solíamos   d) Solíais

2
¿Qué solías hacer cuando vivías en Ciudad de México?

Casi siempre paseaba por la ciudad y ...... si tenía tiempo, iba a la costa.

a) muchísimo   b) casi siempre   c) cada día   d) de vez en cuando

3
¿Practicabas fútbol en el colegio?

Sí, practicaba ...... día.

a) todos los   b) una vez   c) cada   d) casi

4
¿Cuándo fue ...... vez que estuviste en París?

Cuando tenía 10 años.

a) el primer   b) el primero   c) la primera   d) las primeras

5
Tú ya habías estado en África, ¿verdad?

Sí, una vez. Este va a ser mi ...... viaje.

a) segundo   b) segunda   c) segundos   d) segundas

6
¿Conocías Colombia antes de vivir allí?

Sí, ya ...... dos veces.

a) he estado   b) había estado   c) estuve   d) estaba

7
Usted ya sabía algo de español, ¿verdad?

No, antes de venir a España, no ...... nada de español.

a) estudié   b) había estudiado   c) he estudiado   d) estudiaba

8
Me voy a mi clase de italiano.

...... que estudiabas italiano.

a) Sabía   b) No sabía   c) Creía   d) No creía

9
He alquilado una casa en Bogotá.

¿Ah, sí? ...... que querías vivir en el campo.

a) Sabía   b) No sabía   c) Pensaba   d) No pensaba

10
¿Qué pasa si ...... el avión?

No podré ir a la boda de mi hermano.

a) pierdes   b) perderás   c) perdías   d) perderías

Answer key: 1.c 2.d 3.c 4.c 5.a 6.b 7.b 8.b 9.c 10.a

Programas de siempre

Autoevaluación

Read the dialogues and select the correct answer.

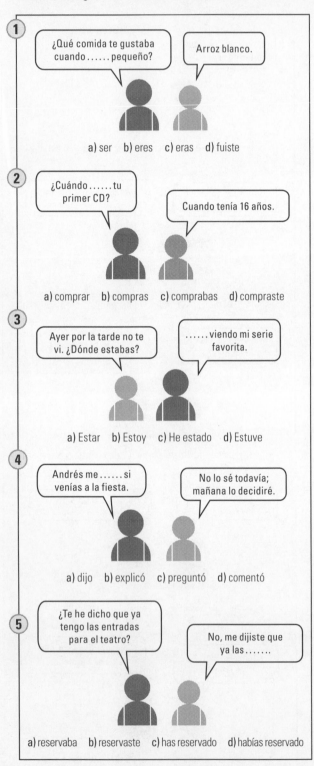

1

¿Qué comida te gustaba cuando ...... pequeño?

Arroz blanco.

a) ser b) eres c) eras d) fuiste

2

¿Cuándo ...... tu primer CD?

Cuando tenía 16 años.

a) comprar b) compras c) comprabas d) compraste

3

Ayer por la tarde no te vi. ¿Dónde estabas?

...... viendo mi serie favorita.

a) Estar b) Estoy c) He estado d) Estuve

4

Andrés me ...... si venías a la fiesta.

No lo sé todavía; mañana lo decidiré.

a) dijo b) explicó c) preguntó d) comentó

5

¿Te he dicho que ya tengo las entradas para el teatro?

No, me dijiste que ya las ....

a) reservaba b) reservaste c) has reservado d) habías reservado

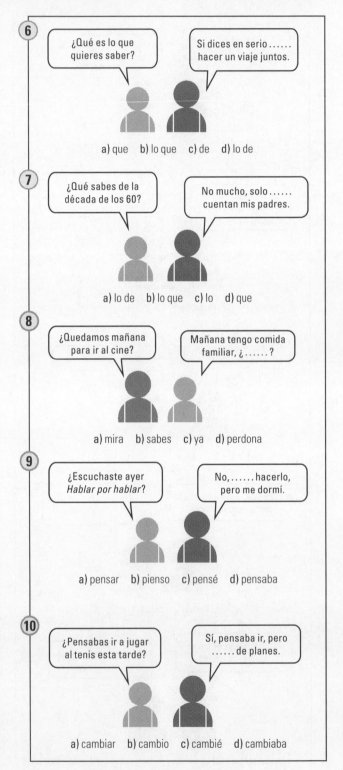

6

¿Qué es lo que quieres saber?

Si dices en serio ...... hacer un viaje juntos.

a) que b) lo que c) de d) lo de

7

¿Qué sabes de la década de los 60?

No mucho, solo ...... cuentan mis padres.

a) lo de b) lo que c) lo d) que

8

¿Quedamos mañana para ir al cine?

Mañana tengo comida familiar, ¿ ...... ?

a) mira b) sabes c) ya d) perdona

9

¿Escuchaste ayer *Hablar por hablar*?

No, ... hacerlo, pero me dormí.

a) pensar b) pienso c) pensé d) pensaba

10

¿Pensabas ir a jugar al tenis esta tarde?

Sí, pensaba ir, pero ...... de planes.

a) cambiar b) cambio c) cambié d) cambiaba

Answer key: 1. c 2. d 3. d 4. c 5. d 6. d 7. b 8. b 9. b 10. c

DE LA MADRE TIERRA

¿Qué comeremos?
Vocabulario

1 **Alimentos** Complete these sentences with the words and expressions from the list.

agricultura ecológica	cacao en polvo	leche descremada
bajo en calorías	grasas	reciclar

1. A mis hijos, les preparo el desayuno con .... y leche entera.

2. Yo prefiero la .... porque es baja en calorías.

3. Debes evitar los alimentos con mucho contenido de ....

4. ¿Este helado será ....?

5. Lo mejor es .... los envases de plástico.

6. ¿Estos tomates serán de la ....?

2 **Las dietas** Complete the paragraph with words and expressions from the list.

artificiales	ecológicos	fibras	leche descremada
bajos en calorías	envases	grasas	leche entera
cereales	etiquetas	información nutricional	mermeladas
conservantes	fecha de caducidad	ingredientes	

Para cuidar de la salud, es necesario volver a las dietas tradicionales con mayor proporción de

(1) ...., y aumentar el consumo de frutas, verduras y (2) ....,

especialmente si son (3) .... Cuando compra productos elaborados, lea siempre la

(4) .... de las (5) ...., especialmente los (6) .... y la

(7) .... Son mejores los productos que no tienen (8) .... ni colorantes

(9) .... Para evitar los kilos de más, es importante reducir el consumo de alimentos con

alto contenido de (10) .... y azúcares. Recuerde que siempre son mejores los productos

frescos que los en (11) .... Los productos (12) .... suelen ser más sanos:

por ejemplo, puede utilizar (13) .... en lugar de (14) ...., y

(15) .... sin azúcar.

Gramática funcional

3 **Probabilidad** Complete these hyphotheses using the simple future.

1. • ¿Esta mermelada tiene colorantes?

   ▪ Lo .... (poner) en la etiqueta.

2. • Esta salsa está riquísima.

   ▪ ¿Cómo la .... (hacer)?

3. • No me encuentro bien últimamente.

   ▪ No .... (tener) una dieta muy sana.

4. • Estas verduras son un poco caras.

   ▪ .... (venir) de la agricultura ecológica.

5. • Este tomate frito tiene un color raro.

   ▪ .... (tener) colorantes.

6. • No encuentro los productos para celíacos.

   ▪ Pregunta al empleado. Él lo .... (saber).

4 **Conjeturas** Respond to each question or statement with a conjecture using the verbs from the list.

| decir estar hacer poder poner querer saber(2) salir ser tener venir(2) |

1. • Lucía siempre come ensaladas.
   ■ .... perder peso.

2. • Nunca he visto a Roberto comer carne o pollo.
   ■ .... vegetariano.

3. • Inés nunca come pasta o pan.
   ■ No .... comer gluten.

4. • Esta mermelada sabe raro.
   ■ .... en mal estado.

5. • ¿Dónde está la empleada?
   ■ .... ahora.

6. • ¿Qué significa este símbolo?
   ■ María lo ....

7. • ¿Usted cree que estas galletas .... leche?
   ■ No sé. Lo .... en la etiqueta.

8. • ¿Cuándo .... al mercado sus productos, señores?
   ■ Pronto lo .... porque se lo .... a usted primero.

9. • ¿Dónde .... esta mermelada? No conozco esta marca.
   ■ La etiqueta no dice nada. ¿................. de Francia?

5 **Dudas** Read these situations and look at the images. Express these consumers' doubts using the simple future.

1. ¿Habrá pan todavía? ....

Es muy tarde. ¿Hay pan todavía?

2. ....

¿Tienen gluten estos cereales?

3. ....

¿De dónde vienen estas frutas?

6 **Verbos en futuro** Listen to the conversation and indicate the verbs you hear used in the simple future.

☐ decir ☐ haber ☐ ir ☐ poner ☐ saber ☐ tener
☐ encontrar ☐ hacer ☐ poder ☐ querer ☐ salir ☐ venir

7 **Sugerencias** Write down the piece of advice that corresponds to each situation.

1. Cuando comes fuera, no sabes lo que comes.

....

2. Me gustaría comer algo bajo en calorías.

....

3. ¿Esto tiene gluten? Es que soy celíaco.

....

Lo mejor sería mirar la etiqueta.

Lo mejor es comer en casa.

Lo mejor sería hacer una ensalada.

8 **Lo mejor** Listen to the sentences and rephrase them using **lo mejor es** or **lo mejor son…**, as in the model. Then, listen to the correct answer and repeat after the speaker. (10 items)

MODELO	
You hear:	Prefiero el pan casero.
You say:	Lo mejor es el pan casero.
You hear:	Me gusta comer en casa.
You say:	Lo mejor es comer en casa.

9 **Para cada situación** Read these statements and offer advice based on each situation.

1. No tengo comida en casa.

   Lo mejor sería…
   ....

2. Hace días que le duele el estómago.

   ....

3. Tengo que comer todos los días en el trabajo y gasto mucho dinero.

   ....

4. Podemos ir a un restaurante de comida casera o a uno de comida rápida.

   ....

Lectura

10 **Guía del consumidor** Read this consumer guide and place these frequently asked questions as headings for the three paragraphs. Then match the three concepts listed with the examples.

¿Qué es el valor energético? ¿Qué significa *porción*? ¿Qué es VD (valor diario)?

a. ....
Proporciona° una medida° de cuánta energía se obtiene al consumir una porción de ese alimento. Se calcula a partir de la suma° de la energía aportada por los carbohidratos, proteínas, grasas y alcoholes. Se expresa en Kilocalorías.

b. ....
Es la cantidad diaria recomendada de un nutriente para una alimentación sana. Esta información permite evaluar si la cantidad de ese alimento contribuye mucho o poco a la alimentación diaria total.

c. ....
Es la cantidad media° del alimento que deberían consumir las personas sanas mayores de tres años en cada comida para llevar una dieta sana.

Proporciona *It gives* medida *measure* suma *addition* media *average*

1. Una persona adulta necesita entre 2 000 y 2 500 calorías al día: ....

2. A veces es difícil establecer la medida, sobre todo de un país a otro, donde el tamaño de los productos y los hábitos de alimentación pueden variar mucho. Depende también del sexo, la edad, el tamaño de la persona y su tipo de actividad: ....

3. Lo mejor sería combinar alimentos para conseguir la cantidad diaria recomendada de cada nutriente:

   ....

Mucho sabor
Vocabulario

11 **La intrusa** Indicate the word that does not belong to each group.

1. ojalá / expectativa / evitar / cumplir

2. sabor / alimento natural / nutriente / pesticida

3. reciclaje / productor / consumidor / demanda

4. conquistar / promoción / potenciar / envasado

5. natural / pesticida / transgénico / envasado

6. apertura / preservar / cola / demanda

12 **Consumo directo** Complete the paragraph with words and expressions from the list.

alimentos naturales	consumir	nutrientes	productores	recogidas
apertura	expectativas	pesticidas	promociones	sabor

Consumo Directo

Un espacio para el consumo consciente y el intercambio directo entre el productor y el consumidor

En esta feria solo participarán (1) .... que cumplen con estrictos requisitos de agricultura ecológica, para así ofrecerle los mejores (2) ...., sin (3) .... Le garantizamos que disfrutará de un (4) .... inigualable en las frutas y verduras, ya que son (5) .... diariamente por los productores y se ofrecen al mercado sin intermediarios. Estos productos frescos aportan todos los (6) .... naturales que su cuerpo necesita, y sin duda cumplirán con sus (7) .... Además, en esta feria se practicará el comercio justo, que beneficia tanto a los productores como a los consumidores. Asista a la (8) .... el próximo sábado y empiece a (9) .... solamente lo mejor. ¡Y ahorre dinero con las (10) ....!

Gramática funcional

13 **Con el presente del subjuntivo** Write the present subjunctive form of these verbs.

1. estudiar (yo) ....

2. comer (ustedes) ....

3. subir (ella) ....

4. trabajar (nosotros) ....

5. beber (yo) ....

6. escribir (vosotros) ....

7. mandar (tú) ....

8. comprar (ellos) ....

9. vivir (nosotras) ....

10. vender (usted) ....

14 **Escoger** Choose the present subjunctive form in each series.

1. trabajamos, (trabajemos,) trabajan

2. coméis, comen, coma

3. asista, asistís, asistimos

4. habláis, hablamos, hables

5. venden, vendéis, vendan

6. vives, viváis, vivimos

15 **Un correo electrónico** Complete this e-mail using the infinitive or the subjunctive.

De: Olga
Para: Amelia
Asunto: ¡Voy a cambiar!

Hola, Amelia:

El otro día fui al médico y me ha dicho que no sigo una dieta sana y que tengo que cambiar de hábitos. A partir de ahora quiero (1) .... (comer) mejor. Y para eso espero que tú (2) .... (ayudarme). Sé que tú sabes mucho de alimentación y quiero que (3) .... (mandarme) alguna de esas recetas tan buenas que sabes.

Espero que (4) .... (responderme) pronto porque quiero (5) .... (empezar) ya. Un beso.

16 **Emparejar** Combine elements from the columns to form complete sentences.

1. Mis padres quieren que yo ....
2. Yo quiero ....
3. Mi hermana quiere que ....
4. Mi hermano quiere que ....
5. Todos queremos ....

a. hacer juntos un curso de cocina vegetariana.
b. coma con él en casa.
c. me alimente bien.
d. cene con ella en un restaurante.
e. hacer una dieta.

17 **Completar** Complete the sentences with the appropriate forms of the verbs.

1. Esperamos .... (cumplir) todos nuestros objetivos.
2. Ojalá que no .... (abrir) las tiendas los domingos.
3. Quiero .... (pagar) con tarjeta.
4. Los consumidores esperan que .... (bajar) los precios.
5. Queremos .... (comer) productos naturales.
6. A ver si .... (vender) todas las mermeladas que he preparado.

18 **Reescribir** Rephrase the desires expressed in these situations.

1. Mi perro está enfermo y no ha comido nada.

   ¡Ojalá que coma algo! ➔ ¡Espero .... !

2. Miguel espera una carta.

   A ver si la recibe. ➔ ¡Ojalá .... !

3. Sandra quiere vender su casa.

   Espero que la venda pronto. ➔ A ver si ....

4. Ellos tienen que cambiar de dieta.

   Espero que consuman menos grasas. ➔ ¡Ojalá .... !

19 **En una empresa de alimentos** Listen to these people's statements and mark whether the speakers are consumers, producers, or representatives of a food company.

	CONSUMIDOR	PRODUCTOR	EMPRESA
1. A ver si...	☐	☐	☐
2. Ojalá que...	☐	☐	☐
3. A ver si...	☐	☐	☐
4. Queremos que...	☐	☐	☐
5. Deseamos...	☐	☐	☐

20 **En forma de anhelos** Listen to the questions and rephrase them as wishes, as in the model. Then, listen to the correct answer and repeat after the speaker.

> **MODELO**
> *You hear:* ¿Compras en la tienda nueva?
> *You see:* Espero...
> *You say:* Espero que compres en la tienda nueva.

1. A ver si...	3. Ojalá...	5. Espero...	7. A ver si...	9. Desean...
2. Queremos...	4. Quiero...	6. Deseamos...	8. Ojalá...	10. Espero...

Lectura

21 **Recetas de cocina** Match elements from the columns to complete the recipe.

1. Cortar en trozos° ....   a. y darle unas vueltas.
2. Calentar° el aceite, echar° la verdura ....   b. con la verdura.
3. Mezclar el arroz y el azafrán° ....   c. en la misma paellera°.
4. Poner suficiente agua como ....   d. antes de servirla.
5. Añadir sal ....   e. y esperar veinte o treinta minutos.
6. Dejar hervir° el agua, ...   f. la coliflor°, las alcachofas° y el repollo°.
7. Permitir reposar° la paella unos minutos ....   g. para cubrir° el arroz y los otros ingredientes.
8. Servirla ....   h. a la mezcla.

Cortar en trozos *Chop* Calentar *Heat up* echar *put* azafrán *saffron* hervir *boil* Permitir reposar *Let stand*
paellera *paella pan* coliflor *cauliflower* alcachofas *artichokes* repollo *cabbage* cubrir *to cover*

List the ingredients needed for the recipe.

....

Write the verbs used in the recipe in the imperative (**usted** form).

1. cortar: ....   5. añadir: ....

2. calentar (e:ie): ....   6. dejar: ....

3. mezclar: ....   7. permitir: ....

4. poner: ....   8. servir: ....

Evaristo Acebedo, Casa Vera

22 **Opiniones** Match elements from the columns to complete Evaristo Acebedo's opinions.

1. Para ayudar a la gente sin recursos ....
2. Para preparar platos latinos ....
3. Para tener éxito en un negocio ....
4. Para ser emprendedor(a) ....

a. es necesario tener los ingredientes adecuados.
b. es necesario conocer las características de la zona.
c. es necesario que las personas sean solidarias.
d. es necesario tener ilusión y confianza.

23 **¿General o concreta?** Look at the sentences and indicate whether they express a general or personal/concrete need. Underline the elements that show the distinction.

	GENERAL	CONCRETA
1. Es necesario <u>encontrar</u> nuevos mercados.	☑	☐
2. Es necesario que cuidemos el medio ambiente.	☐	☐
3. Es necesario que conservemos frescos los productos.	☐	☐
4. Es necesario presentar etiquetas claras.	☐	☐
5. Es necesario que vendamos más.	☐	☐
6. Es necesario promocionar nuestros productos.	☐	☐

24 **Tus propias sugerencias** Complete these sentences with your own ideas.

1. Para aprender español es necesario ....
2. Para consumir responsablemente es necesario ....
3. Para tener éxito en los negocios es necesario que ....
4. Para tener una alimentación sana es necesario que ....
5. Para aprobar un examen es necesario ....
6. Para preparar mi comida preferida es necesario ....

25 **¿Verdadero o falso?** Listen to the interview with one of Evaristo's customers and indicate whether each statement is true (**verdadero**) or false (**falso**).

Verdadero   **Falso**

○   ○   1. Margarita le compra a Evaristo productos típicos de la cocina latina.

○   ○   2. Margarita no compra crema de coco ni picantes.

○   ○   3. Los productos de Evaristo son de buena calidad.

○   ○   4. Margarita solo prepara comidas cubanas.

○   ○   5. Margarita cree que es importante que los latinos que emigran puedan mantener las tradiciones.

○   ○   6. Para Margarita, no es importante que otras culturas conozcan la comida latina.

Lectura

26 **Un negocio seguro** Read the article. What kind of business does the title refer to?

UN NEGOCIO SEGURO

Los alimentos ecológicos son el futuro. Cada vez hay más personas preocupadas por tener una alimentación saludable y de ahí el interés por los alimentos ecológicos o biológicos, es decir, que han sido producidos sin fertilizantes químicos, pesticidas o herbicidas tóxicos, sino respetando los ciclos de la naturaleza, para obtener un producto verdaderamente sano y natural.

Sin embargo, en la mayoría de las ciudades aún no hay suficientes tiendas especializadas de este tipo de alimentos, y la oferta está muy por debajo de la demanda. Por eso, si está pensando en empezar un negocio, piense en la posibilidad de abrir una tienda de productos ecológicos.

La mayoría de los productores se especializan en un producto: algunos se dedican a producir frutas y verduras, otros ofrecen leche y queso, otros, cereales y harinas… La idea es contactar a todos los productores posibles, para poder disponer de una variedad de productos, y abrir un local comercial donde venderlos. Puede ser desde una pequeña tienda hasta un verdadero supermercado de productos naturales.

Pero hay cosas que no debe olvidar. En primer lugar, a los consumidores de productos orgánicos no les importa° pagar la diferencia de precios que suele existir entre estos productos y los convencionales, y por eso mismo son muy exigentes° y quieren tener la seguridad de que lo que consumen es realmente orgánico. Para lograr su confianza, compre a productores que tengan su granja° certificada por la autoridad competente°. Es bueno que usted tenga en un lugar visible de la tienda copias de dichos° certificados, de manera que el cliente pueda asegurarse de que lo que consume es realmente orgánico, y pague con tranquilidad lo que el producto vale.

Por otro lado, no es conveniente vender en una tienda de productos orgánicos otros que no lo sean, aunque esté claro en el etiquetado. El cliente puede empezar a tener dudas sobre qué productos son orgánicos y cuáles no, y puede perder el deseo de comprar. Esto no quiere decir que no se pueda diversificar el negocio: se pueden ofrecer también productos elaborados a partir de productos ecológicos: platos para llevar, pan ecológico, jugos naturales para sustituir los cada vez más cuestionados refrescos…

no les importa *do not mind* **exigentes** *demanding* **granja** *farm* **autoridad competente** *proper authority* **dichos** *said (these)*

1. En el texto, ¿de qué otras maneras se nombra a los productos ecológicos?

   ....

2. ¿Por qué es un buen negocio abrir una tienda de productos ecológicos?

   ....

3. Según el texto, ¿qué se aconseja hacer para ganar la confianza de los clientes?

   ....

4. ¿Qué es necesario hacer para ampliar el negocio?

   ....

5. ¿En su ciudad hay muchas tiendas de productos ecológicos? ¿Suele usted comprar en ellas?

   ....

Composición

27

Mejorar la alimentación A friend of yours sends you an e-mail because he/she wants to change or improve his/her eating habits. Answer the e-mail giving advice.

PREPARACIÓN

When writing the e-mail, first try to determine what habits need to be changed. Make some conjectures about your friend's current habits using the simple future. Then suggest ways to improve his/her eating habits. Remember that you can soften your opinion with the conditional. In your e-mail, you can also use the subjunctive to talk about objectives and to express necessity and hope.

COMPOSICIÓN

Here are some useful words and structures.

lo mejor es/sería + [*infinitive/noun*]	agricultura ecológica	grasa
esperar/desear/querer + que + [*subjunctive*]	alimento transgénico	hidratos de carbono
Ojalá que + [*subjunctive*]	azúcar	información nutricional
A ver si + [*indicative*]	bajo en calorías	ingrediente
Es necesario/importante que + [*subjunctive*]	conservantes	nutrientes
	etiqueta	producto fresco
	fibra	productor

....

....

....

....

....

....

....

....

....

....

....

....

....

 **Vocabulario**

28

Escuchar y repetir You will now hear the vocabulary found in your textbook on the last page of this lesson. Listen and repeat each Spanish word or phrase after the speaker.

Diario de aprendizaje

29 **Evaluar** Assess what you have learned in this lesson.

| Escuchar | 😀😀😀 | 😀😀 | ☹️ |

Entiendo conversaciones sobre dudas de productos de alimentación.

| Leer | 😀😀😀 | 😀😀 | ☹️ |

Entiendo etiquetas de productos de alimentación, formularios de consulta, correos publicitarios y artículos breves.

| Hablar | 😀😀😀 | 😀😀 | ☹️ |

Puedo exponer los objetivos de un proyecto, expresar probabilidad, sugerencias, esperanza y necesidad.

| Interactuar | 😀😀😀 | 😀😀 | ☹️ |

Puedo participar en una conversación sobre productos de consumo, expresarle mis esperanzas a otra persona y suavizar una opinión.

| Escribir | 😀😀😀 | 😀😀 | ☹️ |

Puedo completar formularios de sugerencias de establecimientos públicos, escribir listas con objetivos de empresas y escribir recetas.

30 **Anotar** Write down words or phrases, grammatical structures, and cultural information that you have learned in this lesson.

Vocabulario:

Gramática:

Cultura:

No me entienden
Vocabulario

1 **La intrusa** Indicate the word that does not belong to the each group.

1. bilingüe / pública / privada / desarrollar
2. molestar / gusto / no soportar / no gustar
3. rebelde / hacer caso / por tu bien / norma

4. aceptar / pretender / controlar / adolescente
5. perder / desperdiciar / hoy en día / retrasarse
6. comedor / terrible / escuela privada / instituto

2 **¿Verdadero o falso?** Listen to the conversation between Martín, a teenager, and his older sister Julieta, already in college. Then indicate whether each statement is true (**verdadero**) or false (**falso**).

Verdadero	Falso	
○	○	1. Martín discutió con su madre por la comida.
○	○	2. A Martín le gusta volver temprano a casa.
○	○	3. A Julieta no le gusta que su mamá la llame al celular cuando está con amigos.
○	○	4. Julieta no soporta que sus padres le digan a su hermano que estudie.
○	○	5. Según Julieta, si Martín estudia sus padres le dejarán tomar decisiones.

3 **Verbos, sustantivos y adjetivos** Complete the tables with related verbs, nouns, and adjectives that you learned in this lesson.

Verbo	Sustantivo
1.	aceptación
comunicar	2.
3.	control
4.	desarrollo
5.	desperdicio
disgustar	6.
7.	inscripción
8.	pretensión

Sustantivo	Adjetivo
bilingüismo	9.
escuela	10.
generación	11.
rebeldía	12.
ridiculez	13.

Gramática funcional

4 **Indicativo y subjuntivo** Complete the table with the **yo** forms of these verbs.

	Presente (indicativo)	Presente (subjuntivo)
HACER	hago	haga
TENER		
SALIR		salga
DECIR		

5 **El día de hoy** Choose the correct option in each case to complete the paragraph.

Hoy ha sido un día terrible. Todo ha empezado por la mañana, cuando sonó el despertador. A mí no me gusta (1) **saltar°/que salte** de la cama, pero mi madre no soporta (2) **tardar°/que tarde** en levantarme, así que ha venido a despertarme. Y, claro, a mí no me gusta (3) **hacerlo/que lo haga** y me he puesto de mal humor. Luego, me he puesto mis jeans favoritos, pero mi madre no soporta (4) **ponerme/que me ponga** esos pantalones porque dice que están rotos. A mí me molesta mucho (5) **decir/que me diga** cómo tengo que vestirme. Ya tengo edad para elegir mi propia ropa. Al final, tuve que cambiarme, pero perdí mucho tiempo y llegué tarde al cole. Tenía clase de matemáticas a primera hora y el profesor no soporta (6) **llegar/que lleguemos** tarde, así que no me ha dejado entrar. No me gusta nada (7) **perderme/que me pierda** la clase de matemáticas porque luego no entiendo nada.

saltar *to jump* **tardar** *to take a long time*

6 **Conversación** Look at this photograph and complete the conversation with the appropriate forms of the verbs.

¡Qué rollo! Me ha ido mal este semestre... Mis padres quieren hablar con mi tutor para que les (1) .... (él, decir) el motivo. ¡Ay! Y me quieren inscribir en una academia para que (2) .... (yo, estudiar).

Pues a mis padres no les gusta que (3) .... (yo, salir) solo con mis amigos. Ellos quieren que (4) .... (yo, tener) tiempo para ellos, para que (5) .... (nosotros, hacer) cosas juntos.

7 **Inconformismo** Rewrite this teenager's sentences to express displeasure and annoyance as in the model.

1. ¡Ay!, todo el mundo te dice lo que tienes que hacer.

   No me gusta que *me digan lo que tengo que hacer.* ....

2. ¿Salir con mis nuevos amigos? ¡Imposible!

   A mis padres no les gusta ....

3. ¿Más actividades extraescolares? Mis padres sí quieren, pero yo no.

   No soporto que ....

4. No tengo tiempo para estar con mis padres y ellos se enfadan.

   A mis padres les molesta que ....

5. ¡Estudia! Me lo dicen a todas horas.

   Me molesta que ....

8 Oraciones Complete these sentences with your own ideas.

1. La mayoría de los padres no soportan que ....

2. A casi todos los adolescentes les molesta que ....

3. A algunos profesores no les gusta que ....

4. Muchos adolescentes no soportan ....

5. Normalmente a los padres no les gusta ....

9 Transformar Listen to the questions and rephrase them as affirmative sentences, as in the model. Then, listen to the correct answer and repeat after the speaker.

MODELO	*You hear:* ¿Por qué haces eso?
	You see: Me molesta...
	You say: Me molesta que hagas eso.

1. No me gusta...   6. No soporto...
2. No soporto...   7. Me molesta...
3. Me molesta...   8. Me molesta...
4. No soporto...   9. No me gusta...
5. No me gusta...   10. No soporto...

Lectura

10 Dos colegios Read these presentations about two schools and answer the questions below.

COLEGIO GRACIÁN • LA MEJOR OPCIÓN

En nuestro colegio trabajamos para darles la mejor educación a nuestros estudiantes. Nos esforzamos para que aprendan y tengan las mejores oportunidades en el futuro. Ofrecemos un amplio abanico° de actividades extracurriculares para que puedan desarrollar sus habilidades artísticas, deportivas, literarias...
Además, nuestros profesores reciben formación continua para estar al día en las tendencias pedagógicas.

COLEGIO DA VINCI • EDUCACIÓN Y TECNOLOGÍA

Preparamos técnicos creativos para que puedan hallar° soluciones a los problemas tecnológicos. Les damos las herramientas° para que enfrenten° los cambios en el mundo laboral. Valoramos la formación permanente, tanto para los estudiantes como para los profesores, indispensable dados los continuos avances tecnológicos. Colaboramos con la familia para que los jóvenes logren la plenitud° física, intelectual y espiritual. Además, trabajamos con la comunidad para que nuestros estudiantes comprendan las necesidades y las propuestas del mundo que los rodea°.

abanico *range* hallar *find* herramientas *tools* enfrenten *face* plenitud *fullness* rodea *surrounds*

1. ¿Cuál es el principal objetivo de la formación continua en cada uno de los colegios?
....
....

2. ¿Para qué ofrece actividades extracurriculares el Colegio Gracián?
....
....

3. ¿Por qué desea formar técnicos creativos el Colegio Da Vinci?
....
....

4. ¿Por qué trabaja con la comunidad el Colegio Da Vinci?
....
....

15B

El proceso de independizarse
Vocabulario

11 **Sentimientos** Match each sentiment with a word or expression from the list.

cumplir sus sueños	exagerar	independizarse	preocupar
estar fuera del alcance	extrañar	oponerse	sobreproteger

1. ¡Quiero vivir solo! → ....

2. No quiero que mi hijo pasee en bicicleta. ¡Es peligroso! → ....

3. Soy más inteligente que el último Nobel de física. → ....

4. De ninguna manera puedes dejar los estudios. → ....

5. Mi hija quiere ser científica. Ojalá lo logre. → ....

6. La educación universitaria es muy costosa. No podemos pagarla. → ....

7. María siempre saca las mejores notas. ¿Es verdad que sacó un aplazo? → ....

8. Marcos quiere continuar sus estudios pero no sé si podremos pagárselos. → ....

12 **Oraciones originales** Write original sentences using the cues.

1. sorprender / exagerar _María siempre exagera, pero no me sorprende._

2. independizarse / gasto ....

3. oponerse / cumplir sus sueños ....

4. herir / sobreproteger ....

5. deserción universitaria / suspenso ....

6. calificación / escala ....

13 **Para padres e hijos** Complete the sentences with your own ideas about these people who wrote letters to the magazine **Para padres e hijos**.

1. A Susana y a su marido .... (preocupar) que ....
....

2. A Claudio .... (preocupar) que ....
....

3. A Micaela .... (dar miedo) que ....
....

4. A Pablo y a su mujer .... (sorprender) que ....
....

Gramática funcional

Presente del subjuntivo Write the verbs in the corresponding form of the present subjunctive.

14

1. preferir (yo) ....
2. sentir (tú) ....
3. querer (él) ....
4. servir (nosotros) ....
5. dormir (vosotros) ....
6. encender (ellos) ....

15 **¿Qué les preocupa?** Match elements from the columns to form complete sentences. Make sure you use all the elements. Several options are possible.

1. A los padres les preocupa ....
2. A los estudiantes les dan miedo ....
3. Muchos jóvenes no soportan ....
4. A los profesores les preocupa ....
5. A los padres no les gusta ....
6. A los adultos les extrañan ....
7. A las autoridades educativas les preocupa ....
8. A muchos jóvenes les preocupa ....
9. A los estudiantes les da miedo ....
10. A los profesores les sorprende ....

a. tener que decirles a sus hijos que estudien.
b. que sus hijos vivan lejos.
c. suspender.
d. los resultados de los exámenes.
e. la deserción universitaria.
f. su futuro profesional.
g. que los jóvenes no quieran estudiar.
h. las prohibiciones.
i. las actitudes de los jóvenes.
j. que tantos estudiantes suspendan.

16 **La universidad en Argentina** Read this information about university education in Argentina. Then complete the sentences below with your impressions.

- En Argentina la universidad pública es gratuita.
- En Argentina los futuros médicos empiezan la carrera de medicina directamente después de la escuela secundaria.
- En Argentina, las carreras suelen durar más años que los previstos° en el plan de estudios.
- A pesar de que la educación universitaria pública es gratuita en Argentina y la formación de los graduados es excelente, la deserción es mayor que en las universidades privadas.
- En Argentina, no hay examen de ingreso° para la mayoría de las carreras de universidades públicas.

previstos *anticipated* **examen de ingreso** *entrance exam*

1. Me extraña que ....
2. No me parece raro que ....
3. Me gusta que ....
4. ....
5. ....

17 **Preguntas y respuestas** Listen to the questions and answer them with the information provided. Then, listen to the correct answer and repeat after the speaker.

MODELO	*You hear:* ¿Qué te sorprende?
	You see: tanta gente / estudiar medicina
	You say: Me sorprende que tanta gente estudie medicina.

1. el examen de mañana
2. subir / la deserción universitaria
3. yo / salir hasta tarde
4. no conseguir / un buen trabajo
5. las reacciones de los jóvenes

6. las normas y las prohibiciones
7. yo / no aprobar el examen
8. yo / llamarlo al celular
9. existir / una falta de comunicación
10. sus padres / olvidarse de su propia juventud

Lectura

18 **La educación hoy en día** Read these people's responses to a survey about education and indicate whether each statement is true (**verdadero**) or false (**falso**).

Me preocupa que los niños y jóvenes de hoy no lean. Temo que muchos no tengan éxito en la universidad porque no han recibido una educación básica sólida. Me sorprende que a muchos padres no les preocupe esto. Me parece raro que no vean que sus hijos saben mucho menos de lo que ellos sabían a la misma edad. (*Marcela, directora de escuela primaria*)

Me preocupa que los contenidos de las carreras universitarias no cambien. Temo que utilicen planes de estudios antiguos y que al graduarnos no podamos desempeñarnos bien° en el mercado laboral actual. Tengo miedo de no conseguir un buen trabajo. Me extraña que las asociaciones estudiantiles no reclamen° que se actualicen las carreras universitarias. (*Paula, estudiante universitaria*)

Me preocupa que los adolescentes no quieran estudiar como lo hacíamos nosotros. Me sorprende que aunque dominan fácilmente las nuevas tecnologías no puedan aplicarlas al estudio. Me parece raro que las usen solamente para el ocio. Temo que si no leen lo suficiente, no aprueben las materias en la universidad. (*Augusto, padre de dos hijos adolescentes*)

desempeñarnos bien *do well* reclamen *demand*

Verdadero	Falso	
○	○	1. A Marcela le preocupa que a los niños y jóvenes no les guste leer.
○	○	2. A Marcela le sorprende que a muchos padres no les preocupe la falta de una educación básica sólida en las escuelas primarias.
○	○	3. Paula teme no poder graduarse.
○	○	4. A Paula le extraña que las asociaciones estudiantiles no reclamen nuevos profesores.
○	○	5. A Augusto le parece raro que los adolescentes usen las nuevas tecnologías para el ocio pero no para el estudio.
○	○	6. Augusto teme que los jóvenes lean demasiado.

Marina Sánchez, un genio de los números

19 **Tiempo libre** Listen to the interview with Marina and take notes about how she spends her free time.

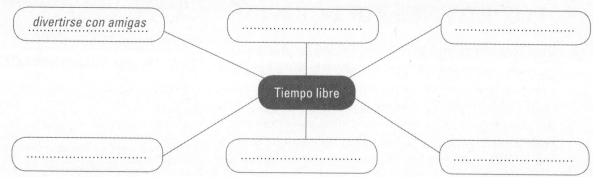

divertirse con amigas

Tiempo libre

Does Marina spend her free time the way other teenagers do? How is her daily life different?

....

20 **Corrección** Correct the statements as in the model.

1. A Juan le encantan las matemáticas. (la física)
   ¡Qué va! No le encantan las matemáticas sino la física.

2. Ángel ha suspendido Inglés. (Español)
   ....

3. Mañana tenemos examen de Historia. (Geografía)
   ....

4. La clase de Inglés es el jueves. (el viernes)
   ....

5. El profesor de Inglés está en la biblioteca. (en su oficina)
   ....

6. Andrés ha sacado un sobresaliente en Música. (en Plástica)
   ....

21 **Reacciones** React to these statements using expressions from the list.

No pienso eso, pienso que… ¡Qué va! No… sino…

1. A los jóvenes no les interesa nada la escuela.
   No, no pienso eso, pienso que muchos jóvenes estudian para prepararse para el futuro.

2. Los jóvenes nunca se preocupan por los problemas sociales sino por la diversión.
   ....

3. Todos los jóvenes salen mucho y no hacen deporte.
   ....

4. Los jóvenes no conocen las nuevas tecnologías.
   ....

Lectura

22 **Los jóvenes mileuristas** Read the article and answer the questions below about the main ideas.

LOS JÓVENES MILEURISTAS

En España, ha surgido una generación de jóvenes con estudios universitarios que de todos modos no pueden independizarse. Son los *mileuristas*, jóvenes trabajadores cuyo sueldo ronda° los 1000 euros mensuales, un salario demasiado bajo para tener su propio apartamento y empezar la vida adulta. A sus padres, que imaginaron un buen futuro para sus hijos universitarios, les sorprende la precariedad° laboral actual.

En este contexto, no resulta extraño que la crisis económica afecte fundamentalmente a los jóvenes. Según datos del Instituto de la Juventud (Injuve), más de la mitad de los jóvenes de menos de 29 años no son económicamente independientes. En algunos casos, jóvenes adultos que habían dejado el hogar de sus padres debieron regresar, sin sus ahorros ni los de sus padres.

Muchos jóvenes deciden alquilar un apartamento, pero deben recibir ayuda de sus padres para llegar a fin de mes°. Según varios sociólogos, la precariedad laboral de los hijos afecta a la familia entera, tanto en lo económico como en lo emocional. La frustración de los hijos se convierte en la de los padres, que invirtieron en la educación de sus hijos y soñaron para ellos un futuro más promisorio°.

Los padres de estos jóvenes se sienten decepcionados del sistema, porque sienten que el esfuerzo propio y el de sus hijos no es recompensado°. Los sociólogos también advierten que hay un componente cultural en este problema, y es que la mejor seguridad social es la familia, en lugar de los gobiernos e instituciones.

1. ¿Quiénes son los mileuristas?
....
....
....

2. ¿Por qué la precariedad laboral de los hijos afecta también a los padres?
....
....
....

3. ¿Por qué se sienten decepcionados estos jóvenes y sus padres?
....
....
....

4. ¿Cómo es la situación de los jóvenes graduados en su país?
....
....
....

ronda *hovers around* precariedad *precariousness* llegar a fin de mes *make ends meet* promisorio *promising* recompensado *rewarded*

Composición

23 **Expresar temores y preocupaciones** You have read an article about the **mileuristas** in Spain. Write a letter to the editor expressing your concerns and fears on the subject.

PREPARACIÓN

In your letter, react to the information you read in the article. Say what things surprise you, what worries you, and what your fears are.

COMPOSICIÓN

Here are some useful words and structures.

Me preocupa	Me molesta	Me sorprende	Desde luego	para que
Temo	No me gusta	Me extraña	Efectivamente	con tal de que
Me da miedo		Me parece raro	No estoy de acuerdo	en caso de que
				sino

....

....

....

....

....

....

....

....

....

....

....

....

....

....

....

....

....

Vocabulario

24 **Escuchar y repetir** You will now hear the vocabulary found in your textbook on the last page of this lesson. Listen and repeat each Spanish word or phrase after the speaker.

15B

Diario de aprendizaje

25 **Evaluar** Assess what you have learned in this lesson.

Escuchar	☻☻☻	☻☻	☹

Entiendo consultas radiofónicas y preocupaciones relacionadas con la escolarización.

Leer	☻☻☻	☻☻	☹

Entiendo planes de estudios y sistemas de calificación escolar, artículos de prensa especializada, textos y reseñas literarias breves, y resúmenes de las conclusiones de informes oficiales.

Hablar	☻☻☻	☻☻	☹

Puedo expresar disgusto, temor, extrañeza, finalidad y enfatizar mis opiniones.

Interactuar	☻☻☻	☻☻	☹

Puedo comunicarle a otra persona lo que no me gusta y mis temores, reaccionar en una conversación reforzando mis argumentos y enfatizando mis opiniones.

Escribir	☻☻☻	☻☻	☹

Puedo escribir un texto sobre las aficiones y el carácter de los jóvenes.

26 **Anotar** Write down words or phrases, grammatical structures, and cultural information that you have learned in this lesson.

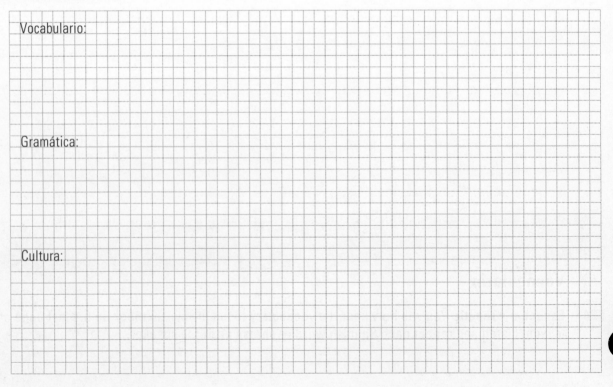

Vocabulario:

Gramática:

Cultura:

15A

De la madre tierra

Autoevaluación

Read the dialogues and select the correct answer.

1

¿Tienen platos vegetarianos en este restaurante?

No lo sé, alguno ....

a) tener b) tienen c) tendrán d) tengan

2

¿Dónde puedo comprar harina de maíz?

No lo sé, la ...... en el supermercado.

a) vende b) venderá c) venden d) venderán

3

¿Cómo se prepara la tortilla de papas?

No estoy segura, lo mejor es ...... la receta.

a) leer b) leemos c) leeremos d) leamos

4

¿Qué podemos cocinar para la cena con tus padres?

Lo mejor ...... preguntarles directamente.

a) ser b) sería c) son d) serían

5

¿Cuáles son vuestros objetivos?

Esperamos ...... líderes en el sector.

a) ser b) somos c) fuimos d) seremos

6

Para vender este producto, es necesario darlo a conocer.

Por supuesto, queremos que nuestros publicistas ...... una buena campaña.

a) realizar b) realizan c) realizarán d) realicen

7

¿Vamos mañana a dar un paseo por el campo?

De acuerdo, ... hace buen tiempo.

a) espero b) ojalá c) a ver si d) deseo

8

No hemos tenido muy buenos resultados.

...... los mejoremos.

a) Espero b) Ojalá c) A ver si d) Deseo

9

Podemos comprar tres tartas para el postre.

Yo ...... que con una es suficiente.

a) diré b) diría c) no diré d) no diría

10

Es necesario ...... la alimentación.

Sí, es verdad.

a) cuidar b) cuidan c) cuidarán d) cuiden

Answer key : 1. c 2. d 3. a 4. b 5. d 6. d 7. c 8. b 9. b 10. a

Read the dialogues and select the correct answer.

1

No me ...... que tengamos solo cuatro horas de español.

No debes estar enfadado. El año pasado solo teníamos dos.

a) preocupa   b) sorprende   c) extraña   d) gusta

2

...... mucho que mis padres me pregunten por mis planes.

A mí también.

a) Soporto   b) Me molesta   c) No soporto   d) No me molesta

3

¿Para qué queréis que estudie otro idioma?

...... puedas comunicarte con más gente.

a) Por   b) Para   c) Por qué   d) Para que

4

¿Para qué quieres llevar a tu hijo a la biblioteca?

Para que ......, mañana tiene un examen.

a) estudiar   b) estudio   c) estudiaré   d) estudie

5

Me preocupa que mis hijos ...... una buena formación.

A mí también, por eso elegí este colegio.

a) tengan   b) tienen   c) tendrán   d) tener

6

Me preocupa que nuestros hijos no nos digan la verdad.

A mí también ....

a) me gusta   b) da miedo   c) me sorprende   d) me molesta

7

...... que tus padres te dejen salir hasta tarde.

Hoy es especial.

a) Soporto   b) Me preocupa   c) Desde luego   d) Me sorprende

8

A mis amigos les extraña que ...... uniforme.

¿Por qué? ¿Ellos no lo llevan?

a) llevar   b) llevamos   c) llevaremos   d) llevemos

9

La situación es insoportable. Tenemos que protestar.

¡......! Estoy totalmente de acuerdo.

a) Qué va   b) Desde luego   c) No   d) No pienso eso

10

¿Tú estudias Ingeniería Industrial?

No, no es Industrial ...... Informática.

a) sino   b) pero   c) y   d) e

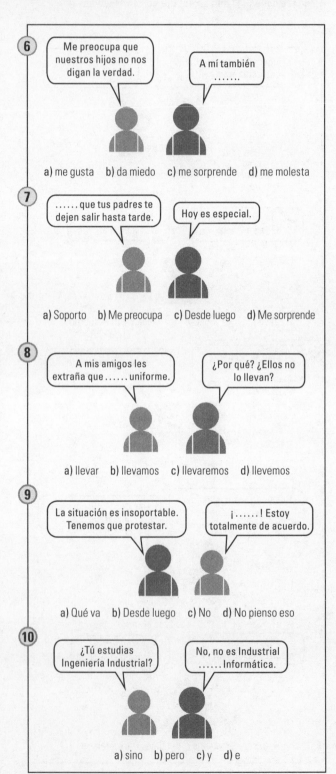

Answer key: 1. d   2. b   3. d   4. d   5. a   6. d   7. d   8. d   9. b   10. a

Compromiso de todos
Vocabulario

1 Para la paz Complete the paragraph with the words and expressions from the list.

adhesión	consenso	ejércitos	hace falta	marchas	no violencia
armas nucleares	derechos humanos	firma	invadan	movilización	tratados

Creemos que la paz mundial es posible. Por eso pensamos que la (1) .... social es

importante para solicitar a los gobiernos la firma de (2) .... en rechazo de las

(3) .... Dudamos que los gobiernos renuncien a sus (4) ....

de un día para el otro, pero tal vez estos no (5) .... territorios si logramos el

(6) .... internacional. Para eso, (7) .... tu ayuda.

(8) .... este formulario de (9) .... y participa en nuestras

(10) .... por la (11) .... y los (12) ....

2 Una activista Listen to the interview with Mariana, an activist at the **Marcha Mundial por la Paz**, and mark the ideas she mentions. You will hear the recording twice.

- ☐ adhesión
- ☐ armas nucleares
- ☐ conflictos
- ☐ consenso
- ☐ derechos humanos
- ☐ ejército
- ☐ gobierno
- ☐ guerra
- ☐ justicia social
- ☐ marchas
- ☐ movilización social
- ☐ no violencia
- ☐ paz
- ☐ sociedad
- ☐ tratados

Gramática funcional

3 Tabla Complete the table series with the appropriate forms of **dar, estar, ser**, and **ir** in the present subjunctive.

1. .... / .... / dé / demos / .... / ....
2. esté / .... / .... / .... / estéis / ....
3. .... / seas / .... / seamos / .... / ....
4. .... / vayas / .... / .... / .... / vayan

4 Correo de Lola Complete Lola's e-mail to a friend asking him to join the **Marcha Mundial por la Paz**.

¡Hola, Pablo!

Creo que ya te (1) .... (hablar) de la Marcha Mundial en mi último correo, ¿no? Pues he encontrado una página web donde puedes adherirte. Pienso que una iniciativa así (2) .... (necesitar) el apoyo de todos nosotros. No pienso que (3) .... (ser) una utopía pedir la paz; me parece que (4) .... (nosotros, deber) tomar conciencia de que la paz es un compromiso de todos. No creo que (5) .... (yo, ir) a ninguna ciudad por la que va a pasar, pero por lo menos los podemos apoyar con nuestra adhesión. ¿Te animas tú también?

Un abrazo,

Lola

16A

(5) **La guerra y la paz** Complete this test with the appropriate forms of the verbs in the indicative or the subjunctive. Indicate whether you agree with each statement or not.

	De acuerdo	En desacuerdo
1. No creo que la guerra .... (ser) un medio para conseguir la paz.		
2. Creo que juntos .... (poder) encontrar la solución de los conflictos armados del mundo.		
3. Dudo que nosotros .... (ver) desaparecer las armas nucleares.		
4. No pienso que los problemas actuales .... (ser) responsabilidad de los ciudadanos.		
5. No me parece que la gente .... (dar) suficiente importancia al peligro de la guerra.		
6. Pienso que .... (estar) en nuestras manos conseguir la paz en el mundo.		
7. Dudo que la mayoría de los políticos .... (ir) a erradicar las guerras.		
8. Me parece que la humanidad .... (poder) vivir en paz en un futuro.		

Choose two of the statements you do not agree with, and write their opposites below.

....

....

(6) **Opiniones** Express skepticism or your own opinion about these statements on learning Spanish.

"Solo se aprende bien español si se vive en un país hispanohablante."

"Las mujeres aprenden las lenguas extranjeras mejor que los hombres."

"Las estrategias de comunicación ayudan mucho."

"Es necesario estudiar mucha gramática."

1. (No) creo que ....

2. (No) pienso que ....

3. (No) me parece que ....

4. Dudo que ....

(7) **Un programa de radio** In a radio program about learning Spanish as a second language, some listeners called and gave the opinions shown in **Activity 6**. Now listen to these callers and match the names to their opinions.

.... 1. Sarah   a. No creo que solo se pueda aprender bien español en un país hispanohablante.

.... 2. Paul   b. Creo que los hombres y las mujeres aprenden igual las lenguas extranjeras.

.... 3. Carol   c. Creo que las estrategias de comunicación ayudan mucho y que es más fácil estudiar la gramática en contexto.

8 **¿Optimista, pesimista o escéptico?** What would an optimist, a pessimist, and a skeptic say about these topics? Write down their opinions.

La paz	optimista	*Sí, yo creo que la paz es posible.*
	pesimista	*No creo que la paz sea posible.*
	escéptico/a	*Dudo que la paz sea posible.*

El medio ambiente	optimista	
	pesimista	
	escéptico/a	

La justicia social	optimista	
	pesimista	
	escéptico/a	

La movilización social	optimista	
	pesimista	
	escéptico/a	

Lectura

9 **La paz** Read these quotes about peace and match them to the statements in the list.

a O caminamos todos juntos hacia la paz, o nunca la encontraremos.

Benjamin Franklin, político y científico estadounidense

b La paz más desventajosa° es mejor que la guerra más justa.

Erasmo de Rotterdam, humanista y teólogo holandés

c Cuando me preguntaron sobre algún arma capaz de contrarrestar° el poder de la bomba atómica, yo sugerí la mejor de todas: la paz.

Albert Einstein, científico alemán

d Si no estamos en paz con nosotros mismos, no podemos guiar a otros en la búsqueda de la paz.

Confucio, filósofo chino

e La primera condición para la paz es la voluntad° de lograrla.

Juan Luis Vives, humanista y filósofo español

1. La paz es siempre mejor que la guerra. ☐
2. Para conseguir la paz hay que desearla. ☐
3. Lo primero es buscar la paz interior. ☐
4. La paz debe ser un esfuerzo de todos. ☐
5. La paz es el arma más poderosa. ☐

desventajosa *disadvantageous* contrarrestar *counteract* voluntad *will*

Which quote do you find most compelling? Do you disagree with any of these statements? Why?

....

....

Debate social
Vocabulario

10 **En campaña** Match the words and expressions to their definitions.

.........1. el/la presidente/a del gobierno

.........2. el/la ministro/a

.........3. las elecciones presidenciales

.........4. la secretaría

.........5. la campaña electoral

a. Persona responsable de un ministerio.

b. Departamento en que se divide el gobierno.

c. Periodo en que los candidatos presentan su programa electoral.

d. Candidato/a que ha ganado las elecciones y está al frente del gobierno.

e. Momento en que los ciudadanos eligen al candidato/a a la presidencia del país.

11 **Entrevista** Listen to the interview with the Argentine Secretary of Tourism and indicate whether each statement is true (**verdadero**) or false (**falso**).

Verdadero **Falso**

○ ○ 1. El Gobierno anunció que habría 17 feriados nacionales en Argentina.

○ ○ 2. El objetivo es que haya más días feriados en temporada de vacaciones.

○ ○ 3. El nuevo calendario de feriados beneficiará al turismo internacional.

○ ○ 4. A partir de 2011 no hay feriados el lunes y el martes de Carnaval.

○ ○ 5. A partir de 2011 hay dos feriados móviles al año para sumar a días feriados que se celebren en martes o jueves.

○ ○ 6. Los empresarios del sector turístico creen que la medida beneficiará a la economía del país.

Gramática funcional

12 **¡Acabaremos con el hambre!** Complete the promises made by a political party with the **nosotros/as** form of the simple future.

1. .... puestos de trabajo.

2. .... los impuestos.

3. .... la educación.

4. .... hospitales.

5. .... los sueldos.

6. .... la economía.

mejorar	bajar
aumentar	construir
estimular	crear

Write the citizens' opinions when they realize the politicians did not fulfill their promises.

1. *¡Prometieron que crearían puestos de trabajo!*

2. ....

3. ....

4. ....

5. ....

6. ....

13 **¿Verdadero o falso?** Listen to the news report about Colombia and its tourism policy, and indicate whether each statement is true (**verdadero**) or false (**falso**).

Verdadero	Falso	
○	○	1. Un portavoz del Ministerio de Turismo declaró que Colombia pronto se pondría a la cabeza en el turismo latinoamericano.
○	○	2. El portavoz afirmó que Colombia pronto recibiría más turistas que México y Argentina.
○	○	3. El portavoz anunció que Colombia disminuiría su actual oferta de vuelos internacionales.
○	○	4. El Ministerio de Turismo añadió que la menor oferta de vuelos internacionales haría de Colombia un país más competitivo.
○	○	5. El Ministerio de Turismo confirmó que la campaña "Colombia es pasión" cambiaría la imagen del país.

14 **Periódico de ayer** Report the information that appeared in yesterday's newspaper.

1. El Gobierno lo confirma: "No habrá elecciones anticipadas."

   El Gobierno confirmó que no habría elecciones anticipadas....

2. Greenpeace declara: "Los planes urbanísticos destruirán toda la costa."

   ....

   ....

3. Los organizadores de la Marcha Mundial por la Paz comunican: "Las adhesiones se podrán hacer también por Internet."

   ....

   ....

4. Los presidentes de los gobiernos europeos aseguran: "Bajaremos los sueldos de los políticos como medida contra la crisis."

   ....

   ....

5. El Ministro de Defensa afirma: "Destruiremos nuestro armamento en el plazo de un año."

   ....

   ....

6. El portavoz del Gobierno declara: "Nuestro objetivo prioritario será la creación de empleo."

   ....

   ....

7. Los expertos opinan: "El Partido Pacifista ganará las próximas elecciones."

   ....

   ....

Choose two of the statements above and give your opinion.

1. En cuanto a ....

   ....

2. En cuanto a ....

   ....

15 **Promesas** Write three promises using words and expressions from the list.

> comenzar   conseguir   estudiar   hacer deporte   participar   trabajar

1. ....

2. ....

3. ....

Now write how a journalist might report your statements using indirect discourse.

1. ....

2. ....

3. ....

16 **¿Qué dijeron?** Listen to these promises and report them using the verbs provided. Then, listen to the correct answer and repeat after the speaker.

MODELO	*You hear:*	Haremos reformas.
	You see:	Dijeron…
	You say:	Dijeron que harían reformas.

1. Prometieron…   5. El ministro afirmó…
2. Dijeron…   6. Los políticos declararon…
3. Anunciaron…   7. El presidente informó…
4. Se confirmó…   8. Yo dije…

Lectura

17 **Protección de la biodiversidad** Read the news article and indicate whether each statement below is true (**verdadero**) or false (**falso**).

> ### ACUERDO POR LA BIODIVERSIDAD
> **Representantes de 193 países firman en Nagoyá, Japón, un acuerdo para proteger la biodiversidad.**
> Grupos ecologistas anunciaron ayer que los países firmantes protegerían el 17% de las áreas terrestres°. Añadieron que la protección alcanzaría también al 10% de las áreas marinas del planeta. Con el consenso logrado, los países firmantes implementarán un plan de protección de la naturaleza durante los próximos 10 años. También implementarán un protocolo sobre el uso y la distribución equitativa° de los beneficios de los recursos genéticos de las especies° protegidas. Según varios representantes latinoamericanos, esto será de suma importancia para los países de Latinoamérica y el Caribe, ya que se reconocerán los vínculos° entre los conocimientos tradicionales de los indígenas y el uso de estos recursos.

terrestres *land* equitativa *equitable* especies *species* vínculos *links*

Verdadero	Falso	
❍	❍	1. Grupos ecologistas anunciaron que se protegerían el 17% de las áreas terrestres.
❍	❍	2. Añadieron que la protección alcanzaría también al 5% de las áreas marinas.
❍	❍	3. Los representantes de los países firmantes dijeron que implementarían un plan de protección de la naturaleza durante los próximos 20 años.
❍	❍	4. Varios representantes latinoamericanos declararon que el acuerdo sería de suma importancia para Latinoamérica y el Caribe.

Ingrid Betancourt, una luchadora

18 **Acerca de Ingrid Betancourt** Complete the paragraph about Ingrid Betancourt using words from the list.

caciquismo corrupción luchar secuestrada terrorismo

Ingrid Betancourt empezó su carrera política fundando el Partido Verde Oxígeno para (1) ....

contra la (2) .... y el (3) .... En 2002, en plena campaña presidencial, fue

(4) .... por la guerrilla de las FARC y permaneció en cautiverio (*captivity*) seis años. Después

de su liberación, se fue a Francia, donde se ha dedicado a luchar por las víctimas del (5) ....

19 **Completar** Match the elements from each column to form requests and complete the sentences with the verbs. Write out the sentences below.

La ONU° pide que…	las vacunas .... (poder) llegar a los países en vías de desarrollo…	sin ellos no puede haber paz.
Pedimos que…	la sociedad .... (adherirse) a su causa…	todos juntos podemos conseguir la paz.
La OMS° pide que…	no .... (existir) armas nucleares en el mundo…	allí hay más víctimas por enfermedades.
La Marcha Mundial por la Paz pide que…	todos los gobiernos .... (respetar) los derechos humanos…	son un gran peligro.

porque…

ONU *UN (United Nations)* **OMS** *WHO (World Health Organization)*

1. ....

2. ....

3. ....

4. ....

20 **Escuchar y responder** Listen to the questions and answer them using the information provided. Then, listen to the correct answer and repeat after the speaker.

MODELO	*You hear:* ¿Qué pides a los gobiernos?
	You see: terminar las guerras
	You say: Pido que los gobiernos terminen las guerras.

1. comprometerse con el medio ambiente
2. luchar contra el terrorismo
3. trabajar a favor de la paz
4. no tolerar la violencia

5. eliminar el narcotráfico
6. dar un discurso
7. adherirte a la Marcha Mundial por la Paz

Lectura

21 **Embajadores de la paz** Read this article about the **Príncipe/Princesa de Asturias** awards and answer the questions.

PREMIOS PRÍNCIPE/ PRINCESA DE ASTURIAS

Ingrid Betancourt recibió en 2008 el Premio Príncipe de Asturias de la Concordia. Ese premio se concede° a la persona, institución, grupo de personas o de instituciones que han mejorado con su trabajo el entendimiento y la convivencia en paz entre los hombres, y han contribuido en la lucha contra la injusticia, la pobreza, la enfermedad y la ignorancia en defensa de la libertad.

Los premios se crearon en 1981 y los convoca la Fundación Príncipe/Princesa de Asturias en ocho categorías:

- Artes
- Concordia
- Cooperación internacional
- Ciencias sociales
- Investigación científica y técnica
- Comunicación y humanidades
- Deportes
- Letras

¿Quién puede ser candidato a los Premios Príncipe/ Princesa de Asturias? Las academias, centros culturales y de investigación, universidades y otras instituciones, así como las personalidades a quienes la Fundación invita y los integrantes° de cada uno de los jurados° pueden presentar propuestas razonadas de candidatos a los Premios Príncipe/Princesa de Asturias.

Los jurados (uno por cada categoría) deliberan entre mayo y septiembre sobre la decisión de elegir a uno u otro candidato. Se vota y elige por mayoría.

El Premio Príncipe/Princesa de Asturias consta de° un diploma, una escultura de Joan Miró, una insignia° con el escudo° de la Fundación y 50 000 euros.

1. Marque verdadero o falso.

V F

☐ ☐ a. Los Premios se conceden solo a personas individuales como Ingrid Betancourt.

☐ ☐ b. Los Premios constan de un diploma y 25 000 euros.

2. ¿Cuáles son las ocho categorías de los premios?

....

....

....

....

3. Numere los pasos que se siguen para conceder los premios.

☐ Entrega del premio

☐ Votación

☐ Presentación de candidaturas

☐ Deliberaciones

4. Elija dos categorías de los Premios Príncipe/Princesa de Asturias. ¿A quiénes les concedería el premio?

Categoría: ....

Premiado/a: ....

Categoría: ....

Premiado/a: ....

---

se concede *is awarded* integrantes *members* jurados *panels of judges* consta de *consists of* insignia *badge* escudo *coat of arms*

Composición

Carta al director Write a letter to the editor about a subject that concerns you.

22 **PREPARACIÓN**

First, take notes about a topic that concerns you. Write down your thoughts on the issue and what you think should be done. If someone has made promises that were not fulfilled, report what was said using indirect discourse. Finally, make a request to the editor, to the government, or to the readers.

COMPOSICIÓN

Here are some useful words and structures.

pienso/creo/me parece que + [*ind.*] no creo que + [*subj.*] dudo que + [*subj.*] hace falta que pido que + [*subj.*] porque + [*ind.*]	afirmar anunciar declarar informar	con respecto a en cuanto a pero sobre la base de	convicción convocatoria denunciar derecho desastre	indiferencia medida política pretexto

....

....

....

....

....

....

....

....

....

....

....

....

....

....

....

 ## Vocabulario

23 **Escuchar y repetir** You will now hear the vocabulary found in your textbook on the last page of this lesson. Listen and repeat each Spanish word or phrase after the speaker.

Diario de aprendizaje

24 **Evaluar** Assess what you have learned in this lesson.

Escuchar	😊😊😊	😊😊	😞

Entiendo noticias sobre la actualidad internacional.

Leer	😊😊😊	😊😊	😞

Entiendo manifiestos de adhesión a causas sociales y titulares de periódicos.

Hablar	😊😊😊	😊😊	😞

Puedo exponer mis opiniones sobre conflictos sociales, mostrar escepticismo, transmitir informaciones de otros y hacer peticiones argumentadas.

Interactuar	😊😊😊	😊😊	😞

Puedo intercambiar opiniones, transmitir informaciones que han dicho otros y hacer peticiones argumentadas.

Escribir	😊😊😊	😊😊	😞

Puedo escribir una biografía.

25 **Anotar** Write down words or phrases, grammatical structures, and cultural information that you have learned in this lesson.

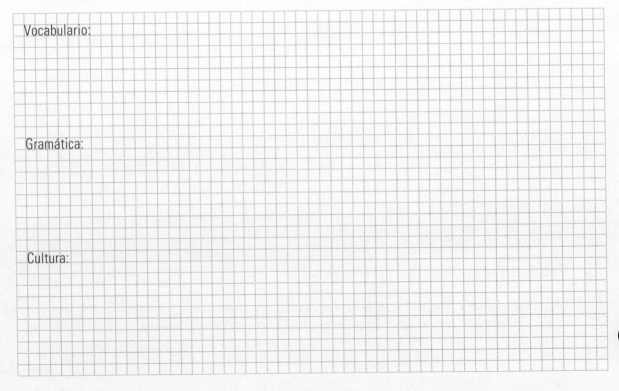

Vocabulario:

Gramática:

Cultura:

TÍPICOS TÓPICOS

Publicidad hasta en el café

Vocabulario

1 **Publicidad** Complete the sentences with the words from the list. Conjugate the verbs as necessary.

ahorrar	devolver	eslogan	exigir	merienda	tópico

1. .... comprando nuestros productos. Le garantizamos la mejor calidad al menor precio.

2. A la hora de la ...., tome en familia el mejor chocolate.

3. Siempre .... productos de calidad certificada. Su familia se merece lo mejor.

4. Pruebe el Café Cafetal. Si no le gusta, le .... su dinero.

5. Muchas publicidades usan el .... de la familia "perfecta" sonriente.

6. Un buen .... es fundamental para que se recuerde una publicidad.

2 **Dieta con sabor** Listen to the ad for the low-calorie jam **Dieta con sabor** and indicate whether each statement is true (**verdadero**) or false (**falso**).

Verdadero	Falso	
○	○	1. La mermelada *Dieta con sabor* es la solución para cuidarse y darse un gusto.
○	○	2. La mermelada *Dieta con sabor* es baja en calorías y no es buena para los niños.
○	○	3. El sabor de la mermelada *Dieta con sabor* es artificial.
○	○	4. Hay un nuevo sabor manzana de mermeladas *Dieta con sabor*.

3 **Eslóganes** Use words from each column to write four slogans.

Coma	*Chocao*	cacao	aromático/a	argentino/a
Disfrute de	*La cabaña argentina*	café	auténtico/a	cubano/a
Saboree	*Micafé*	carne	delicioso/a	Colombia
Tome	*Rejugo*	jugo de naranja	refrescante	Florida

1. ....

2. ....

3. ....

4. ....

Gramática funcional

4 **Es mejor que** Answer the questions creatively using the expression **es mejor que**.

1. ¿Te lo envío por correo o por fax? *Es mejor que me lo envíes por fax, gracias.*....................

2. ¿Lo escribimos en azul o en negro? ....

3. ¿Te sirvo el té con azúcar o con miel? ....

4. ¿Lo compramos aquí o en la otra tienda? ....

5 **Mandatos** Rewrite the affirmative commands as negative commands and vice versa. Then, classify the form of the command: **tú, usted**, or **vosotros/as**.

1. Comparad los precios. *No comparéis los precios. (vosotros/as)* ....

2. Hable con nosotros. ....

3. No cambies tu imagen. ....

4. Leed este anuncio. ....

5. Subid al cielo con nosotros. ....

6. No escriba aquí. ....

6 **Compras con criterio** Rewrite the pieces of advice of this campaign for responsible consumption with the structure **es mejor que** + [*subjunctive*].

> **EN REBAJAS, COMPRA CON CRITERIO**
>
> 1. Fíjate un presupuesto: piensa en lo que realmente necesitas.
> 2. Haz una lista de las compras que quieres hacer.
> 3. No pagues demasiado con tarjeta y controla el gasto.
> 4. Lee atentamente las etiquetas y comprueba que indican la rebaja en el precio.
> 5. Antes de pagar, pregunta si se puede devolver el producto.
> 6. En Internet, compra en sitios seguros.

1. ....

2. ....

3. ....

4. ....

5. ....

6. ....

7 **Diálogos** Match each dialogue to its topic. Then, complete the sentences with the appropriate pronouns.

los archivos ☐   el *iPod* ☐   el chiste 1   las cartas ☐   el helado ☐   las gafas ☐

1
- ¿..... ..... has contado a tus compañeros?
- No, solo .... he contado a mi marido.

2
- ¿..... ..... compró tu novio?
- Sí, ... regaló por mi cumpleaños.

3
- ¿..... ..... va a comer aquí usted?
- No, ... llevo a casa.

4
- ¿Cómo .... envío?
- Envíe .... por correo electrónico, por favor.

5
- Perdona, ¿..... ..... dejo aquí?
- No, mejor dá .... al cartero.

6
- ¡Qué bonitas! ¿..... ..... regalas?
- Bueno, ... presto solamente.

8 **Preguntas de tus amigos** Answer your friends' questions with the affirmative or negative imperative. Include any necessary pronouns.

1. • Estos muebles son perfectos. Me encantan, pero son un poco caros. ¿Crees que debo comprármelos?

   ▪ *No te los compres. Espera a que empiecen las rebajas.*

2. • Me gustan esos pantalones, pero no sé si el tamaño es adecuado. ¿Me los pruebo?

   ▪

3. • Creo que este libro le encantaría a mi madre. ¿Se lo regalo?

   ▪

4. • Esta planta es preciosa y no está a mal precio… pero es un poco grande. ¿Me la llevo?

   ▪

9 **Comerciales** Listen to the commercials, match them to the companies, and complete the slogans.

.... 1. Relojes Watch   a. "No te lo ....; .... en buena compañía."

.... 2. Cafés Antigua   b. "No se lo .... y .... por el tuyo."

.... 3. Floristerías Pereda c. "........................ con flores y lo querrá más."

Lectura

10 **Frutas El Valle** Read the advertisement and answer the questions.

¡Saboree la frescura!
Frutas El Valle

Se lo aseguramos: nuestras frutas son orgánicas. Disfrute el cien por ciento de su sabor y su frescura. Nosotros las producimos y se las ofrecemos directamente a usted, sin intermediarios. Acérquese a nuestro establecimiento y coséchelas usted mismo. Si no tiene tiempo, deje que nosotros se las seleccionemos. Le daremos lo mejor. No lo olvide: es mejor que su familia coma frutas frescas de calidad certificada. Ofrézcale lo más sano a su familia y ¡saboreen la frescura!

1. Write the expressions that tell what the company does (**acciones del anunciante**), and the verbs that give instructions to the reader (**verbos que animan a la acción**).

   • **acciones del anunciante:** ....

   • **verbos que animan la acción:** ....

2. Complete these sentences based on the reading without using pronouns.

   a. Le aseguramos ....

   b. Coseche usted mismo ....

   c. Deje que nosotros seleccionemos ....

Usos y costumbres
Vocabulario

11 **Asociaciones** Look at these photographs and read the words in the list. Which words do you associate with each photograph?

| comunicativos/as | densamente | ola | poblado/a | sedentarismo | tucán |
| cosmopolita | extenso/a | orquídea | relleno/a | surfista | turístico/a |

1. .... 2. .... 3. ....

....

12 **¿Verdadero o falso?** Listen to the report about Panama and indicate whether each statement is true (**verdadero**) or false (**falso**). You will hear the recording twice.

Verdadero Falso
- ○ ○ 1. Panamá es uno de los países más densamente poblados de Centroamérica.
- ○ ○ 2. Panamá es el país más desarrollado económicamente de Centroamérica.
- ○ ○ 3. Panamá no tiene moneda propia y solo se usa el dólar estadounidense.
- ○ ○ 4. El Carnaval se festeja solo en algunos pueblos de Panamá.
- ○ ○ 5. La gente sale a las calles y baila durante el Carnaval.
- ○ ○ 6. La Ciudad de Panamá es uno de los centros comerciales más grandes de Latinoamérica.
- ○ ○ 7. El canal se construyó en el punto donde están más cerca el mar Caribe y el océano Pacífico.
- ○ ○ 8. En las playas panameñas no se puede practicar surf.

Gramática funcional

13 **¿De o que?** Choose the correct options to complete these sentences.

1. Los coches son igual **de/que** caros en todos los países.
2. Nuestros productos son iguales **de/que** los suyos; tienen la misma calidad.
3. Anunciar un reloj no es igual **de/que** anunciar un producto de alimentación.
4. Los anuncios de los bancos son iguales **de/que** los de detergentes.
5. Nuestros precios son igual **de/que** competitivos que los suyos.
6. Cuesta menos de lo **de/que** piensa.

14 **El carnaval de Baranquilla** Complete this description from a travel brochure with **se** + [*3rd-person verb form*].

El carnaval de Barranquilla, Colombia

El carnaval de Barranquilla (1) .... (celebrar) desde hace más de un siglo en esta ciudad colombiana. Al principio era una manifestación popular espontánea, pero actualmente (2) .... (organizar) cuidadosamente para que todo salga bien.

Durante el carnaval (3) .... (bailar) danzas tradicionales del Caribe y danzas especiales —coreografías con un argumento° propio— en las que (4) .... (expresar) el ingenio° y la creatividad. Pero no todo es baile: también (5) .... (recitar) comedias del teatro popular y folclórico y, por supuesto, la gente se disfraza° individualmente o en grupo de una manera muy original y divertida.

argumento *plot* ingenio *ingenuity* se disfraza *dress up*

15 **Comparaciones** Look at the photographs and read the information about these two countries. Compare them to your country.

| turístico | grande/pequeño | interesante | poblado | moderno/antiguo |

Cuba

Superficie: 110 860 km²

Población: 11 031 433 habitantes

Fecha de independencia de los EE.UU.: 1902

Turistas que recibe al año: 3 000 000

Argentina

Superficie: 2 780 400 km²

Población: 43 431 886 habitantes

Fecha de independencia de España: 1816

Turistas que recibe al año: 5 000 000

1. *Mi país es más pequeño que Argentina, pero más grande que Cuba.* ....

2. ....

3. ....

4. ....

16 **Escuchar y completar** Listen to the statements and choose the correct option to complete them. Then, listen to the correct answer and repeat after the speaker.

MODELO	You hear:	Los boletos de avión son .... caros en todo el mundo.
	You see:	igual de/igual que
	You say:	Los boletos de avión son igual de caros en todo el mundo.

1. igual de/iguales que
2. igual de/iguales que
3. igual de/igual que

4. igual de/igual que
5. igual de/igual que
6. igual de/igual que

17   **Una fiesta** Describe a festival or a celebration from your country. Use the questions and the words in the list as a guide.

- ¿Qué se celebra y cuándo?
- ¿Quiénes participan?
- ¿Quiénes la organizan?
- ¿Qué se come?
- ¿Qué música se escucha?
- ¿Se hacen bailes? ¿Cuáles?
- ¿Qué otras actividades hay?

| danza |
| decoración |
| espontáneo/a |
| folclórico/a |
| popular |
| procesión |
| tradicional |

....

....

....

....

....

....

Lectura

18   **Venga a Paraguay** Read this brochure and indicate which paragraph addresses each of these main ideas.

Población de Paraguay ☐   Oferta turística de Paraguay ☐   Geografía de Paraguay ☐

¡Visite Paraguay!

Paraguay es ideal para el turismo. Tiene un clima tropical que ayuda a disfrutar de la naturaleza, y una historia y un arte popular que dan a su pueblo una identidad muy atractiva para el viajero.

1. Paraguay se encuentra en el centro de América del Sur. El río Paraguay divide el país en dos grandes regiones muy diferentes pero igualmente atractivas para el turista: la región oriental°, verde y fértil, donde se sitúan la mayoría de ciudades del país; y la región occidental°, árida y seca, la parte más extensa y menos poblada del país, con valiosas° reservas ecológicas.

2. Paraguay tiene una población poco numerosa, solo 6 783 000 de personas, y esto se refleja en el ritmo de vida tranquilo de la gente. En Paraguay conviven los pueblos indígenas (aproximadamente 100 000 personas), con los descendientes de europeos y la población extranjera (alemanes, japoneses, brasileños, argentinos y bolivianos, entre otros), lo que hace de Paraguay un país con una gran riqueza cultural e intercultural.

3. En los últimos años, las autoridades° y la iniciativa privada han mejorado notablemente° la oferta turística, tanto la infraestructura° hotelera como la oferta de rutas y viajes organizados específicamente para dar a conocer a los visitantes los atractivos naturales y culturales del país.

---

oriental *eastern* occidental *western* valiosas *valuable* autoridades *government* notablemente *remarkably* infraestructura *infrastructure*

Indicate whether each statement is true (**verdadero**) or false (**falso**).

Verdadero	Falso	
○	○	1. El clima de Paraguay es frío.
○	○	2. Paraguay está en el centro de América del Sur.
○	○	3. En la región oriental de Paraguay hay más ciudades que en la región occidental.
○	○	4. La región occidental es árida y no es valiosa ecológicamente.
○	○	5. En Paraguay hay un ritmo de vida tranquilo porque son pocos habitantes.
○	○	6. El turismo no es una industria importante para el gobierno de Paraguay.

Estela y Mario, publicistas

19 **Agencia de publicidad** Complete the paragraph about advertising agencies using words and expressions from the list. Conjugate the verbs as appropriate.

dar a conocer	diseño	eslogan	lanzar la campaña	marca
	publicistas	símbolo		

En una agencia de publicidad, los (1) .... crean un (2) ....

que representa a una empresa, producto o (3) .... La imagen se completa con una

frase: el (4) ...., que tiene que ser breve y atractivo. El diseño de la marca tiene

que ser un (5) .... del producto. Después se (6) .... de

promoción que (7) .... el producto al público.

20 **Estar a punto de** Write sentences using the verbs from the list and the expression **estar a punto de**, as in the model.

acostarse	irse	llegar	salir

1. Juan vuelve todos los días a las 18:00 h. Son las 17:55 h.

   Juan está a punto de llegar.
2. Para llegar puntual a su trabajo, María tiene que salir de su casa a las 8:30 h. Son las 8:25 h.

   ....
3. Los niños siempre se acuestan a las 21:00 h. Son las 20:58 h.

   ....
4. Siempre nos vamos de vacaciones el 1.º de agosto. Hoy es 31 de julio.

   ....

21 **Completar** What do you think is about to happen in these illustrations? Complete the sentences.

Esta pareja *está a punto*   Este hombre ....   Los empleados ....   El tren ....
de casarse.

Nombre _____ Fecha _____

Lectura

22 **Los orígenes de la publicidad** Read this text and answer the questions about the main ideas.

BREVE HISTORIA DE LA PUBLICIDAD

Los orígenes de la publicidad se remontan a° los principios de nuestra civilización. Ya en la Antigüedad aparecen mensajes con alguna finalidad publicitaria, como dibujos y pinturas para comunicar costumbres y tradiciones. El reclamo publicitario más antiguo que se conoce está en el Museo Británico de Londres. Es un papiro° que data de unos tres mil años antes de Cristo y se encontró en Tebas (Egipto).

En Roma había unos tablones de anuncios° permanentes que se utilizaban para insertar en ellos los avisos oficiales. En la Edad Media° se consigue la reproducción de los mensajes publicitarios mediante copias en pergamino°. Los pregoneros° y los juglares° contribuyen también a la difusión y distribución de los mensajes.

La primera gran revolución publicitaria llega con la invención de la imprenta° en el siglo XV. Después vendrán las oficinas de publicidad, la primera de ellas en el siglo XVII en Londres. En el siglo XIX, con la Revolución Industrial, la publicidad comienza su rápido proceso de transformación. Aparecen las grandes agencias, las escuelas especializadas, los creativos° célebres°, las campañas millonarias, etc.

Durante la primera mitad del siglo XX, la radio es el principal soporte°. Con la llegada de la televisión hacia la mitad del siglo, la publicidad reúne imagen y sonido.

A finales de siglo, la expansión de la informática y la globalización marcan el comienzo de una nueva etapa en la historia de la publicidad: anuncios, cuñas°, carteles luminosos, logotipos, letreros… reclaman con poderosa fuerza nuestra atención de la mañana a la noche.

En los comienzos de nuestro siglo, aparecen novedosos movimientos ciudadanos dedicados a la lucha contra los excesos de la publicidad. ¿Lo último en publicidad? La antipublicidad.

1. Relacione.

Egipto • • Copias en pergamino

Roma • • Primeros anuncios

Edad Media • • Tablones oficiales

2. Anote una palabra o frase que caracterice cada momento de la historia de la publicidad.

Siglo XV: ....

....

Siglo XVII: ....

....

Siglo XIX: ....

....

Siglo XX: ....

....

3. Encuentre la palabra que concuerde con su definición.

a. Breve inserción publicitaria en la radio o televisión: ....

b. Diseño gráfico de una marca: ....

4. ¿Qué es la "antipublicidad"?

....

....

....

se remontan a *date back to* papiro *papyrus* tablones de anuncios *bulletin boards* Edad Media *Middle Ages* pergamino *parchment* pregoneros *town criers* juglares *minstrels* imprenta *printing press* creativos *creative directors* célebres *famous* soporte *medium* cuñas *commercial breaks*

Composición

(23) **Folleto turístico** Write a brochure for a tourist attraction of your choice. Include a slogan and give a short description of the place and its points of interest.

PREPARACIÓN

Choose a place and do some research. Think of the activities tourists can do, and the local attractions that might interest them. Choose a main attraction and write a slogan using the imperative. In the description, appeal directly to the reader with affirmative and negative commands, or with phrases such as **es mejor que** + [*subjunctive*]. You can also talk about what can be done in the area using **se** + [*3rd-person verb form*] or **la gente**… In addition, you can also compare a few characteristics of the place to your hometown or some competing destination, and clarify some generalizations.

COMPOSICIÓN

Here are some useful words and expressions.

artesanías	costa	montaña	poblado/a	uso
bello/a	extenso/a	perdérselo	sentirse como en casa	volcán
buena compañía	homogéneo/a	platos típicos	termas	
cosmopolita	lago	playa	turístico/a	

....
....
....
....
....
....
....
....
....
....
....
....
....
....

 ## Vocabulario

(24) **Escuchar y repetir** You will now hear the vocabulary found in your textbook on the last page of this lesson. Listen and repeat each Spanish word or phrase after the speaker.

Diario de aprendizaje

25 **Evaluar** Assess what you have learned in this lesson.

Escuchar	😊😊😊 😊😊 ☹️

Entiendo mensajes publicitarios radiofónicos.

Leer	😊😊😊 😊😊 ☹️

Entiendo mensajes publicitarios escritos, artículos de opinión, entrevistas en boletines profesionales y noticias del periódico.

Hablar	😊😊😊 😊😊 ☹️

Puedo hablar sobre la publicidad y las costumbres.

Interactuar	😊😊😊 😊😊 ☹️

Puedo animar a alguien a hacer algo, contarle las costumbres de un lugar y los tópicos, hacer comparaciones y expresar la proximidad de un suceso.

Escribir	😊😊😊 😊😊 ☹️

Puedo componer eslóganes publicitarios.

26 **Anotar** Write down words or phrases, grammatical structures, and cultural information that you have learned in this lesson.

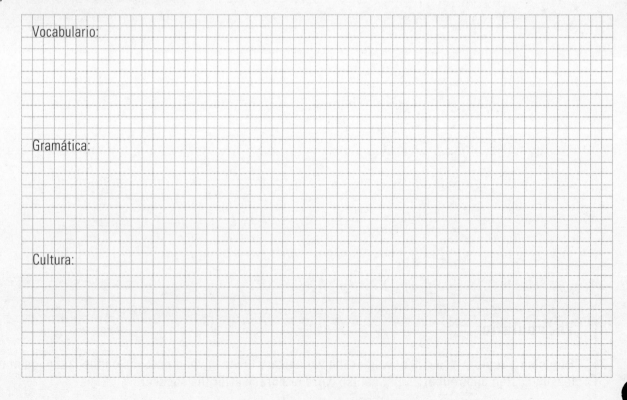

Vocabulario:

Gramática:

Cultura:

Read the dialogues and select the correct answer.

1

¿Por qué han organizado la Marcha por la Paz?

Porque no creen que las guerras ...... la solución.

a) es   b) sean   c) serán   d) son

2

En cuanto a los derechos humanos, creo que ahora se respetan más.

Yo creo que en muchos sitios no los ....

a) respetar   b) respetan   c) respeten   d) respetaron

3

¿Qué crees que es necesario para lograr la paz?

Yo .... que es fundamental controlar la venta de armas.

a) creo   b) me parece   c) no creo   d) no me parece

4

¿Piensas que la guerra es un medio para la paz?

Yo dudo que la guerra ...... un medio para nada.

a) ser   b) es   c) sea   d) será

5

¿Qué te han parecido las promesas del nuevo candidato?

Muy bien, pero ...... que las cumpla.

a) creo   b) pienso   c) me parece   d) dudo

6

¿Qué dijo ayer el presidente del Gobierno?

...... nuevas medidas contra la crisis.

a) Informó   b) Dijo   c) Afirmó   d) Anunció

7

¿Leíste ayer el periódico?

Sí, decía que hoy los responsables ...... la hora de la Marcha por la Paz.

a) confirmaron   b) confirmen   c) confirmarían   d) confirman

8

...... a las nuevas medidas, ¿qué opinas?

No lo sé; no las conozco todavía.

a) En cuanto   b) Cuanto   c) Sobre todo   d) Cuando

9

¿Por qué me ...... que sea voluntario de vuestra ONG?

Porque es necesario tener gente comprometida como tú.

a) pides   b) pedir   c) pidas   d) pediste

10

¿Usted qué les pide a los gobernantes?

Yo sobre todo les pido que ...... honestos.

a) ser   b) es   c) serán   d) sean

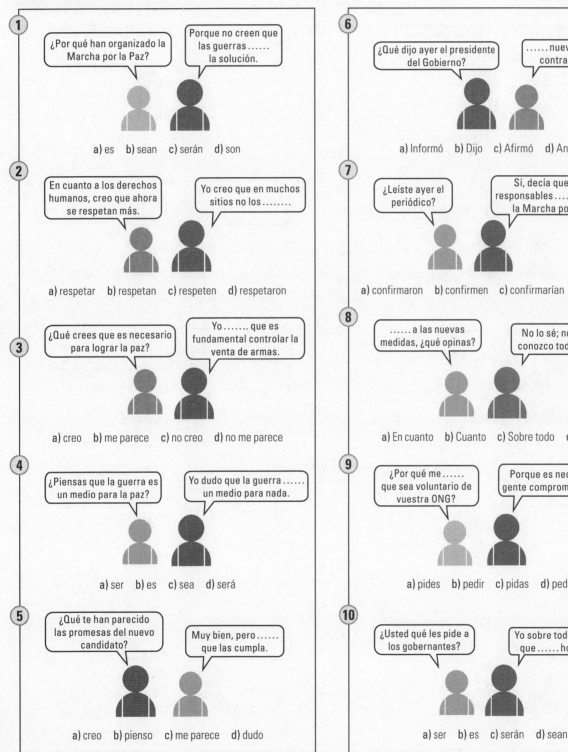

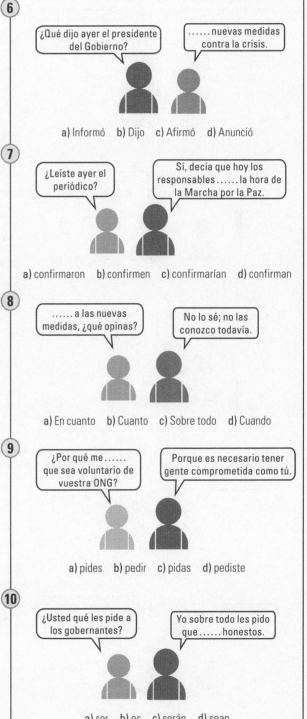

Answer key: 1. b 2. b 3. a 4. c 5. d 6. d 7. c 8. a 9. a 10. d

16B

Típicos tópicos

Autoevaluación

Read the dialogues and select the correct answer.

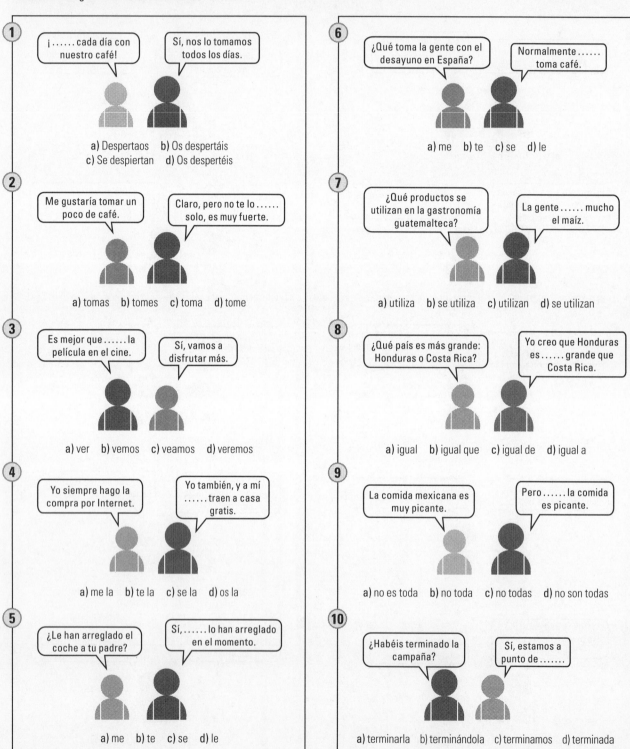

1. ¡...... cada día con nuestro café! / Sí, nos lo tomamos todos los días.
a) Despertaos b) Os despertáis c) Se despiertan d) Os despertéis

2. Me gustaría tomar un poco de café. / Claro, pero no te lo ...... solo, es muy fuerte.
a) tomas b) tomes c) toma d) tome

3. Es mejor que ...... la película en el cine. / Sí, vamos a disfrutar más.
a) ver b) vemos c) veamos d) veremos

4. Yo siempre hago la compra por Internet. / Yo también, y a mí ...... traen a casa gratis.
a) me la b) te la c) se la d) os la

5. ¿Le han arreglado el coche a tu padre? / Sí, ... lo han arreglado en el momento.
a) me b) te c) se d) le

6. ¿Qué toma la gente con el desayuno en España? / Normalmente ...... toma café.
a) me b) te c) se d) le

7. ¿Qué productos se utilizan en la gastronomía guatemalteca? / La gente ...... mucho el maíz.
a) utiliza b) se utiliza c) utilizan d) se utilizan

8. ¿Qué país es más grande: Honduras o Costa Rica? / Yo creo que Honduras es ...... grande que Costa Rica.
a) igual b) igual que c) igual de d) igual a

9. La comida mexicana es muy picante. / Pero ...... la comida es picante.
a) no es toda b) no toda c) no todas d) no son todas

10. ¿Habéis terminado la campaña? / Sí, estamos a punto de ....
a) terminarla b) terminándola c) terminamos d) terminada

Answer key: 1.a 2.b 3.c 4.a 5.c 6.c 7.a 8.c 9.b 10.a

17A

EL FUTURO POR DELANTE

Dentro de cien años…
Vocabulario

1 **Avances tecnológicos** Complete the paragraph with words and expressions from the list.

a lo mejor	avances	dentro de	es probable que	novedades	probables	tecnológico
antelación	cura	desechable	futuro	predicciones	tal vez	tendencias

Un grupo de destacados científicos analizó las (1) .... tecnológicas en diferentes campos de la ciencia y esbozó° algunos (2) .... tecnológicos que (3) .... veamos en el (4) .... próximo. (5) .... muchas de las (6) .... parecen actualmente de ciencia ficción, pero esto es porque debemos adaptar nuestra mentalidad a las (7) .... que surgirán° en el futuro. Por otro lado, aclaran que la finalidad de estos ejercicios no es acertar° o no respecto de lo que pueda ocurrir, sino que las perspectivas (8) .... de evolución permitan adoptar las mejores decisiones en el presente. Es necesario imaginar lo que puede ocurrir (9) .... diez, veinte o cincuenta años para saber con (10) .... cómo podrían cambiar las profesiones actuales, la actividad empresarial, la organización de la sociedad, etc. Muchos piensan que viviremos en un mundo (11) .... que nos hará la vida más fácil. (12) .... la ciencia encuentra la (13) .... para enfermedades como el cáncer, quizá pronto viajemos a Marte y usemos ropa (14) .... O quizá no.

esbozó *outlined* surgirán *will emerge* acertar *to be right*

2 **¿Verdadero o falso?** Listen to Manuel and his mother Isabel talking about the future and indicate whether each statement is true (**verdadero**) or false (**falso**).

Verdadero **Falso**

Verdadero	Falso	
○	○	1. Isabel cree que los niños no pueden imaginar cómo será la vida en el futuro.
○	○	2. Isabel dice que los niños de hoy serán los científicos de mañana.
○	○	3. Isabel dice que el mundo del futuro será peor que el actual.
○	○	4. Manuel predice que en el futuro habrá juguetes con sentimientos.
○	○	5. Manuel cree que en el futuro los medicamentos estarán en los alimentos.
○	○	6. Manuel dice que en el futuro los niños no irán a la escuela porque no estudiarán.
○	○	7. Manuel quiere ser actor para actuar en películas.
○	○	8. Manuel predice que los robots harán los quehaceres.

Gramática funcional

3 **Completar** Complete the sentences with the appropriate mood and tense of the verbs from the list.

sustituir	poder	existir	encontrar	enviar

1. Seguro que dentro de muy poco, los teléfonos .... imágenes en 3D.
2. A lo mejor .... nuevos modelos de convivencia.
3. Es muy poco probable que las computadoras .... al hombre.
4. Quizá, dentro de muchos años, ... comunicarnos con el pensamiento.
5. Puede ser que dentro de muy poco los libros en papel no ....

4   **Futuro tecnológico** Complete this fragment of an article with the verbs in the simple future.

En los próximos 50 años la tecnología (1) .... (cambiar) nuestras vidas. Las empresas de telecomunicaciones dibujan los escenarios tecnológicos más plausibles del futuro próximo: será necesaria una nueva mentalidad. "(…) en 2065 (2) .... (existir) una pequeña ciudad en la Luna°, en 2060 (3) .... (tener, nosotros) el primer ascensor° espacial, en 2055 los robots (4) .... (ser) más inteligentes que nosotros, en 2050 (5) .... (haber) combates de boxeo entre androides, en 2045 los yogures nos (6) .... (contar) chistes, en 2040 todos los coches (7) .... (ser) pilotados automáticamente, en 2030 (8) .... (nosotros, poder) ir de vacaciones a un hotel en órbita, en 2025 los robots (9) .... (cuidar) nuestros jardines y el año que viene las computadoras (10) .... (procesar) la información aún más rápidamente. Son algunos de los escenarios elaborados por el equipo de prospectiva tecnológica de una importante empresa de telecomunicaciones, que prevé° asimismo para 2075 comunicaciones telepáticas generalizadas y la transferencia de la información contenida en un cerebro° humano a una máquina".

Luna *Moon* ascensor *elevator* prevé *foresees* cerebro *brain*

5   **Hipótesis** Express the ideas from Activity 4 as hypotheses.

1. *Puede ser que en el futuro exista una ciudad en la Luna.* ....

2. Es posible que ....

3. Tal vez ....

4. Seguro que ....

5. Es posible que ....

6. ....

7. ....

8. ....

6   **Hipótesis futuras** Listen to the cues and use them to form complete sentences with the information you see. Then, listen to the correct answer and repeat after the speaker.

MODELO	You hear:	Quizá
	You see:	Existirán ciudades en la Luna.
	You say:	Quizá existan ciudades en la Luna.

1. La televisión será en 3D.
2. Pronto habrá aparatos que traduzcan las conversaciones en tiempo real.
3. Solo usaremos energías renovables en cincuenta años.
4. Encontraremos una cura para el cáncer.
5. Los viajes espaciales serán más accesibles.
6. Desaparecerá el dinero en papel.
7. Habrá hoteles en el espacio.
8. Podremos viajar en el tiempo.

7 Probablemente Complete the sentences for each of the following expressions of probability with your own ideas.

1. A lo mejor ....
2. Es posible que ....
3. Seguro que ....
4. Puede ser que ....
5. Es probable que ....
6. Tal vez ....

Lectura

8 El horóscopo Read the following predictions and answer the questions.

El horóscopo

ARIES: Un año de cambios en todos los aspectos, pero especialmente en el sentimental.

TAURO: Vivirás situaciones difíciles que te harán dudar de muchas cosas, pero al final todo será positivo.

GÉMINIS: Este año sentirás la necesidad de sentirte independiente y realizar tus proyectos, y eso te causará algunos problemas con tu pareja o amigos.

CÁNCER: Tu voluntad te ayudará a superar los obstáculos y aprenderás de tus errores.

LEO: Te enfrentarás a cambios que no te resultarán fáciles. A mediados del año encontrarás el equilibrio.

VIRGO: Mejorarás tus relaciones personales, especialmente en el ámbito laboral. Será un gran año.

LIBRA: Tendrás una experiencia importante. Aprenderás en quién puedes confiar y en quién no.

ESCORPIO: Es posible que realices algún viaje a finales del invierno o en la primavera. ¡Cuidado con la salud!

SAGITARIO: Este año tendrás la ocasión de pensar en ti mismo y conocerte mejor.

CAPRICORNIO: Tu creatividad te ayudará a resolver los problemas, sobre todo en la última parte del año.

ACUARIO: Asumirás responsabilidades para las que quizá no te sientes preparado/a. Esta experiencia te ayudará a madurar.

PISCIS: Un año sin cambios. Te servirá para estabilizarte profesional y personalmente.

1. ¿Qué predicen para su signo zodiacal? ¿Cree usted en el horóscopo?
....
2. ¿Quién tendrá un buen año en el trabajo?
....
3. ¿Quién encontrará la estabilidad este año?
....
4. ¿Quién va a tener problemas con su pareja o amigos?
....
5. ¿Quiénes empezarán mal el año pero lo terminarán bien?
....
6. ¿Quién es posible que cambie de pareja este año?
....

Ciencia con conciencia
Vocabulario

9   **Sufijos** Complete each word by adding the correct ending from the list.

-e
-ción
-miento / -mento
-dad
-ante / -ente
-able / -ible / -ble

1. la investiga- ....
2. el descubri- ....
3. la aprecia- ....
4. la experimenta- ....
5. el experi- ....

6. el avanc- ....
7. sosten- ....
8. la equi- ....
9. evid- ....
10. abund- ....

11. renov- ....
12. la seguri- ....
13. resist- ....
14. fia- ....
15. la privaci- ....

10   **Un párrafo** Complete the paragraph using words from the list.

alarmistas	conciencia	ecológico	inmediatas	método científico	seguridad
apreciaciones	descubrimiento	incentivo	investigadores	privacidad	sostenible

Con cada nuevo (1) .... se generan controversias (2) .... Aunque los

(3) .... cumplan con todos los requisitos del (4) ...., el cual establece las condiciones

de (5) .... y fiabilidad necesarias en una investigación con (6) ...., hay personas que

son muy (7) .... en cuanto a los avances de la ciencia, pues creen que las nuevas tecnologías no

favorecen el crecimiento (8) ...., que son perjudiciales para la (9) .... o que causan daño

(10) .... Parece inevitable que haya distintas (11) .... sobre la ciencia y la tecnología,

pero lo importante es que cada duda es un (12) .... para descubrir nuevas posibilidades.

11   **Fotografías** Listen to these opinions and indicate which photograph each speaker is referring to. Write the person's name under the corresponding photo.

....

Gramática funcional

12   **Opiniones** Complete the following opinions about technology.

1. No está claro que, a pesar de todos los adelantos, la gente .... (ser) más feliz ahora que hace cien años.
2. Es evidente que la ciencia y la tecnología solo .... (traer) guerras y miseria.
3. Está demostrado que la gente .... (tener) ahora más calidad de vida.
4. No está demostrado que los alimentos transgénicos .... (ser) perjudiciales para la salud.
5. A pesar de Internet, no es evidente que la gente .... (relacionarse) ahora mejor que antes.
6. Está claro que .... (ser) imposible detener el progreso.
7. Es evidente que nosotros .... (vivir) peor que nuestros abuelos.
8. Es obvio que solo una parte de la humanidad .... (disfrutar) de las ventajas del progreso.

13 **Teléfonos celulares** Listen to the information about cell phones and indicate whether each statement is true (**verdadero**) or false (**falso**).

Verdadero	Falso	
○	○	1. Todos los científicos están de acuerdo en que está demostrado que el uso de teléfonos celulares es malo para la salud.
○	○	2. La exposición prolongada a radiofrecuencias débiles podría ser peligrosa.
○	○	3. El informe nos dice que la ciencia es totalmente objetiva.

Match the opinions on the use of cell phones from the report you heard to these researchers. Write a statement that each researcher might write using **(no) está demostrado que** and **(no) es seguro que**.

1. Investigador médico: ....

2. Desarrollador tecnológico: ....

14 **Negativamente** Write negative statements to express the opposite of these sentences.

1. Es evidente que la ciencia mejora nuestro bienestar.

    No es evidente que... ....

2. Está claro que los avances científicos necesitan un código moral.

....

3. Está demostrado que la investigación científica es prioritaria.

....

4. Está claro que el horno de microondas hace la vida doméstica más fácil.

....

5. Es evidente que las tarjetas de crédito solucionan muchos problemas.

....

15 **¿Certeza o incertidumbre?** Read these statements and express certainty or uncertainty about them. Write two sentences for each opinion.

1   Las ondas producidas por los teléfonos celulares pueden ser malas para la salud.

- Estoy seguro/a de que ....

- No estoy seguro/a de que ....

2   Los alimentos transgénicos son necesarios.

- Estoy seguro/a de que ....

- No estoy seguro/a de que ....

3   La energía nuclear es la única alternativa ecológica posible.

- Estoy seguro/a de que ....

- No estoy seguro/a de que ....

16 **Oraciones** Complete these sentences with your own ideas.

1. Es evidente que el teléfono celular ....

2. No es seguro que Internet ....

3. Está claro que la energía solar ....

4. No está claro que la alimentación ahora ....

5. No es evidente que la ciencia ....

Lectura

17 **Los vehículos híbridos** Read this article about hybrid cars and answer the questions.

Ventajas y desventajas de los vehículos híbridos

Un vehículo híbrido combina un motor movido por energía eléctrica proveniente de° baterías y un motor convencional de gasolina. Ya circulan más de dos millones y medio de estos coches en todo el mundo. Un aspecto importante de los vehículos híbridos es que permiten aprovechar un porcentaje mayor de la energía que generan en comparación con los vehículos convencionales de gasolina. Esta eficiencia se logra gracias a las baterías, que almacenan° energía que en los sistemas convencionales se pierde. Esto da como resultado que en las ciudades los vehículos híbridos tengan mejor rendimiento, lo que implica reducciones en el consumo de combustible y en las emisiones contaminantes°. Además, generan menos ruido.

Sin embargo, para que estos automóviles se conviertan en líderes del mercado, deberán superar° aún algunos obstáculos. En primer lugar, dado su precio, los subsidios parecen ser indispensables para fomentar su uso. En este sentido, algunos países de Latinoamérica como México y Argentina se sumaron a los líderes mundiales en el uso de tecnologías más limpias y otorgan° beneficios fiscales a la gente que adquiere vehículos híbridos. Además habrá que mejorar otros aspectos, como la toxicidad de las baterías que requieren los motores eléctricos, la utilización de cantidades importantes de materias escasas°, el mayor peso° que un coche convencional debido al motor eléctrico y las baterías, con el consiguiente aumento de la energía necesaria para desplazarlo° y la complejidad, que encarece° y dificulta las reparaciones.

proveniente de *that comes from* almacenan *store* contaminantes *polluting* superar *overcome* otorgan *award*
escasas *scarce* peso *weight* desplazarlo *to move it* encarece *raises the price*

1. ¿Cuáles son las ventajas de los vehículos híbridos?

....

....

2. ¿Por qué aún no es seguro que los coches híbridos sean líderes del mercado?

....

....

....

3. ¿Compraría usted un coche híbrido? ¿Por qué?

....

....

Salvador Moncada, ciencia para la vida

18   **Salvador Moncada** Listen to the report about Dr. Salvador Moncada and indicate whether each statement is true (**verdadero**) or false (**falso**).

Verdadero   **Falso**

○   ○   1. El Dr. Moncada quería ser investigador desde muy temprano en la facultad de Medicina.

○   ○   2. Al Dr. Moncada le interesa la medicina práctica porque el objetivo es curar al paciente.

○   ○   3. Al Dr. Moncada le interesa abrir nuevos campos de investigación.

19   **Continuidad** Complete the sentences with the appropriate forms of the verbs from the list.

encontrar	invertir	investigar	pensar	apreciar

1. ¿Sigue usted .... en la aplicación práctica de su descubrimiento?

2. Seguimos sin .... una solución definitiva para ciertas enfermedades.

3. Los gobiernos siguen sin .... lo suficiente el trabajo de los investigadores.

4. Hay que seguir .... sobre los medicamentos que ya se emplean.

5. Esperamos que los gobiernos sigan .... en la investigación de enfermedades.

20   **Un blog** Read this fragment of a blog and write down which predictions have been fulfilled in the 21st century.

En el siglo pasado, los científicos y la sociedad pensaban que en el siglo XXI viviríamos en la Luna y pasaríamos nuestras vacaciones en Marte o en Venus.

Pensaban que en el nuevo milenio no habría hambre ni guerras en el mundo, que tendríamos más esperanza° y calidad de vida, y que disfrutaríamos de grandes avances tecnológicos: los robots harían los trabajos de la casa, la gente tendría coches voladores°, para los viajes largos existiría el teletransporte…

También pensaban que en el año 2000 viviríamos en contacto con civilizaciones extraterrestres.

Pero el siglo XXI ha llegado, ¿cuáles de esos cambios han llegado con él?

esperanza de vida *life expectancy* **voladores** *flying*

1. ¿Dónde viviríamos? *En el siglo XXI seguimos viviendo en el planeta Tierra.* ....

2. ¿Vacaciones? ....

3. ¿Hambre y guerras? ....

4. ¿Esperanza de vida? ....

5. ¿Vida extraterrestre? ....

Lectura

21 **Historia de la aspirina** Read this article and answer the questions about the main ideas.

HISTORIA DE LA ASPIRINA

Aunque la popular aspirina, tal y como la conocemos en la actualidad, lleva más de cien años entre nosotros, la realidad es que sus componentes son conocidos desde mucho antes por los antiguos egipcios, los amerindios° y los chinos.

Ya Hipócrates, en la Grecia clásica, supo encontrar aplicación al sauce° blanco (*Salix Alba*), que contiene el principio activo de la aspirina, como medicamento para el dolor y la fiebre. Más tarde, el doctor Galeno, padre de la medicina occidental, estudió los efectos terapéuticos de la corteza° del sauce. En el siglo XVIII, E. Stone publicó en Inglaterra el primer estudio moderno sobre las propiedades terapéuticas del tradicional medicamento. Este estudio fue la base de todas las investigaciones posteriores que dieron lugar, primero al aislamiento° de la sustancia activa del árbol, la salicina, y más tarde a su derivado, el ácido acetilsalicílico. En 1899, el laboratorio Bayer patentó el resultado final, gracias a las investigaciones del químico alemán Felix Hoffman. El nombre del nuevo medicamento, *aspirin* en alemán, se tomó del nombre de una familia de plantas, Spirea, y el producto se comercializó en forma de polvo, indicado para el tratamiento del dolor, la fiebre y la inflamación.

El filósofo español José Ortega y Gasset calificó el siglo XX como "El siglo de la aspirina" y en 1930 escribió: "La vida del hombre medio es hoy más fácil, cómoda y segura que la del más poderoso° en otro tiempo. ¿Qué importa no ser más rico que otros si el mundo lo es y le proporciona magníficos caminos, ferrocarriles°, telégrafos, hoteles, seguridad corporal y aspirina?"

A principios de los años 70, el científico hondureño Salvador Moncada orientó sus estudios hacia el mecanismo de acción de la aspirina, lo que dio origen a su redescubrimiento y su aplicación en el tratamiento de enfermedades cardiovasculares.

Hoy en día la aspirina es el fármaco más consumido en el planeta y se avanza en el estudio de sus efectos contra el cáncer de mama° y de colon, las propiedades inmunológicas y el alzheimer. El debate sobre su consumo diario queda abierto.

---

1. Complete la oración.
La aspirina procece del .... (*Salix Alba*) y se ha empleado como medicamento contra el .... y la ....

2. Ordene la lista que representa la historia de la aspirina.
ácido acetilsalicílico → *Salix Alba* → salicina → aspirina
Salix Alba ....
....

3. ¿Con qué otros avances compara Ortega y Gasset a la aspirina?
a. ....
b. ....
c. ....
d. ....

4. ¿Con qué tipo de enfermedades relaciona el doctor Moncada las propiedades terapéuticas de la aspirina?
alzheimer ☐
cáncer de mama ☐
enfermedades del corazón ☐
SIDA ☐

5. Complete las oraciones con sus propias ideas sobre el uso de la aspirina en el futuro.
a. Es probable que la aspirina
....
b. Dentro de diez años, la aspirina
....

---

amerindios *Native Americans* **sauce** *willow* **corteza** *bark* **aislamiento** *isolation* **poderoso** *powerful* **ferrocarriles** *railroads* **mama** *breast*

Composición

22   **¿Libros tradicionales o electrónicos?** Do you think e-books will replace traditional books completely one day? Write a short report with your predictions and conclusions.

PREPARACIÓN

Give your opinion on the subject, expressing certainty or uncertainty, and different degrees of probability. Also, reflect on possible reasons for the continuity of traditional books. End your essay with a conclusion in which you consider possible consequences.

COMPOSICIÓN

Here are some useful words and expressions.

dentro de	es probable que
tendencia	es seguro que
tal vez/quizá/a lo mejor	es evidente que
incentivo	(no) está demostrado que
cómodo/móvil/rápido	(no) estoy seguro/a de que
a corto/medio/largo plazo	así que/por lo tanto
	seguir + [*present participle*]
	seguir sin + [*infinitive*]

....

....

....

....

....

....

....

....

....

....

....

....

....

....

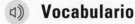 **Vocabulario**

23   **Escuchar y repetir** You will now hear the vocabulary found in your textbook on the last page of this lesson. Listen and repeat each Spanish word or phrase after the speaker.

Diario de aprendizaje

24 **Evaluar** Assess what you have learned in this lesson.

| Escuchar | 😃😃😃 | 😃😃 | 😣 |

Entiendo breves fragmentos de entrevistas sobre ciencia.

| Leer | 😃😃😃 | 😃😃 | 😣 |

Entiendo textos que aparecen en revistas sobre tecnología y ciencia, y folletos de una exposición de ciencia.

| Hablar | 😃😃😃 | 😃😃 | 😣 |

Puedo hacer predicciones para el futuro, hablar sobre la ciencia y la tecnología en la vida diaria.

| Interactuar | 😃😃😃 | 😃😃 | 😣 |

Puedo conversar (sin ser un experto) sobre el futuro de la investigación científica.

| Escribir | 😃😃😃 | 😃😃 | 😣 |

Puedo escribir predicciones sobre la ciencia y su influencia en la vida futura.

25 **Anotar** Write down words or phrases, grammatical structures, and cultural information that you have learned in this lesson.

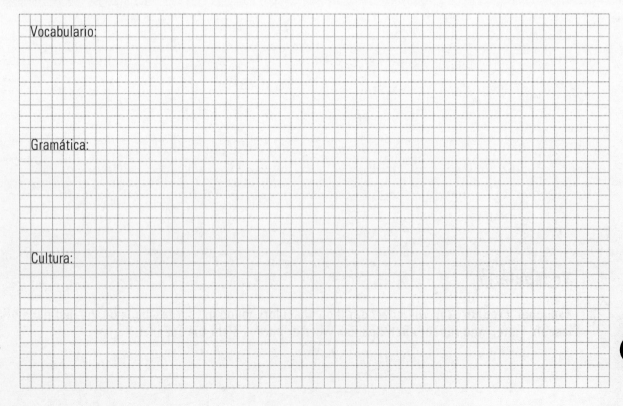

Vocabulario:

Gramática:

Cultura:

AFICIONES COMUNES

¿Bailas conmigo?
Vocabulario

1 **Entrevista** Listen to the interview with María and Marcelo, two dance instructors, and indicate whether each statement is true (**verdadero**) or false (**falso**).

Verdadero   **Falso**

○   ○   1. María y Marcelo dan clases de tango.

○   ○   2. Tanto ellos como sus alumnos se divierten en las clases.

○   ○   3. María muestra los pasos a las mujeres y Marcelo se los muestra a los hombres.

○   ○   4. En las clases practican los pasos y después los alumnos bailan fuera de la clase.

○   ○   5. María dice que a los alumnos les aburre insistir sobre los mismos pasos.

○   ○   6. Marcelo dice que cuando bailamos en pareja nos comunicamos también con el cuerpo.

○   ○   7. María y Marcelo solo son pareja para el baile.

2 **Correo electrónico** Complete Laura's e-mail with words from the list. Conjugate the verbs as necessary and use indirect object pronouns or reflexive pronouns as needed.

aburrir	conmigo	entender	reír
besar	de maravilla	merengue	salsa
chachachá	divertir	pasarlo	

De: Laura
Para: Lorena y Gabriel
Asunto: Clases de baile

Queridos Lorena y Gabriel:

La noche del viernes fui a una clase de (1).................................... con mi amiga Roberta.

Yo no quería ir porque en general el baile (2)...................................., pero finalmente acepté.

Al principio de la clase, me sorprendió ver que todos (3)....................................para saludarse,

y me di cuenta de que todos (4)....................................muy bien. (5)....................................

aprender varios pasos nuevos y practicarlos. Todos fueron muy amables conmigo y

(6)....................................mucho juntos. Así que perdí el miedo de equivocarme y lo pasé

(7).................................... Además de salsa, en la próxima clase el profesor nos mostrará

también algunos pasos de (8)....................................y (9).................................... ¿Quieren

venir (10)....................................? (11)....................................superbien.

Nos vemos pronto,

Laura

Gramática funcional

3   **Un párrafo** Complete the paragraph with the appropriate reciprocal verbs in the correct tense.

escribirse	comunicarse	conocerse	llamarse	despedirse
quererse	contarse	entenderse	enviarse	

Esta es la historia de Yasuo y Chiara. (1)......................... hace tres años en Perú: él es japonés y ella, italiana. Desde el principio (2)......................... muy bien y aunque su español era muy básico (3)......................... sin problemas y (4)......................... muchas cosas de sus vidas. Un día tuvieron que (5)......................... Durante un año (6)......................... cartas y correos, (7)......................... mensajes de texto al celular y también, aunque menos, (8)......................... por teléfono. Un día ella le dijo: "Si (9)........................., ¿por qué no vivimos juntos?" Y poco tiempo después, dejaron todo y empezaron una nueva vida en común en Perú.

4   **Conversación** Complete the conversation between two students at a dance academy using verbs from the list. Choose the appropriate tense for each verb based on context.

comunicarse	enfadarse	conocerse

- Mi pareja de baile y yo (1)......................... Ahora tengo que buscar una nueva clase y un nuevo compañero.
- Yo que tú me inscribiría en baile oriental. Mi amiga Layla me ha dicho que hay nuevos grupos.
- ¿Layla? ¿Es la chica de Siria?
- Sí, es siria. (2)......................... el año pasado en una de las clases. ¡Ah! Y la profesora es egipcia.
- ¿Y cómo (3).........................?
- ¡Ella habla español perfectamente!

5   **Completar** Complete the testimonials with the appropriate pronouns. Then match the photos to the paragraphs.

.... 1. A mis amigos y a mí .... divierte bailar y, por eso, con frecuencia .... llamamos y quedamos los viernes o los sábados para ir a bailar. .... reímos mucho y lo pasamos muy bien.

.... 2. Mis padres .... quieren mucho. Cuando uno de los dos está de viaje, ... envían mensajes por el celular y .... llaman todos los días. Nosotros les decimos que se comportan como unos "jovencitos" enamorados y les preguntamos: "¿Por qué .... besáis y abrazáis tanto?" Ellos, simplemente, ... ríen.

.... 3. Como durante la semana .... vemos poco, los domingos .... gusta pasarlos en familia. .... levantamos tarde, bueno, los pequeños no, ... aburre estar en la cama. A veces vamos a la playa. Este plan .... divierte a todos y especialmente a los niños.

Write out the reciprocal verbs used in these passages.

(1)................................   (2)................................   (3)................................   (4)................................

(5)................................   (6)................................   (7)................................

6 **Gustos** Listen to the questions and answer them using the information provided. Then, listen to the correct answer and repeat after the speaker.

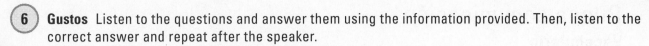

MODELO	You hear: ¿Qué te aburre?
	You see: ir al parque
	You say: Me aburre ir al parque.

1. salir a comprar ropa
2. pasear al aire libre
3. hablar de fútbol
4. (los hombres) hablar de fútbol
5. tocar la guitarra

6. salir a bailar
7. quedarse en casa
8. (los canales) pasar siempre las mismas películas en la tele
9. los discursos
10. cocinar

Lectura

7 **Bases de un concurso de baile** Read the terms of the dance competition and answer the questions.

1. ¿Qué son las bases de un concurso?

....

....

BASES DEL 1.ᵉʳ CONCURSO DE BAILE MODERNO DE VILLABLANCA

Pueden presentarse los aficionados al baile, es decir, las personas que practican el baile por afición, sin recibir ingresos económicos.

La edad mínima son 10 años y hay que ser vecino de Villablanca.

Los interesados en participar deben inscribirse en el Centro Cultural antes del 30 de abril.

DESARROLLO

Los competidores bailarán ante el jurado del concurso una selección de temas musicales desconocida por todos los participantes hasta el momento justo de realizar su baile.

EL JURADO VALORARÁ

1. Autenticidad de género y estilo
2. Variedad de pasos
3. Grado de dificultad
4. Utilización del espacio
5. Musicalidad y ritmo
6. Escenificación° y vestuario°

PREMIOS

Primer premio: 500 €   Segundo premio: 300 €
Tercer premio: 100 €   Premio del público: 150 €
Mejor vestuario: 100 €

Escenificación *Staging* vestuario *costumes*

---

2. ¿Cuáles son los requisitos para participar? ¿Cuáles son las características de este concurso?

....

....

....

....

3. Busque en el texto palabras que corresponden a estas definiciones.

a. Las personas que participan en el concurso:

....

b. Las personas que deciden quiénes ganan el concurso: ....

4. ¿Pueden los participantes preparar los bailes antes del concurso? ¿Por qué?

....

....

5. ¿Qué es lo más importante para el jurado?

....

....

Buena comunicación
Vocabulario

8 **¿Verdadero o falso?** Listen to Pilar, Marga, and Rodrigo talking about their likes and dislikes, and indicate whether each statement is true (**verdadero**) or false (**falso**).

Verdadero	Falso	
○	○	1. A Pilar le gusta mucho salir a bailar con amigos los fines de semana.
○	○	2. A Pilar le gusta hablar de deporte y política con sus amigos.
○	○	3. A Marga no le gusta hablar de deportes.
○	○	4. A Marga le interesa mucho la política y le gusta hablar de ello con amigos.
○	○	5 A Rodrigo le gusta decidir en familia los planes del fin de semana.
○	○	6. A Rodrigo le interesa que la gente opine y discuta sobre política.

9 **Asociar** Match each verb or expression with its definition.

.... 1. contar chistes   a. no satisfacer las expectativas

.... 2. decir la verdad   b. causar molestia, incomodidad o enfado

.... 3. poner al día   c. pedir a alguien que asista o participe en un evento

.... 4. preocupar   d. decir historias graciosas

.... 5. invitar   e. causar pena

.... 6. molestar   f. dejar para un momento posterior

.... 7. mentir   g. decirle a alguien todas las novedades

.... 8. decepcionar   h. causar intranquilidad

.... 9. entristecer   i. decir cosas que no son ciertas

.... 10. postergar   j. decir cosas que son ciertas

Gramática funcional

10 **¿Te gusta o no?** Write sentences about what you like or dislike about other people. Use expressions from the list.

(no) me gusta	(no) me interesa	prefiero

1. Contar películas: *Me gusta que mis amigos me cuenten las películas.*

2. Recomendaciones de vacaciones: ....

3. Decir siempre la verdad: ....

4 Recomendar libros y películas: ....

5. Invitar a los cumpleaños de sus padres: ....

6. Llamarme para salir: ....

11 **Margarita y Marina** Read the information about these two people and write sentences about their preferences on each topic.

Margarita	**Marina**
Directora ejecutiva. Casada y con dos hijos. Trabaja mucho y tiene poco tiempo libre, pero le gusta estar con la familia, bailar (va a clases con su marido), la música pop, el cine y la literatura de misterio. Es extrovertida, habladora, muy organizada y un poco dominante.	Diseñadora. Soltera y sin novio. Le gusta la fotografía, dibujar, la música y el cine. Suele ir al campo y a la montaña, a menudo sola. Es tímida, reservada y un poco caótica.

1. Un fin de semana:	Margarita...
¿Un concierto o una película?	A Marina...

2. Un viaje:	A Margarita...
¿Organizado o de aventura?	A Marina...

3. En el trabajo:	Margarita...
¿En una oficina o en casa?	Marina...

12 **Reacciones** Write out how people react to each of these events or situations. Use the present perfect subjunctive in your answers.

1. No fui a cenar con mi padre.

   (a mi padre / decepcionar) *A mi padre le decepciona que no haya ido a cenar con él.*

2. Mi novio olvidó nuestro aniversario.

   (a mí / entristecer) ....

3. Mi hermano no encuentra un apartamento para mudarse.

   (a mis padres / preocupar) ....

4. Yo uso la ropa de mi hermana mayor.

   (a mi hermana mayor / molestar) ....

5. Nunca desayuno en casa.

   (a mi madre / preocupar) ....

6. Olga y Manuel se han separado.

   (a sus amigos / entristecer) ....

13 **Preguntas** Listen to the questions and transform them into affirmative statements using the verbs provided. Then, listen to the correct answer and repeat after the speaker.

MODELO	You hear: ¿Por qué me mentiste? You see: molestar You say: Me molesta que me hayas mentido.

1. molestar   3. entristecer   5. entristecer   7. preocupar

2. decepcionar   4. preocupar   6. decepcionar   8. molestar

14 **Tus intereses y preferencias** Write five sentences about your interests and preferences. Use the words and expressions from the list as a guide.

comentar programas de tele	hablar por teléfono	mirar películas	hacer ejercicio
contar chistes	ir a museos	navegar por Internet	
charlar	ir al teatro	quedarse en casa solo/a	

....

....

....

....

....

Lectura

15 **Redes sociales y espacios comunitarios** Read the welcome page to this online forum.

CLUB BORGES

El Club Borges es una red social de aficionados a la lectura que queremos compartir los sentimientos que nos producen nuestros libros favoritos. Si quieres participar, conócenos:

- No somos críticos literarios ni expertos. Solo queremos compartir lo que sentimos al leer.
- Solo escribimos sobre libros que nos han gustado, nunca sobre los que nos han decepcionado.
- Nuestro estilo es coloquial y familiar. No somos escritores, sino lectores.

Únete a nuestro club. Solo tienes que completar el formulario y *postear*.

Normas:

- La extensión de los *post* no debe ser superior a trescientas palabras.
- Incluye algunos *tags* como nombre del libro, autor y género.
- Añade una foto del libro de aproximadamente 150 píxeles de ancho.
- También puedes añadir *links* interesantes.

Si tienes alguna duda, ponte en contacto con nosotros (locoslibros@mail.com).

1. ¿Qué tipo de aficionados hay en este club?

....

2. ¿Qué hay que hacer para participar?

....

3. ¿Qué palabras relacionadas con el mundo de Internet hay en el texto?

....

4. Si se quiere hacer una crítica negativa de un libro, ¿se puede publicar en esta red social?

....

5. ¿Participaría usted en este club? ¿Por qué?

....

Amanda y Rubén, la vida es un tango

16 **Amanda y Rubén** Complete the paragraph about Amanda and Rubén using words from the list. Choose the appropriate forms of the verbs and use the correct reflexive or object pronouns when necessary.

aficiones	bueno	conocerse	enamorarse	encontrarse	lunfardo	pasarlo	tango
bandoneón	cancha	divertir	encantar	hinchas	nada	porteño	

Amanda y Rubén son pareja en el (1) .... y en la vida. (2) .... hace 43 años y bailando

(3) ...., pero después estuvieron separados más de 20 años. Hace 15 años volvieron a

(4) .... y se enamoraron una vez más. Su vida es un tango: *Volver.* Los domingos, bailan en la

Plaza Dorrego del barrio (5) .... de San Telmo, para los turistas y vecinos que se acercan a verlos

mientras recorren la feria de artesanías y antigüedades. Ellos dicen que bailan porque (6) .... y

(7) .... bien. Comparten muchas (8) ....; los dos son (9) .... del mismo

equipo de fútbol y les gusta ir a la (10) .... A veces les divierte usar el (11) ....

cuando hablan, y se entienden muy bien. A Rubén le interesa aprender a tocar el (12) ...., y a los

dos (13) .... los tangos de Gardel. También les gusta cocinar y reunirse con amigos. Rubén es

(14) .... para hacer asado y a Amanda las empanadas no le salen (15) .... mal.

17 **Talentos** Look at these photographs and see how good these people think they are at their hobbies. Write sentences about them as in the model.

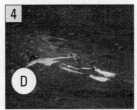

A. Muy bueno/a.
B. No lo hago nada mal.
C. No soy muy bueno/a.
D. No soy nada bueno/a.

1. *Ella no canta...* ....

2. ....

3. ....

4. ....

18 **Tu propia experiencia** Think of your experience as a student of Spanish. What are you good at? In what areas are you not as good?

la gramática	la pronunciación	la comprensión	leer	escribir	hablar	memorizar vocabulario

Soy bueno/a en... ....

....

....

....

Lectura

19 **Letras de tangos** Read the fragments of these two popular tangos about old neighborhoods in Buenos Aires. Then answer the questions.

Mi Buenos Aires querido

Letra: Alfredo Le Pera
Música: Carlos Gardel

Mi Buenos Aires querido,
cuando yo te vuelva a ver
no habrá más pena ni olvido.

F! farolito° de la calle en que nací
fue el centinela° de mis promesas de amor,
bajo su inquieta lucecita yo la vi
a mi pebeta° luminosa como un sol.
Hoy que la suerte quiere que te vuelva a ver,
ciudad porteña de mi único querer,
y oigo la queja de un bandoneón
dentro del pecho° pide rienda° el corazón.

Mi Buenos Aires, tierra florida,
donde mi vida terminaré,
bajo tu amparo° no hay desengaños,
vuelan los años, se olvida el dolor.
En caravana, los recuerdos pasan,
como una estela dulce de emoción.
Quiero que sepas que al evocarte
se van las penas del corazón.

Melodía de arrabal

Letra: Alfredo Le Pera y Carlos Gardel
Música: Battistella

Barrio plateado por la Luna,
rumores de milonga°
es toda tu fortuna.
Hay un fuelle° que rezonga°
en la cortada mistonga°.
Mientras que una pebeta,
linda como una flor,
espera coqueta°
bajo la quieta luz de un farol.

Barrio… barrio…
que tenés el alma inquieta
de un gorrión° sentimental.
Penas… ruegos°…
Es todo el barrio malevo°
melodía de arrabal°.

Viejo… barrio…
perdoná que al evocarte
se me pianta° un lagrimón°.
Que al rodar en tu empedrao°
es un beso prolongao
que te da mi corazón.

farolito *small streetlight* centinela *sentry* pebeta *(lunf.) young woman* pecho *chest* rienda *rein* amparo *refuge* milonga *dance and music associated with tango* fuelle *bellows (of a* bandoneón*)* rezonga *grumbles* cortada mistonga *(lunf.) dead end road in poor condition* coqueta *flirtatious* gorrión *sparrow* ruegos *pleadings* malevo *(lunf.) relating to criminals from poor neighborhoods of old Buenos Aires* arrabal *poor neighborhood of old Buenos Aires* pianta *(lunf.) escapes* lagrimón *big tear* empedrao *(lunf.) cobblestones*

1. ¿Qué sentimiento en común expresan los dos tangos?

   ....

   ....

2. ¿Qué dos elementos son representativos del barrio en estos recuerdos?

   ....

   ....

3. ¿A qué personas se recuerda en estos tangos?

   ....

   ....

17A

El futuro por delante

Autoevaluación

Read the dialogues and select the correct answer.

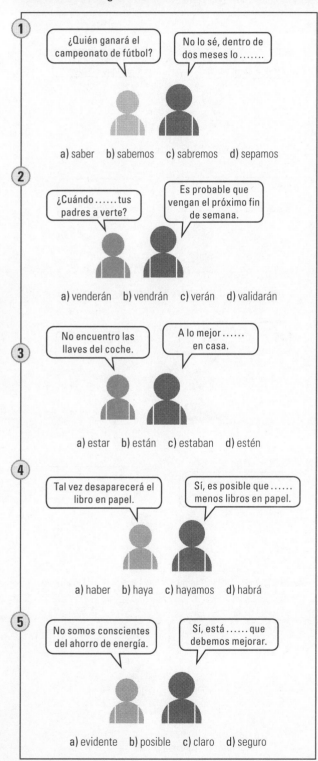

1

¿Quién ganará el campeonato de fútbol?

No lo sé, dentro de dos meses lo ....

a) saber   b) sabemos   c) sabremos   d) sepamos

2

¿Cuándo ...... tus padres a verte?

Es probable que vengan el próximo fin de semana.

a) venderán   b) vendrán   c) verán   d) validarán

3

No encuentro las llaves del coche.

A lo mejor ...... en casa.

a) estar   b) están   c) estaban   d) estén

4

Tal vez desaparecerá el libro en papel.

Sí, es posible que ...... menos libros en papel.

a) haber   b) haya   c) hayamos   d) habrá

5

No somos conscientes del ahorro de energía.

Sí, está ...... que debemos mejorar.

a) evidente   b) posible   c) claro   d) seguro

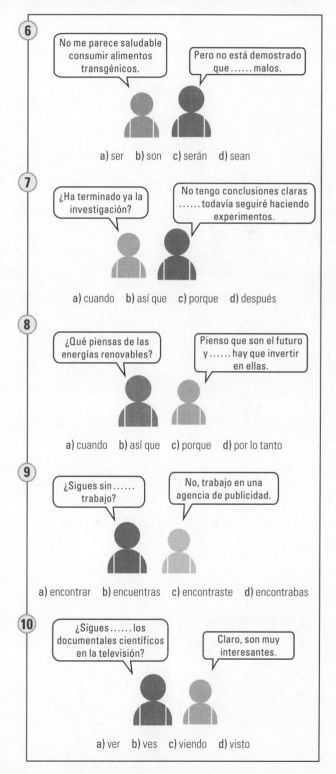

6

No me parece saludable consumir alimentos transgénicos.

Pero no está demostrado que ...... malos.

a) ser   b) son   c) serán   d) sean

7

¿Ha terminado ya la investigación?

No tengo conclusiones claras ...... todavía seguiré haciendo experimentos.

a) cuando   b) así que   c) porque   d) después

8

¿Qué piensas de las energías renovables?

Pienso que son el futuro y ...... hay que invertir en ellas.

a) cuando   b) así que   c) porque   d) por lo tanto

9

¿Sigues sin ...... trabajo?

No, trabajo en una agencia de publicidad.

a) encontrar   b) encuentras   c) encontraste   d) encontrabas

10

¿Sigues ...... los documentales científicos en la televisión?

Claro, son muy interesantes.

a) ver   b) ves   c) viendo   d) visto

Answer key: 1.c 2.b 3.b 4.b 5.c 6.d 7.b 8.d 9.a 10.c

Read the dialogues and select the correct answer.

1

¿Has quedado otra vez mañana con Emilio?

Sí, es que lo paso muy bien ....

a) conmigo   b) contigo   c) con él   d) con nosotros

2

Me aburre ...... toda la noche en un bar sin hacer nada.

Tenemos que aprender a bailar.

a) estar   b) estamos   c) estemos   d) estando

3

No tengo ningún plan para estas vacaciones.

Si quieres, puedes venir ...... a Grecia.

a) con mi   b) conmigo   c) a mí   d) los dos

4

¿Tratas de usted a tu profesor de bailes de salón?

No, nos ...... desde el principio.

a) tuteo   b) tutea   c) tuteamos   d) tutean

5

Si tu novio es alemán y no habla español, ¿cómo ...... comunicáis?

Pues yo he estudiado cinco años alemán.

a) me   b) te   c) se   d) os

6

¿Qué es lo que más te gusta de tu pareja?

Me gusta que me ...... reír, es muy divertida.

a) hacer   b) hace   c) haga   d) hará

7

¿Quieres ver la repetición del partido?

No, prefiero que me ...... cómo fue.

a) cuentas   b) cuentes   c) contaste   d) contarás

8

¿A tu hijo le interesa el fútbol?

No, la verdad, no le interesa ......

a) algo   b) alguno   c) nada   d) muchos

9

A mi hija le interesa la literatura.

La mía ...... en matemáticas.

a) le encantan   b) es buena   c) no hace mal   d) le interesa

10

Tu padre es bueno en la cocina, ¿verdad?

Bueno, normal, ...

a) no lo hace bien   b) lo hace muy bien   c) no lo hace mal
d) lo hace mal

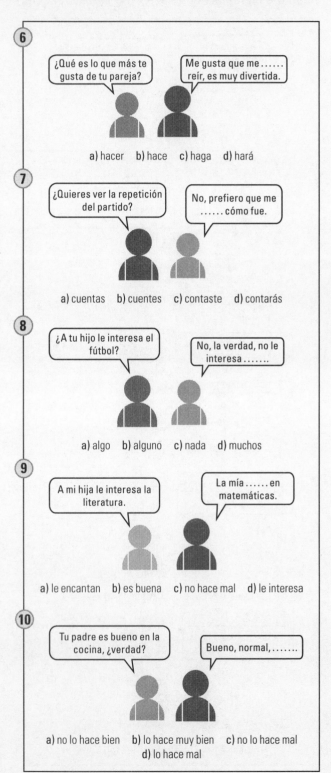

Answer key: 1.c 2.a 3.b 4.c 5.d 6.c 7.b 8.c 9.b 10.c

Al límite
Vocabulario

1 **Deportes** Complete the table with the related word or ending to indicate the names of different sports and the type of athletes that participate in each activity.

-ismo

-ista

-or(a)

DEPORTE	DEPORT............................
montañ.........................	....
atlet...........................	atleta, corred.......................
....	ciclista
natación	....

2 **¿Verdadero o falso?** Listen to the conversation between Gastón and Yanina and indicate whether each statement is true (**verdadero**) or false (**falso**).

Verdadero   Falso

○   ○   1. Gastón admira a Jefferson Pérez, un atleta ecuatoriano del que oyó hablar en los Juegos Olímpicos de Atlanta.

○   ○   2. Yanina no conoce a Jefferson Pérez.

○   ○   3. Yanina cree que Jefferson Pérez es un atleta del que su país puede estar orgulloso.

○   ○   4. Yanina está impresionada con la golfista mexicana Lorena Ochoa.

○   ○   5. Lorena Ochoa es una golfista jubilada.

○   ○   6. Gastón ve mucho golf en televisión y cree que Lorena Ochoa es admirable.

○   ○   7. A Gastón le interesa el tenis.

○   ○   8. A Yanina también le gusta el tenis y admira a Juan Martín del Potro.

Gramática funcional

3 **Deportistas** Use elements from each column to form complete sentences. Write out the sentences below.

1. Es un montañista...	X	que	correr un maratón es una rutina.
2. Es un atleta...	a	quien	ha escalado todos los "ochomiles" sin ayuda de oxígeno.
3. Son una pareja...	para	la que	ha cruzado el océano Atlántico en un bote de remos.
4. Es una deportista latinoamericana...		el que	le gusta recorrer el mundo en bicicleta.
5. Es un deportista...			ha logrado llegar al Polo Norte.

1. Iván Vallejo: *Es un montañista que ha escalado todos los "ochomiles" sin ayuda de oxígeno.* ....

2. Ricardo Abad: ....

3. Andoni Rodelgo y Alice Goffart: ....

4. Fátima del Ángel Palacios: ....

5. Juan Carlos Sagastume: ....

4 **Oraciones** Complete the sentences using expressions from the list.

a quien	con los que	del que	para el que	que

1. Iván Vallejo es un montañista .... se le ha cumplido el sueño de escalar una montaña en el Himalaya.

2. Ricardo Abad es el corredor .... más maratones consecutivos ha corrido.

3. Fátima del Ángel Palacios agradeció al grupo de expedicionarios .... llegó al Polo Norte.

4. Andoni Rodelgo es un ciclista .... la determinación es lo esencial.

5. Juan Carlos Sagastume es el aventurero guatemalteco .... todos hablan.

5 **Preposiciones** Complete the sentences using prepositions from the list.

con	contra	de	en	para	por

1. Juan Martín del Potro es un tenista argentino. Rafael Nadal ha jugado algunas veces .... él.

2. Pau Gasol es un jugador de baloncesto español. Los Grizzlies se impresionaron .... él y lo contrataron para jugar en la NBA.

3. Edurne Pasaban es una alpinista española. .... ella no existen los retos imposibles.

4. Leo Messi es un futbolista argentino. .... él la gente ha dicho que es el sucesor de Maradona.

5. Dani Pedrosa es un piloto de motos español. Ha competido .... diferentes categorías y ha ganado en todas ellas.

6. Yarelis Barrios es una lanzadora de disco cubana. .... ella muchas personas son ahora aficionadas a este deporte.

Now rewrite the sentences using relative pronouns and prepositions.

1. *Juan Martín del Potro es un tenista argentino contra quien/el que ha jugado Rafael Nadal algunas veces.*

2. ....

3. ....

4. ....

5. ....

6. ....

6 **Tus atletas favoritos** Who are your favorite athletes? Express your admiration for them and explain why you admire them.

Admiro a...	Es increíble cómo juega.	Estoy impresionado/a con...

....

....

....

....

....

....

7   **La opción correcta**   Listen to the statements and choose the correct option to complete each one. Then, listen to the correct answer and repeat after the speaker.

MODELO	*You hear:* Es el deportista ...... todos hablan.
	You see: del que/de la que
	You say: **Es el deportista del que todos hablan.**

1. a la que/para la que
2. al que/con la que
3. contra quien/a quien
4. en el que/de quien

5. a la que/a quien
6. para el que/con el que
7. desde la que/desde el que
8. a quien/a quienes

8   **Escoger**   Read the sentences and choose the appropriate forms of the verbs.

1. Es admirable que la deportista **se adapten/se haya adaptado** a climas tan extremos como el del Ártico y el desierto del Sahara.
2. Es increíble que **corre/haya corrido** tantos maratones sin entrar en el Libro Guinness de los Récords.
3. Es sorprendente que **escala/haya escalado** una montaña del Himalaya sin ayuda de oxígeno.
4. Es impresionante que **sea/haya sido** un deportista tan completo y también **dirija/haya dirigido** su propia empresa. ¡Compite en cinco disciplinas y en su ciudad lo nombraron "Empresario del año"!
5. Es increíble que siempre **sea/hayan sido** el primero en terminar.
6. Es admirable que **tenga/haya tenido** tanta energía todos los días.

Lectura

9   **Edurne Pasaban y David Meca**   Read these descriptions of Edurne Pasaban and David Meca and indicate whether each statement below is true (**verdadero**) or false (**falso**).

> Edurne Pasaban es una alpinista vasca y la primera mujer en la historia que ha escalado todos los ochomiles (montañas con más de 8000 metros) que existen. Es una gran deportista para quien también es necesario superarse en la vida: tiene una carrera universitaria, un máster y su propia empresa. ¡Es increíble cómo lo hace! Nada es imposible para ella.
>
> David Meca es un deportista para el que las adversidades no existen. Terminó primero en una competencia en el río Paraná de Argentina, donde nadó 88 km en aguas llenas de pirañas. También cruzó el estrecho de Gibraltar° y el canal de la Mancha° en tiempo récord con temperaturas de unos 8 °C y completamente solo. Además, obtuvo el Récord Guinness porque nadó 100 km en 23 horas y 5 minutos entre las islas de Tenerife y Gran Canaria (Islas Canarias, España). ¡Es increíble cómo nada!

el estrecho de Gibraltar *the Strait of Gibraltar*   el canal de la Mancha *the English Channel*

Verdadero   **Falso**

Verdadero	Falso	
○	○	1. Edurne Pasaban ha escalado casi todos los ochomiles.
○	○	2. A Edurne Pasaban solo le interesan los deportes.
○	○	3. David Meca nadó 88 kilómetros en el río a 8 °C.
○	○	4. David Meca cruzó el estrecho de Gibraltar y el canal de la Mancha.
○	○	5. David Meca obtuvo el Récord Guinness porque nadó 100 km en 23 horas y 5 minutos.

Nuevos aires
Vocabulario

10   **Nuevos aires** Complete the paragraph using words and expressions from the list.

acero	casco	plazo de inscripción
antes de que	después de que	tienda de campaña
arnés	equipo	tirolesa
brújula	mochila	

Ten en cuenta que (1) .... salgas en un viaje de aventuras debes tener un

(2) .... adecuado según el lugar donde vayas. Por lo tanto, en cuanto decidas el destino,

averigua las características del lugar y el clima. Algunos elementos básicos son: una (3) ....

ligera pero con suficiente espacio para llevar lo que necesites, una (4) .... fácil de armar

y una (5) .... para orientarte. Si quieres probar deportes que requieren un equipo especial,

puedes inscribirte con especialistas que te lo alquilen y te guíen. Por ejemplo, si quieres hacer

(6) ...., los organizadores te darán un (7) .... para protegerte la cabeza,

y te deslizarás con un (8) .... por un cable de (9) .... de un lado al otro

de un río. ¡(10) .... hayas vivido esta experiencia, seguramente querrás más! Asegúrate de

hacer la reserva antes de que cierre el (11) ....

11   **Mensaje** Listen to the voicemail message Javier left for his friend and check the items he reminds him to pack. You will hear the recording twice.

- ☐ arnés
- ☐ bastones
- ☐ botas de trekking
- ☐ brújula
- ☐ casco
- ☐ crema solar protectora
- ☐ gafas de sol
- ☐ gorra
- ☐ guantes
- ☐ mochila
- ☐ tienda de campaña

Gramática funcional

12   **Completar** Complete the sentences using the present subjunctive of the verbs.

1. Antes de que .... (comenzar) la cabalgata, les explicaremos cómo guiar los caballos.

2. Después de que .... (cruzar, ustedes) el río haciendo tirolesa, haremos escalada.

3. Antes de que .... (deslizarse, tú) por el cable, te van a explicar cómo ajustarte bien el arnés.

4. Después de que los otros aventureros .... (practicar) parapente, comeremos todos juntos.

5. Debes estar en la terminal quince minutos antes de que .... (llegar) el autobús.

6. Antes de que .... (almorzar, nosotros), puedes dar un paseo corto.

7. Después de que les .... (explicar, nosotros) cómo hacerlo, verán que es fácil.

8. Antes de que nos .... (tocar) a nosotros, hay cinco personas más en la fila.

13 **Maratón Esparta** Read the schedule for this marathon and indicate when each stage begins using the appropriate form of the verbs from the list below.

Maratón Esparta

Actividades antes del día de la competición:
- 18–20 de mayo Revisión médica a corredores
- 18–20 de mayo Entrega de los números a los corredores
- 20 de mayo Conferencia de prensa
- 20 de mayo Comida
- 20 de mayo Recorrido de entrenamiento

Programa del día de la competición 21 de mayo:
- 6:00 h–6:45 h Verificación de los competidores y comprobación de los números de los participantes
- 7:00 h Comienzo de la competición
- 9:45 h Fin de la carrera
- 10:00 h Premios a los ganadores
- 12:00 h Cierre de la competición

---

comer   dar   empezar   hacer

1. ¿Cuándo se entregarán los números a los corredores?

   Después de que los médicos .... una revisión a los corredores.

2. ¿Cuándo se hará la conferencia de prensa?

   Antes de que los corredores ....

3. ¿Cuándo se verificarán los competidores?

   Antes de que .... la carrera.

4. ¿Cuándo se cerrará la competición?

   Después de que los organizadores .... los premios.

Using the schedule, write at least three sentences about when the other activities will take place. Use **antes de que** and **después de que**.

El recorrido de entrenamiento se hará...
....
....
....
....
....

14 **Emparejar** Match the elements from the columns to form logical sentences.

1. Antes de salir a pasear en bicicleta, ...
2. Antes de que salgan para el torneo, ...
3. Después de que pase el plazo de inscripción, ...
4. Después de que el tenista rompió su raqueta, ...
5. Después de leer sobre los viajes del aventurero, ...

a. decidimos ir a Mendoza para hacer *rafting*.
b. el entrenador hablará con todos los jugadores.
c. el entrenador fue a hablar con él.
d. siempre recuerdo llevar el casco.
e. tenéis que pedir un permiso especial para poder jugar en el torneo.

15 **¿Antes o después de que?** Rewrite the sentences by paraphrasing the underlined words. Use **antes de que** or **después de que**.

> **MODELO** <u>Antes del comienzo de</u> la clase, hay que leer el primer capítulo.
> Antes de que comience la clase, hay que leer el primer capítulo.

1. <u>Antes de la práctica de</u> fútbol, el entrenador hablará con el equipo.

   ....

2. <u>Después del cierre del</u> plazo de inscripción, no se recibirán más solicitudes.

   ....

3. <u>Antes de la llegada</u> a Potrerillos, visitaremos un sitio impactante.

   ....

4. <u>Después del almuerzo</u>, tendrán tiempo libre para descansar.

   ....

5. <u>Antes del final de</u> la cabalgata, cruzaremos el río.

   ....

16 **La agenda de Laura** Analyze the information from Laura's daily planner. It is now 7:30 a.m. Write four sentences describing her activities for the day using **antes/después de que** and the verbs from the list.

| ir | salir | almorzar | hablar | tener | hacer |

Antes de que empiece la clase de inglés, Laura irá al gimnasio.

....

....

....

....

....

....

8:30 gimnasio
10:30 clase de inglés
12:00 a 13:00 almuerzo
13:30 llamar a mamá
14:50 entrevista de trabajo
17:00 compras supermercado
19:30 cine con María

Lectura

17 **Vacaciones en el Pirineo Aragonés** Read Marifé's e-mail and then answer the questions below.

> Querida Gema:
> ¿Cómo estáis tú y Juanma? Aquí tenéis las fotos de nuestras últimas vacaciones en el Pirineo Aragonés. En el Parque Nacional de Ordesa y Monte Perdido hicimos la ruta de la Cola del Caballo. Os la recomiendo. Primero tenéis que dejar el coche en Torla y tomar el autobús. No necesitáis reservar plaza, pero tenéis que estar allí unos quince minutos antes de la salida del autobús. Después de la llegada del autobús al valle, lo primero que tenéis que hacer es ir al centro de información donde os informan de la ruta de forma gratuita. Avisadme si necesitáis más información.
> Un beso, Marifé

1. ¿Cómo se llega al Parque Nacional de Ordesa y Monte Perdido para hacer la ruta de la Cola del Caballo?

   ....

2. ¿Cuándo hay que llegar a Torla para poder tomar el autobús?

   ....

3. ¿Cuándo se puede iniciar la ruta?

   ....

Rafa Nadal, un número uno

18 **¿Más o menos optimista?** Indicate which of these sentences show more optimism [🙂] or less optimism [🙁].

                  🙂   🙁

1. Cuando termine el curso, hablaré español perfectamente. ☐ ☐
2. Si termino el curso, hablaré español perfectamente. ☐ ☐
3. Cuando me gradúe, haré una fiesta. ☐ ☐
4. Si me gradúo, haré una fiesta. ☐ ☐
5. Si me contratan para el puesto, trabajaré 8 horas de lunes a viernes. ☐ ☐
6. Cuando me contraten para el puesto, trabajaré 8 horas de lunes a viernes. ☐ ☐

19 **Relacionar** Match the elements from the columns to form logical sentences.

1. Cuando hago deporte, ...   a. cuando practiques más.
2. Cuando termine los exámenes, ...   b. cuando hace buen tiempo.
3. Cuando quieras jugar al tenis, ...   c. me siento mucho mejor.
4. Me gusta correr por el parque ....   d. voy a inscribirme en un club.
5. Podrás ganarle ....   e. dímelo.

20 **Tenista** These are some of the plans of a child who dreams of becoming a tennis player. Write a paragraph from the perspective of this child using these elements and the construction **cuando** + [*present subjunctive*], + [*simple future*].

> practicar mucho • inscribirse en tenis en el polideportivo
> jugar en Wimbledon y Roland Garros • jugar en torneos juveniles
> comprarse una raqueta • ganar muchos torneos
> hacerse jugador profesional • ser un número uno como Rafa Nadal
> recibir el Premio Príncipe de Asturias como Rafa Nadal

Primero me compraré una raqueta. Cuando me compre la raqueta, me inscribiré...

Lectura

21 **Un programa de aventuras** Read this text and answer the questions about the main ideas.

UN PROGRAMA DE AVENTURAS

Al filo° de lo imposible es un programa de televisión de RTVE (Radio y Televisión Española) que emite expediciones de deportes de aventuras.

Durante más de veinticinco años este programa ha transmitido escaladas, descubrimientos, expediciones, descensos, vuelos, travesías°, cruceros y exploraciones. A través de sus cámaras los espectadores pueden visitar lugares desconocidos, desde la Patagonia hasta el Himalaya, por los seis continentes y sin moverse de su casa.

Estos documentales abren la puerta de la televisión a la aventura y la belleza de un mundo que desconocemos. Los espectadores recordarán aquellas lecturas juveniles llenas de lugares exóticos y mágicos, y recobrarán° las ganas de conocer y de aprender.

Estas son algunas de las hazañas° del equipo de *Al filo de lo imposible*:

- escalada de trece de las catorce cumbres que en todo el mundo superan los 8000 metros de altitud. La llegada a la cumbre del monte Everest fue retransmitida en directo para toda España a través de los micrófonos de RNE (Radio Nacional de España).
- cruce de la cordillera de los Andes en globo°. Se realizó un salto en parapente a 7200 metros desde uno de los globos que realizaban la travesía.
- la primera travesía integral del Hielo Patagónico Sur (América del Sur), explorando lugares nunca antes visitados.

1. ¿Qué cree que significa la expresión "al filo de lo imposible"?
- Situación difícil, cercana a lo imposible. ☐
- No existe lo imposible. ☐

2. ¿Qué experiencias pueden disfrutar los telespectadores?
....
....
....
....

3. Relacione las aventuras de *Al filo de lo imposible* con estos tres elementos.
- Tierra: ....
....
- Hielo: ....
....
- Aire: ....
....

filo *edge* travesías *crossings* recobrarán *will recover* hazañas *achievements* globo *hot air balloon*

Match these photographs to the places mentioned in the text by completing the captions.

cordillera .... monte ....

Composición

Un deportista admirable Write a report about a young athlete you think will reach the top of his/her field.

22 ### PREPARACIÓN

When writing the report, identify whom you are talking about and describe some of his/her achievements. Say why you admire him/her and indicate why you think he/she will be the best. Imagine what his/her future goals are and say what he/she will do in the future, relating the events to one another in time.

COMPOSICIÓN

Here are some useful words and expressions.

antes/después de que	decisivo	ídolo
cuando + [*subjunctive*], + [*simple future*]	enfrentarse a	impresionante
si + [*indicative*], + [*simple future*]	entrenamiento	increíble
batir un récord	estar impresionado/a	meta
competir	fortalecer	sorprendente
confianza	ganar torneos	superar retos

....
....
....
....
....
....
....
....
....
....
....
....
....
....
....
....

 ## Vocabulario

23 **Escuchar y repetir** You will now hear the vocabulary found in your textbook on the last page of this lesson. Listen and repeat each Spanish word or phrase after the speaker.

Diario de aprendizaje

(24) Evaluar Assess what you have learned in this lesson.

| Escuchar | 😊😊😊 | 😊😊 | 😞 |

Entiendo llamadas telefónicas de personas que hablan sobre su admiración por determinados deportistas.

| Leer | 😊😊😊 | 😊😊 | 😞 |

Entiendo crónicas sobre deporte y deportistas, y anuncios relacionados con el deporte, así como publicidad deportiva.

| Hablar | 😊😊😊 | 😊😊 | 😞 |

Puedo justificar mi admiración por un deportista, y hablar sobre un deporte y el equipo necesario para practicarlo.

| Interactuar | 😊😊😊 | 😊😊 | 😞 |

Puedo comunicarme con otras personas y conversar sobre deporte, retos deportivos y personas reconocidas en el mundo del deporte.

| Escribir | 😊😊😊 | 😊😊 | 😞 |

Puedo crear un eslogan publicitario para un deporte, elaborar un calendario de actividades deportivas y escribir una crónica sobre un acontecimiento deportivo.

(25) Anotar Write down words or phrases, grammatical structures, and cultural information that you have learned in this lesson.

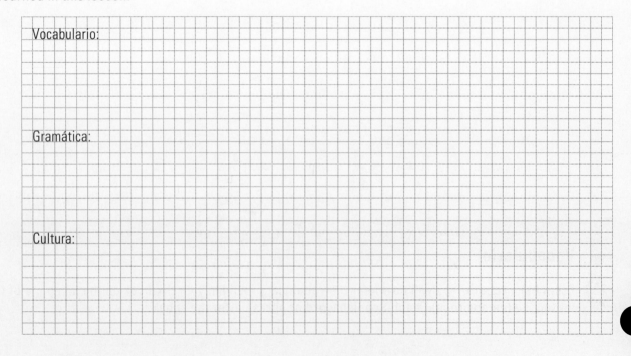

Vocabulario:

Gramática:

Cultura:

MEJOR IMPOSIBLE

Acontecimientos de la vida
Vocabulario

1 **Acontecimientos** Identify the card that is related to each of these important events in Manuel García's life.

boda ☐   graduación ☐   jubilación ☐   bodas de oro ☐   nacimiento ☐   Día de San Valentín ☐

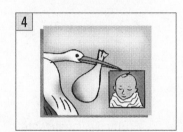
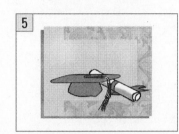
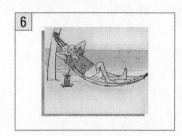

¡Felicidades! Listen to the people expressing congratulations and best wishes and choose the appropriate occasion for each.

2

> **MODELO**   *You hear:*   ¡Felicidades! ¡Que seas muy feliz con tu esposo!
> *You see:*   a. Año Nuevo   b. boda
> *You choose:* b. boda

1. a. cumpleaños   b. aniversario de bodas
2. a. boda   b. Día de la Madre
3. a. Año Nuevo   b. Navidad
4. a. recepción de un premio b. graduación
5. a. bodas de plata   b. fiesta de quince años
6. a. Día del Padre   b. nacimiento
7. a. Navidad   b. Día de San Valentín
8. a. boda   b. fiesta de quince años

Gramática funcional

3 **Conversaciones** Complete these conversations using the appropriate forms of the verbs.

1. • ¿Te pones contenta cuando .... (llegar) la Navidad?

   ■ Sí, pero me da pena que mi hijo no .... (poder) celebrarla con nosotros porque vive fuera.

2. • Imagino que os habéis puesto contentísimos al .... (recibir) la noticia.

   ■ Sí, nos alegramos mucho de que nuestra hija .... (tener) un bebé, ¡nuestro primer nieto!

3. • ¿Qué le pasa a tu madre?

   ■ Nada, solo que se pone muy triste al .... (cumplir) un año más.

4 **Ocasiones especiales** Look at these greeting cards. On which occasions would you send them?

Which expressions can be used with each greeting card? How might the other person respond?

¡Felicidades!

¡Feliz Navidad!

¡Enhorabuena!

¡Feliz cumpleaños!

¡Feliz Día del Padre!

¡Que cumplas muchos más!

¡Felices fiestas!

Tarjeta 1

Tarjeta 2

Tarjeta 3

Tarjeta 4

¡Gracias!

¡Gracias, igualmente!

Write four short messages for the greeting cards expressing your feelings.

1. *¡Feliz...* ....

2. ....

3. ....

4. ....

5 **Emparejar** Match the elements in the columns to form complete sentences.

1. Mi padre se puso un poco triste cuando ....   a. no podamos ir a su boda.

2. Nos alegramos de que ....   b. se jubiló.

3. Les da pena que ....   c. recibir tu felicitación.

4. Se ha puesto muy contento al ....   d. vengáis a la fiesta de cumpleaños.

6 **¿Contento o triste?** Describe two things or events that make you happy and two that sadden you. Use the construction **ponerse triste/contento/a**.

....

....

....

....

7 **Sentimientos** Express feelings about these celebrations using the constructions from the list.

1
Mis padres no van a estar en mi fiesta de cumpleaños.

Me da pena que mis padres no vayan a estar en mi fiesta de cumpleaños.

2
Celebramos las bodas de oro de mis padres.

....
....
....

- alegrarse de que...
- dar pena que...
- ponerse triste/contento/a + si/cuando/al...

3
Vamos a hacerle a Santiago una fiesta sorpresa de cumpleaños.

....
....
....

4
Charo va a pasar la Navidad sola este año.

....
....
....

Lectura

8 **Una invitación** Look at this invitation. What kind of celebration is it for?

cumpleaños ☐   boda ☐   aniversario ☐

Adolfo Gutiérrez   Alberto Pérez

Margarita Fernández   Josefa Domínguez

Tienen el placer de participarles el enlace de sus hijos Juan y Susana y de invitarlos a la ceremonia que se celebrará el próximo 3 de septiembre a las seis de la tarde en la iglesia de San Genaro, así como al banquete que tendrá lugar a continuación en el Hotel Astoria.

Se ruega confirmación.

Teléfono de la familia Gutiérrez
667890987

Teléfono de la familia Pérez
665432198

Find synonyms for these words or expressions in the text.

1. boda: ....
2. comida de celebración: ....
3. acto civil o religioso: ....

Answer these questions about the invitation.

1. ¿Juan y Susana van a celebrar un matrimonio civil o religioso?

   ....

2. ¿La comida será antes o después de la ceremonia?

   ....

3. Si voy a ir a la boda, ¿debo llamar? ¿A qué teléfono?

   ....

Celebraciones a la carta
Vocabulario

9 **Celebraciones** Write the name of the celebration described in each definition.

1. La fiesta que los amigos del novio o la novia hacen a estos antes de la boda:

   ....

2. La celebración que se realiza para festejar el 25.º aniversario de una pareja:

   ....

3. La fiesta que celebra un grupo de estudiantes cuando consiguen su diploma:

   ....

4. La fiesta que se celebra en Latinoamérica para marcar el paso de una niña a mujer:

   ....

5. La ceremonia religiosa en la que se da el nombre a un bebé:

   ....

6. El aniversario del nacimiento de una persona:

   ....

10 **Restaurante La Orquídea** Listen to the conversation between the manager of a restaurant and a man who calls requesting information. Complete the table with the information and summarize the conversation.

Tipo de evento	Número de invitados	Menú	Decoración
....	....	....	....
....	....	....	....
....	....	....	....
....	....	....	....

Restaurante La Orquídea

Si quiere un evento inolvidable, llámenos.

La responsable piensa que es una idea ....

y cree que ....

El cliente cree que ....

11 **Un poema** Complete this poem using phrases from the list.

Eres la única persona del mundo

(1)... .

Si me equivoco, (2)... .

(3)..., disfrutas conmigo.

Si estoy triste, (4)... .

Sé que siempre

(5)... .

| Si soy feliz • me perdonas |
| que nunca me falla • puedo contar contigo |
| me consuelas |

Gramática funcional

Relacionar Match the elements from the columns to form complete sentences.

12

1. Si te hace ilusión casarte de blanco, ...
2. Si vuestros padres llevan casados 50 años, ...
3. Si su hijo se gradúa, ...
4. Si su empresa organiza una cena de Navidad, ...

a. no falte y vaya muy elegante.
b. no lo dudes, hazlo.
c. organizadles una fiesta.
d. prepárele una fiesta sorpresa.

13 **Completar** Complete this advertisement for a function hall. Use expressions from the list and write the appropriate forms of the verbs.

| Año Nuevo | fiesta de quince años | bodas de plata | graduación |

1. Si quieres decirle a tu pareja que después de tantos años vuestro amor sigue igual, ...(invitar) a toda la familia a una fiesta por vuestras ....

2. Si queréis empezar el año con buen pie, ...(celebrar) el .... en nuestros salones.

3. Si quieren olvidar los exámenes y brindar juntos por el futuro, ...(venir) a celebrar su .... con nosotros.

4. Si quieres demostrarle a tu niña cuánto la quieres, ...(hacer) en nuestros salones una .... que nunca olvidará.

14 **Sugerencias** Give advice for the following situations, using the correct forms of the imperative.

1. Si quieres que tu boda sea única, ...
2. Si tu abuelo o abuela cumple 90 años, ...
3. Si sus padres cumplen 25 años de casados, ...
4. Si vuestro hijo se gradúa y queréis sorprenderlo, ...
5. Si quiere celebrar el bautizo de su hijo o hija, ...
6. Si tus compañeros y tú quieren celebrar su graduación, ...

15 **Planeando una celebración** What kind of celebration do you enjoy the most? What do you think are good or bad ideas for planning such a celebration? Write a short paragraph.

La celebración que más me gusta es…

....
....
....
....
....
....

16 **Transformar** Listen to the statements and rephrase them as in the model. Then, listen to the correct answer and repeat after the speaker.

MODELO	
You hear:	Es una buena idea celebrar los cumpleaños juntos.
You see:	nosotros
You say:	Es una buena idea que celebremos nuestros cumpleaños juntos.

1. los abuelos
2. nosotros
3. tú
4. usted

5. tu hermana
6. vosotros
7. ustedes
8. tú

Lectura

17 **El cumpleaños de Lucas** Read Bea's invitation to her son's birthday party and her friends' response. Then answer the questions below.

De: Bea
Para: María y Guille
Asunto: ¡Cumpleaños de Lucas!
Foto de Lucas

¡Hola!

¡Lucas cumple seis años! ¿No les parece una buena idea celebrarlo este sábado con una merienda en el río?
Los esperamos allí a las 17:00 h.
Un beso,
Bea

De: María y Guille
Para: Bea
Asunto: Re: ¡Cumpleaños de Lucas!

¡Hola, Bea!
Es una idea excelente que celebremos el cumple de Lucas en el río.
Guille quiere comprarle a Lucas un juego de computadora, pero yo pienso que no es una buena idea que le regalemos eso porque todavía es pequeño.
¿Qué opinas? Otra pregunta: ¿es buena o mala idea que llevemos el perro? Nos vemos el sábado.
Besos,
María y Guille

1. ¿Cuál es la idea de Bea para celebrar el cumpleaños de su hijo?

....

2. ¿Qué les parece la idea a María y Guille?

....

3. ¿Sobre qué ideas María y Guille le piden opinión a Bea?

....

Now write Bea's response to María and Guille. Be creative!

....

....

....

....

....

Marián Rico, ¡pura vida!

18 Iberiada Complete this press release with the missing parts of the structure **volver** + **a** + [*infinitive*].

El próximo mes de julio Iberiada volverá a (1) .... sus puertas un año más. Floristas y empresarios de diferentes países de Latinoamérica y España (2) .... a reunirse en este evento. En esta convocatoria, Iberiada nos vuelve a (3) .... la oportunidad de compartir con nuestros colegas excelentes seminarios y talleres de diseño floral y otros temas relacionados con la profesión. El año pasado Iberiada (4) .... a marcar un récord de participación; este año seguramente se superará. ¡Lo esperamos: vuelva a (5) .... con nosotros en este congreso anual!

19 ¿Repetirán o no? Read what these people have done and write sentences indicating whether you think they will repeat the actions or not.

1. Juan fue a ver una película de un director que le recomendaron. Le pareció aburridísima.
   No volverá a ver ninguna película de ese director.
   ....

2. Alicia leyó hace tiempo una novela y no la entendió bien. Ayer estuvo hablando del libro con una amiga que le explicó algunas claves de la historia.

   ....

3. Alberto ha estado estas vacaciones en Costa Rica. Le ha parecido un lugar maravilloso.

   ....

4. Luis y Alejandra estuvieron en su viaje de novios en un hotel en la costa. Fue carísimo y el servicio fue muy malo.

   ....

5. Rocío está preparando su examen final de Historia. Recuerda muy bien todos los temas, excepto el tema 2.

   ....

20 Para repetir Think about these actions. Which things would you like to do again? Why?

enamorarse   comer   jugar

estudiar   visitar un lugar que...

dibujar y pintar   ver a...   ....

Me gustaría volver a ....

....

....

....

Lectura

21 **Costa Rica, el país de las orquídeas** Read the text and answer the questions.

COSTA RICA, EL PAÍS DE LAS ORQUÍDEAS

En sus 51 100 km² de superficie encontramos aproximadamente el 6% de la biodiversidad del mundo. Hay 1200 especies nativas de orquídeas (y todavía quedan unos cientos por descubrir); es decir, hay más orquídeas por metro cuadrado en Costa Rica que en toda Europa. Estas representan el grupo de plantas con flores más diverso del país centroamericano.

El clima de Costa Rica es ideal para su cultivo: su temperatura no varía en más de tres grados al año y no hay tifones°. Encontramos orquídeas en todas las regiones del país—en la selva tropical, en las playas y también en las montañas—, pero donde mejor crecen es en los bosques, con lluvias frecuentes y viento. Hay orquídeas grandes e impresionantes, pero la mayoría son flores miniaturas.

Estas plantas son muy queridas por los costarricenses. De hecho, su flor nacional es una orquídea: la guaria morada. Antiguamente° esta se podía ver en los tejados° de las casas, algo raro hoy en día porque la gente las corta masivamente. Por eso, en Costa Rica están surgiendo algunos proyectos para concienciar° sobre el grave peligro de extinción y la importancia de conservar las orquídeas. Por ejemplo, SACRO (*Save Costa Rican Orchids*: Salvemos las orquídeas de Costa Rica.) es una organización privada sin fines lucrativos° que ayuda en la conservación y propagación de las orquídeas de Costa Rica. Algunos de sus proyectos son los jardines regionales, el reparto de semillas° de orquídeas en las escuelas o la reproducción in vitro. Este último proyecto ofrece al coleccionista plantas de magnífica calidad a un excelente precio a fin de evitar la extracción indiscriminada de orquídeas de los bosques de Costa Rica. El lema de la organización es: "Todos podemos salvar las orquídeas".

1. Marque verdadero o falso.

V F
☐ ☐ a. En Costa Rica hay más orquídeas por metro cuadrado que en toda Europa.
☐ ☐ b. En Europa hay pocas orquídeas.

2. Marque los componentes del clima ideal para las orquídeas.

viento ☐ sol ☐ lluvia ☐

nieve ☐ temperatura constante ☐

frío ☐ tifones ☐

3. ¿Por qué la guaria morada no se ve por todos los sitios?

....

....

4. Escriba dos proyectos de SACRO.

a. ....

b. ....

5. ¿Cuál es la flor de su país o estado? ¿Cuál es su hábitat natural? ¿Está en peligro de extinción?

....

....

....

....

....

tifones *typhoons* Antiguamente *Years ago* tejados *rooftops* concienciar *to make aware* sin fines lucrativos *non-profit* semillas *seeds*

Composición

22 **Invitaciones** Write an e-mail inviting your classmates to a party to celebrate the end of Spanish class for the year.

PREPARACIÓN

When writing the e-mail, you can express your feelings about the end of the course and the upcoming holidays. Give your classmates details about the party. You may also ask them about some ideas for the party. Finally, you can express some conditions, such as asking them to confirm their attendance, using the imperative.

COMPOSICIÓN

Here are some useful words and expressions.

alegrarse de que	acordarse de	ocuparse de los detalles
dar pena que	celebración	ocurrirse
es una buena/mala idea	disponer de	pastel
ponerse contento/a	en definitiva	planificar
volver a	en resumen	salón de fiestas

....

....

....

....

....

....

....

....

....

....

....

....

....

....

....

....

 **Vocabulario**

23 **Escuchar y repetir** You will now hear the vocabulary found in your textbook on the last page of this lesson. Listen and repeat each Spanish word or phrase after the speaker.

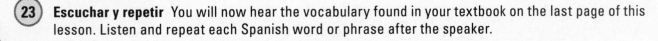

Diario de aprendizaje

24 **Evaluar** Assess what you have learned in this lesson.

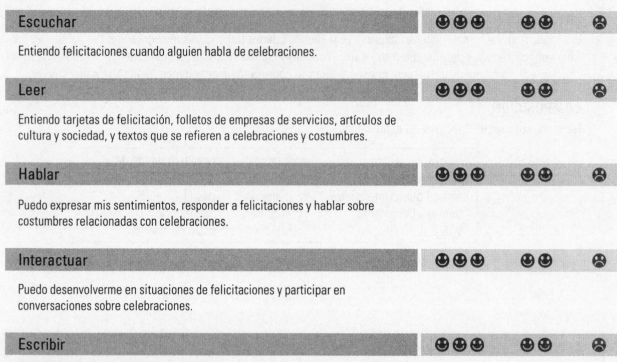

Escuchar			
Entiendo felicitaciones cuando alguien habla de celebraciones.

Leer			
Entiendo tarjetas de felicitación, folletos de empresas de servicios, artículos de cultura y sociedad, y textos que se refieren a celebraciones y costumbres.

Hablar			
Puedo expresar mis sentimientos, responder a felicitaciones y hablar sobre costumbres relacionadas con celebraciones.

Interactuar			
Puedo desenvolverme en situaciones de felicitaciones y participar en conversaciones sobre celebraciones.

Escribir			
Puedo redactar una tarjeta de felicitación, escribir sobre celebraciones y describir una flor.

25 **Anotar** Write down words or phrases, grammatical structures, and cultural information that you have learned in this lesson.

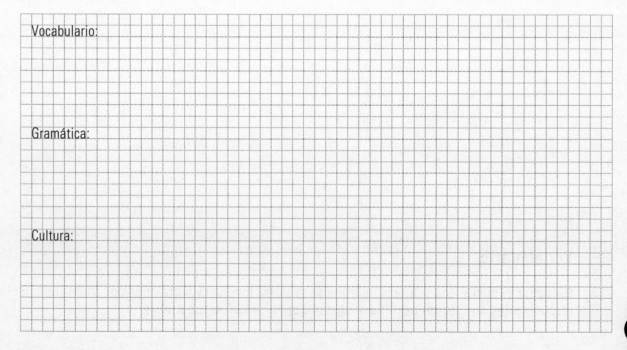

Vocabulario:

Gramática:

Cultura:

Read the dialogues and select the correct answer.

1

> Tu padre parece mucho más joven de lo que es.

> Sí, es alguien para ...... que no pasan los años.

a) el   b) la   c) los   d) las

2

> ¿Tu amiga Violeta juega bien al tenis?

> Sí, es una jugadora ...... la que es imposible ganarle.

a) por   b) con   c) a   d) en

3

> Estamos impresionados ...... ese deportista.

> ¡Sí, nosotros también!

a) en   b) para   c) con   d) por

4

> ¿Viste ayer el partido de Pau Gasol?

> Sí, es increíble cómo ......, ¿verdad?

a) jugar   b) juega   c) juegue   d) jugará

5

> Yo sobre todo admiro ...... los buenos bailarines.

> Sí, yo también. Es increíble cómo bailan.

a) para   b) a   c) con   d) de

6

> Tengo que llegar a la tienda de bicicletas ...... cierren.

> Pues cierran dentro de media hora.

a) antes de que   b) antes de   c) después de que   d) después de

7

> ¿Cuándo nos vamos?

> Podemos irnos después de que ...... los premios.

a) entregar   b) entregan   c) entreguen   d) entregarán

8

> Algún día voy a ganarte al tenis.

> No estoy tan seguro; pasarán años y ...... antes de que me ganes.

a) días   b) meses   c) años   d) siglos

9

> ¡Es increíble cómo juega esta chica!

> Sí, y cuando ...... más, será buenísima.

a) practica   b) practicará   c) practique   d) va a practicar

10

> ¿Qué vas a hacer cuando ...... un maratón?

> Lo celebraré con mi familia y mis amigos.

a) ganas   b) ganes   c) ganarás   d) vas a ganar

Answer key: 1.a 2.c 3.c 4.b 5.b 6.a 7.c 8.c 9.c 10.b

Read the dialogues and select the correct answer.

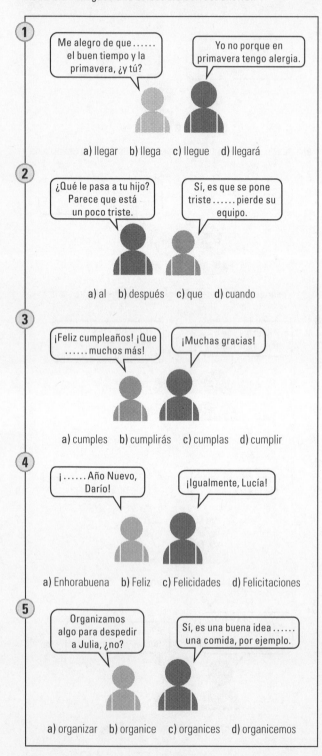

1

Me alegro de que...... el buen tiempo y la primavera, ¿y tú?

Yo no porque en primavera tengo alergia.

a) llegar   b) llega   c) llegue   d) llegará

2

¿Qué le pasa a tu hijo? Parece que está un poco triste.

Sí, es que se pone triste...... pierde su equipo.

a) al   b) después   c) que   d) cuando

3

¡Feliz cumpleaños! ¡Que ...... muchos más!

¡Muchas gracias!

a) cumples   b) cumplirás   c) cumplas   d) cumplir

4

¡...... Año Nuevo, Darío!

¡Igualmente, Lucía!

a) Enhorabuena   b) Feliz   c) Felicidades   d) Felicitaciones

5

Organizamos algo para despedir a Julia, ¿no?

Sí, es una buena idea ...... una comida, por ejemplo.

a) organizar   b) organice   c) organices   d) organicemos

6

Queremos celebrar nuestra boda en agosto.

Si os casáis en agosto, ... la boda al aire libre.

a) celebrar   b) celebráis   c) celebrad   d) celebraréis

7

Si...... una fiesta, avísame.

¡Claro, no te preocupes!

a) hacer   b) haces   c) hagas   d) harás

8

Nos parece bien hacer la despedida de soltera en una casa rural.

......, estáis de acuerdo si hago ya la reserva, ¿verdad?

a) En resumen   b) Por un lado   c) Con respecto   d) En cuanto

9

¿Vais a celebrar las bodas de plata?

Sí y nos gustaría volver ...... la ceremonia.

a) sin celebrar   b) a celebrar   c) celebrar   d) de celebrar

10

¿Qué quiere hacer tu madre cuando se jubile?

Quiere...... a estudiar francés.

a) continuar   b) seguir   c) volver   d) recordar

Answer key: 1. c 2. d 3. c 4. b 5. a 6. c 7. b 8. a 9. b 10. c

Photography and Art Credits

All images © Vista Higher Learning and Ediciones SM, Madrid unless otherwise noted.

Unit One: 5 (tml) Maria Eugenia Corbo; (tmr) VHL; (ml) Lars Rosen Gunnilstam; (mm) Ruben Varela; (mr) Jim Ruymen/UPI/Landov; (bl) Janet Dracksdorf; (br) VHL; **7** (tl) Kamira/Shutterstock; (tr) Andrey Armyagov/Shutterstock; **8** (all) VHL; **10** (ml) José Blanco; **12** Featureflash Photo Agency/Shutterstock; **23** Jim Ruymen/UPI/Landov.

Unit Two: 45 Dream Pictures/Media Bakery; **46** J.D. Dallet/AGE Fotostock.

Unit Three: 50 (l) Javier Larrea/AGE Fotostock; (ml) VHL; (mr) Stockbyte/Getty Images; (r) Paula Diez.

Unit Four: 69 (tl) Vanessa Bertozzi; **71** Pascal Pernix; **77** (all) VHL; **82** (t) Photographee.eu/Fotolia; (bl) Jon Le-Bon/Fotolia; (bml) Harry Neave/Fotolia; (bmr) Martin Bernetti; (br) Ruben Varela; **84** (t) Katie Wade; (bl) Luca di Filippo/iStockphoto; (bml) Jon Le-Bon/Fotolia; (bmr) Pascal Pernix; (br) Martin Bernetti; **86** Alexander Tihonov/Shutterstock; **90** Paula Díez.

Unit Five: 91 (m) Steve Prezant/Media Bakery; (r) Christine Glade/iStockphoto; **94** (tl) Martín Bernetti; (tml) Reggie Casagrande/iStockphoto; (tmr) Janet Dracksdorf; (tr) VHL; (bl) Bruce R. Korf; (bml) Niv Koren/Shutterstock; (bmr) Maria Eugenia Corbo; (br) Katie Wade; **98** VHL; **101** (tl) Martin Bernetti; (tr) Martin Bernetti; (ml) VHL; (mm) VHL; (mr) Natalie Young/Media Bakery; (bml) Oscar Artavia Solano; (bmr) VHL; (br) Martin Bernetti; **111** F78/ZUMA Press/Newscom; **112** Rafael Ríos.

Unit Six: 120 DreamPictures/Blend Images; **133** Media Bakery; **134** Morla/AGE Fotostock.

Unit Seven: 138 (l) Nenetus/Fotolia; (ml) VHL; (mr) Martín Bernetti; (r) VHL; **140** (t) Michael Jung/Fotolia; (b) José Blanco; **147** Super Stock/AGE Fotostock.

Unit Eight: 160 (ml) Vanessa Bertozzi; **164** VHL; **171** (mr) VHL; (bl) Jaume Gual/AGE Fotostock.

Unit Nine: 186 Pixtal/AGE Fotostock.

Unit Ten: 202 (all) VHL.

Unit Eleven: 225 (tl) Pixtal/AGE Fotostock; (b) Dennis MacDonald/AGE Fotostock; **230** VHL; **237** (tm) José Enrique Molina/AGE Fotostock; (tr) Vanessa Bertozzi; (ml) Anne Loubet; **239** (b) Debasish Banerjee/Dinodia Photo/MaXx Images; **243** Exactostock/SuperStock; **244** Stock4B/Getty Images.

Unit Twelve: 245 (m) Anne Loubet; **248** (l) Pixland/Jupiterimages; (m) VHL; (r) Corbis RF; **250** (l) Stephen Coburn/Shutterstock; (m) VHL; **252** Ariel Skelley/Media Bakery; **265** George Shelley/AGE Fotostock.

Unit Thirteen: 278 (t) VHL; **287** Paula Díez.

Unit Fourteen: 309 Klaus Tiedge/AGE Fotostock.

Unit Fifteen: 326 (tl) VHL; (tr) Oscar Artavia Solano; (b) Anne Loubet; **328** VHL; **331** Andy Sotiriou/Getty Images.

Unit Sixteen: 346 (l) VHL; (m) Tifonimages/Shutterstock; (r) John Penezic/Bigstock; **347** (t) Max Blain/123RF; **353** MK/Newscom; **354** Don Mason/AGE Fotostock.

Unit Seventeen: 358 (l) Javier Larrea/AGE Fotostock; (ml) Janet Dracksdorf; (mr) Vanessa Bertozzi; (r) VHL; **366** (l) Martín Bernetti; (m) Monartdesign/Fotolia; (r) Corbis RF; **371** (l) Tyler Olson/Fotolia; (ml) Niko Guido/iStockphoto; (mr) Martín Bernetti; (r) VHL; **376** BW Media Photoagentur/AGE Fotostock.

Unit Eighteen: 384 (l) Steve Estvanik/123RF; (r) Volki/Fotolia; **388** (l) Reggie Casagrande/iStockphoto; (ml) Kapu/Shutterstock; (mr) Iofoto/Fotolia; (r) VHL; **397** Antoine Couvercelle/DPPI/Icon SMI 547/Newscom; **398** Mel Yates/Cultura/Photononstop.